문종의 기원

이 단행본은 2014년 정부(교육부)의 재원으로 한국연구재단의 지원을 받아 수행된
연구임(NRF-2014S1A5A2A03065896).

문종의 기원

김혜련 조윤정 홍윤표 정슬아 강진호
곽승숙 구자황 이정찬 문혜윤 김준현

역락

머리말

　이 책은 한국연구재단 일반공동연구사업 '근대 독본과 문종 개념의 형성'의 성과를 바탕으로 엮어졌다. 연구자들은 이 사업에 참여하기 전부터 '필독(必讀)', '필지(必知)', '독본(讀本)', '독습(讀習)', '보전(寶典)', '작문(作文)' 등을 망라하여 교과서 형태로 출현한 근대 교육용 텍스트를 수집하고 검토했다. 독본의 서지를 확정하고, 국어/문학 교육 정책의 관점에서 독본의 편찬 과정과 양상, 독본의 형식과 내용, 사회 문화사적 의미 등을 탐색하여 근대 교육장에서 독본의 계보를 정리했다. 이 과정에서 연구자들은 근대 독본이 보여주는 흥미로운 장면을 목격했다. 각각의 독본 내부에서 근대 지식과 이념을 효과적으로 전달하기 위한 다양한 양식적 실험들이 실행되고 있었다. 독본이라는 교재는 근대지(知)를 계몽적으로 전파, 제시할 수 있는 방식을 개발하려 노력하고 있었으며 그 과정에서 전통적 문종을 참조하고, 외래의 문종을 한국적으로 변용하는 방법을 다기한 방식으로 시도하고 있었다. 연구자들은 몇 가지 의문을 해결해 보기로 했다. 근대 독본에서 전통적인 글의 양식적 분화가 어떻게 이루어졌는가, 새로 유입된 문학 개념이 전대의 글쓰기 감각에 어떻게 자극을 일으켰는가, 각 장르의 근대성을 고찰하기 전에 문학이 왜 장르의 분화를 겪었고 장르의 관습화는 어떻게 이루어졌는가, 그리고 장르 개념은 어떠한 환경에서 만들어졌고 제도적으로 학습되었으며 글쓰기로 교육될 수 있었는가 등등.

연구 사업의 당초 의도는 근대 교육장에서 교과서로 활용된 여러 제명의 텍스트들에서 '문종'에 대한 인식이 만들어지고, 그것이 교육장을 넘어 대중에게 확산될 수 있었던 논리를 추적하는 데 있었다. 기획의 의도와 취지에 연구자들이 공감했지만 개별 논문에서 공동의 목표나 기대가 전일적으로 반영되는 것은 쉽지 않은 일이었다. 그러나 이 책에 실린 10편의 글은 근대 문종 개념의 형성을 둘러싼 문화적, 시대적 함의를 잘 보여주면서 개별 문종에 대한 근대 교육 공동체의 기대와 열망을 읽어내기에 적절하다. 연구자들이 '독본'과 '문종'이 연대하고 교섭하는 기원적인 장면을 찾아나서는 모습, 근대 교육장에서 '문종'에 대한 인식이 지식화, 계열화되어 학습되는 장면을 포착하는 감각과 논리를 읽는 것만으로 충분히 흥미롭기 때문이다.

　이 연구서는 문종 개념의 형성 과정을 고찰하기 위해 근대 초기 조선의 독본을 대상으로 삼았다. 범주는 조선의 근대 교육이 시작된 후 학부 최초로 편찬한 교과서인 『국민소학독본』(1895)에서 출발하여 현재 통용되는 문종과 가까운 분류 체계가 나타나는 『중등조선어작문』(강매)이 간행된 때가 1928년이라는 점을 고려하여 1925년까지로 설정했다. 이 시기는 1919년 3.1운동 이후 문화정책의 여파 속에서 1922년 '제 2차 조선교육령'이 공포되고 그것을 반영한 국정 독본이 1924년부터 1925년 사이에 대량으로 발간된 시기이기도 하다. 먼저 1부 총론 '신교육의 출현과 문종의 인지'는 근대 독본과 문종의 출현을 개별적 현상이 아니라 일본과 서양을 통해 유입된 근대 학문과 사상, 교육 그리고 전통과 근대의 교섭이라는 포괄적이고 역동적인 관계망 속에서 이해하는 본 연구서의 관점과 의도를 보여주는 지면이다. 1장 '근대 조선의 독본과 문종 개념의 인식'은 기존의 장르론이나 근대적 글쓰기의 문제가 현재 일반화된 문종의 기원을 살피거나 전대 양식과의 차이 속에서 문종들 사이의 경계를 문제 삼는 방향에서 논의된 바가 없다는 문제의식에서 출발한다. 근대 초기 조선의 독본을 총체적으로 살피되, 이 독본들에 영향을 미친 미국과 일본의 교과서를 비교하고, 근대 초기 사전을 참조하는 과정을 통해 문종 개념의 기원을 묻고, 그에 대한 인식이 정착되는 양상에 주목했다. 2장 '일본 독본에서의 문종(文種) 의식 형성 과정'은 근대 초기 일본에서 문종 개념이 형성되고 분화, 발전되어가는 과정을 일본의 독본과 교육, 문학, 지식 담론 등을 통해 밝히고 있다. 근대 초기 조선이 서구의 근대적 지식과 사상을 조선어로 번역하기 위해 일본의 언어와 지식을 참조하고 수용했다는 사실에서 일본의 독본과 문종 개념의 형성 문제는 반드시 짚어야 할 논의이다. 이 논문에서는 일본의 '학제' 반포로부터 1918년의 제3기 국정 교과서까지 독본의 흐름과 문종 의식의 형성과 변화를 한문에서 일본문(和文)으로의 변화, 문어체에서 구어체로의 변화, 지식전달 중시에서 문학적 내용 중시로의 전환, '국어과(國語科)'의 성립, 근대적 '문학' 개념의 성립 등으로 접근한다. 3장 '근대 독본이 문종(文種)을 교육하는 방식'은 근대 초기 문종 개념의 형성과 독본의 관계에 대한 본질적 질문을 던진다. 독본에 제시된 글(文)의 방식들은 신문, 잡지와 같은 근대의 여러 매체와 달리 글을 분류하고 그 체계 속에서 지식과 정서와 논리를 표현하고, 독자를 설득하거나 공감시키는 방법을 습득하는 교육적, 계몽적 문범(文範)으로 활용되었다. 근대 초기 독본이 문종을 어떻게 인식하고 사유했는가, 문(文)의 양식적 실험에 대해 어떠한 교육적 선택과 배제를 감행하여 지금의 문종 규범과 관습으로 정착되었는가 하는 문제는 근대 초기 문해력에 대한 인식을 고찰하기 위한 방법론으로서 의미가 있다.

각론에 해당하는 2부는 '문종 개념의 기원과 분화'로 7편의 논문으로 구성하여 근대 독본에서 소설과 시, 수필과 기행문, 설명과 논설 등 개별 문종의 개념 형성 과정을 고찰했다. 1장 '시의 개념과 근대적 분화 과정'은 1900년대 이전에 통용되던 시와는 구별되는 새로운 시적 질서에 대한 요구가 반영되는 과정을 살피고 '시(詩)'와 '가(歌)'가 분화되어 근대적 의미로서의 시 개념이 도출되고 자리 잡게 되는 양상을 고찰했다. 2장 '교과서와 근대 "서사"'는 근대 서사의 형성을 최초의 근대 교과서로 평가되는 『국민소학독본』(1895)과 뒤이은 『신정심상소학』(1896)을 통해서 근대 서사의 형성이 전통적인 양식의 변형과 조정을 바탕으로 서구 장르의 유입과 수용을 통해서 이루어졌다는 점을 강조했다. 3장 '1920년대 독본과 수필의 영역'은 1930년대 수필 담론이 활성화되기 이전인 1920년대 독본에 수록된 산문 중에서 비-허구 산문의 유형을 살폈다. 1920년대 독본에 수록된 기행, 편지, 일기 형식 안에서 근대적 주체로서 발신인(편찬자)과 수신인(학습자) 사이의 관계를 통해 교육 이념이 드러나는 장면에 주목했다. 4장 '근대 교과서와 기행문의 성립'은 관찬 독본과 민간 독본이 각각 공간을 수용하는 방식과 문화사적 의미를 살펴 근대적 문종으로서 기행문이 성립되는 과정을 살폈다. 5장 '근대적 문종 인식으로서 '설명'의 출현과 그 배경'은 마르크스의 방법론을 바탕으로 근대적 지식이 독본류 교재에서 선택되고 배치되며 서술되는 일련의 과정을 통해 근대적 문종으로서 '설명'이 출현하게 된 배경과 의의를 고찰하였다. 6장 '식민지 국어 교과서의 글쓰기와 '설명'의 권위'에서는 총독부 편찬의 첫 국어(조선어) 독본인『보통학교 학도용 조선어독본』을 대상으로 '글쓰기'의 관점에서 독본을 구성하는 단원의 배치와 기술 방식 등을 다루었다. 7장 '근대적 문종 인식으로서의 '논설'의 성립'에서는 근대적 논설에 대한 인식이 계몽주의의 쇠퇴로 설득을 목적으로 하지 않는 글들이 등장하고 개인의 '지'와 '정'에 대한 구분이 성립되었던 배경과 관계가 깊다는 점을 살폈다.

연구 사업의 일차적인 관심은 근대 독본과 문종 개념 형성의 관계와 양상을 살피는 일이었다. 그러나 이 작업은 근대 교육과 지식, 문학, 사회, 정치 등을 넘나드는 힘겨운 노정이 되었다. 근대 지식 개념인 '문종'을 확립하고 보급하는 과정에서 문학장, 지식장에 미친 영향과 다양한 양식적 시도들이 새로운 교육 지식으로서 범주화, 계열화되는 계기를 탐색하는 일은 예상했던 것보다 훨씬 복잡했다. 연구의 버거움이 실의와 낙담으로 빠지고 있던 2015년 여름 무렵, 대만국가도서관에서 발견한『국정독본교수용수사법급취급(國定讀本敎授用修辭法及取扱)』(同文館, 1912, 대만국가도서관 소장)은 연구자들이 근대 독본과 문종의 상관성을 다시 확신하기에 충분했다. 저자인 이나가키 쿠니사부로우(稻垣國三郎)는 독본에 수록된 다양한 글들을 율어(律語)와 대상(對象), 그리고 사상의 배열과 본질에 따라 기사문, 서사문, 설명문, 의론문 등의 문종으로 나누고 각 문종의 성격을 밝히고 문종별 교육 방법을 안내하고 있다. 이 문헌은 독본의 편찬과 수용 과정에 문종 의식이 이미 수용, 체계화되고 있었던 지점을 알려 줄 뿐만 아니라 근대 독본과 문종의 교육적 연대 현장을 보여주기에 충분하다. 연구 사업의 소중한 성과인 이 자료의 일부를 '부록'으로 실었다. 관심 있는 연구자들에게 유용하게 참조되기를 바란다.

근대 초기 독본은 이 땅에서 문종의 전통과 근대가 충돌하고 교섭하면서 복잡하고 다기한 양상을 보여주었던 텍스트이다. 연구자들은 근대 독본 안에서 인식되고 수용되었던 문종 개념이 근대 작문/독서 교육과 문학/문화장에 안착해 있는 장르 개념의 제도화와 대중화 과정과 무관하지 않다는 확신을 지니게 되었다. 이러한 문제의식은 기존 국어교육학계에서도 매우 낯선 것이었다. 그러나 문종의 관점에서 누구도 잘 쳐다보지 않던 근대 독본에 주목하고, 방대한 독본들 안에서 문종 개념이 형성되기 시작했던 유의미한 장면들을 찾아내고, 그것이 어떠한 교섭과 변용을 거쳐 근대적 문종 규범과 관습으로 존중되어 왔는지, 그리고 어떠한 계기에 의해 오늘날의 문종 교육으로 체계화되었는지, 다시 말해 문종의 기원에 대한 연구자들의 의문과 노력을 소박하게나마 이 연구서로 갈무리한다.

문종 개념의 형성 과정을 추적한다는 것은 단순히 글에 대한 양식적 접근을 의미하는 것이 아니라 문화, 예술, 문학, 문장 등 총체적인 지식 체계 안에서 작동하는 포섭과 배제의 경계를 검토함을 의미한다. 이제, 근대 지식 개념으로서 '문종'을 확립하고 보급하는 과정에서 이후 교육장이 문학장, 지식장과 교호하는 과정에서 시도한 선택과 수용, 배제의 논리들을 탐색하고, 지금의 문종 개념과 양상으로 정착되게 된 과정을 구명해야 할 차례다. 근대 독본과 문종 연구가 여전히 지속되어야 할 이유이다.

출간을 앞두고 감사해야 할 분들이 많다. 그 중에서도 연구 사업에 참여하지는 않았지만 연구서 발간의 취지에 공감하며 기꺼이 옥고를 보내준 숙명여대 구자황 선생님, 고려대 문혜윤 선생님에게 진심으로 감사를 드린다. 이 분들의 글들로 조촐할 수 있었을 책이 풍성해졌다. 연구 사업의 성과가 한 권의 책으로 나오기까지 여러 해가 지났다. 지연의 모든 책임은 필자들의 게으름 때문이었고 지금이라도 그럴 듯한 모습으로 세상에 나갈 수 있게 된 것은 이 책의 출간을 도맡아 진행해준 역락출판사 편집이사 이태곤님 덕분이다. 깊은 감사의 뜻을 표한다.

2019년 봄
필자들을 대신하여 김혜련

차 례

1부 신교육의 출현과 문종(文種)의 인지

1장 근대 조선의 독본과 문종 개념의 인식 _ 조윤정

2장 일본 독본에서의 문종(文種) 의식 형성 과정 _ 홍윤표

3장 근대 독본이 문종(文種)을 교육하는 방식 _ 김혜련

2부 문종 개념의 기원과 분화

1부

신교육의 출현과 문종(文種)의 인지

근대 조선의 독본과 문종 개념의 인식

조
윤
정

1. 지식의 분화와 문종 개념의 필요성

오늘날 문학 연구의 토대가 되는 문학 관련 개념들은 개념 간의 혼종과 갈등 속에서 조정되고 변화하여 정착한 것이다. 여기에는 몇 가지 요소가 변인으로 작용하는데, '지식의 분화'와 범주 설정 과정, '서구적 문학 개념'의 유입, '글쓰기'를 독립된 교과이자 기능으로 인식하게 된 양상[1] 등을 들 수 있다. 근대 조선에 신교육 제도가 유입되는 과정에서 주목할 수 있는 것은 학교의 계열화, 교과과정의 체계화, 학생의 서열화 등 특정한 기준하에 교육 주체와 내용, 대상의 범주화가 이루어졌다는 점이다. 영역을 나누고 특정 분야의 전문화된 지식을 창출하는 과정은 신교육을 이전의 교육제도와 차별화하는 방식이었다. 또한, 신지식인을 양성하는 과정은 '문명'에 도달하는 방법으로 인식되었으며, 그것은 교육과 문학(/문화)을 자본화하는 방법이기도 했다.

---

1) 염은열, 「글쓰기 개념 생태계 기술을 위한 시론」, 『한국초등국어교육』 22, 한국초등국어교육학회, 2003, 162면.

조선어 급 한문, 작문, 습자 등으로 과목을 나누고 해당 시간에 이용할 교과서를 만드는 과정, 각 단원을 구성하고 전범이 되는 텍스트를 선정한 후, 그 텍스트를 설명 가능한 것으로 재구성하는 과정은 모두 지식의 분화와 교섭을 수반한다.

우리가 익숙하게 사용해온 '문종(文種)'이란 개념 역시 근대 초기에 글, 문장 또는 학문으로 번역되었던 'literature'를 인식하는 과정에서 창출되었다. 그것은 문학/문화적 범주 안에서 사람들을 계몽하고, 나아가 사람들이 자신의 내면을 발화하고 표현하는 문제의 중심에 놓여 있었다. literature는 '글, 셔'(Underwood, 1890)–'글, 문, 문즈'(Scott, 1891)–'문학'(Jones, 1914)–'문화, 학문'(Gale, 1924)–'글, 학문, 시문, 학, 문화, 져슐, 져셔(Underwood, 1925) 등으로 사전적 정의의 변화를 거친다. 문종의 번역어 'genre'와 방계의 관계에 있는 'style' 역시 '형태, 체격–문체–유행'으로의 의미 변화를 보인다. 이를 통해 볼 때, 문종 역시 시간의 흐름에 따라 의미 변화를 거쳤을 것이라 짐작해볼 수 있다. 여기에는 당대 지식장의 구성과 변화가 크게 영향을 미치게 되는데, 지식의 보편성과 대중성을 지향하는 교과서(로 활용된 자료들)의 역할은 이 지점에서 부각될 수 있다.

본 연구는 교육 현장에서 교과서로 활용된 잡지와 '필독(必讀)', '필지(必知)', '독본(讀本)', '독습(讀習)', '보전(寶典)', '작문(作文)' 등의 제명을 가진 텍스트를 망라하여 '문종'에 대한 인식이 만들어지고, 그것이 교육장을 넘어 대중에게 확산될 수 있었던 논리에 주목한다. 근대 초기 '독본(讀本)'은 근대적 지식과 이념의 계몽적 전파라는 목적을 갖고, 그 내용을 효과적으로 전달하기 위한 여러 시도들을 담고 있던 텍스트이다. 편찬자들은 전통적인 문종을 발전/변화시켜 근대지(知)를 전파할 양식을 개발하려 노력한 동시에 외래의 문종을 한국적으로 변용하는 방안을 모색했다.

기존의 문종 관련 연구는 1920~1930년대 특정 독본이나 1910년대 신문 잡지의 분석을 통해 이루어졌으며 문학, 소설, 시의 근대성을 묻는 방향에서 진행되었다.[2] 그러나 근대 조선의 문종 개념에 대한 논의는 개화기 전통적인 글의 양식적 분화가 이루어지고, 새로 유입된 문학 개념이 전대의 글쓰기 감각에 자극을 일으킨 시기로 소급될 필요가 있다. 또한, 각 장르의 근대성을 묻기 전에 문학이 왜 장르의 분화를 겪었으며, 그것의 관습화가 이루어질 수밖에 없었는지 고찰될 필요가 있다. 일본 문학과 장르 연구에 몰두해온 스즈키 사다미가 일본에 있어 '장르 형성에 대한 문제의식이 형성되어 있지 않다'[3]고 지적했듯이, 장르의 문제는 현재 일반화된 문종의 기원을 살피거나 전대 양식과의 차이 속에서 문종들 사이의 경계를 문제 삼는 방향에서 논의된 바가 없다. 중요한 것은 문종 개념을 그 시대 중심 장르에 비춰 정의 내리거나 문종의 근대성을 확보하는 일이 아니다. 문종 개념이 어떠한 환경에서 만들어지고 학습되었으며, 글쓰기로까지 나아갈 수 있었는지 살피는 일이 이루어져야 한다.

또한, 기존의 문종 개념에 대한 연구는 그것이 교육적 차원에서 창출되고 확산되는 과정을 염두에 두지 않아, 문종 개념의 보편성이 형성되고 확산되는 지점을 짚어내지 못했다. 그러나 문종 개념은 각기 다른 분야의 글들이 상호 교섭하고 길항하며 창출된 것으로, 글의 양

---

2) 권보드래, 『한국 근대소설의 기원』, 소명출판, 2012; 김동식, 「한국의 근대적 문학 개념 형성과정 연구」, 서울대학교 박사논문, 1999; 김지영, 「문학 개념체계의 계보학—신문 분류법의 변화과정을 중심으로」, 『민족문화연구』 51, 고려대 민족문화연구원, 2009; 최원식, 『문학』(한림과학원 한국개념사총서), 소화, 2012.

3) 鈴木貞美, 「共同硏究「出版と學芸ジャンルの編成と再編成」報告(一)」, 『日本硏究』, 國際日本文化硏究センター, 2008, 248면.

식을 총체적으로 조망하는 가운데 살펴질 수 있다. 이 때문에 현재 사용되고 있는 문종 개념을 역추적하는 방식은 문종 개념 연구의 한 방식으로 기능할 수 있으나, 그것이 주요 방법론으로 사용되었을 때에는 특정 문학 양식이 어떻게 소멸되고 다른 양식에 포섭되어갔는지를 진단할 수 없게 된다. 이 연구는 기존의 장르 연구 방법론으로는 역사적으로 존재했던 문종 표지들의 의미를 포괄하고, 그것들의 변모과정을 탐색하는 연구를 진행하기 어렵다는 회의에서 출발한다. 문종 개념은 문학에 대한 전통적 인식, 즉 글을 유형화하고 창작과 학습의 대상으로 삼을 수 있다는 관념의 내발성과 외발성을 모두 아우르는 지점에서 고찰될 필요가 있다.

1900년대 초부터 글(文)을 분류하고, 분류된 글들에 표지를 붙임으로써 글'들' 사이의 동일성과 차이를 묻는 방식으로 편집된 '독본'은 문종이 지식을 체계화하고 문학장을 형성하는 데 미친 영향을 밝히는 데 중요한 자료이다. 1895년 최초로 학부 편찬의 교과서인『국민소학독본』이 발간된 이후, 조선에서는 관찬 독본과 사찬 독본이 지속적으로 출간된다. 그 속에서 교과서 편찬자는 여러 종류의 글을 섭렵하는 한편, 창작될 당시에는 없었던 장르 표지를 붙이기도 한다. 이 글은 만들어진 장르 체계에 따라 독본 속의 글들을 재분류하는 것이 아니라, 당대 글의 제시 형식에 주목한다. 그것은 어떤 가설에 따라 설정된 것이 아니라 실재하는 것이었기 때문이다. 근대 초기 문종들의 변화, 소멸, 포섭 과정은 현재 일반화되어 있는 장르 개념의 형성과 인식 과정을 추적하는 데 유용한 자료가 될 수 있다.

이 논문은 문종 개념의 형성 과정을 고찰하기 위해 근대 초기 조선의 독본(1895~1925)을 총체적으로 살피되, 이 독본들에 영향을 미친 미국과 일본의 교과서를 비교하는 과정을 거친다. 1895년부터 1925년까지 시기를 한정한 이유는 다음과 같다. 1895년은 조선의 근대 교육이 시작된 후 최초로 학부 편찬의 교과서인『국민소학독본』이 발간된 시기이다. 1919년 3.1운동 이후 문화정책의 여파 속에서 1922년 '제2차 조선교육령'이 공포되고 그것을 반영한 국정 교과서가 1924년부터 1925년 사이에 발간된다. 그리고 1928년 강매에 의해 간행된『중등조선어작문』에서 현재 통용되는 문종과 가까운 분류체계가 나타난다.

본 연구는 이와 같은 정황을 감안하여 1895년부터 1925년 사이, 문종을 둘러싼 의식이 대두되고 특정 양식의 탄생과 소멸이나 양식 간의 포섭이 이루어진 시기를 대상으로 삼는다. 그리고 이 기간 동안 발간된 독본을 통해 지금 통용되고 있는 문종의 양태와 분화 과정을 추적한다. 이를 통해 지식의 범주화, 작문 교육의 체계화 과정에서 문종 개념이 정립되고 관습화되는 양상을 구명할 것이다.

2. 근대 초기 독본에 수록된 글들의 분류체계와 특성

미국에서 사용된 *Union Reader*(1862-1875)와 *National Readers*(1883-1884)에 보면, 대부분의 글이 소재나 인물을 강조하는 형태로 제목이 정해져 있음을 확인할 수 있다. 문종을 표시하는 단어가 노출된 예로는 story[4])와 letter, verse, song 등을 들 수 있다. 고학년 교재로 갈수록 작품 뿐 아니라 연습문제나 저자에 대한 소개에서 poem, novel, romance[5]),

---

4) *Union Reader2*에서는 'story'를 'tale'로 정의해 두었다. 다양한 영역을 포괄하는 story에서 '상상력을 동원하여 꾸며낸 허구적 이야기'의 의미를 갖는 'tale'로 그 개념을 한정시킨 경향을 엿볼 수 있다. Charles W. Sanders, 'Albert and His Dog Carlo', *Union Reader2*, New York and Chicago: Ivision Blakeman Taylor Company, 1875, p.21.

drama, dissertation[6] 등의 장르명이 다양하게 나타난다. 자세한 경우 각 저자의 작품 스타일에 대한 언급이 있어 수사법과 관련한 연습문제로 발전한다. *Union Fourth Reader*(1865)의 서문을 보면, 저자는 이 교과서의 직접적이고 표면적인 목적이 "수사적 읽기(Rhetorical reading) 연습"에 있음을 밝히고, 이를 위해 "다양한 스타일(style)과 정서(sentiment)가 모색되었"[7]음을 언급한다. 미국교과서에 자주 사용되는 'style'이라는 단어는 '문체'와 '형식', '장르' 모두를 포괄하는 용어로 쓰인다. 본 연구에서 분석 대상으로 삼은 초기 미국 교과서에서는 genre라는 단어가 사용된 예를 거의 볼 수 없다. 현재 우리가 이 단어를 사용하는 맥락에서 보면, type, style, form, kind, sort가 genre를 대체하는 경향을 보인다. genre의 어원인 genus가 쓰이는 경우가 있으나, 종류, 속(屬)의 의미를 갖는 것이 대부분이다.[8] 단, 1900년대 작문법을 다룬 책들에 이르면, genus는 글의 종류에 근접한 의미로 사용된다.

미국 교과서에는 매 단원 연습문제가 달려 있다. 산문의 경우에는 제시문 요약, 사건의 원인 생각하기, 중심 내용(교훈) 새기기의 방식으로 구성되어 있다. 연습문제 하단의 설명을 통해 교사들이 각 문제에 대해 완결된 문장으로 학생이 생각한 내용을 말하거나 쓰게 했음을

---

5) *Union Fourth Reader*에서 romance는 fiction으로 정의된다. 작품의 맥락상 fiction은 '허구'의 의미가 강하다. Charles W. Sanders, 'ROBERT BRUCE AND THE SPIDER', *Union Fourth Reader*, New York: Ivision Blakeman Taylor Company, 1869, p.131.

6) 현재 '논문'이라는 의미를 갖는 dissertation은 근대 초기 미국 교과서에서 'discourse, essay'로 정의된다. 현재 통용되고 있는 의미는 교과서에 제시된 의미들이 결합되고, 학술 용어로 축소된 결과로 생각할 수 있다. Charles W. Sanders, 'MY FIRST JACK-KNIFE', *Union Fourth Reader*, New York: Ivision Blakeman Taylor Company, 1869, p.138.

7) Charles W. Sanders, 'preface', *Union Fourth Reader*, New York: Ivision Blakeman Taylor Company, 1869.

8) W. F. Webster, *English: composition and literature*, New York: Houghton Mifflin Company, 1900.

알 수 있다. 편지의 경우에는 한 단락을 옮겨 쓰거나 교과서 속 편지를 전범(model)으로 삼아 각자 자기의 편지를 완성하게 했음을 추측할 수 있다. 편지의 형식에 대한 설명이 간단히 소개되어 있기도 하다. 시의 경우, 운율적 구성을 갖는 시의 기초 단위인 'stanza'9)를 사용하여 시에 내재한 비슷한 소리들의 질서 즉, 라임(rhyme)을 발견하고 새롭게 고안해내는 활동을 통해 학습이 이루어진다.

주목할 것은, *New National Readers*(1884)의 고학년 교재에는 목차에서 'Lessons in Prose'와 'Lessons in Verse'처럼 산문과 운문을 구별하여 정리해 놓았다는 점이다. 편집자가 교재 안에 혼종된 상태로 제시된 산문과 운문들을 목차에서 의도적으로 구별해 놓은 것이다. 이에 대한 별도의 교수 방법이나 안내 사항은 없지만, 연습문제를 통해 각 장르가 가진 교육의 목적을 짐작할 수 있다. 산문에 대한 연습문제는 짧은 이야기를 분석하고 그것을 바탕으로 새로운 글을 작문하는 데 초점이 맞춰져 있다. 그에 비해 운문에 대한 연습문제는 시의 감각을 해치지 않는 범위에서 숨을 조절하여 읽는 방법이나 운율을 창출하는 방법에 집중되어 있다. 산문이 교재 이외의 다른 재료의 도입을 허용하며 내용 분석과 주제의 추론 능력을 높이는 방향에서 교육된다면, 운문의 경우에는 합창을 통한 조화(concert)를 이끌어내는 방향에서 교육된다.

New National fifth Readers(1884)에 이르면, 저자는 이 교과서가 '미숙한 나이의 학생들에게 우리 문학의 걸작을 이해시키는 것을 실현'10)할 수 있을 것이라 말한다. 이때 저자가 강조하는 것은 교사의 재량이다.

---

9) Charles J. Barnes, 'A song of the sleigh', *New National Third Reader*, New York and Chicago: American Book Company, 1884, p.185.

10) A. S. Barnes, 'preface', *New National Fifth Reader*, New York and Chicago : A. S. Barnes Company, 1884, p.6.

저자는 교사가 교과서 이외의 자료들을 섭렵하여 문학 이해의 가능성을 높일 수 있음을 강조한다. 실제로 이 교재에는 각 단원에 실린 작품의 말미에 저자명과 저자의 약력이 표기되어 있어, 교사와 학생들은 관심 있는 작품을 더 찾아 읽을 수 있다. 산문과 운문의 연습문제는 기존의 경향을 유지하되, 고학년으로 갈수록 중요한 부분을 분석하거나 특정 부분의 수사법에 주목하는 형태를 보인다. 가령, *Union Reader*에서는 알레고리와 우화 관련 제시문을 단원의 내용으로 구성하고, 주석에서 'allegory'와 'fable'에 대해 "좀 더 명확하고 인상적인 전망을 제공하기 위해 설계된 문자", 즉 "비유"[11]로 설명하여 학생들의 이해를 돕는 양상이 나타난다.

또한, *Union Reader*는 작가를 author, poet[12], novelist, essayist, dramatist, critic, orator 등으로 구별하여 사용한다. 특히, Union Sixth Reader(1862)는 문학 작품 뿐 아니라, 서양의 유명한 작가들에 대한 소개가 주를 이룬다. 이 교과서는 각 작가들의 업적을 설명할 때 작가를 장르에 맞춰 계열화하고, 그에 입각하여 작가의 경향을 서술해나가는 양상을 보인다. 이는 'literature'의 장르 분화, 'writer'의 직업화가 반영된 결과로 볼 수 있다.

미국 독본의 영향을 받은 근대 초기 일본어 독본에서는 작가의 분화에 대한 의식이 나타나지는 않지만 다양한 장르 명칭을 볼 수 있다. 문부성 발행 『尋常小學讀本』(1896)의 경우, 국가정신이나 국체를 강조하

---

11) Charles W. Sanders, 'FAITH, HOPE, AND CHARITY-An Allegory', *Union Fourth Reader*, New York: Ivision Blakeman Taylor Company, 1869, p.236; Charles W. Sanders, 'The Three sisters-An Allegory', *Union Fifth Reader*, New York and Chicago: Ivision Blakeman Taylor Company, 1872, pp.105~106.

12) *Union Reader2*에서 poet을 '시를 쓰는 작가(writer of poetry)'로 정의한 양상을 살펴볼 수 있다. Charles W. Sanders, *Union Reader2*, p.29.

는 글들이 주를 이루며, 글(文)에 대한 의식이 나타난 단원으로는 '일용
서류(日用書類)'가 있다. 5권부터 8권까지 각 권에는 '일용서류'라는 범
주하에 '편지', '병문안의 글', '신문 주문의 글', '작문의 첨삭을 부탁
하는 글' 등이 실려 있다. 중등학생을 위해 문부성이 발행한『高等小學
讀本』(1890)의 경우, '話', '說', '曲', '傳', '記', '論' 등의 장르 표시가 나
타난다. 이 책의 서문을 보면,『高等小學讀本』이 아동의 지식을 발달케
하고, 언어와 문장을 가르칠 목적으로 발간되었으나, 그 내용이 "소설,
비유, 속담, 전기, 시가 등을 사용하여, 아동의 유열심(愉悅心)을 환기하
고, 통독할 때 자연히 지용(智勇)의 기력을 양성하여 순종, 정숙, 우애의
정을 감발하여 아동으로 하여금 그 몸을 사랑하고, 그 뜻을 고상히 하
길 기대"[13)하는 차원에서 기술되었음을 알 수 있다. 각각의 글에 대해
특정한 장르적 분류를 시도하지는 않았으나, 교육의 목적을 위해 다양
한 글의 종류를 활용하고, 당대 교과서 편찬자들이 문종에 대한 의식
을 가지고 있었음을 드러낸다.

실제로 일본에서 시·소설·희곡을 하나로 묶는 언어예술에 상당하
는 문학 관념이 생겨나지 않은 도쿠가와기부터 유럽류의 시·소설·
희곡 각각에 상당하는 일정한 장르의식이 등장하는 기운이 있었다.[14)
또한, 1897년(메이지30)대에는 '문단'이 소설가나 시인들의 그룹을 말하
는 용례[15)로 사용되었으며, 1898년에 윌리엄 조지 애스턴에 의해 영어
로 쓰인 최초의 '일본문학사'가 산행되어 일본의 문학 장르로 '시, 픽
션, 일기, 수필(에세이)'[16)이 언급된 바 있다. 이것은 서양인의 시선에

---

13) 文部省編輯局,「緖言」,『高等小學讀本』, 大日本圖書會社, 1890, 2면.
14) 鈴木貞美, 김채수 역,『일본의 문학개념』, 보고사, 2001, 185면.
15) 위의 책, 349면.
16) 위의 책, 340면.

의해 일본 문학이 체계화되고 번역되는 과정에서, 일본문학의 '장르'
가 제도화된 예이다. 당대 교과서의 내용 역시 일본 근대 문학 개념을
수용하고 자국의 문학을 재배열하는 과정 속에서 창출된 것이다.

　일본의 교과서 편찬자들과 교사들이 문종에 대한 인식을 가지고 있

[그림1] 『國定讀本 教授用 修辭法 及 取扱』(1912)의
　　　 표지

었음을 구체적으로 증명할 수 있
는 자료로 『國定讀本 教授用 修辭法
及 取扱』(1912)을 들 수 있다. 이 책
은 국어 교사들에게 수사법과 작
문(綴方), 독서 교육의 중요성을 강
조하고, 국어 수업의 방법을 안내
하기 위해 발간된 국정 독본이다.
이 책에서 저자인 이나가키 쿠니
사부로우(稻垣國三郎)는 사상의 배열
상으로 보면 각종의 문식(文式)이
생겨나지만, 배열된 사상의 본질
로 보면 여러 종류[文種]가 생겨남
을 언급하며 문식과 문종을 구별
한다. 그는 독본에 수록된 글을 율

어(律語)와 대상(對象)의 유무로 나누고, 율어가 없고 대상이 없는 글을
보통문으로 명명한다. 그리고 그것을 다시 사상의 배열과 사상의 본질
에 따라 나눈다. 이때, 문종은 문식에 대응하는 좁은 개념으로 사용된
다. 그는 보통문에 부합하는 좁은 의미의 문종을 기사문, 서사문, 설명
문, 의론문으로 나누어 상세히 설명한다.[17] 이것은 뒤에서 살펴보게

---

17) 稻垣國三郎, 『國定讀本 教授用 修辭法 及 取扱』, 同文館, 1912, 213~214면.

될 미국의 작문 교과서의 분류법과 매우 유사하다. 이나가키는 이것이 당대 일본에서 통용되는 구분법임을 전제한다. 이는 서양의 작문 교재에 나타난 장르 의식이 일찍부터 일본에 영향을 미쳤음을 암시한다.

저자는 책의 말미에「讀本各課 文種 及 文式」을 부록으로 두어 심상과 제 1학년부터 6학년까지 독본에 수록된 글의 문종과 문식을 표로 정리해두었다. 다음은 그 표의 일부분이다.

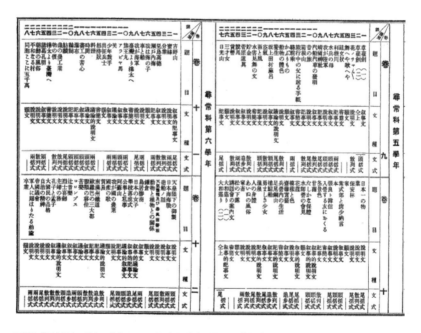

[그림?]『國定讀本 敎授用 修辭法 及 取扱』(1912)이 부록으로 수록된「讀本各課 文種 及 文式」의 일부분

표를 보면, 이나가키가 사용하는 문종이라는 개념이 보통문을 네 종류로 나누는 좁은 개념에서 벗어나 운문까지 포괄하는 넓은 개념으로

본 논문에서 인용한 자료는 대만국가도서관에 소장된 것임을 밝혀 둔다.

쓰였음을 확인할 수 있다. 또한, 그는 문종의 범주 속에서 '서사적 설명문', '기사적 설명문' 등 당대 글쓰기에 수용된 문종의 교섭 양상까지 포괄한다.

조선 학생들의 일본어 교육을 위해 조선총독부가 발행한 『普通學校國語讀本』(1912-1915)은 소재, 인물, 사건을 강조하여 글의 제목이 구성되어 있다. 話(이야기)를 제외한 문종의 표지로는 歌(노래), 手紙(편지), 注文書(주문서), 年始狀(연하장), 日記(일기)를 사용했다. 이 독본은 일본의 학교에서 일본 학생들을 위해 문부성에서 발행한 교재를 조선총독부에서 거의 그대로 옮겨온 것이다. 이 독본에는 매 단원 '연습문제'가 달려 있는데 대부분의 연습문제는 단원의 내용 요약, 새로운 단어 암기, 편지 모방해서 쓰거나 답장 쓰기, 노래의 의미 말하기, 내용을 바탕으로 자신의 생각 글로 쓰기 등이다. "ソレヲ文ニオ作リナサイ。"라는 표현에서 알 수 있다시피 어떤 글의 종류를 선택하여 표현할 것인지는 구체적으로 요구하지 않는다. 그러나 제목에 문종 구분이 없더라도 연습문제에서 단원에 제시된 글을 시 또는 이야기, 편지, 일기 등으로 지칭함으로써 당시 교과서 편찬자들이 문종에 대한 의식을 가지고 있었음을 알 수 있다. 또한, 이러한 연습문제를 풀며 전범을 모방하여 새로운 글을 쓰고, 작품을 읽고 자신의 생각을 한 편의 글로 완성했다는 것은, 단편적으로나마 감상이나 논평에 대한 교육이 이루어졌을 가능성을 암시한다.

이에 반해, 조선어독본의 서문에서는 문종에 대한 의식을 찾아볼 수 없다. 조선의 학교에서 독본으로 활용되었던 자료들에서 발견할 수 있는 문종의 표지들을 살펴보면 『국민소학독본』(1895)의 '話', 『신정심상소학』(1896)의 '이익기', '話', 『고등소학독본』(1906)의 '曲', 『초등소학』

(1906-1907)의 '話', 『노동야학독본』(1908)의 '演說', 『최신초등소학』(1908)의 '이약이', 『신찬초등소학』(1909)의 '이야기, 話, 書札' 등이다. 그 이외에도 '조선 여성들의 독학'을 위해 간행된 『부유독습』(1908)을 보면, '儒胥必知 유셔필지'18)가 언급된다. 『유서필지』는 선비나 서리들이 꼭 알아두어야 할 일종의 공문서 작성의 편람이다. 이를 통해 근대 초기 여성들에게 글의 종류와 그것을 작성하는 방법이 중요한 지식의 하나로 강조되었음을 알 수 있다. 다만, 이 교재들은 조선어 습득, 교훈의 내면화, 신지식의 전파 등을 위해 간행되었던 것이기에 언어 예술로서 문학 장르 체계에 대한 인식을 엿보기는 어렵다.

근대 조선의 초기 독본들에서는 보통 소재를 제목으로 삼고, 장르 표지를 노출하지 않는 경우가 많다. 다만, 편지나 노래(시, 곡, 가)를 제외한 글들에 장르 표시를 할 경우, 일반적으로 이야기/話라는 분류 명칭이 사용됨을 알 수 있다. 이와 같은 양상은 『보통학교 학도용 조선어독본』(1911), 『보통학교 조선어급한문독본』(1913)에서도 유지된다. 이전의 독본들과 달리 '일기'가 추가되나, 편지의 경우에도 편지라는 글의 종류 대신 편지를 받는 대상이나 편지를 쓰는 상황이 강조되는 방향에서 제목이 정해진다. 특히, 『보통학교 조선어급한문독본』에는 각 단원마다 연습문제가 실려 있는데, 그 연습문제의 내용이 새로운 단어 익히기, 문장 받아쓰기, 글의 내용 확인하고 암기하기 등으로 구성되어 있다. 간혹 "이약이를 듯고 感動된 것을 말하야라"19)라는 문세가 제시되기도 하는데, 이는 교훈을 담은 '한문(漢文)' 관련 단원일 경우가 대부분이다.

---

18) 姜華錫, 『婦幼獨習』, 皇城新聞社, 1908, 196면.
19) 「제 9과 한문(陰德)」, 『보통학교 조선어급한문독본』, 조선총독부, 1913, 24면.

근대 초기 교과서에서 살펴볼 수 있는 이와 같은 경향은, 당대 교과서가 '배우는 주체'의 신체적·정의적·지적 성장의 특수한 과정을 고려하기보다는 '가르치는 주체'를 중심으로 모든 학생이 도달해야 할 목표를 설정하고 있었기 때문이다. 교과서는 일제 식민정책과의 관련 속에서 실업, 지리, 인물, 문학 영역에 속하는 단원들도 대부분 도덕과 교훈을 전달하기 위한 의도로 채워져 있다.[20] 이와 같은 조선어독본의 경향은 앞서 살펴본 미국과 일본의 교과서와 차이를 보인다. 조선에서 독본으로 활용되었던 자료들에 나타난 문종에 대한 인식은 명확한 체제와 기능의 차이를 지닌 노래, 편지, 일기를 배제한 나머지 산문은 이야기로 분류하는 단순한 구분법에 기반을 둔다. 그것은 글(쓰기 교육)을 기능적인 측면, 문명화의 도구로 부각한 교육 방식에서 원인을 찾을 수 있다. 여기에서 글의 종류(문종)는 한 편의 글이 갖추어야 할 공적인 특성, 체제를 중심에 둔 것임을 알 수 있다.

그럼에도 불구하고 근대 초기 조선어 독본의 글들에 문종에 대한 의식이 잘 나타나지 않는다는 점을 조선 지식인의 문종 의식 부재로 연결시키기는 어렵다. 앞서 언급한 『國定讀本 敎授用 修辭法 及 取扱』의 판권지에는 이 책이 일본의 동경과 오사카뿐 아니라, 조선 경성의 일한서방(日韓書房)에서도 판매되었다는 사실이 명시되어 있다. 『國定讀本 敎授用 修辭法 及 取扱』의 출판과 유통은 조선인이 미국과 일본 교과서를 읽었을 가능성을 보여준다. 또한, 당대 교사들이 참고하고 수업에 적용했을 교사용 도서의 내용은 문종 개념이 조선에 수용되고 전파되어 조선의 지식장에 미쳤을 영향을 암시한다.

---

20) 강진호·허재영, 「일제식민정책과 조선어과 교과서」, 강진호·허재영 편, 『조선어독본』 2, 제이앤씨, 2010, 739~740면.

3. 장르 개념의 도입에 따른 전통 문학 양식의 변용

문종의 형성과 분화는 근대적인 지식과 표현양식이 형성되어 가는 과정을 나타내는 중요한 지표이다. 애초에 문종은 '서사', '서정', '논', '설' 등 현대적인 관점에서 문학의 양식을 지칭하는 것이 아니라, 다양한 글을 형태나 쓰임 등에 따라 분류하는 과정에서 고안된 것이다. 우리는 앞서 근대 초기 국어독본으로 활용되었던 교과서를 통해 그것을 확인할 수 있었다. 그와 같은 양상은 『신찬초등소학』권6의 2과 「문학의 진보와 쇠퇴」에서 "문학"과 "시문"21)이 넓은 의미의 '글'이나 '학문'으로 이해되고 있었던 것과 같은 정황에 기인한다.

하나의 텍스트를 다른 텍스트로 번역하는 것은 두 개의 서로 다른 언어의 통일체가 미리 주어져 있기 때문이 아니다. 번역의 행위가 언어를 분절화하고 그 결과 번역의 표상을 통해 마치 번역하는 언어와 번역되는 언어 사이에 자립적이고 폐쇄된 통일체가 존재하는 것처럼, 그들의 언어를 조정할 수 있는 제도가 성립하기 때문이다.22) 근대 초기 조선에서 문학과 작문을 교육적 층위에서 고민했던 자들에게 문종 개념의 번역은 조선의 전통 문학과 서양의 문학 사이에서 조선의 문학관과 언어를 조정하고, 그것을 대중화할 수 있는 제도를 마련하는 일이었다.

현재 우리에게 익숙한 '문종=genre'의 동일시 현상은 근대 초기 사전이나 독본에서는 찾아보기 어렵다. 『佛和辭典』(1871)에서 Littérature는 '文學'23)으로, genre는 '種類, 系, 形'24)으로 번역된다. 이 사전에서 style

---

21) 玄采, 『新纂初等小學』 권6, 日韓印刷株式會社, 1909, 3면.
22) 酒井直樹, 『日本思想という問題 : 飜譯と主體』, 岩波書店, 1997, 4면.
23) 好樹堂 譯, 『佛和辭典』, 米國長老派傳道教會, 1871, 248면.

은 '形, 文作, 筆'25)로 번역된다. 이후, 『법한ᄌ뎐』(1901)에서 Littérature
는 '글씨'26)로, genre는 '...류, 종류'27)로 번역된다. 1924년에 간행된『新
佛和辭典』에 보면, genre는 '種類, 作法, 趣味, 質, 性, 文體, 型'28) 등 애초
의 의미보다 더 한정된 범위에서 사용됨을 살필 수 있다. 이 사전에서
는 Littérature 역시 '文學, 文學書, 文人の職'29)으로 넓은 의미의 학문 개
념으로부터 이행해 근대적 문학 개념에 근접한 형태를 보인다. '문학'
이라는 어휘가 '학문'에서 '문예'의 의미로 이행해갔다는 것은 '학문'
과 '문학'의 구별이 시작됨을 의미한다. 같은 맥락에서 볼 때, 문종은
문예의 변용 속에서 일어난 일종의 문예 계열화 작업의 결과로 생각
해볼 수 있다.

  처음에 genre라는 단어는 '종류', '갈래', '형태', '風', '流', '式'의 의
미를 포괄했다. 이처럼 'genre'라는 용어에 대한 번역과 해석의 내용은
글의 종류는 물론 지식의 범주에 대한 당대의 인식을 반영한다. 또한,
이 단어의 번역은 서양과 일본을 경유하여 문종 개념을 수용한 조선
의 상황과 관련되어 있다. 불어 'genre'는 '종류'의 번역어로서 조선에
유입되었으나, 조선의 문화 부흥 열기 속에서 '문예의 종류'로 축소,
정착된 것일 수 있다. 미국 교과서에서 genre의 어원인 genus가 '종류',
'속(屬)'이라는 의미로 쓰이다가 작문교과서에서 현재 사용하는 장르

---

24) 위의 책, 196면.
25) 위의 책, 394면.
26) Charles Alévêque, 『법한ᄌ뎐』, Seoul Press, 1901, 181면.
27) 위의 책, 180면.
28) 이 사전은 1910년 처음 간행된 이후, 1915년에 增訂판을 간행한다. 이 논문에서 참
    고한 사전은 『增訂 新佛和辭典』의 28판이다. 野村泰亨, 『增訂 新佛和辭典』, 大倉書
    店, 1924, 478면.
29) 위의 책, 621면.

개념과 근접한 양상을 보이는 것처럼, '작문'은 자신의 생각에 맞는 '특정 종류'의 글에 대한 선택과 글의 형식적 원리를 모방하고 차용하는 과정에 대한 사유를 전제한다.

실제 독본에 수록된 글의 종류에 따라 체제와 내용상의 차이가 나타난다. 또한, 그것의 교육적 필요성에 대한 인식이 엿보이는 독본들은 한문학의 전통 속에서 이루어진 글의 분류법이 점차 서양과 일본의 장르 인식에 영향을 받아 어떻게 변화해 가는지 보여준다. 그것은 작문 교재로 활용되었던 독본들에서 뚜렷해진다. 주목할 점은, 현재 통용되고 있는 글의 분류법이 미국의 작문교재에서 그대로 나타난다는 것이다. 일본 수사학의 대표적 참고서였던 *English Composition and Rhetoric. A Manual*(1867) 저자 알렉산더 베인은 '작문의 종류'를 'description', 'narrative', 'exposition', 'persuasion', 'poetry'로 구분한다. 1900년 초에 발행된 *English: composition and literature*(1900)와 *Composition‐Rhetoric*(1905)의 내용 역시 크게 달라지지 않는다. 전자는 '담론의 유형'을 'narration', 'description', 'exposition', 'argument'로 나누고, 여기에 'speech'와 'verse'를 추가된 형태로 작문법을 제시한다. 후자 역시 '담론의 유형'을 'description', 'narration', 'exposition', 'argument'로 구분하고 여기에 'poetry', 'letter'가 추가된 형태로 작문법의 체계를 마련했다. 1918년에 간행된 작문법에서는 여기에 verse나 letter 대신 'diary'가 들어서기도 한다.

1900년대 초 일본에서 발행된 작문 교재를 보면, 서양 작문 교재의 영향 속에서 전대 한문학의 전통으로부터 완전히 벗어나지 못한 혼종적 상태를 발견할 수 있다. 오와다 타케키가 쓴 『作文寶典』(1905)과 쿠보 도쿠지가 쓴 『實用作文法』(1906)이 그 예이다. 『作文寶典』은 글을 '산문'과 '운문'으로 나누고, 산문을 다시 '잡기문(雜記文)', '자기문(自記文)',

'서사문(敍事文)' 등으로 분류한다.[30] 조선인 이각종이 발행한 『실용작문법』과 비교 연구[31]가 되었던 쿠보 도쿠지의 『實用作文法』(1906)에서 저자는 중국의 문장 분류법은 "비논리적"[32]이라 무가치하게 된 것이 많으므로 문장을 새롭게 대별할 필요가 있다고 전제한다. 그리고 그는 기체문(記體文), 서사문(敍事文), 설명문(說明文), 의론문(議論文), 유설문(誘說文), 서한문(書翰文)의 분류법을 보인다.[33] 이 분류의 상위 개념은 '문장(文章)의 종류'이다. 앞에서 살펴봤던 이나가키 쿠니사부로우는 이 문장의 종류를 '문식'과 대별하여 '문종(文種)'이란 단어로 집약한 것이라 할 수 있다.

미국과 일본의 교과서가 분류된 글의 개념 정의와 종류, 내용 구성의 방법, 수사학의 법칙 등을 기준으로 작문법을 기술한 데 반해, 조선의 1900년대 초 작문교재는 각 장을 글의 종류에 따라 배치하고, 전범이 될 글을 제시하는 방향을 취한다. 최재학의 『文章指南』(1908)의 '論, 說, 記, 傳, 序, 文, 題, 跋, 贊, 頌, 銘', 『實地應用作文法』(1909)의 '論門, 說門, 傳門, 記門, 序門, 題門, 跋門, 文門, 書門, 贊門, 頌門'이 그 예이다. 이와 같은 산문 장르의 구분은 전통적인 한문 문체 분류법을 원용한 것이다. 최재학이 『실지응용작문법』을 간행하면서 저본으로 삼은 일본의 서적은 『續文法詳論』, 『續漢文典』, 『新訂中等作文軌範』, 『新美辭學』, 『修辭學』 등으로 밝혀져 있다. 최재학은 전통적인 한문 수사학과 문장학

---

30) 大和田建樹, 『作文寶典』, 博文館, 1905.
31) 배수찬, 『근대적 글쓰기의 형성 과정 연구』, 소명, 2008, 180~184면; 임상석, 「1910년대 초 한일 "실용작문"의 경계」, 『어문논집』 61, 민족어문학회, 2010.
32) 久保天隨, 『實用作文法』, 實業之日本社, 1906, 12~13면.
33) 이 밖에도 『新體詩作法』과 같은 서적은 근대시의 형식과 내용, 해석의 방법, 외국 시인들의 전기를 수록함으로써 운문으로 뭉뚱그려져 있었던 시가의 장르적 모색이 가능할 수 있음을 제시한다. 河井又平, 『新體詩作法』, 博文館, 1912.

의 성과를 계승하면서 일본 및 서구 수사학의 성과를 적극적으로 흡수하는 절충적 입장을 취한다.[34] 최재학은 『실지응용작문법』에서 이 문종들을 묶는 상위 개념을 '체제(體製)'로 정한다. 그리고 논문, 전문, 기문의 경우, 문종의 하위 항목을 세분하고 예를 드는 새로운 시도를 보여준다. 물론 그에 따라 구체적인 글쓰기의 방법을 제시하지는 않는다. 그러나 이 책에 실린 글들은 동시대인들에 의해 작성된 것으로, '권리사상론', '국민생기설', '화성돈전', '박람회축사' 등 작문만이 아니라 국민의 계몽을 도모하는 내용으로 구성되어 있다. 이는 조선의 정치적 상황 속에서 교육과 계몽을 통해 나라를 일으키려 했던 지식인들의 글이다.

배수찬에 의하면, 글은 '특정한 세계 인식에 구조적으로 상응하는 문장 조직'[35]이다. 이 말은 사회와 의식이 변화함에 따라 한문학의 전통 속에서 오랜 시간 동안 형식과 의미를 유지했던 글쓰기의 전범이 서구적인 장르 개념의 도입 속에서 소멸되거나 다른 방식으로 변용을 꾀해야 했음을 의미한다. 근대 조선에서 필요한 장르를 선택하고, 그것을 개념화하는 작업이 진행되는 과정에서 '문학'과 '문학 교육' 역시 자기의 외연을 확정해나갔을 것이다.

최재학의 작문론에 대해 이정찬이 언급한 것처럼, 전통적 작문에는 '논, 설, 책' 등이 존재할 뿐 설명문, 논설문 등이 부재했다. 일례로 전통적 한문에서 '논', '설'은 격식적이고 관습적인 구분이었지 '설득과

---

34) 남궁원, 「개화기 글쓰기 교재 『실지응용작문법』과 『문장지남』 연구」, 『한문고전연구』 12, 한국한문고전학회, 2006, 200면; 정우봉, 「근대계몽기 작문 교재에 대한 연구―『실지응용작문법』과 『문장지남』을 중심으로」, 『한문교육연구』 28, 한국한문교육학회, 2007, 169~172면.

35) 배수찬, 앞의 책, 61~87면.

설명'에서 기인한 구분이 아니었다.[36] 그는 최재학의 글을 통해 근대 조선에서 필요한 '계몽적' 글쓰기를 중심에 두고 '논', '설'이 변용될 수 있었던 지점을 언급한다. 이와 같은 서양 문종 개념의 변용 논리는 '실용'을 중심에 두고 문종을 분류한 쿠보 도쿠지의『實用作文法』, 이각종의『실용작문법』(1912)에도 적용될 수 있다. 미국의 작문 교과서는 실용보다는 문학적 영감을 고양하기 위해 기획되었기 때문이다. 실용을 중심에 둘 때, 글은 형식이나 법칙을 강조하기 쉽다. 형식은 어떤 작품이 장르로서의 성격을 구축하도록 하는 결정 요인이지만, 그 자체가 장르는 아니다. 장르는 형식의 제한과 가능성 속에서 형성된 구체적 작품들의 집합이며, 궁극에는 그 공통 특성들의 총합에 따라 성격이 규정된다.[37] 그러나 일본과 조선의 경우, 문학의 역사화 작업이 수행되기도 전에 서양의 문종 개념에 맞게 문학작품을 대입하는 과정을 경험해야 했다.

이각종의『실용작문법』하편에는 '사생문(寫生文), 의론문(議論文), 유설문(誘說文), 보고문(報告文), 송서 및 서서문(送序及書序文), 변박문(辨駁文), 축하문(祝賀文), 적제문(吊祭文), 금석문(金石文), 전기문(傳記文)' 등 각 장이 글의 종류에 따라 배치되어 있다. 이것을 엄밀히 살펴보면, 편찬자의 관점에 따라 각 개념들의 범위와 경계가 미세하게나마 차이를 보인다. 가령, 1900년대 간행된 작문 관련 독본에 비해 이 독본의 문종 표지들이 훨씬 더 글의 내용적 특성을 구체적으로 보여준다. 또한, 이 독본은 각 글에 대한 개념 정의와 글쓰기의 방식 등에 대한 설명을 제시하고 예시가 될 만한 글을 첨부하는 형태를 띤다. 그러므로 이 책은 미국

---

36) 이정찬, 「작문사적인 관점에서 본 근대 초기 작문 교재 연구」,『한국언어문학』79, 한국언어문학회, 2011, 342면.
37) 김창현,『한국적 장르론과 장르보편성』, 지식산업사, 2005, 96면.

작문 교재의 영향 속에서 간행되었으나, 일본의 근대화를 경유하는 과정에서 '실용성'이 강조된 조선 작문 교재의 대표적 예라 할 수 있다.

『실용작문법』의 하편은 '문장각론(文章各論)'으로 문체의 정의와 문체의 종류에 대한 내용이 주를 이룬다.

> 文體는 文章의 作法上 體裁를 云홈이니 文體는 文章의 性質을 從호야 多少 相異호 形式이 有호지라 故로 今에 其大体上 通用호는 形式의 數種을 知홀 必要가 有호니라 然이는 人의 思想은 千變萬化에 其極이 無혼즉 其思想의 表現法된 文體도 從亦 千差萬別이라 如何혼 題目에던지 必其 特定혼 文體가 常有키 不能호니 故로 必須 其思想과 題目에 相伴호야 相應혼者를 適宜選擇치 아니홈이 不可호니라[38] (띄어쓰기-인용자)

『실용작문법』에서 저자는 문체를 문장의 작법상 체재로 정의하고, 문체는 문장의 성질에 따라 상이한 형식을 갖기에 통용하는 형식의 종류를 알아둘 필요가 있음을 강조한다. 그리고 인간의 사상이 변화함에 따라 그 사상의 표현법인 문체 역시 상응하도록 선택해야 함을 말한다. 『실용작문법』에서 이각종은 옛날 조선에서는 詩, 賦, 表, 策, 論, 疑, 義 등으로 문체의 주요 부분을 지었으며, 중국에서는 그 종류가 더욱 번성하였으나, 그것을 모두 밝힐 필요는 없고 "실용상 필요한 자"[39]를 열거하건데 그것이 앞서 언급한 열 가지라 말한다. 이것은 전래하던 문종이 외래 문종의 영향을 받아 변용된 것을 의미한다. 물론 여기에는 조선에 대한 일본의 초기 교육정책 이념이 반영되어 있다.

이와 달리, 최남선의 『시문독본』(1916)에서는 문종에 따라 장을 구분

---

38) 李覺鍾, 『實用作文法』, 博文書舘, 1912, 4면.
39) 위의 책, 74면.

하지 않았지만, '說, 記, 論, 傳, 時調, -에서, -에게' 등의 표제들에서 다양한 양식의 글을 포괄하려 한 편찬자의 의도를 읽을 수 있다. 또한, 이 책을 펴낸 최남선은 독본의 예언 제5항에 '이 책의 용어는 통속을 위주 하얏스나 학과에 쓰게 되는 경우에는 사수(師授)되는 이가 맛당히 합리한 정정을 더할 필요가 잇슬 것'이라고 당부한 바 있다. 이는 각각의 글이 교육의 대상이 될 수 있으며, 교육에 적합한 용어로 그 글들을 지칭할 필요가 있음을 환기한다. 독본의 서문에서 최남선이 말한 '통속'과 '합리한 정정'이라는 말은 조선의 교육 현실과 작문 교재의 경향성 가운데서 음미될 필요가 있다. "단어 및 문장의 의미에 대해 말함으로써 관습적으로 설명하던 차원에 주목"하는 것에서 더 나아가 "어떤 주어진 발언이 특정한 경우에 발설되었을 때 그것이 지니는 특정한 효력을 추가적으로 파악할 필요가 있"[40]음을 생각하게 하기 때문이다.

지금까지 언급한 일본의 작문 교재와 조선의 작문 교재에서 사용된 용어를 살펴볼 때, 흥미로운 점은 분류된 글을 포괄하는 개념이 '문장' 혹은 '문체'라는 점이다. 그리고 아직 중국의 산문 분류법을 따르고 있다는 점이다. 이것은 일본과 조선의 지식인들이 근대 문학장을 구성하는 데 있어 중국 한문학의 문학적 관습으로부터 완전히 벗어나지 못한 상태임을 보여준다. 중국어에서 문체(文體)는 두 가지 의미를 가진다. 하나는 '體派'의 뜻으로 문학의 작풍을 가리키는 뜻이고, 다른 하나는 '體流'의 뜻으로 문학의 유별을 가리킨다.[41] 여기에서 작풍은 style을, 유별은 genre를 뜻한다. 문학의 근대화 과정에서 대두된 문학

---

40) Quentin Skinner, 황정아 · 김용수 역, 『역사를 읽는 방법』, 돌베개, 2012, 170면.
41) 羅根澤, 『魏晉六朝文學批評史』, 1996, 29면(임춘성, 『중국 근현대문학사 담론과 타자화』, 문학동네, 2013, 95면에서 재인용).

형식의 근대화는 조선인의 변화된 의식과 감정을 어떻게 표현할 것인 가라는 문제와 결부되어 있었다. 조선의 문종 개념은 조선의 한문학적 전통이 일본을 경유하여 서양의 작문법과 서양의 문학 장르체계의 영 향 속에서 재구성된 것이다. 이 점을 감안할 때, 근대 초기 문종 개념 은 중국의 두 가지 문체 개념이 서양과 일본의 영향 속에서 문학의 '자율성'에 입각하여 통합되는 과정에서 찾을 수 있다.

여기서 미국의 작문 교재에서 주목할 부분이 있는데, 분류된 글들을 포괄하는 상위 개념이 '작문의 종류'와 '담론의 유형'이라는 점이다. 이 개념이 바로 우리가 현재 서정, 서사, 극 혹은 시, 소설, 희곡, 수필, 설명문, 논설문 등을 포괄하여 사용하는 '장르'의 기원이다. 조선의 문 종 개념은 애초부터 '문예 양식의 갈래'로서 쓰인 것이 아니라, 중국 한문학의 文體 개념과 일본의 文(章) 개념을 서양의 "kinds of com-position"과 "forms of discourse"의 번역어로 조선에 유입하는 과정에서 창출된 것이다. 그리고 문종, 즉 장르는 근대 작문 교육의 변화 과정에 서 현재의 의미에 근접하게 통용되어 온 것이다. 작문이 글을 쓰는 주 체와 그것을 읽는 주체 사이의 관계를 염두에 둔 것이며, 근대 조선에 서 문학 작품이 교환가치로서 의미를 획득해간 점을 생각할 때, genre 는 '종류-법칙-작가와 독자 간의 구성적 관례와 규약(code)'으로 그 개 념의 변화를 거쳐 온 것이라 하겠다.

4. 문종의 교육과 일반화의 논리

글의 제시 형식이 한 장르의 탄생으로 이어지기 위해서는 집단의 호응을 필요로 한다. 장르의 표지를 공유하고, 그것을 이용해 작품을 창작하고 향유하는 집단이 필요한 것이다. 그에 입각해볼 때, 독본의 저자(편집자), 교사와 학생은 문종의 생산자와 수용자라고 할 수 있다. 글에 대한 제시 형식의 생산 경로는 한 사회 전체의 생산력과 생산 관계, 이데올로기, 미학적 전통, 개인적 특수성 등이 상호 보완·대립하는 변증법적 과정이라고 할 수 있다. 여기에는 수용의 조건들이 일정한 영향력을 행사할 수 있다. 장르 유통의 담당층도 자기들의 이해관계에 따라 독자적 의도를 가지고 제시 형식의 생산이나 변형 과정에 영향력을 행사할 수 있다.[42]

『小說神髓』를 썼던 쓰보우치 쇼요는 1900년에 소학교용『國語讀本』을 간행하여 교육계에 커다란 반향을 일으킨 바 있다.『坪內博士の讀本を使用する國語敎授法』에서 이 독본의 취지를 보면, 이 독본은 아동의 지해(知解)에 적합하고, 감흥과 동감을 촉발하는 내용으로 구성하였으며, 아동의 심리상태(心狀)를 참작하여 '記叙法'을 '문학적'으로 구성했음을 알 수 있다.[43]『高等國語讀本』권1의 서언에서도 독본에 실린 글이 "아동의 지능에 적합한 것을 택하는 것은 물론, 문학상의 이익과 흥미를 갖춘 것을 주로 택하였"음을 보여준다. 또한, 쓰보우치 쇼요는 독본에 실린 많은 "신체가(新體歌)와 화가(和歌)"에 대해 언급하며, 대개 "가(歌)는 문학상의 미술(美術)이면서, 이로 말미암아 문학의 기호(嗜好)를 일으킬 뿐 아니라, 또한 애국의 지념(志念)를 발하는 데 뛰어남"을 강조한다.[44] 소설과 시를 예술(art)과 등가에 두고, 소설의 공리성을 언급하는 것은 쓰보우치가『소설신수』(1886)에서 보여준 문학론과 연결되어

---

42) 김창현, 앞의 책, 92~93면.
43) 長尾松三郎·田村作太郎, 『坪內博士の讀本を使用する國語敎授法』, 村上書店, 1901, 54~57면.
44) 坪內雄藏(逍遙), 「緖言」, 『高等 國語讀本』, 富山房, 1900.

있다.

쓰보우치의『소설신수』는 우리가 앞서 언급했던 알렉산더 베인의『영작문과 수사학』을 비롯한 베인 저작의 영향 속에서 작성된 것으로 알려져 있다.[45] 그러나 정병호가 언급한 것처럼『소설신수』와 베인 사이의 영향관계를 인정할 수 있더라도, 예술의 근본적이고 직접적인 의도를 '즐거움'에서 찾은 베인과 달리, 소설의 '공리성'을 강조한 쓰보우치의 견해 사이에 존재하는 낙차는 주목될 필요가 있다.[46] 그것이 바로 서양의 문학 개념을 일본의 상황에 맞게 변용한 부분이기 때문이다. 알렉산더 베인이 그의 저서에서 예술작품이 줄 수 있는 '순수한 즐거움', '사람의 품위를 고양하는 기능'[47]을 강조했다면, 쓰보우치 쇼요는 그것을 '흥미', '기호', '애국의 지념'으로 바꿔 쓴다. 이것은 메이지 시대 교육의 중심에 있었던 계몽주의와 국가주의와의 관계 속에서 이해될 수 있다.

당시 일본은 문부대신 모리 아리노리가 1890년에 공포한 '교육칙어'의 영향으로 국가주의 교육사상과 메이지 정부의 교육통제가 강화된 상황이었다. 교육의 목적 또한 근대 서구의 보편적 교육이념인 진리 탐구나 개성의 신장에 있다기보다는 헌법으로 보장하고 있는 국체, 즉 천황에게 충실한 신민을 육성한다는, 교육을 통한 천황에 대한 절대충성과 애국심을 강조한다.[48] 문학을 도덕 계몽과 풍속 교화 같은 국민

---

45) 쓰보우치 쇼요와 알렉산더 베인의 영향관계에 관한 일본의 선행 연구에 대해서는 정병호의 연구 참조. 정병호, 「'예술'의 이데올로기―1880년대의 미술계와『소설신수』의 교섭」,『소설신수』, 고려대학교출판부, 2007, 224~232면.

46) 위의 책, 229~230면.

47) Alexander Bain, op. cit., p.213.

48) 이권희,『메이지기 학제의 변천을 통해 본 근대 일본의 국민국가 형성과 교육』, 케포이북스, 2013, 76면.

의 기풍 양성 수단으로 간주하는 쓰보우치 쇼요의 견해는 베인의 문학 개념을 국가주의 및 천황제 이데올로기에 입각해 차용한 것이다. 이나가키 쿠니사부로우의 교사용 도서에 이르면, 소학교의 작문은 '미문을 쓰는 것'이 아니라, "네 가지 문종의 지식을 명확히 알고 목적에 따라 시의에 따라 적합한 문종을 선택"[49]하는 것으로 집약된다. 이나가키는, 문식(文式)과 달리 문종은 심상 5년에 가르치기를 시작하는 것이 좋다고 주장한다. 그리고 지리와 역사 같은 타 교과를 방편으로 삼아 귀납적인 방식의 문종 교육을 제안하기도 한다.[50] 그는 문종이 작문을 하는 데 중요하면서도 어려운 문제임을 감지하고 있었던 것이다.

조선 교과서의 경우, 학부 편집국이 번역, 편집, 검정, 인쇄에 관한 사무를 관장했다. 이후, 1911년과 1922년 조선교육령을 보면 교과 검정과 인가가 조선총독부에 의해 이루어졌음을 확인할 수 있다. 『대한매일신보』의 기사에서는 "일본서 발행한 서책을 번역"한 교과서 중 국민사상과 관련한 내용은 학부의 일인 관리가 삭제한 사실을 살펴볼 수 있다.[51] 또한,「교과서 검뎡의 죠사」에서는 당시 '일본과 다른 외국의 교과서를 번역하여 쓰는 자가 적지 아니한 것을 의식하여 조선의 풍속과 인정에 적합하지 않은 것을 원본대로 인용하는 것을 매우 위험'한 일로 간주했음을 발견할 수 있다. 이는 근대 초기 교과서 번역의 확산과 그에 따라 유입된 새로운 지식의 문제성이 매우 민감한 교육적 사안이었음을 방증한다. 당시 기사를 통해 학부에서는 사상적인 문제만이 아니라, 교과서 검정의 과정에서 "정도와 분량과 재료를 선

---

49) 稻垣國三郞, 앞의 책, 216~217면.
50) 稻垣國三郞, 앞의 책, 231~232면.
51) 「교과서 금사」, 『대한매일신보』, 1909. 1. 1.

택한 것", "편집과 저술의 방법"[52]이 교과서에 적합한지의 여부가 매우 중요한 교육상의 요건이었음을 알 수 있다. 이와 같은 내용은 근대 초기 조선의 교과서가 일본을 비롯한 다른 나라의 교과서를 번역하는 가운데 창출되었으며, 조선의 정치적 상황에 입각해 일본의 식민지 교육정책이 내용, 분량, 편집방식의 선택에 많은 영향을 미쳤음을 드러낸다.

실용문의 작성, 논설과 설명문 읽기 및 내용 파악을 통한 국어교육은 문해력 증대, 신지식 및 교훈의 주입에 초점을 둔 교육의 방식이다. 실제로 1895년에 공포된 소학교령의 소학교 교칙 대강을 보면, 독서와 작문은 "日常須知"의 국문 문법에 비중을 두고 있으며, '사상을 표창하는 능력을 배양하고, 지덕을 계발함을 요지로' 한다. 심상과에 대해서는 '일상생활과 처세'에 필요한 사항을 시술하되 문장 짓는 솜씨가 평이하고 분명해야 함을 강조한다.[53] 한성사범학교 규칙에서도 '작문'은 "일용서류, 기사문 및 논설문" 교육에 방점이 놓여 있다.[54]

1906년 제정된 보통학교령과 1911년 보통학교 규칙의 '교과목, 교칙 및 과정'을 보면 교과목별 교수 요지를 파악할 수 있다. 그것에 따르면, 국어를 가르칠 때 작문과 습자는 특별히 교수 시간을 구별하여 부과할 수 있다. 이때, 독서는 '일상 수지의 문자와 문체를 알게 하며 정확히 사상을 표창하는 능력을 발양하고 덕성을 함양하여 보통 지식을 교수함'을 요지로 삼고 있다. 작문은 일반적으로 '구어체'로 하며, '서한문(書翰文)'을 가르쳐야 함이 명시되어 있다. 조선어 및 한문의 성우에도 일상적으로 대응하여 용무를 판별하고 덕성을 함양하는 데 기여

---

52) 「교과서 검정의 묘사」, 『대한매일신보』, 1909. 3. 13.
53) 「소학교 교칙 대강」(학부령 제3호), 『관보』 제 138호, 1895. 8. 12.
54) 「한성사범학교 관제」(칙령 제 79호), 『관보』 제 16호, 1895. 4. 16.

하는 방식으로 교육이 이루어져야 함이 언급된다.[55] 흥미로운 것은, 독서 교육의 요지가 1895년에는 '文字와 文句, 文法'을 알게 하는 것이 었으나 1906년에는 '文字와 文體'를 알게 하는 것으로 변화를 보인다 는 점이다. 중학교와 고등보통학교의 경우에도 국어 교육은 "보통의 언어 문체를 알며 정확히 자유사상을 드러내는(普通의 言語 文體를 了解ᄒ 며 正確히 自由 思想을 表彰)" 능력을 얻는 것으로 그 요지가 변화한다.

「사립학교규칙」에 제시된 학교 교과 과정을 보면, 1학년 작문 교재 로『실지응용작문법』을, 3학년 한문 교과의 교재로『문장지남』을 제 시한 것을 확인할 수 있다.[56] 조선총독부 학무국 촉탁이었던 이각종의 『실용작문법』은『조선어급한문독본』에 부족한 "작법상 체제 방식의 연구"[57]를 보완하기 위해 간행된 서적이다. 일종의 참고서라고 할 수 있다. 이와 같은 정황에 입각할 때, 문종에 대한 인식은 당대 교육장에 서 독서와 작문을 포함한 국어 교육 과정에서 확산되어갔음을 짐작할 수 있다. 최재학의 논문, 기문, 전문 등의 분류나 이각종의 사생문, 의 론문, 설유문 등의 분류는 오늘날에 와서는 그들이 명시한 '체재', '문 체'가 아니라 문장의 종류, 즉 문종(文種)으로 인식된다. 이각종이『실 용작문법』에서 사용한 '종류'라는 용어는 기준에 따른 분류 단위로, 그 기준은 인간 심리의 발달 가능성이나 글쓰기 제재에 대한 범주론 에 의해서 마련될 수밖에 없는 서구식 개념이다. 이각종은 실제 존재 하는 문장 양식을 사후적으로 기술하는 동양의 글쓰기 양식 분류법에 서 벗어나 서양의 글쓰기 양식 분류법을 도입한다. 전통 사회에서 문

55) 「보통학교 규칙」(조선총독부령 제100호), 1911. 10. 20.
56) 「私立學校規則」, 『畿湖興學會月報』 제 7호, 1909. 2, 44면.
57) 이각종, 위의 책, 1면.

체 분류는 단일하고 연역적인 기준에 의거하지 않고 각 시대에 일반
적으로 사용되고 숭상되던 문체를 귀납적 방식으로 정리했다는 게
특징이다.58) '설명, 논증, 서사, 묘사'의 분류에서 알 수 있듯이 서양의
분류법은 진술 방식이라는 선험적 기준에 입각해 글쓰기 행위를 기계
적·추상적·사전적(事前的)으로 비교함으로써 가능한 것이다.59) 그러
므로 문종이란 개념은 작문법의 수용과 교육 과정에서 일반화되어간
것이라 할 수 있다.

　최재학이나 이각종이 작문 교재에서 가장 상세하게 서술한 문종은
논문, 의론문의 영역이다. 이것은 당대 조선의 상황에서 대상을 이론
적으로 고찰하고 논리의 시비를 따지는 글쓰기의 유용성을 암시한다.
그와 같은 특성은 이 작문 교재가 '실용에 적합한' 내용을 위주로 구
성되었다는 사실과 관련된다. 이는 구보 도쿠지가 실용을 표방하면서
도 자신의 작문 교재에서 '서사문의 종류'를 '역사, 전기, 기행, 소설'
로 재분류하는 양상과 차이를 보이는 부분이다. 이각종의 작문 교재는
일본 작문 교재의 영향을 받았으나, 실용성을 더 강화한 가운데 문학
적인 부분이 생략된 체재를 갖고 있다.

　그러나 근대 소설의 유행과 문예잡지를 표방한 『청춘』과 같은 매체
의 영향 속에서 교과서 역시 교사와 학생의 요구를 의식하는 방향에
서 변화를 모색한다. 1922년 고등보통학교 규정 교과 및 편제에 보면,
국어와 조선어 급 한문의 교육이 지덕의 계발뿐 아니라, "文學上의 趣
味"60)를 기르는 데 기여할 수 있음이 명시된다. 이는 점차 국어 교육

---

58) 김지영, 「문학 개념체계의 계보학: 산문 분류법의 변화과정을 중심으로」, 『민족문화
　　연구』 51, 고려대 민족문화연구원, 2009, 372면.
59) 배수찬, 앞의 책, 163면.
60) 「고등보통학교 규칙」(조선총독부령 제 16호), 1922. 2. 20.

이 '문학'을 의식하며 변화했음을 암시한다. 1922년 '제 2차 조선교육령'이 공포되고 그것을 반영한 국정 교과서가 1924년부터 1925년 사이에 발간된다. 1928년 강매에 의해 간행된 『중등조선어작문』에서 현재 통용되는 문종과 가까운 분류체계가 나타나는 것은 이와 같은 정황에 기인한다.

중국의 경우에도 1910년대 중반 서양의 literature 개념의 유입에 따라 문체 개혁과 문학 개량론이 전개되는 와중에, 국어교과서 편찬에 대한 문제제기가 지속적으로 언급된다.[61] 천두슈와 류반눙을 비롯한 문사들은 신문체를 '응용문(應用之文)/문학적인 문(文學之文)'이나 '문자(文字)/문학(文學)' 그리고 '일상문(常文)/미문(美文)'으로 이분한다. 그리고 전자의 범주에 평론·공문서·일기·서신 등을 넣는다면, 후자에는 시가·희곡·소설을 넣을 수 있다고 말한다.[62] 그리고 이들은 당대 중국의 국어교과서에 응용문(문자/일상문)이 많은 것을 비판한다. 후스(胡適), 성자오슝, 판궁잔(潘公展)과 같은 인물들은 국어교과서의 재료로는 책론이나 오래된 설명문 대신 '아이들의 심리에 잘 부합하는 문학 작품'이나 "소설"[63]을 택해야 한다고 강조한다. 문학의 본질에 대한 이들의 논의는 문학의 범주를 시가희곡, 소설잡문, 역사전기로 한정한 가운데 전개되었다. 그 논의가 '문학'이 아닌 '문체'로 흐르면서 문학의 미감과 형식적 특성에 주목한 문체 개혁의 성격을 띠게 된다.[64]

---

61) 중국의 신문학운동에 선구적 역할을 했던 잡지 『新青年』을 중심으로 전개된 문학론은 김수연 편역본을 참고했다. 陳獨秀·胡適 외, 김수연 편역, 『신청년의 신문학론』, 한길사, 2012.

62) 위의 책, 163면.

63) 위의 책, 302~309면.

64) 위의 책, 649면.
　특히, 중국의 경우 다른 장르에 비해 백화로 창작하기 어려운 시, 독자와의 소통력과 현장감을 가진 희곡의 장르 개혁에 집중하는데, 이는 전통적인 문학 관념에 대한 또한, 중국의 신문학론에서 주목할 수 있는 것은, 문학혁신이 전개되는 가운데 '모범문학서', '규범적인 표준'의 마련과 함께 '국어교습'[65]에 대한 문제의식이 촉발되었다는 점이다. 문학작품이 사상과 감정의 이해에 실효를 가지기 때문에 교육상의 좋은 재료가 될 수 있다는 견해는 최남선과 최두선, 이광수 등이 신문과 잡지에 실은 논설에서 발견할 수 있는 내용이다. 「문학이란 하오」(1916)가 대표적 예이다. 이광수는 「문학이란 하오」에서 '문학의 종류' 부분을 서술하며 산문과 운문을 나누고, 논문·소설·극·시 등을 설명하면서도 문학은 내용과 형식상으로 그 종류의 무한함이 특징이라고 언급하며, 문학은 어떠한 분류 내에 들어가지 않아도 되며 천재를 구한 자면 신천지를 개척할 수 있는 영역이 바로 문학이라 강조하는 면모를 보여주기도 한다. 이것은 양식상의 규칙이 정해져 있는 실용문과의 대타적 입장에서 문학을 사유하는 방식과 연결되어 있다.

서양의 문학 개념을 받아들이는 가운데 중국의 지식인들은 문학을 "실증과학과 관계된 것을 제외한 문학적인 생산물"로, "시·에세이·역사·소설 또는 미문처럼 스타일의 아름다움이 두드러진 글쓰기"[66]라 명명한다. 이때, 주목할 것은 현재에는 순수문학, 문학연구라 번역되는 'belles-lettres'가 근대 초기 중국에서 미문학(美文學) 혹은 미문(美文)으로 번역되었다는 점이다. 이것은 영어를 한문으로 번역하는 과정에서 발생한 현상으로, '미문'을 중심으로 문학적 글쓰기를 재구성하려는 움직임이 있었다는 것은 조선의 경우와 흡사하다. 1910년대 중반

비판과 신문명에 대한 열망이 담긴 공리주의적이고 계몽적인 문학관에 기반을 둔다.
65) 위의 책, 552~555면.
66) 위의 책, 130~139면.

(순)문학 개념이 정의 독립성과 미의 가치를 근거로 하여 자신의 정체성을 이론화할 수 있는 논리와 위상을 획득하는 가운데, 문학 개념을 정초했던 지/정/의, 진/선/미의 분립적 병행론은 각각의 가치들이 다른 가치를 매개하고 실현하는 데 기여하기보다는 상호 대립하는 배타적 범주화를 초래했다.[67] 거기에는 실용적 글/비실용적 글(문학적 글)이라는 이분법적 사유를 낳은 당대 국어 교육의 이념이 크게 영향을 미친다.

학부에서 발간한 『普通教育學』에서 국어과 교수의 방법 중 작문에 해당하는 철법(綴法)의 항을 보면, '세상 문인묵객(文人墨客)을 모방하여 우미(優美) 장중(莊重) 위엄(威嚴) 또는 모두(冒頭) 억양(抑揚) 돈좌(頓挫)와 같이 문장의 결구(結構)와 수사(修辭)의 교졸(巧拙) 등은 관중(關重)히 할 바 아님'을 분명히 밝혀 두었다. 그리고 철법의 요지가 "達意"에 있음을 강조한다.[68] 당대 문학적 글쓰기에 대한 사유는 실용적 글쓰기가 지닌 시대적 당위성에 대한 대타의식과 긴밀한 관련성을 갖는다. 문학적 글쓰기에 대한 사유가 지/의의 영역에 있는 글쓰기들을 성찰하고 논의할 수 있는 내적 공간을 마련하지 못한 것은 이 때문이다. 논문, 비평, 감상과 같은 비허구 산문장르들은 새로운 문학 개념 속에서 명확한 위치를 확보하지 못한 채 문학 밖으로 밀려나거나 모호한 위상을 갖게 된다. 현재 우리에게 익숙한 문종 개념은 이처럼 근대 초기 교육장의 계몽 논리 속에서 온전히 이해될 수 있다.

---

67) 김지영, 앞의 논문, 358면.
68) 학부 편, 『보통교육학』, 한국정부인쇄국, 1910.(허재영, 『근대 계몽기 어문 정책과 국어 교육』, 보고사, 2010, 205면에서 재인용.)

5. 결론

지금까지 근대 초기 발간된 교과서 텍스트와 사전을 주요 대상으로 삼아, 문종 개념의 형성과 전파, 전대 개념의 차용 방식에 대해 고찰했다. 이 연구는 글의 양식을 정리하고 유형화한 행위의 결과로서 도출된 문종 개념의 기원을 묻고, 그에 대한 인식이 정착되는 양상에 주목했다. 그러나 이 연구는 문종 개념을 인식하는 과정을 통해 현재 우리가 사용하는 문학 분류 체계의 일단을 짚어보고, 그것의 문제점이 무엇인지 점검하는 데까지 나아갈 필요가 있다. 장르는 '특정한 세계관과 문화적·문학적 관습을 반영하고, 장르론자의 관심과 연구 동기가 투사된 전략적 가설의 성격'[69]을 지니기 때문이다.

근대 독본에 나타난 문종 분류 체계는 (창작된) 글을 제시하는 형식의 생산과정과 밀접한 관련을 맺는다. 그것은 미국, 일본, 조선의 문학 담당층의 이데올로기와 미학적 전통, 창조자로서 개인의 특수성이 상호 교섭하는 영역이다. 그러나 '문학' 즉 언어예술의 개념이 정착하고 확립된다고 하는 것은, '문학'이 외부로부터 상대적으로 자율적 개념의 시스템으로서 형성되어, 소위 자기 개발할 수 있게 되는 것을 의미한다. 그렇게 되면, 역으로 다시 한 번 외부의 모든 개념과의 관계를 되묻게 되는 일은 없어진다.[70] 미국과 일본, 중국의 영향 가운데 정착되고 교육된 현재의 문종 개념 역시 그와 같은 위험에 처한 것은 아닐까 질문해볼 필요가 있다. 조윤제, 장덕순, 조동일 이후 지속적으로 제출되는 문학사가들의 장르론에도 불구하고 학교에서 교육되는 문종

---

69) 김흥규, 「장르론의 전망과 경기체가」, 『백영 정병욱 선생 환갑기념 논총』, 신구문화사, 1982, 145면.
70) 鈴木貞美, 앞의 책, 350면.

관련 개념들은 여전히 근대 초기의 장르 의식을 답습한다. 이것은 근대 초기 조선의 문종 개념이 형성된 지식장의 이데올로기, 문종의 분류 체계, 개념상의 균열 지점을 살피는 과정에서 변화를 모색할 수 있다.

근대 이후 오늘날까지도 그 기본적인 틀이 유지되고 있는 시, 소설, 극의 장르체계는 불변적인 것이 아니다. 서정적인 것, 서사적인 것, 극적인 것 등의 형용사적 분류체계를 통해 그 재고의 가능성이 제출된 바 있다.71) 또한, 장르에 대한 고민은 현대에 이르러 장르의 종합과 해체, 새로운 장르의 개척 등으로 외연이 확장되고 있는 실정이다. 그런 맥락에서 이 연구는 장르 개념의 기원을 묻는 동시에 그것의 미래를 전망하는 자리에서 심화되고, 그 의미를 획득할 수 있을 것이다.

---

71) 조동일은 문학사를 기술할 때, 서정, 서사, 극, 교술을 '장르 자체'가 아니라 장르가 택할 수 있는 네 가지 '기본 성향에 지나지 않는다는 견해를 보였다. 조동일, 『한국문학통사』, 지식산업사, 1982, 20면.

참고문헌

1차 자료

강진호·허재영 편, 『조선어독본』, 제이앤씨, 2010.

姜華錫, 『婦幼獨習』, 皇城新聞社, 1908.

國民敎育會, 『初等小學』, 國民敎育會, 1906.

兪吉濬, 『勞動夜學讀本』, 京城日報社, 1908.

李覺鍾, 『實用作文法』, 博文書舘, 1912.

朝鮮總督府, 『普通學校國語讀本』, 朝鮮總督府, 1912-1915.

朝鮮總督府 編, 『普通學校 朝鮮語及漢文讀本』, 朝鮮總督府, 1913.

鄭寅琥, 『最新初等小學』, 右文館, 1908.

學部編輯局, 『國民小學讀本』, 學部, 1895.

學部, 『普通學校 學徒用 國語讀本』, 大日本圖書株式會社, 1907.

玄采, 『新纂初等小學』, 日韓印刷株式會社, 1909.

徽文義塾, 『高等小學讀本』, 徽文義塾, 1906.

久保天隨, 『實用作文法』, 實業之日本社, 1906.

稲垣國三郎, 『國定讀本 敎授用 修辭法 及 取扱』, 同文館, 1912.

大和田建樹, 『作文寶典』, 博文館, 1905.

文部省編輯局, 『高等小學讀本』, 大日本圖書會社, 1890.

野村泰亨, 『增訂 新佛和辭典』, 大倉書店, 1924.

長尾松三郎·田村作太郎, 『坪內博士の讀本を使用する國語敎授法』, 村上書店, 1901.

陳獨秀·胡適 外, 김수연 편역, 『신청년의 신문학론』, 한길사, 2012.

坪內雄藏(逍遙), 『高等 國語讀本』, 富山房, 1900.

河井又平, 『新體詩作法』, 博文館, 1912.

好樹堂 譯, 『佛和辭典』, 米國長老派傳道敎會, 1871.

Alévêque, Charles, 『법한즈뎐』, Seoul Press, 1901.

Barnes, Charles, J., *New National Reader*, New York: American Book Company, 1884.

Sanders, Charles W., *Union Reader*, New York and Chicago: Ivision Blakeman Taylor Company, 1869-1875.

Webster, W. F., *English: composition and literature*, New York: Houghton Mifflin Company, 1900.

2차 자료

권보드래, 『한국 근대소설의 기원』, 소명출판, 2012.

김동식, 「한국의 근대적 문학 개념 형성과정 연구」, 서울대학교 박사학위논문, 1999.

김지영, 「문학 개념체계의 계보학—산문 분류법의 변화과정을 중심으로」, 『민족문화연구』 51, 고려대 민족문화연구원, 2009.

김창현, 『한국적 장르론과 장르보편성』, 지식산업사, 2005.

김흥규, 「장르론의 전망과 경기체가」, 『백영 정병욱 선생 환갑기념 논총』, 신구문화사, 1982.

남궁원, 「개화기 글쓰기 교재 『실지응용작문법』과 『문장지남』 연구」, 『한문고전연구』 12, 한국한문고전학회, 2006.

배수찬, 『근대적 글쓰기의 형성 과정 연구』, 소명, 2008.

염은열, 「글쓰기 개념 생태계 기술을 위한 시론」, 『한국초등국어교육』 22, 한국초등국어교육학회, 2003.

이권희, 『메이지기 학제의 변천을 통해 본 근대 일본의 국민국가 형성과 교육』, 케포이북스, 2013.

이정찬, 「작문사적인 관점에서 본 근대 초기 작문 교재 연구」, 『한국언어문학』 79, 한국언어문학회, 2011.

임상석, 「1910년대 초 한일 "실용작문"의 경계」, 『어문논집』 61, 민족어문학회, 2010.

임춘성, 『중국 근현대문학사 담론과 타자화』, 문학동네, 2013.

정병호, 「'예술'의 이데올로기—1880년대의 미술계와 『소설신수』의 교섭」, 『소설신수』, 고려대학교출판부, 2007.

정우봉, 「근대계몽기 작문 교재에 대한 연구: 『실지응용작문법』과 『문장지남』을 중심으로」, 『한문교육연구』 28, 한국한문교육학회, 2007.

조동일, 『한국문학통사』, 지식산업사, 1982.

최원식, 『문학』(한림과학원 한국개념사총서), 소화, 2012.

허재영, 『근대 계몽기 어문 정책과 국어 교육』, 보고사, 2010.

酒井直樹, 『日本思想という問題 : 飜譯と主體』, 岩波書店, 1997.

鈴木貞美, 「共同硏究「出版と學芸ジャンルの編成と再編成」報告(一)」, 『日本硏究』, 國際
　　　　日本文化硏究センター, 2008.
鈴木貞美, 김채수 역, 『일본의 문학개념』, 보고사, 2001.
Skinner, Quentin, 황정아·김용수 역, 『역사를 읽는 방법』, 돌베개, 2012.

02

일본 독본에서의 문종(文種) 의식 형성 과정

홍
윤
표

1. 일본 교과서의 흐름

한국 개화기의 교과서는 독자성을 유지하기 위한 노력은 있었으나 많은 부분 일본의 영향을 받아 출발했다는 것은 주지의 사실이다. 강진호의 연구에 따르면 조선 최초의 근대적 국어교과서인 『국민소학독본』(1895)은 일본의 『고등소학독본(高等小學讀本)』(1888)을 저본으로 하고 있으며, 약 80% 이상의 단원이 동일하다고 한다[1]. 식민지기의 교과서 또한 어쩔 수 없이 일본의 의도대로 편찬될 수밖에 없었다. 이러한 영향관계를 생각해 볼 때 한국에서 일본 교과서의 흐름을 분석하는 것은 중요한 의미를 지닌 작업이라 할 수 있다. 본고는 일본 국어교과서의 큰 흐름을 살펴보고 문종(文種, 장르) 의식이 교과서에 어떻게 반영되었는지를 고찰하고자 한다.

일본의 메이지정부는 1872년 '학제'를 반포(頒布)하고, 근대적 교육체

[1] 강진호, 「'국어' 교과서의 탄생과 근대 민족주의」, 『상허학보』 36, 상허학회, 2012, 261~262면 참조

제를 갖춰 나가기 시작했다. 메이지 시대 이전에는 '사농공상(士農工商)'의 신분제에 따라 지배계층인 무가(武家)의 자녀는 무사로서의 교양을 갖추기 위해 한코(藩校)에서 경서(經書), 사서(史書), 시문(詩文) 등을 배웠고, 서민은 데라코야(寺子屋)에서 일상생활에 필요한 읽기, 쓰기, 산술 등의 교육을 받았다. 또한 에도시대(江戸時代)는 봉건제 사회로 다이묘(大名)가 각각의 영지를 관할하는 체제였기 때문에 교육도 각 지역별로 달랐으나, 근대국민국가를 수립하기 위해서는 신분과 지역을 아우르는 전국통일 교육제도의 필요성이 대두되었다2). 이에 따라 '학제'가 반포되었고, 전국에 학교가 설립되었으며, 통일된 교과서를 필요로 하게 되었다. 특히 일본의 국어(일본어) 교과를 살펴보면, 근대 이전 한문을 중심으로 교육하던 것을 시간이 흐름에 따라 일본어 중심 교육으로 전환해가는 과정을 볼 수 있는데, 일본 국어 교과서의 역사를 간략하게 정리해보면 다음의 [표1]과 같다.3)

[표1] 일본 국어 교과서 시기 구분

특징	연대	내용
① 자유편찬기	1872~1885	교과서 채택이 완전 자율
② 검정제도기	1886~1903	민간에서 교과서를 만들고 문부대신의 검정을 받음
③ 국정교과서기	1903~1948	국가에서 교과서를 편찬하고 전국에서 동일한 교과서를 사용
④ 신검정제도기	1949~현재	검정을 받은 민간 교과서를 지방자치단체가 채택하는 현행제도

---

2) 海後宗臣, 仲新, 寺崎昌男, 『教科書で見る近現代日本の教育』, 東京書籍, 1999. 9~24면 참조
3) 일본 국어교과서 편찬시기의 구분은 거의 대부분의 선행연구가 공통된 견해를 보이고 있다. 본 논문에서는 滋賀大學付属図書館編著, 『近代日本の教科書のあゆみ―明治期から現代まで』(サンライズ出版, 2006)와 井上敏男編, 『國語教育史資料』第二卷(東京法令出版, 1981) 등을 참조하였다.

먼저 '자유편찬기'(1872-1885)는 '학제'가 반포된 이후 교과서가 체계화되기 이전의 시기로 '국어과'라는 범위 자체가 모호했던 시기이다. 이 시기 '국어과'와 관련이 있는 과목은 철자(綴字), 습자(習字), 단어(單語), 독본(讀本) 등이 있었는데, 이들은 일반적인 의미의 '국어과' 범위를 넘어 가사, 사회과 등을 포괄하는 것이었다4). 게다가 교과서 채택이 완전히 자율적으로 이루어진 시기여서 초기에는 가타야마 준노스케(片山淳之介)의 『서양의식주(西洋衣食住)』(1867), 후쿠자와 유키치(福澤諭吉)의 『학문에의 권장(學問のすすめ)』(1872) 등의 계몽서가 교재로 사용되기도 했다.

1872년부터는 학제에 맞는 교재의 필요성이 대두됨에 따라 문부성 주도로 『소학입문(小學入門)』 등의 교과서가 출판되었다. 이 시기 널리 사용된 대표적인 교과서로는 문부성에서 발행한 다나카 요시카도(田中義廉) 편 『소학독본(小學讀本)』(1873)과 사카키바라 요시노(榊原芳野) 편 『소학독본(小學讀本)』(1873)을 들 수 있다. 그리고 이 시기의 교과 과정을 보면 소학교 중등과 5학년부터 고등과 3년간 한문독본을 배우는 것으로 되어 있었으며, 이를 볼 때 이 시기에는 한문이 교양의 중심이었음을 알 수 있다5).

1886년에는 상업적 목적으로 민간 교과서를 발행하는 것에 대한 비판여론이 일어나는 가운데, 이자와 슈지(伊澤修二)가 문부성 편집국장에 취임하여 교과서 개혁을 주도하게 된다. 그리고 1886년 4월에는 학제 개혁의 일환으로 「소학교령」이 공포되고 검정제도기 시작되는데, 이 시기를 '검정제도기'(1886-1903)라고 한다. 이 시기 '국어과'에 해당하는 과목은 '독서(讀書)', '작문(作文)', '습자(習字)'였다. 검정교과서기의 대표

---

4) 唐澤富太郎, 『教科書の歴史』, 創文社, 1956, 66면 참조.
5) 井上敏男編, 『國語教育史資料 第二卷』, 東京法令出版, 1981, 5면.

적 교과서로는 문부성 편『심상소학독본(尋常小學讀本)』(전7권, 1887)과 문부성 편『고등소학독본(高等小學讀本)』(전7권, 1888~89)이 있다.

1900년 8월에는 「소학교령」과 「소학교령시행규칙」(小學校令施行規則)에 따라 소학교에서의 '국어과' 교육과정이 정비되었다. 이 개정으로 인해 종래 '독서', '작문', '습자'로 나뉘어져 있던 것이 '국어과'로 통일되었다. 또한 이 과정에서 한자 학습의 부담을 경감하고자 1,200자 내외로 한자를 선정하였는데, 이는 한문 교양의 함양이 주목적이었던 학교 국어교육이 점차 일본어 중심으로 이행되기 시작했다는 것을 의미한다.

민간 교과서 업자들의 경쟁이 심해지고 이에 대한 폐해[6]가 나타나자 메이지정부는 이를 빌미로 1903년 4월 소학교령을 개정해 국정제도로 전환하게 된다. 이 시기를 '국정교과서기'(1903-1948)라고 하는데, '국정교과서기'를 세분화하여 각 시기의 특징을 간단히 살펴보면 다음과 같다.[7]

[표2] 국정교과서기 시기 구분

구분	시기	특징
국정 제1기	1904~1909	자본주의 흥성기의 비교적 근대적인 성격의 교과서
국정 제2기	1910~1917	가족국가관에 근거한 제국주의 단계의 교과서
국정 제3기	1918~1932	근대적 성격과 국가주의 양면을 가지고 있는 교과서

---

6) 1902년 12월에 지사(知事), 국회의원, 장학관, 학교장 등 200여명이 연루된 교과서 채택을 둘러싼 부정사건이 발생하였다. 唐澤富太郎, 『敎科書の歷史』, 創文社, 1956, 202~206면 참조

7) 국정교과서의 시대구분을 나타내는 [표2]는 宝力朝鲁, 「明治後期以降における國語教育への上田万年の影響」, 『東北大學校院教育學研究科研究年報 第53集 第2号』, 2005, 35면에서 인용하였다.

| 국정 제4기 | 1933~1940 | 파시즘 대두기의 신민교육 강화의 교과서 |
| 국정 제5기 | 1941~1945 | 전시체제하 초국가주의적 군국주의적 교과서 |

　국정 제1기 교과서기의 국어교과서는 발음, 어법 등 다분히 언어 교육에 초점을 맞춰, 표준어 지도에 힘을 썼다. 국정 제2기는 교과서적으로도 학제적으로도 많은 변화가 있던 시기인데, 1907년 3월 소학교령이 개정되고 1908년부터는 심상과(尋常科) 6년을 의무교육화했다. 그리고 1910년부터는 제2차 국정『심상소학독본』이 사용되었다. 이 시기 국어교과의 특징은, '문학적취미를 중시하고, 일본적인 것과 국민동화, 전설을 추가'[8]한 것이었다. 그리고 국정 제3기는 다이쇼 데모크라시의 시대기운과 맞물려 문예기운이 왕성하던 시기로 '아동중심', '자유활동주의', '문예중심'으로의 개편이 요구되어졌다. 부교재로 기쿠치 간(菊池寬)의『소학동화독본(小學童話讀本)』과 같은 아동문학 모음집이 사용되기도 했다. 국정 제4기는 만주사변(1931) 이후 일본이 제국주의의 길로 들어서는 것과 발을 맞춰 신민교육을 강화하는 것을 목적으로 했으며, 국정 제5기는 일본이 본격적으로 제2차 세계대전에 참전하면서 군국주의적 색채가 강하게 나타나는 내용으로 이루어져 있다.

　이상으로 일본 초등교육에서의 국어교육 변천과정을 개략적으로 살펴보았는데, 본고에서는 '학제'반포 이후 국정 제3기 교과서까지를 고찰대상으로 삼고자 한다. 그 이유는 본고의 목적이 일본이 독본 교과서에서 문종(文種, 장르)이라는 개념이 어떻게 형성되어 정착되어 가는지를 살펴보기 위해서이기 때문에 '문학'의 개념이 완전히 정착되어 문예기운이 왕성해지는 시기까지를 고찰대상으로 하는 것이 타당하다

---

8) 井上敏男編,『國語教育史資料 第二卷』, 東京法令出版, 1981, 8면.

판단되기 때문이다.

한편, 중등교육에서의 국어교육은 초등교육과는 별개로 진행되었는데, 크게 볼 때 한문 교양 중심에서 문예 중심으로 진행해가는 흐름은 초등교육과 공통된다고 볼 수 있다.

중등교육에서 국어교육의 변천과정을 살펴보면, 1881년에 제정된 「중학교교칙대강(中學校敎則大綱)」에서 국어 관련 교과목을 「화한문(和漢文)」과 「습자(習字)」로 정하였고, 이 중 「화한문(和漢文)」은 「독서(讀書)」와 「작문(作文)」으로 나뉘었다9). 「화한문(和漢文)」이라는 교과목 이름에서도 알 수 있듯이 이 시기까지는 한문이 중시된 교육이 이루어졌으나, 1882년에 이나가키 지카이(稻垣千穎) 편『화문독본(和文讀本)』, 시모다 우타코(下田歌子) 편『화문교과서(和文敎科書)』등 '화문(和文)' 즉 일본 문장을 중시하는 독본이 등장하여 여러 학교에서 사용되었다. 하지만 아직은 문학으로서의 산문 교육이 아니라 모범예문을 바탕으로 한 작문 교육적 측면이 강하였다. 1888년 6월에는 「심상중학교의 학과 및 그 정도(尋常中學校ノ學科及其程度)」라는 제목의 문서에서 심상중학교의 교과는 「국어와 한문(國語及漢文)」으로 할 것을 명시하고 있다.

그리고 1890년에는 획기적인 국어교과서인 우에다 가즈토시(上田万年) 편『국문학(國文學)』, 하가 야이치(芳賀矢一)・다치바나 센자부로(立花銑三郎) 편『국문학독본(國文學讀本)』이 등장하여 이후 중등 국어교과서의 전형을 만들었다. 이들 교과서는 종래의 한문학 모방에서 벗어나 일본문을 한문과 동등한 위치로 격상시켰다는 평가를 받고 있다. 그래서 니시오 미노루(西尾實)는 이 시기를 '국문학 발견기'라고 정의하고 있기도 하다. 1899년에는 「국어와 한문(國語及漢文)」이 「국어과(國語科)」로 개

---

9) 井上敏男編,『國語敎育史資料 第二卷』, 東京法令出版, 1981, 8면 참조.

편되어 본격적인 '국어교육'이 시작된다.[10)

또한 다이쇼(大正) 시대에 들어서서는 '문예기운'의 흥성과 함께 현대 문학으로 국어교재가 확장되고, 현대작가의 작품이 현저히 증가를 보이게 된다.

이상으로 일본 국어교과서의 흐름을 초등교육과 중등교육으로 나누어서 개관하였는데, 본 논문에서는 메이지시대와 다이쇼시대까지의 시기별로 독본 교과서에 드러난 문종의식을 살펴보고, '국어과'의 성립과 독본의 문장이 길고 복잡해지는 과정, 그리고 문종을 세분화하려는 시도가 본격화되는 과정을 고찰하고자 한다.

2. 1870년대~1880년대의 교과서 편찬과 문종(文種)

1880년 문부성내 편집국에 이자와 슈지(伊澤修二)와 다카미네 히데오(高嶺秀夫)가 보낸 의견서에는 다음과 같은 내용이 기술되어 있다.

> **독본**
> **목적** 문상의 교육을 제일의 주안점으로 놓고, 사물의 지식을 전달하는 것을 주목적으로 하지는 않는다.
> **재료** 소설류, 도덕상 담화, 이학상 논설, 여러 대가의 문장(和文漢文), 시가
> **순서** 히라가나, 가타카나를 섞은 간단힌 문장부터 점차 화문, 한문, 시가(和文漢文詩歌) 등으로 한다.[11)

---

10) 이상과 같은 중등교육에 있어서의 국어교과서 흐름에 대해서는 井上敏男編, 『國語教育史資料 第二卷』, 東京法令出版, 1981, 8~10면에 상세하게 기술되어 있다.

11) 井上敏男編, 『國語教育史資料 第二卷』, 東京法令出版, 1981, 5면에서 인용.

여기에서 주목할 만한 것은 재료에서 '소설류', '도덕상 담화', '이학상 논설' 등으로 표현된 문장 분류이다. 여기에서 '소설'은 현재와 같은 근대적 의미의 소설이 아니다. 서구의 소설개념을 이론화했다고 평가받는 쓰보우치 쇼요(坪內逍遙)의 「소설신수」가 1885~1886년에 나왔고, 최초의 근대소설인 후타바테이 시메이의 「뜬구름」(浮雲)은 1887~1889년에 나왔다.

그렇다면 위의 의견서가 제출되었을 때의 '소설'이라는 개념은 어떤 것이었을까?

'소설'의 어원을 설명할 때에 가장 많이 인용되는 것은 『한서(漢書)』 「예문지(藝文志)」에서 '소설가류는 아마도 패관에서 나왔을 것이다. 가담항설(街談巷說), 도청도설(道聽塗說)하는 자가 만드는 것이다'[12]라고 되어 있는 부분이다. 여기에서 '패관'은 거리에서 떠도는 소문을 기록하는 일을 하는 관리를 의미하는데, 그렇다면 이때의 '소설'은 시중에 떠도는 '소소한 이야기' 정도의 의미를 지니고 있다고 봐야할 것이다.

그리고, 송대(宋代)에는 기이한 이야기를 전하는 '전기(傳奇)'라는 장르를 가리켜 이를 '소설'이라 하였다고 한다[13]. 또한 명대(明代)에는 백화소설이라는 장르가 형성되어 '소설'이라는 용어가 보다 더 많이 쓰이게 되고, 이것이 일본에 전파되었다[14].

중국 백화소설이 전래된 이후, 일본의 에도시대(江戶時代)에는 일본 독자의 '소설'이라는 장르의식이 형성되고 있었고, '소설'은 당시 유행

---

12) 이 해석은 노구치 다케히코 지음, 노혜경 옮김, 『일본의 '소설'개념』, 소명출판, 2010, 9면에서 인용하였다.

13) 청나라 시대의 양소임(梁紹壬)의 『양반추우암수필(兩般秋雨盦隨筆)』에는 "하루에 하나 기괴한 이야기를 바치고 이것을 즐겼다. 이름하여 소설이라 한다"라는 기록이 있다고 한다. 위의 책, 12면.

14) 위의 책, 13면.

하는 산문문학 일반을 가리키는 용어가 되어가고 있었다. 이러한 '소설'이라는 장르를 강하게 의식하고 있었던 것은 교쿠테이 바킨(曲亭馬琴)으로 그가 저술한『근세물 서적 에도작가 부류(近世物之本江戶作者部類)』에서는 당시 유행하던 게사쿠(戱作)를 '아카혼(赤本)', '샤레본(洒落本)', '나카본(中本)', '요미혼(讀本)'으로 분류하였다[15].

이렇게 중국에서 전래된 '소설'이라는 용어와 에도시대 '소설'류의 장르의식이 합쳐져 서구의 novel에 해당하는 단어의 번역어로 '소설'이 채택될 수 있는 토양을 만들었다고 볼 수 있다. 쓰보우치 쇼요는『소설신수』에서 소설의 종류를 다음과 같이 나누었다.

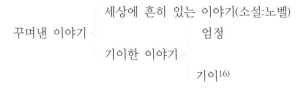

그렇다면 앞에서 말한 1880년에 제출된 의견서에서의 '소설'은 '역사'가 아닌 '패사(稗史)', 즉 사실이 아닌 이야기라는 의미를 지니고 있고, 전통적인 '기이한 이야기'와 근대적인 '세상에 흔히 있는 이야기'를 모두 포함하는 것이라고 추측할 수 있다. 이 시기는 마침 에도시대의 게사쿠에서 근대적 소설로 넘어가는 과정의 과도기적인 '게사쿠문학', '정치소설' 등이 유행하던 시기이기도 하다.

한편 스즈키 사다미는『일본의 문학개념』에서 1880년대에 '학문 중

---

15) 스즈키 사다미,『일본의 문학개념』, 보고사, 2001, 151면.
16) 이 도표는 노구치 다케히코 지음, 노혜경 옮김,『일본의 '소설'개념』, 소명출판, 2010, 32면의 그림의 일부를 옮겼다.

에서 물리, 과학, 생물학, 공학 등을 「이학」(理學)이라는 명칭으로 부르는 풍습이 확산될수록 「문학」은 학문 전반 속에서 「이학」에 대응하는 말로 되어갔다'[17]고 논하고 있는데, 이를 보았을 때 앞에서 말한 '이학상 논설'은 근대화 과정에서 유입된 과학 기술에 관련된 문장을 일컫는 말이고, '문학'에 대치되는 지점에 놓인 장르라는 것을 알 수 있다.

그렇다면 1880년대의 '소설류, 도덕상 담화, 이학상 논설'은 문체나 형식에서 오는 장르구분이라기보다는 주로 내용에 따른 분류법일 가능성이 높다. 이를 확인하기 위해 1880년을 전후한 교과서를 살펴볼 필요가 있는데, 자유편찬기 시대(1872~1885)의 대표적인 교과서는 앞에서 언급한 대로 다나카 요시카도의 『소학독본』과 사카키바라 요시노의 『소학독본』이다. 다나카 요시카도의 『소학독본』은 주로 미국의 윌슨 리더(Willson Reader)를 원본으로 하여 번역, 편찬되었다. 이에 반해 6권으로 구성된 사카키바라 요시노의 『소학독본』은 일본풍의 교과서라 볼 수 있다. 둘 다 발행처는 문부성으로 교과서다운 체제를 갖춘 첫 교과서라 평가받고 있다[18].

다나카 요시카도의 『소학독본』은 총 4권으로 구성되어 있고, 미국 교과서의 번역인 만큼 당시의 문명개화 분위기가 반영된 교과서였다. 1~3권은 다양한 읽기 교재로 구성되어 있고, 제4권은 이학(理學)에 관한 글을 모아놓았다. 제4권이 바로 '이학상 논설'에 해당되는데, 먼저 제4권을 살펴보면, 제4권의 '제1(第一)'에는 다음과 같은 내용이 실려 있다.

---

17) 스즈키 사다미, 『일본의 문학개념』, 보고사, 2001, 265면.
18) 海後宗臣, 仲新, 寺崎昌男, 『教科書で見る近現代日本の教育』, 東京書籍, 1999. 41면, 그리고 井上敏男編, 『國語教育史資料 第二卷』, 東京法令出版, 1981, 53면 참조

인민이 살고 있는 세계를 지구라 한다. 그 형태는 둥글다. 어떻게 해서 지구가 둥근 것을 알 수 있는가. 구슬을 등불에 비춰보면 그 그림자는 구슬과 똑같이 둥글다. 상자를 등불에 비춰보면 그 그림자는 상자와 마찬가지로 사각형이다. 월식은 태양에 의해 지구의 그림자가 달에 비춰진 것이므로, 만약 지구가 사각형 이라면 그 그림자는 반드시 상자와 마찬가지로 사각형이 될 것이다. 그런데 그림자로 생긴 어두운 곳이 항상 구슬처럼 동그란 것을 통해 추측해 보면 지구의 형태도 동그랗다는 것을 알 수 있을 것이다.[19]

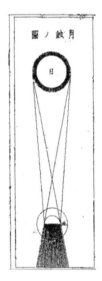

그리고 '제2(第二)'에는 월식에 대한 설명과 함께 [그림1]과 같이 월식을 설명하는 그림이 실려 있다. 이후에는 '제3(第三)'에서 달이 차고 기우는 원리, '제5(第五)'에서 항성(恒星)과 행성(行星), 유성(流星)에 대한 개념 설명, '제8(第八)'에서는 공기에 대한 개념 설명 등이 이어진다. 이렇게 이 시기의 '이학상 논설'이란 근대 서구 과학을 소개하는 글이라 봐도 무방할 것이다.

그렇다면 제1권~제3권 사이에는 어떤 글들이 들어 있을까.

우선은 남녀의 도리, 공부를 해야 하는 이유 등에 대해 설명하는 교훈적인 글들이 눈에 띈다. 제1

[그림1] 월식

---

19) 다나카 요시카도(田中義廉) 편, 『소학독본(小學讀本)』(1873) 교과서 내용은 井上敏男 編, 『國語教育史資料 第二卷』, 東京法令出版, 1981, 51~53면의 발췌본과 일본 근대 디지털라이브러리(近代デジタルライブラリー)에 올라와 있는 개정판을 참조했다. 각 권의 인터넷 주소는 제1권 http://kindai.ndl.go.jp/info:ndljp/pid/ 868232, 제2권 http://kindai.ndl.go.jp/info:ndljp/pid/868233, 제3권 http://kindai.ndl.go.jp/info:ndljp/pid/868234, 제4권 http://kindai.ndl.go.jp/info:ndljp/pid/903927이다. 번역은 필자가 원문의 내용과 어긋나지 않는 선에서 의역을 했다. (2016년 3월 확인)

권의 '제1(第一)'에서는 '친구들 모여 놀 때에는 제멋대로 하여 타인의 즐거움을 방해하지 않아야 한다. 여자 아이의 놀이는 남자와 달라서 뛰어다니는 등 장난을 치지 말아야 한다. 친구와 함께 놀 때에는 마음을 유하게 하고 무슨 일이든 친절하게 해야 한다.'[20] 등의 교훈을 말하고 있다. 이어서 학교생활, 동물, 식물 등에 대한 설명 등이 이어지고 공부를 열심히 해야 한다는 내용으로 이루어져 있다. 제2권, 제3권도 비슷한 유형의 글들이 이어지고 제3권의 '제1(第一)'에서는 '선생님은 부모를 대신해서 아이들을 훈계하고 올바른 길로 인도하는 것을 가르친다. 우리들에게 선한 가르침과 학술을 가르치므로 부모와 똑같이 존경하고 그 은혜를 잊으면 안 된다'[21]고 되어 있는데, 이렇듯 제1권~제3권은 교훈적인 이야기로 채워져 있고, 이러한 글들이 바로 앞에서 말한 '도덕상 담화'에 해당하는 것이라 추측된다. 이외에 다나카 요시카도의『소학독본』에 허구의 '이야기'에 해당하는 '소설' 장르로 분류할 수 있는 글은 제3권의 제11, 제12, 제13, 제14에 나오는 게으르고 술 많이 마시는 무능력한 남자의 이야기 정도가 있는데, 이 또한 금전감각의 중요성, 성실근면의 중요성, 술에 취하면 안 되는 이유 등 교훈적 내용이 포함되어 있다.

　한편, 전통적인 일본풍의 문장과 구성을 가진 사카키바라 요시노의『소학독본』 수권(首券)에서는 '이로하(いろは)' 글자에 대해 나오고 제1권과, 제2권, 제3권은 주로 세상물정, 태양계에 대한 설명, 벼의 종류 등의 설명문이 나온다. 제4권에서야 비로소 허구의 '이야기'라 볼 수 있는 글이 나오는데, 제4권 제20과에 옛날 시나노노쿠니(信濃國) 이나군

---

20) 井上敏男編,『國語敎育史資料 第二卷』, 東京法令出版, 1981, 52면.
21) 井上敏男編,『國語敎育史資料 第二卷』, 東京法令出版, 1981, 53면.

(伊奈郡)의 한 사냥꾼이 큰 원숭이를 잡아 집에 가져가 가죽을 벗기려고 했는데, 어린 원숭이들이 큰 원숭이를 구하러 왔다는 이야기가 실려 있다. 그리고 효심은 짐승도 알고 있으니 사람이 효를 모른다면 짐승만 못하다는 교훈을 말한다. 제18과에서는 영국 런던에 브라이언트라는 사람이 있었는데, 처음엔 손수레를 끌고 마을을 청소하면서 폐품을 줍다가, 그 후에는 작은 말이 끄는 마차, 그 후에는 몇 마리의 말이 끄는 짐차를 가져오는 식으로 점점 재산이 늘어나 결국에는 토지도 구입하는 큰 부자가 되었다는 이야기가 나온다. 브라이언트는 근면하고 성실하게 폐품을 주웠고, 그 폐품을 잘 분리하여 적재적소에 팔았기 때문에 부자가 될 수 있었다는 것이다. 이렇게 근면과 경제관념에 관한 교훈을 말하는 이야기이다.22)

이상에서 주목할 만한 것은 1880년대에는 '소설'이라는 개념에 전통적인 허구의 이야기와 현대적 '소설' 개념이 혼재되어 있었다는 것, 그리고 당시의 교과서에는 허구의 '이야기'라 볼 수 있는 문장이 거의 포함되어 있지 않거나 포함되어 있다 하더라도 단순히 교훈적인 옛이야기 같은 것들이 실려 있었다는 것이다.

3. '국어과'의 성립과 국어독본의 변화

교과서 중에서 이야기가 다수 포함되기 시작한 셋으로 평가받는 것은 검정교과서제도가 도입되기 2년 전인 1884년에 간행된 문부성편찬 『소학독본』고등과 교재이다. 총 2권으로 발행된 이 교과서는 한문교

---

22) 사카키바라 요시노(榊原芳野) 편, 『소학독본(小學讀本)』(1873)의 내용은 海後宗臣編, 『日本敎科書大系 近代編 第4卷 國語(一)』, 講談社, 1964, 165~263면에서 확인하였다.

과서로 미국 초대 대통령 워싱턴의 이야기, 이솝우화 등 국내외 역사적 사실을 기록한 이야기, 전기(傳記) 등이 실려 있다23).

검정제도가 시작된 이래 역사적으로 가장 의미가 있는 교과서로는 문부성 편찬의 『심상소학독본』(1887)을 들 수 있다. 전 7권으로 이루어진 이 교과서는 검정제도 상에서 표준이 되는 교과서였고, 문자, 말하기, 문체, 내용 등이 체계적으로 배치되었다. 종래의 교과서가 단순히 지식전달에 치중했던 반면, 『심상소학독본』은 품성의 함양과 사상의 교육을 목적으로 하기 때문에 다양한 장르의 글이 실리기 시작했다. 이러한 『심상소학독본』의 취지는 다음의 서언(緒言)에도 잘 드러나 있다.

> 1. 이 책에서 선택하는 재료는 아동의 심정에 합당한, 이해하기 쉽고 배우기 쉬운 것, 그리고 즐거움을 느낄 수 있는 것으로 하고, 자연스럽게 그 품성을 함양하기에 적당한 것을 취한다.
> (중략)
> 1. 이 책의 제1권은 아동의 유희, 또는 옛날이야기 등과 같이 의의를 알기 쉽고, 취미를 느끼기 쉬운 것을 골라, 가능한 한 지방의 방언을 제외하고, 담화체의 언사를 가지고 이를 표기한다. 또 한자는 가능한 한 자획이 적은 것으로 그 사용이 일반적인 것을 쓰고, 또 쉽게 외우게 하기 위해 전 단원에 사용한 한자는 반드시 다음 단원에 중복해서 나오게 해 연습을 하게 한다.24)

위의 서언에서도 잘 드러나 있듯이 『심상소학독본』은 즐거움과 감동을 주어 자연스럽게 품성을 키우려는 의도가 있었기 때문에 이전의 교과서보다 이야기의 비율이 높아지게 되었다. 이 독본의 서언에 의하

---

23) 井上敏男編, 『國語教育史資料 第二卷』, 東京法令出版, 1981, 62~63면.
24) 『심상소학독본』(1887)의 「서언」은 井上敏男編, 『國語教育史資料 第二卷』, 東京法令出版, 1981, 84~85면에서 인용하였다.

면 독본의 구성은 다음과 같다. '제1권은 주로 담화체로 이루어진 재미있는 이야기 및 옛날이야기, 제2권, 제3권은 문장체로 이루어진 재미있는 이야기(遊戲), 세상사정(庶物), 속담(諺), 제4권, 제5권은 지리, 역사 이야기, 제6권, 제7권은 학술적 내용 및 농공상 직업교재' 등으로 편찬되어 있다.[25]

　이 독본의 일부 내용을 보면, 제2권에서는 「원숭이와 게의 이야기」(猿とかにとの話), 「자식을 사랑한 고양이 이야기」(子をあいする猫の話), 「작은 고양이 이야기」(子猫の話) 등이 있고, 제4권에서는 「오사카 개구리와 교토의 개구리」(大阪の蛙と京都の蛙) 등의 이야기가 실려 있다. 「오사카 개구리와 교토의 개구리」의 내용을 이야기하자면, 옛날 교토에 살고 있던 개구리가 이제껏 오사카에 한 번도 가본 적이 없어 오사카로 구경하려 가는 도중에 반대로 교토를 구경하러 가는 오사카 개구리를 만나게 되는데, 두 개구리는 갈 길이 먼 것을 알고 실망하게 된다. 두 개구리는 목적지로 가는 것을 포기하고 높은 곳에 올라가 교토와 오사카를 바라보기로 한다. 둘은 '오사카와 교토는 별로 다를 게 없다'고 말하며 갈 길을 포기한다는 내용이다. 이 이야기의 장르를 나누자면 동화 내지는 옛날이야기 정도로 나눌 수 있지만, 앞에서 말한 이 독본의 서언에서는 '제4권, 제5권은 지리, 역사 이야기'라고 하였으므로 이 이야기를 '지리' 이야기로 분류했다는 것을 알 수 있다. 내용이나 형식과 상관없이 '오사카', '교토'가 이야기에 포함되어 있으므로 '지리'이야기로 분류한 것이라 추측가능한데, 확실히 현재의 장르의식과는 확연히 다르다는 것을 알 수 있다.

　1900년에는 국어교육의 큰 전환기를 맞이하게 된다. 1900년 8월에

---

25) 井上敏男編, 『國語教育史資料 第二卷』, 東京法令出版, 1981, 85면.

발표된 「소학교령」과 「소학교령시행규칙」으로 국어교육이 '국어과'로
통일되고 정비되었다. 「소학교령시행규칙」에서는 국어교육의 목표를
'국어는 보통의 언어, 일상에서 마땅히 알아야 할 문자 및 문장을 가
르치고, 정확하게 사상을 표현하는 능력을 키워 일찍이 지덕을 계발하
는 것을 요지로 한다'[26]고 하고, '독본의 문장은 평이하게 국어의 모
범이 되어야 한다'[27]고 밝히고 있는데, 이는 언문일치와 표준어의 정
립을 시야에 넣은 조항이라 할 수 있다.

　이를 반영하듯 같은 해 '소설'의 이론을 마련한 쓰보우치 쇼요가 편
찬한 『국어독본 심상소학교용』과 『국어독본 고등소학교용』이 발간된
다. 이 교과서는 평이한 문장표현, 문학성과 흥미성의 중시, 구어체 문
장 증가 등의 특징을 보이고 있고, 그만큼 역사적 의의를 가지고 있는
교과서로 평가받는다. 그리고 이 교과서는 이전의 타 교과서에 비해
더더욱 지식전달 측면의 글이 적어지고, 감성 중시의 글이 늘어난 것
이 특징이다. [표3]을 보면, 『국어독본 심상소학교용』 교재에는 이전
교재는 구어체 비율이 8%대에 머물렀던 것에 비해 33.6%까지 올라가
게 된 것을 볼 수 있다(쓰보우치 쇼요 교과서의 출판사는 후지산보(富山房)). [표
3]은 1886년부터 1990년 사이에 심상소학교용교재에서 구어문체가 차
지하는 비율을 나타낸 것인데, 이 표에서 알 수 있듯이, 후지산보(富山
房)뿐만 아니라 모든 출판사에서 이전에 주로 10% 미만이었던 구어체
의 비율이 1900년에 12%대에서 50%대까지 갑자기 증가한 것을 확인
할 수 있다[28]. 이를 볼 때, 1900년 '국어과'의 성립은 일본 국어교육에

---

26) 원문은 「國語ハ普通ノ言語、日常須知ノ文字及文章ヲ知ラシメ正確ニ思想ヲ表彰スル
　　ノ能ヲ養ヒ兼テ智德ヲ啓發スルヿ以テ要旨トス」, 출처는 문부과학성 홈페이지(http://
　　www.mext.go.jp/b_menu/hakusho/html/others/detail/1318017.htm) (2016년 3월 확인)

27) 원문은 「讀本ノ文章ハ平易ニシテ國語ノ模範ト爲リ」, 출처는 상동.

있어서 중요한 전환점이었다는 것을 알 수 있다.

[표3] 심상소학교용 교과서에서 구어체문체의 비율

(斐雄一郞, 『國語科の成立』, 東洋館出版社, 2008, 243면의 표를 인용)

연도/출판사	文學社	普及舍	金港堂	集英堂	富山房	文部省
1886~1890	16.8	0	0	0	●	0
1891~1896	8.3	6.7	8.5	6.7	●	●
1897~1899	8.0	8.7	8.3	8.0	25.6	●
1900	12.7	38.7	33.1	50.8	33.6	●

쓰보우치 쇼요 교과서의 또 하나 중요한 변화는 이전보다 운문이 증가했다는 점을 들 수 있는데, 이는 산문과 운문을 분명하게 구분하기 시작했다는 의미, 즉 문종(文種)의 분화가 보이기 시작했다는 의미를 포함한다고 볼 수 있다. 『국어독본 심상소학교용』에서 운문은 제3권에서 전체 25과 중 4편 등장하고(이하 4/25 형식으로 표시), 제4권에서 3/25, 제5권에서 3/25, 제6권에서 4/25, 제7권에서 0/23, 제8권에서 4/23을 차지하고 있다. 게다가 이전의 독본에 실린 운문이 주로 7.5조의 전통적 문어체였다고 한다면, 제1기 국정교과서 『심상소학독본』에는 좀 더 자유로운 근대적 문체를 가진 운문이 실려 있다. 예를 들면 다음과 같은 시가 있다.

第8課 あめあめこあめ　　　　　제8과 비 비 가랑비

あめあめ、こさめ。　　　　　비 비 가랑비

---

28) 甲斐雄一郞, 『國語科の成立』, 東洋館出版社, 2008, 243면.

どこから、ふってきた。	어디에서 왔니
天からふってきた。	하늘에서 내려 왔지
そのまへは	그 전에는
どこにゐた。	어디에 있었니
いけにゐた。	연못에 있었지
川にゐた。	강에 있었지
うみにゐた。	바다에 있었지
どーうして、天へのぼった。	어째서 하늘로 올라갔니
天ぴについて、のぼった。	햇빛에 닿아서 올라갔지
これから	이제부터
どこへゆく。	어디로 가니
いけへゆく。	연못에 간다
川へゆく。	강에 간다
うみへゆく。	바다에 간다[29]

또한 [표4]를 보면 고등소학교용 교과서에서 근세 이전의 작품(고전)을 출전으로 하는 비율이 1891~1896년에 증가했다가 1900년에는 역시 급격하게 10% 미만으로 감소한 것을 볼 수 있다. 특히 후지산보(富山房)에서 출판한 쓰보우치 쇼요의 『국어독본 고등소학교용』에는 근세이전의 작품이 0%인 것을 확인할 수 있다. 쓰보우치 쇼요의 『국어독본 고등소학교용』교과서에서 주목할 만한 것은 신데렐라 이야기를 쓰보우치 자신이 번안한 소설 「오신 이야기」(おしん物語)가 '권1(卷一)'과 '권2(卷二)'에 (상편)과 (하편)으로 나뉘어 수록되었다는 점이다. 이것은 비록 쓰보우치 쇼요가 『소설신수』에서 말한 근대적 소설은 아니지만, 교재 편찬 시에 문학성과 평이한 문장, 구어체 문장 등을 중시한 만큼

---

29) 『國語讀本 尋常小學校用 卷三』(海後宗臣編, 『日本教科書大系 近代編 第6卷 國語(三)』, 講談社, 1964, 228면에서 인용)

이 번안 소설을 포함하게 된 것으로 보인다.

[표4] 고등소학교용 교과서에서 근세 이전의 작품을 출전으로 하는 비율

(斐雄一郎, 『國語科の成立』, 東洋館出版社, 2008, 243면의 표를 인용)

연도/출판사	文學社	普及舍	金港堂	集英堂	富山房	文部省
1886~1890	12.1	19.9	44.8	0	●	6.4
1891~1896	32.1	25.0	26.5	42.9	●	●
1897~1899	19.5	19.4	23.2	18.8	●	●
1900	4.5	9.5	6.2	1.9	0	●

4. 독본에서 보는 문종의식 형성과정

1903년 4월, 소학교령이 개정되어 문부성이 저작권을 가지는 국정 교과서체제로 바뀌게 되고, 1904년부터 제1기 국정교과서가 사용되기 시작한다. 제1기 국정교과서 『심상소학독본』의 특징은 국가적 차원에 서 계획되어 체계화되었다는 점, 한자를 500자로 제한하여 한자 학습 의 부담을 경감했다는 점, 그리고 구어체의 비중이 높아졌다는 점 등 을 들 수 있다[30]. 다만, 지식 전달에 치중하여 이전 쓰보우치 쇼요의 『국어독본 심상소학교용』 교과서보다 문학의 비중이 현저히 줄어들었 다. 쓰보우치 쇼요 『국어독본 심상소학교용』 제3권과 제1기 국정교과 서 『심상소학독본』 제3권을 비교해보면, 문학적 내용(운문, 동화, 이야기) 은 40%에서 25%로 현저히 줄어들었고, 수신(修身)적 내용도 20%에서 10%로 줄어들었다. 다만 과학적 내용(이과, 지리, 역사)은 40%에서 65%

---

30) 海後宗臣編, 『日本教科書大系 近代編 第6卷 國語(三)』, 講談社, 1964, 620~623면.

로 증가하였다. 이를 보아 제1기 국정교과서는 지식의 전달에 중점을 두었다는 것을 알 수 있다.[31]

제1기 국정교과서 국어독본에서 문학적 글의 비중이 줄어들었다는 것은 문부성이 발행한 1904년에 발표한 「심상소학독본편찬취의서(尋常小學讀本趣意書)」에서도 잘 드러나 있다. 이 취의서에서는 제1장 편찬경위(編纂始末), 제2장 형식(形式), 제3장 재료(材料) 등으로 구성되어 있는데, 장르와 관련하여 참고가 될 만한 것은 제3장 재료 부분이다.

> 본서는 의무교육 연한 내의 아동에게 사용하는 것이므로, 재료는 인문적 교재(人文的教材) 또는 실과적 교재(實科的教材) 어느 한편에 치우치지 않는, 의무교육을 유효하게 하는 데에 가치 있는 것을 선택하여 이를 4년 안에 일단락 지을 수 있는 곳에 배치한다.[32]

위의 인용에서 보듯이, 제1기 국정교과서가 발간된 1904년에는 아직 구체적인 장르 의식이 정착되지 않아서인지 인문적 교재, 실과적 교재라는 식의 대강의 개념으로 나누었다는 것을 알 수 있다. 스즈키 사다미는 1890년대 후반부터 1900년대 후반까지 '문예'(文芸)라는 말을 '문학', 즉 언어예술이라는 의미와 중첩되게 사용하면서 일본에 근대적 의미의 '문학'이라는 관념이 정착되어 갔다고 지적하고 있다[33]. 나쓰메 소세키(夏目漱石)의 「나는 고양이로소이다(我輩は猫である)」가 1905년,

---

31) 井上敏男編, 『國語教育史資料 第二卷』, 東京法令出版, 1981, 172면 참조.
32) 원문은 「本書ハ義務教育年限內ノ兒童ニ使用セシムヘキモノナレハ材料ハ人文的教科又ハ實科的教科ノ一方ニ偏セス廣ク義務教育ヲ有效ナラシムルニ価値アルモノヲ選擇シ之ヲ四學年ヲ通シテ一段落ヲ告ケ得ヘキ組織ニ排列セリ」. 「심상소학독본편찬취의서」(1904)는 일본 국립국회도서관의 근대디지털라이브러리(近代デジタルライブラリー)에서 확인할 수 있다. http://dl.ndl.go.jp/info:ndljp/pid/810 123 (2016년 3월 확인)
33) 스즈키 사다미, 『일본의 문학개념』, 보고사, 2001, 345~347면 참조.

시마자키 도손(島崎藤村)의 『파계(破戒)』가 1906년, 다야마 가타이(田山花袋)의 「이불(布団)」이 1907년이므로 위의 인용문이 발표된 1904년은 아직 근대적 문학 개념이 일반화되기 이전이라 할 수 있다. 이는 이어지는 「취의서」의 내용에서 보다 분명하게 확인할 수 있다. 「취의서」 제3장 제1항은 '재료의 선택'에 대한 기술로 다음과 같은 말이 적혀 있다.

> 1. 모범이 되는 말은 일반 아동이 접할 수 있는 완구, 일용기구, 동식물 중에서 교육적 가치가 있는 것으로 선택한다. 단, 명칭의 발음과 표기해야 하는 문자가 합치되지 않는 것, 또는 지방에 따라 명칭이 다른 것 등은 가능한 한 피한다.
> 2. 수신(修身)에 관한 재료는 추상적 훈계에 관한 것을 피하고 주로 도덕적 의의가 있는 이야기를 선택한다.
> 3. 이과(理科)에 관한 재료는 주로 천연물 및 자연현상 중 직접 인간의 생활에 관계있는 것 또는 관찰을 치밀하게 하여 자연을 존중하는 생각을 일으키기에 충분한 것을 선택한다. 그래서 이를 선택할 때 가능한 한 관찰수업의 편리를 고려하여 간단한 기계 및 인간생리 일반에 관한 것도 수록한다.
> 4. 지리에 관한 재료는 지리의 기본관념을 기를 수 있는 것, 또는 우리나라의 주요도시, 개항장, 명승지, 산물(産物), 기타 전국지리 일반, 외국지리 일반에 관한 것을 선택한다.
> (하략)[34]

위의 인용에 이어서 계속 '5. 역사에 관한 재료, 6. 실업(實業)에 관한 재료, 7. 국민교육에 관한 자료'의 선택 기준에 대한 서술이 이어진다. 이렇게 1904년 제1기 국정교과서의 「취의서」에서는 형식과 내용을 모

---

34) 「尋常小學讀本編纂趣意書」, 『近代デジタルライブラリー』 http://dl.ndl.go.jp/info: ndljp/ pid/ 810123 (2016년 3월 확인)

두 고려한 근대적 장르 의식은 볼 수 없다. 단지 소재에 따라 '수신', '이과', '지리', '역사', '실업', '국민교육' 등으로 나누고 있을 뿐이다.

그렇다면, 제1기 국정교과서에서는 문학적 글의 비중도 이전의 검정교과서 때보다도 줄어들었을 뿐만 아니라, 「취의서」에서 알 수 있듯이 문학이라는 개념도 매우 모호했다는 것을 확인할 수 있다.

하지만, 제1기 국정교과서에서 전체적으로 문학적 내용이 줄어들었다고는 해도, 운문의 비중은 이전의 교과서와 비슷하게 유지되고 있다. 『심상소학독본』에서 운문은 제3권에서 전체 20과 중 2개 과에 등장하고(이하 2/20 형식으로 표시), 제4권에서 1/20, 제5권에서 2/23, 제6권에서 3/22, 제7권에서 2/23, 제8권에서 2/20을 차지하고 있다. 그리고 제1기 국정교과서 『심상소학독본』에는 쓰보우치 쇼요의 『국어독본 심상소학교용』에 나온 시보다 좀 더 현대어에 가까운 동시(童詩)가 수록되어 있다.

春の遊び	봄 놀이
お庭に、桃がさいてゐる。	정원에 복숭아꽃이 피어 있습니다
お庭のさきで、	정원 앞에서
女のこどもがまりつきあそび。	여자 아이의 공놀이
まりをつく音、ぽん、ぽん、ぽん。	공놀이 하는 소리, 퐁, 퐁, 퐁
かずをよむこゑ、ひー、ふー、みー	숫자를 세는 소리, 하나, 둘, 셋-
(하략)[35]	

전체적으로 문학적 내용이 축소된 제1기 국정교과서이지만, 위의

---

35) 第一期 國定國語教科書 『尋常小學讀本 七』(海後宗臣編, 『日本教科書大系 近代編 第 6卷 國語(三)』, 講談社, 1964, 481면에서 인용)

운문의 문체를 보면 이전보다 운율의 자유로움이 보이고, 문체도 좀 더 구어체에 가까워졌다는 것을 확연히 알 수 있다.

1909년에는 고마쓰바라(小松原) 문부성 대신이 관저에 고다 로한(幸田露伴), 모리 오가이(森鷗外), 나쓰메 소세키(夏目漱石), 시마무라 호게쓰(島村抱月) 등을 초대한 일이 있었다. 초대받은 이들은 당대 이름을 알리기 시작한 전업작가들이었는데, 이는 저명한 작가가 사회적인 명사로서 취급되게 된 상징적인 사건이라 평가받고 있다36).

이 일이 있고나서 1910년 발행된 제2기 국정교과서 『심상소학독본』에는 구어체가 증가하고, 다시 문학적 내용이 더 많아지는 등의 변화가 보인다.

제2기 국정교과서의 「심상소학독본편찬취의서(尋常小學讀本編纂趣意書)」(1910)의 '재료' 부분을 살펴보면, 제1기에서 수신, 이과, 지리, 역사, 실업, 국민교육 등으로 분류했던 것이, 제2기 「취의서」에서는 조금 달라졌음을 확인할 수 있다.

> 제4장 재료
> 1. 재료의 선택에 관해서는 실용과 취미, 양쪽을 모두 고려하여, 의무교육에 가장 유효하고 가치 있는 것을 선택한다. 또 전국에 시행하는 국정독본으로서, 가능한 한 모든 지방에 보편적인 사항을 선택하여, 남녀 아동 공통으로 학년에 따라 심성발달에 적응시킬 수 있는 것을 채택하고, 계절이 있는 내용은 계절에 맞춘다.
> 2. 인문적 재료와 실과적 재료를 함께 채택하고, 수신, 역사, 지리, 이과, 실업, 법제경제, 문학 등 전반적 지식을 기르는 것은, 각국의 독본 모두 마찬가지이다. 일본의 국어독본은 일본만의 특수한 재료가 있어야 한다. 본서는 국민 특유의 재료를 선택함에 있어 특히 신경 쓰는 부

---

36) 스즈키 사다미, 『일본의 문학개념』, 보고사, 2001, 278면.

분이 많다. 예를 들어 제1권 「국화 문양, 오동나무 문양(キクノゴモ
ン・キリノゴモン)」, 제4권 들판, 노시(のし), 가쓰오부시(鰹節), 히나마
쓰리(雛祭), 제5권의 우메보시, 제7권의 가문(家紋), 일본종이와 같은 것
은 외국 독본에서는 볼 수 없는 것으로, 그 유래, 습관 등을 생각하면
국민적 정취를 함양하는 데 충분히 도움이 되리라 생각한다.

　3. 많은 국민적 동화, 전설을 포함한 것도 또한 신독본의 특색이다.
제1권부터 모모타로(桃太郎), 원숭이 게 싸움(猿蟹合戰), 우시와카벤케이
(牛若弁慶), 혹부리영감(瘤取), 떡 과녁(餅の的), 천신님(天神樣), 꽃 피우는
할아버지(花咲爺), 노미노스쿠네(野見宿禰), 요시이에(義家), 우라시마 타
로(浦島太郎), 닛타시로(仁田四郎), 이나바의 하얀 토끼(因幡ノ白兎), 나스
노 요이치(那須与一), 지이사코베노스가루(小子部蝶蠃), 히요도리고에의
역습(鵯越の坂落し), 아마노이와토(天岩戶), 솥도둑(釜盗人) 등 사람들에
게 널리 알려진 취미 있는 설화를 넣었다

　4. 동화 등과 함께 수수께끼를 넣었다. 정취를 풍부하게 하고, 또 아
동의 고안, 사고력을 키우기 위한 것으로 제2과부터 제4권까지 각 한
단원씩 두었다. 그 외 속담(俚諺), 금언(金言) 등도 곳곳에 삽입하였고 제
6권에는 특히 속담(俚諺) 한 단원을 두었다.

　5. 제9권 이상의 고급학년용에서 추상적 훈계의 단원을 더한 것도 구
독본에는 없는 것이다. 즉 제9권의 양생, 제11권의 웃음, 시간, 제12권
의 쓴 약, 주부의 의무와 같은 것이 여기에 해당된다.[37]

　위의 인용에서 알 수 있듯이 제2기 「국정교과서편찬취의서」에서는
재료 분류를 수신, 역사, 지리, 이과, 실업, 법제경제, 문학으로 하고 있
다. 제1기 「취의서」의 재료와 비교할 때, '국민교육' 대신에 '법제경제'
가 들어갔고, 특기할 만한 것은 '문학'이라는 분류가 새롭게 추가되었
다는 점이다. 또한 제2기 「취의서」에서부터 부록을 마련하여 제1기 「취
의서」에는 없던 글의 출전(出典)을 명확하게 밝히기 시작했다는 점도

---

37) 井上敏男編, 『國語教育史資料 第二卷』, 東京法令出版, 1981, 210면에서 인용.

특기할 만하다. 제2기 국정교과서의 「취의서」 부록에는 다음과 같은 방식으로 출처를 명기하고 있다.

재료출처적요(材料出處摘要)

제1권　　　　18페이지……이솝이야기
동(同)　　　　44,5페이지……우지슈이모노가타리(宇治拾遺物語)
　　　　　　　제1권 「도깨비에게 혹 빼앗김(鬼に瘤取ラルル事)」
동　　　　　　52,53페이지……시나노노쿠니(心濃國) 동요에 의함.
제2권　　　　제7과, 개의 욕심……이솝이야기
동　　　　　　제14과, 떡 과녁(餅の的)……야마시로풍토기(山城風土記) 이나리신사(伊奈利社) 및 분고(豊後) 구스군(球珠郡) 옛 전설에 의함[38)

　이러한 사실들은 1904년과 1910년 사이에 '문학'이라는 분류가 새롭게 들어갈 수 있을 만큼 문종의식의 변화가 목격된다는 점, 그리고 출전을 표기함으로써 글의 종류에 대한 인식이 깊어졌음을 엿볼 수 있다는 점에서 시사하는 바가 크다. 이는 앞에서 스즈키 사다미가 말한 1890년대에서 1900년대 후반에 걸쳐 '문예'라는 용어가 '문학'을 가리키는 말로 자주 사용되면서 정착되어 갔다는 것과 시기적으로 겹친다. 일반문단에 비해 '문학'의 개념이 교과서에 적용되는 것이 다소 늦기는 하지만, 일반문단의 움직임이 독본교과서에도 적용되어가고 있음을 보여준다.

　이와 관련하여 국정 제2기 『고등소학독본』에서도 주목할 만한 변화가 보이는데, 바로 쓰보우치 쇼요, 고다 로한, 나쓰메 소세키, 마사오

---

38) 井上敏男編, 『國語教育史資料 第二卷』, 東京法令出版, 1981 210면에서 인용.

카 시키 등 근대작가들의 문장이 작가명과 함께 대대적으로 실리기 시작했다는 점이다. 예를 들어 사쿠라이 오손(櫻井鷗村)의 「시베리아철도」(西比利亞鐵道), 쓰보우치 쇼요(坪內雄藏)의 「도시와 시골」(都會と田舍), 나쓰메 소세키(夏目漱石)의 「언덕의 찻집」(峠の茶屋) 등의 글이 채용되었는데, 이러한 근대작가 글의 급격한 양적 증가는 이제까지의 독본 편찬과 비교하여 특기할 만한 사항이다. 이는 이 시기 작가의 위상이 그만큼 상승했다는 것을 의미한다. 그리고 이후 일본문단은 '다이쇼 데모크라시'로 표현되는 '문예의 시대'에 들어가게 되고 나서 '문학'이 본격적으로 교과서에 편입되게 된다.

1918년부터 사용하게 되는 제3기 국정교과서의 「심상소학국어독본 편찬취의서」(1917)를 살펴보면 또 다시 변화를 확인할 수 있다. 우선 「취의서」의 분량이 증가했고, 출전 표시가 더욱 상세해졌다. 그리고 「취의서」의 『심상소학국어독본』 권2(1학년 하반기용)에 대한 설명을 보면 다음과 같이 기술되어 있다.

교재는 가능한 한 다방면에 걸쳐, 도시와 시골, 남녀 어느 쪽에도 치우침 없는 것으로 하였지만, 학년 후반기는 직관(直觀) 교수(敎授)에 불편한 점이 있어, 지리, 이과와 같은 실과(實科)적 교재를 줄이고, 우선은 문과적 교재를 많게 했다. 교재를 그 성질에 따라 분류하여 수신, 역사, 지리, 이과, 실업, 국민과(國民科) 등으로 일반 관례와 비슷하게 나누었다. 하지만 각 단원이 반드시 명료하게 분류되는 것은 아니다. 어떤 단원은 이과적 교재이지만, 실업과 관련이 깊고, 어떤 단원은 역사적 교재이지만, 또 교훈적 의미가 가득한 그런 것들이 적지 않다. 그리하여 이상의 분류에 들어가지 않는 국어독본 특유의 교재 또한 많은데, 이른바 잡(雜)에 속하는 것들이다. 이에 이러한 것들을 문학적 교재라 이름을 붙여 이하 매권마다 분류표를 게재하고자 한다. 이것은 단지 교수자

의 참고 자료로 하고자 하는 것이다. 따라서 사람에 따라 그 취급을 달
리 해도 전혀 지장이 없다.

수신적 교재	개의 욕심, 미요(ミョ), 쥐의 지혜, 약, 눈과 귀와 입
역사적 교재	우시와카마루, 떡 과녁, 꽃 피우는 할아버지, 오에야마(大江山)
이과적 교재	부모 소와 아기 소
문학적 교재	운동회, 손님놀이, 국화꽃, 생각할 것, 석양, 달, 밤 줍기, 나뭇잎, 설날, 눈, 눈사람, 그림자, 수수께끼, 지금부터, 비행기

(주의) 사담(史譚), 동화, 전설 종류는 모두 역사적 재료로 분류했다.
수신적 교재에 편입된 과도 반드시 교훈을 주제로 하는 것은 아니다.
국어독본의 목적은 그 외의 것도 있다.
문학적 교재 또한 마찬가지이다. 굳이 이를 느끼려 할 것이 아니라,
후일을 기다리는 태도를 취해야 할 것이다. 요컨대 지역의 정황과 아동
의 경우에 따라 다루는 것이 달라질 것이다.[39]

위의 인용에서 주목할 만한 것은 제3기 국정교과서에 이르러 문종
을 분류하려는 시도를 본격적으로 시작했다는 점이다. 다만 마찬가지
로 근대적 장르 의식과는 상당한 차이를 보이고 있는데, 예를 들어 위
의 인용에서도 나와 있듯이 '역사적 교재'에 포함되는 글들은 현재적
인 의미의 '역사'와는 거리가 멀다. 즉, 현실의 이야기가 아닌 설화도
'역사적 교재'에 포함시킨 것이다. 위 인용의 표는 『심상소학국어독본』
권2의 각 단원을 내용에 따라 분류한 것으로, 「우시와기마루(ウシワカマル)」라는 단원은 실제 역사인물인 미나모토 요시쓰네(源義経)와 벤케이
(弁慶)의 이야기여서 '역사적 교재'에 포함되는 것이 마땅해 보이지만,
나머지 「떡 과녁(モチノマと)」, 「꽃 피우는 할아버지(ハナサカヂヂイ)」, 「오

39) 井上敏男編, 『國語教育史資料 第二卷』, 東京法令出版, 1981, 329면에서 인용

四 ウシワカ゛
マル

ベンケイガ大゛
ナギナタデキ゛
リツケマシタ。
ウシワカマルハ
ヒラリトランカ゛

[그림2] 『심상소학독본』 권2 「우시와카마루」

에야마(大江山)」는 모두 가상의 이야기, 즉 설화이다. 이를 '역사적 교재'에 포함시킨 것은 단지 글의 배경이 옛날이라는 것 때문이라 생각되는데, 이러한 모호한 분류 때문인지 위의 인용에서도 '각 단원이 명료하게 분류되는 것은 아니다'라고 말하고 있다. '문학적 교재'라는 분류도 모호하기는 마찬가지이다. 특정 분류에 속하지 않는 것을 모두 '문학적 교재'로 분류했다. 이것 역시 현재적 의미의 '문학' 개념과는 차이가 있지만, 중요한 것은 문종의 분류를 엄격하게 하려는 시도가 있었고, 글을 종류별로 나누는 것에 대한 어려움이 기록되어 있다는 점이다. 앞에서 언급한 「오사카 개구리와 교토의 개구리」 이야기가 별다른 설명 없이 『심상소학독본』(1887)에서 '지리' 이야기에 포함된 것과 비교해보면 중요한 변화라 볼 수 있다. 글을 정확하게 분류하기가 매우 어렵다는 인식이 생겨났다는 것은 곧 문종의식의 심화라 봐도 무리가 없을 것이다.

또한 제3기 국정교과서 『심상소학국어독본』의 특징은 장문(長文)의 글이 실리기 시작했다는 점이다. 권1에서부터 「원숭이와 게」(サルトカニ)라는 11페이지에 걸친 긴 글이 실렸고, 마지막에는 「모모타로이야기」(モモタラウ)가 실려 있다. 이외에도 각 권마다 학습자의 흥미를 유발시킬 수 있는 장편문이 실려 있는데, 이 또한 장르의 분화와 관련 있는 사항이라 할 수 있다. 이러한 변화는 국정교과서의 내용을 분석

한 [표5]에서도 확인할 수 있다.[40]

[표5] 국정교과서의 내용분석

교재내용 ＼ 시기구분	제1기	제2기	제3기	제4기	제5기
문학적 내용 (동요, 시가, 우화 등)	32.8	38.7	51.5	54.1	48.4
역사적 내용 (역사이야기, 일화, 전기 등)	10.9	12.3	13.8	15.0	11.1
과학적 내용 (지리, 물리, 화학, 생물, 식산, 공업 등)	37.4	30.0	22.0	17.9	17.0
사회적 내용 (가정, 향토, 연중행사 등)	4.6	6.0	4.9	2.3	2.3
국가주의적 내용 (황실, 국가 등)	3.4	4.0	2.6	3.3	4.2
군국주의적 내용 (군사, 전쟁 등)	7.1	4.0	2.6	5.5	14.4
생활적 내용 (작문, 위생, 레크리에이션 등)	3.8	5.0	2.6	1.9	2.6

위의 표를 보면, 제1기에서부터 제4기까지 문학적 내용이 꾸준히 증가하고 있는 것을 확인 할 수 있으며, 이는 앞에서 살펴본 문학적 취향의 증가, 문장의 장문화 등을 통계적으로 뒷받침하는 증거라 볼 수 있다. 이상과 같이 독본교과서의 시대적 흐름을 확인해 보면, 독본의 문장이 보다 복잡해지는 과정, 한문에서 화문으로의 변화, 운문과 산

---

40) 이 표는 唐澤富太郞, 『敎科書の歷史』, 創文社, 1956, 256면과 滋賀大學付屬図書館編著, 『近代日本の敎科書のあゆみ―明治期から現代まで』, サンライズ出版, 2006, 24면의 표를 인용하여 작성하였다. 두 자료의 수치가 서로 다른 부분이 있는데, 이러한 곳은 보다 최근의 연구결과인 『近代日本の敎科書のあゆみ―明治期から現代まで』의 수치를 인용하였다.

문의 구분, 문학적 취향의 증가, 작가와 출전의 명확한 표기 등과 함께 점차 근대적 장르의식이 형성되어가는 양상을 확인할 수 있다.

5. 결론

이상으로 일본의 '학제' 반포로부터 1918년의 제3기 국정교과서까지의 독본 교과서의 흐름과 이에 따른 문종 의식의 변화를 살펴보았다. 일본 국어교과서 역사의 큰 흐름을 살펴볼 때 중요한 변화를 말하자면, 한문에서 일본문(和文)으로의 변화, 문어체에서 구어체로의 변화, 지식전달 중시에서 문학적 내용 중시로의 전환, '국어과(國語科)'의 성립, 근대적 '문학'개념의 성립 등으로 설명할 수 있다. 이러한 과정이 국민국가의 성립, 언문일치, 표준어성립, 근대 '문학' 개념의 성립, 문학적 취향의 중시 등 여러 층위에서 복합적이고 다양하게 진행되고 있었고, 이러한 국어교재의 시대적 흐름은 국민의식의 함양과 제국주의 체제를 공고하게 하는 방향으로 진행되었다. 또한 감성적인 글의 중시, 서구문물의 도입 등은 필연적으로 문종을 세분화하며, 이는 곧 다양한 글쓰기와 감상의 등장을 의미한다. 교과서에 실릴 글들의 선정과 배치에 대한 고민, 교과서 문장의 장문화(長文化)에 따라 장르를 세분화하고 명확하게 구분하는 감각도 동시에 형성되어 갔다는 것은 어떻게 보면 당연한 귀결이라 볼 수 있다. 일본 교과서 내의 문종 개념은, 처음에는 소설류, 도덕상 담화, 이학(理學)상 논설, 여러 대가의 문장, 시가(詩歌) 등으로 근대적 장르의식 없이 분류되었던 것이, 먼저 근대적 운문과 산문의 명확한 구분이 이루어지기 시작했고, 운문과 산문의 명확한 구분 이후에는 시간이 흐름에 따라 '수신', '이과', '지리',

'역사', '실업(實業)', '국민교육' 등으로 내용에 따라 분류하게 되었다. 그리고 근대 '문학' 개념이 성립되어 가고 교과서에서 문학적 취향의 중요성이 대두됨에 따라 '문학'이라는 분류가 추가되었다. 이는 서구 근대 문학 개념의 도입과 정착이 교과서에도 반영되고 있음을 보여주고 있으며, 이와 더불어 문종을 보다 세밀하게 분류하려는 노력도 이루어졌음을 확인할 수 있다.

참고문헌

1차 자료

井上敏男編,『國語教育史資料 第二卷』, 東京法令出版, 1981.
海後宗臣編,『日本敎科書大系 近代編 第4卷 國語(一)』, 講談社, 1964.
海後宗臣編,『日本敎科書大系 近代編 第5卷 國語(二)』, 講談社, 1964.
海後宗臣編,『日本敎科書大系 近代編 第6卷 國語(三)』, 講談社, 1964.
海後宗臣編,『日本敎科書大系 近代編 第7卷 國語(四)』, 講談社, 1964.
海後宗臣編,『日本敎科書大系 近代編 第8卷 國語(五)』, 講談社, 1964.
海後宗臣編,『日本敎科書大系 近代編 第9卷 國語(六)』, 講談社, 1964.
師範學校原編,『小學讀本 第一卷』, 卷菱潭, 1875.
　　　(http://kindai.ndl.go.jp/info:ndljp/pid/868232)
師範學校原編,『小學讀本 第二卷』, 卷菱潭, 1875.
　　　(http://kindai.ndl.go.jp/info:ndljp/pid/868233)
師範學校原編,『小學讀本 第三卷』, 卷菱潭, 1875.
　　　(http://kindai.ndl.go.jp/info:ndljp/pid/868234)
師範學校原編,『小學讀本 第四卷』, 卷菱潭, 1875.
　　　(http://kindai.ndl.go.jp/info:ndljp/pid/903927)
文部省,「小學校令施行規則」, 1900.8.21.
　　　(http://www.mext.go.jp/b_menu/hakusho/html/others/detail/1318017.htm)
文部省,「尋常小學讀本編纂趣意書」, 1904.
　　　(http://dl.ndl.go.jp/info:ndljp/pid/810123)

2차 자료

강진호,「'국어' 교과서의 탄생과 근대 민족주의」,『상허학보』36, 상허학회, 2012.
노구치 다케히코 지음, 노혜경 옮김,『일본의 '소설'개념』, 소명출판, 2010.
스즈키 사다미 지음, 김채수 옮김,『일본의 문학개념』, 보고사, 2001.

甲斐雄一郞,『國語科の成立』, 東洋館出版社, 2008.

唐澤富太郞,『教科書の歴史』, 創文社, 1956.

宝力朝魯,「明治後期以降における國語教育への上田万年の影響」,『東北大學校院教育學
研究科研究年報 第53集 第2号』, 2005.

滋賀大學付屬図書館編著,『近代日本の教科書のあゆみ―明治期から現代まで』, サンライ
ズ出版, 2006.

海後宗臣, 仲新, 寺崎昌男,『教科書で見る近現代日本の教育』, 東京書籍, 1999.

03

근대 독본이 문종(文種)을 교육하는 방식

김
혜
련

1. 근대 독본과 문종(文種) 연구의 필요성

최근 고시된 2015 국어과 교육과정(교육부 고시 제 2015-74호)은 국어(과)
교육의 '성격'에서 "미래 사회가 요구하는 융합형 인재를 기르는 데
이바지"하기 위해 "범교과적 내용이나 주제를 담은 담화나, 글, 작품"
을 자료로 활용할 것을 명시하고 있다. 포괄적인 성격이 강한 진술이
지만 여기에는 '미래 사회가 요구하는 융합형 인재 양성'이라는 국어
과의 목표를 '담화, 글, 작품'이라는 국어과 자료를 바탕으로 성취하겠
다는 의도가 담겨 있다.[1] '성격'에서 강조하는 글의 유형은 '목표'에서
"다양한 유형의 담화, 글, 작품을 정확하고 비판적으로 이해하고 효과
적이고 창의적으로 표현하며 소통하는 데 필요한 기능을 익힌다"(2. 목
표)와 '내용 체계'를 통해 구체화되고 있다. 이를테면 쓰기 교육의 경

---

1) '국어'는 범교과적 내용이나 주제를 담은 담화나 글, 작품을 듣기・말하기, 읽기, 쓰기
의 활동 자료로 활용함으로써 미래 사회가 요구하는 융합형 인재를 기르는 데 이바지
한다. 교육부, 『국어과 교육과정』(제 2015-74호), 2015, 4면.

우, 내용 체계에서 '목적에 따른 글의 유형'을 '정보 전달, 설득, 친교·정서 표현'으로 설정하여 '보고하는 글, 설명하는 글(대상의 특성), 주장하는 글(타당한 근거와 추론), 감동이나 즐거움을 주는 글'(중학교 1~3학년)을 제시하는가 하면, 문학 교육은 '서정, 서사, 극, 교술' 등의 갈래를 설정한 후 '노래, 시, 이야기, 소설, 극, 교술'(중학교 1~3학년) 등으로 '글의 유형'을 명시하고 있다. 이와 같이 최근의 국어 교육은 보고문이나 설명문, 논설문, 그리고 시나 소설, 극, 수필 등의 다양한 '문종'(文種)[2]을 통해 정확하고 비판적인 이해와 표현 능력, 다시 말해 소통을 지향하는 문해 교육을 표방하고 있는 셈이다.

그간 독서와 작문, 문학 교육 연구자들은 '문종'을 완성되거나 분명한 것으로 놓고 '문종'의 텍스트적 동질성을 구축하거나 자질을 강조하기 위해서 '문종'의 규범과 관습을 존중해 왔다. 국어과 교육과정 개발이나 국어(과) 교과서 집필과 검정 등 정책적 성격이 강한 문서는 물론 학술 담론에서도 문종을 글의 양식을 명시적으로 전달하는 명칭이자 분류로 활용하고 있다.[3] 뿐만 아니라 학술적 목적이나 대중적 취미를 막론하고 독서/작문에 대한 경험 역시 사실이나 정보, 의견이나 정서 등을 담아내는 문종에 대한 인식과 기대를 전제하고 있다.[4]

---

2) 국어 교육은 교육과정이나 학술적 담론에서 국어 교육의 언어 자료로서 다양하게 구별되는 글(文)들을 '글의 유형'이나 '글의 종류', '갈래' 등으로 부르고 있다. 그러나 이들을 포괄하여 공통적으로 지칭할 만한 용어는 달리 없는 상황이다. 이 연구에서는 잠정적으로 이들 용어를 '문종(文種)'으로 포괄하고자 한다.

3) 국어과 교육과정(국민공통 기본 교육과정, 선택 중심 교육과정) 내용 체계(2007, 2011, 2015), 초중등학교 교과용 도서 편찬상의 유의점 및 검정 기준(제2011-361호, '11.08.09)과 교과서 관련 연구로 윤여탁 외(2006), 최미숙 외(2016) 등을 들 수 있다. 그 중에서 최미숙 외(2016)의 경우 교과서의 단원 구성 방식 중 하나로서 '문종' 중심 단원 구성 방식을 제시하고 있다. 이는 시, 일기, 수필과 같은 글의 종류(장르)에 따른 단원 구성 방식을 의미한다.

4) 현재 많은 대학의 국문학과/문예창작과에 개설되어 있는 '소설 창작론'이나 '소설 강

그러나 교육적, 대중적으로 자명하게 여겨져 온 소설이나 시, 그리고 설명문이나 논설문 등의 문종은 새로운 이념과 정서를 지향하는 감각과 의식이 전통적 문종과의 경합을 통해 안착되어 온 근대적 산물이다. 이들 근대적 문종들은 전(傳)이나 찬(讚), 화(話), 가(歌), 송(頌), 논(論), 설(說) 등 전통적인 문종의 장에서 근대적 지식과 이념에 대한 계몽적 의지를 표현하고자 했던 문(文)의 근대적 기획이 생산하고 확산한 새로운 글들이다.5) 그러나 문(文)의 근대성 실험 과정에 대한 문학장이 보여준 그간의 관심에 비해 근대 교육장이 문종을 인식하고 수용하는 과정이나 근대적 이념의 계몽적 전파를 위해 선택한 글(文)의 소통 방식에 대한 고찰은 부족했다. 근대 초기 문해 능력의 함양이라는 관점에서 교육이 독본을 사유해 간 방식, 그 과정에서 독본이 차용한 계몽적 논리와 텍스트의 자질에 대해서는 주목하지 못했던 것이다. 독본에 수록된 글(文)이 독본 밖의 미디어 이를테면 신문이나 잡지, 학회지 등에 수록된 글(文)의 양식과 보여주는 차이, 그 중에서도 규범적이고 보수적인 성격이 강한 독본에 수록된 텍스트의 유형과 성격에 대해서는 주목하지 못했다.

근대 초기 조선의 교육장은 전통적 문해에 대한 논리가 여전히 강력한 가운데 근대적 문해에 대한 욕망이 강렬하게 점화되고 있었다. 전국적으로 경사자집(經史子集)의 교육이 행해지는 한편에서 '국문(혹은

독' '시 창작론'이나 '수필 창작론' 관련 강좌들, 각종 신춘문예나 문학상 제도는 물론 초·중등학교에서 주로 실행하고 있는 다양한 백일장 행사나 논설문 쓰기 대회 등은 문종(文種)의 규범과 관습을 존중하고 확산하는 제도적 현상이라고 할 수 있다.
5) 이러한 사실에 주목한 연구들은 근대 문해(교육)에서 '글(文)'에 대한 관습적인 인식과 요구가 서로 이질적이었다는 사실을 강조하며 '문'의 근대성 획득 과정을 해명하고자 했다. 권보드래(2000), 김동식(1998), 배수찬(2006), 이정찬(2006), 鈴木貞美(2001) 등 참조

언문'이나 '독서(강독)' '작문' 등 근대적 문해를 지향하는 교과들이 경쟁적으로 문해 교육의 장에 진입했다. 1889년 이화학당(梨花學堂)은 교과과정에 '읽기, 쓰기, 작문, 편지쓰기'를 이미 설정했으며(鄭忠良, 1967:64~65), 국가 중심의 교육 공동체를 지향한 「소학교 교칙대강」(1895) 역시 '독서'와 '작문' 교과를 공식적으로 설정하고 국한문체의 실용문을 가르칠 것을 명시했다. 뿐만 아니라 한성사범학교 역시 학과 과정을 통해 '국문 강독'과 '읽고 암송'을 중심으로 하는 '국문', '일상 실용문 작성법, 기사문, 논설문 쓰는 법'을 중심으로 하는 '작문'을 편제하기도 했다. 근대적 어문 관련 교과와 새로운 문종에 대한 요구는 전통적인 사부지학(四部之學)의 공고한 학문 체계에 균열을 내고 있었다. 이는 전통적인 한문 문해력으로는 새로운 지식과 이념을 포섭하기는 어렵다는 인식과 변화하는 세계를 해석하기 위한 새로운 문해 능력에 대한 갈망이 표출된 것이었다.

문해에 대한 관점에 따라 문해 교육의 성격이 달라진다는 점을 상기할 경우 전통적 문해 능력의 해체와 근대 문해 능력의 등장은 전혀 새로울 것도 없는 일이다. 그러나 문해 교육은 단순히 기능적 차원이 아닌 사회 역사적이고 정치적인 맥락이나 언어 교육적인 맥락이 상호 교섭하는 과정에서 복합적이고 역동적인 힘으로 표출된다는 점을 기억할 필요가 있다. 근대 초기 교육장에서 "强取利的으로 外國語를 通鮮ᄒᆞ야 無理를 行ᄒᆞᄂᆞ 자ᄂᆞ 化外獘民으로 認定ᄒᆞ야 國民的 待遇와 國民的 交際를 停止 謝絶ᄒᆞᆯ 事"(朴泰西, 「國語維持論」), 『夜雷』제1호, 1907)와 같이 자국어 중심 교육과 국민 자격 담론을 결부시킨 논리는 전통적인 문해력에 대한 한계를 인식하고 근대적인 문해 능력에 대한 열망을 표현한 것이다. 그리고 근대 초기 새로운 문해 혹은 문해 교육에 대한 요구는 근대적 지식과 이념의 전파를 위한 새로운 소통 방식, 제도 교육적 실천의 문제로도 부각되었다.

(가) (원문) 今欲敎育之普及莫如一定國文統一音義然後其他書籍從此譯刊也唯學部主持一國之文學敎育而使我堂堂之國文無一字典是其敎育之不振也_李能和,「國文一定意見書」,『황성신문』, 1906년 6월 2일

(번역문) 금일 교육을 보급하고자 하면 국문을 일정하게 하여 소리(音)와 뜻(義)을 통일한 연후에 이에 따라 서적을 번역·간행(譯刊)해야 할 것이다. 학부는 한 나라의 읽고 쓰는 교육(文學敎育)을 맡아서 유지하는 곳이거늘 자전(字典) 하나 없어 사람마다 국문을 제 멋대로 쓰니 교육이 진작되지 못하는 것은 바로 이 때문이다[6]

(나) (원문) 盖其國語로 以ᄒᆞ는 所以는 見童의 講習의 便易케ᄒᆞ는 同時에 自國의 精神을 養成ᄒᆞ기 爲ᄒᆞᆷ이라 故로 大韓國兒童의 敎科書籍은 大韓國語를 用ᄒᆞᆷ이 可ᄒᆞ거날 近來行用ᄒᆞ는 小學書籍을 觀ᄒᆞ건딘 國漢字를 混用ᄒᆞ야시나 漢字를 主位에 寘ᄒᆞ야 音讀ᄒᆞᄂᆞᆫ 法을 取ᄒᆞ고 國字ᄂᆞᆫ 附屬이되야 小學用으로ᄂᆞᆫ 國文도아니며 漢文도아인 一種蝙蝠書籍을 成ᄒᆞᆫ지라 是以로 滿堂ᄒᆞᆫ 小兒가 敎師의 口를 隨ᄒᆞ야 高聲蛙鳴ᄒᆞ고 或其文意를 叩ᄒᆞᆫ 則茫然히 雲霧中에 坐ᄒᆞ야 其方向에 迷ᄒᆞᆫ 者가 十의 八九에 是居ᄒᆞ니 此ᄂᆞᆫ 國中子女에게 鸚鵡敎育을 施ᄒᆞᆷ이라_兪吉濬,「小學校敎育에 對한 意見」,『황성신문』, 1908년 6월 10일

(번역문) 대개 국어를 사용하는 까닭은 아동(見童)의 강습을 편리하게 하는 동시에 자국의 정신을 양성하기 위함이다. 그러므로 대한국(大韓國) 아동의 교과서적(敎科書籍)은 대한국어를 사용함이 옳거늘 근래 사용하는 소학서적을 보선대 국한자를 혼용하였으나 한자를 중심 자리에 놓고 음독하는 방법을 취하고, 국자는 부속이 되어 소학용으로는 국문도 아니며 한문도 아닌 일종의 편복 같은 서적이 되었다. 이 때문에 교

---

[6] 이하 인용문에서 '원문'은 한국언론재단의 빅카인즈(http://www.bigkinds.or.kr)를 출처로 삼았으며 '번역문'은 인용자의 번역과 빅카인즈의 번역을 병행 사용했다.

실에 가득한 아이가 교사의 입을 따라 높은 소리로 개구리 울 듯 큰 소
리로 외우고 만약 그 글의 뜻을 물으면 망연히 앉아 있는 자가 십중팔
구니 이는 국중(國中) 자녀에게 앵무새 교육을 행하는 것이다.

㈎와 ㈏는 국한문이 아닌 국문을 자국의 문자로 사용할 것을 촉구
하고 있다. 읽고 쓰는 교육을 개인적 차원이 아닌 국가 공동체의 정신
과 문화를 함양하는 힘으로 인식하고 있다는 점이 주목된다. 예컨대
㈎는 '일국의 읽고 쓰는 교육'의 담당 기관을 설치하고 학부가 역할을
수행할 것을 촉구한다. 그 외에도 국민의 자격으로서 국어를 온전히
정립하고 국어 학교와 국어 연구소를 설치하고, 국어사전과 국어 독본
을 편찬하고, 교과 교육으로서 국어(과) 교육을 실행하여 국가 차원의
문해 교육을 강조하고 있다. ㈏역시 자국어 중심의 문해 교육이 아동
의 강습을 편리하게 하는, 즉 범교과 학습을 위한 기능적 문해뿐만 아
니라 자국의 정신을 함양하는 사회적, 비판적 문해 교육을 지향해야
한다고 역설하고 있다. 서구의 학문과 사상을 수용하고 근대를 창출하
기 위해서는 새로운 문해 교육이 요구되었던 것이다.

이와 같이 근대 초기 교육장은 전통적 문해와 새로운 문해 사이의
경합, 근대적 문해를 구성하고 생산하는 담론들 간에 복잡한 역학이
작동했다. 1890년대 후반 '경서(經書)' 외에 '일어(日語) 지리(地理) 역사(歷
史) 산술(算術) 작문(作文) 물리학(物理學) 화학(化學) 법학(法學) 경제론(經濟論)
정치학(政治學) 국제법(國際法)' 등의 교과 과정을 설치한 학교에서 입학
시험을 한문(漢文)과 함께 독서(讀書) 국한문(國漢文) 작문(作文) 등을 실시한
것만 보더라도 문해에 대한 전통과 근대의 가치가 혼재했었음을 알
수 있다.[7] 대부분의 신식 학교가 독서와 작문 능력을 평가하는 시험으
로 학생을 선발했다는 것은 지식을 구성하거나 생산하는 방식에서 근

대적 문해 관점의 사고와 표현을 중시했고 이전에는 경험하지 못했던 근대적 지식을 새로운 텍스트 형식으로 이해하는 방식을 요구했다는 것을 의미한다.

특히 근대 교육장은 서구로부터 발원하여 복잡하고 상이한 수준에서 전유의 과정을 거친 근대의 학문과 지식들이 각종 교육 기구와 미디어를 통해 확산되었고 새로운 지식과 이념의 계몽적 전파로 분주했다. 일본이나 미국에서 공부한 유학생 지식인들은 근대적 교육 기관에서 선취한 지식을 국내·외 신문이나 잡지, 학회지와 같은 미디어를 통해 활발히 번역하거나 저술하면서 서구적 학문과 사상의 계몽적 안착에 기여했다. 『친목회회보』(1895)를 비롯하여 『태극학보』(1906) 등의 유학생 단체가 발행한 기관지 성격의 학회지를 비롯하여 『독립신문』(1886), 『대한매일신보』(1904) 등의 신문 그리고 『서유견문』(1895), 『국민소학독본』(1895), 『유년필독』(1907) 등 새로운 교재로 등장한 독본은 근대적인 지식을 전파하는 핵심적인 매체로 기능했다.

학회지나 신문, 잡지 등이 근대지의 대중화와 일상화를 창출했다면

---

7) 1890년대 후반 신식 학교의 교과 과정과 입학시험에 대한 다음과 같은 광고를 참조할 수 있다. 本塾에서 學科를 擴張 ᄒ야 學員을 募集ᄒ오니 願學 僉君子는 陽曆 三月 晦日內로 本塾 事務所로 來問ᄒ시압 但年齡은 十五歲로 三十歲 ᄭ지 科目 經書 日語 地理 歷史 筭術 作文 物理學 化學 法學 經濟論 政治學 國際法 入學試驗科程 漢文 讀書 國漢文 作文 漢城義塾 中署 前 左巡廳 敎帥 姜興秀 池承浚 卞河璉_「本塾에셔 學科를 擴張 ᄒ야」[광고], 『독립신문』, 1899년 03월 22일; 西暑新門內興化門前五宮洞契上園洞(웃동산나무골)에셔 私立興化學校를 設立홀디인디 課程은 英語와 筭術과 地誌와 歷史와 作文과 討論과 體操等이오 入學試驗은 陰曆十日로 爲始ᄒ고 開校는 同月十五日이오나 追後로도 願學ᄒ는 人이 有ᄒ면 許入ᄒ깃고ᅀᅩ 晝夜學을 設홀터이오니 僉員은 本校에 來ᄒ야 試驗을 經ᄒ고 規則을 問ᄒ되 國漢文에 全혀 不通ᄒ거나 保証人이 無ᄒ면 本校에셔는 來學홈을 不許홀터이오니 以此輪悉ᄒ와 ᄎ졍來學ᄒ심을 望홈. 私立興化學校長 閔泳煥 敎師 林炳龜 鄭 喬 南舜熙_「西暑新門內興化門前五宮洞契上園洞(웃동산나무골)에셔 私立興化學校를」[廣告], 『황성신문』, 1898년 10월 25일(원문 출처http://www.bigkinds.or.kr)

독본은 지식의 제도화나 규범화에 기여했다. 여타의 매체가 자유롭고 개성적인 글들을 수록하는 경향이 강했다면, 독본은 교육용 교재라는 특성상 내용이나 형식에서 표준적이고 한정적인 성향을 보였다. 뿐만 아니라 독본은 학교급 혹은 학년별로 교재를 편찬하여 지식의 위계화를 모색했고 과(課)별 연습 문제나 시험 문제 같은 평가 장치를 설정하여 학습 내용을 반복하고 점검함으로써 지식의 내면화를 유도했다. 특히 근대 초기 독본에서 주목할 것은 '話'(『국민소학독본』, 1895), '이야기', '話'(『신정심상소학』, 1896), '曲'(『고등소학독본』, 1906), '演說'(『노동야학독본』, 1908), '일기, 편지'(『보통학교조선어급한문독본』, 1913) 등 글(文)을 분류하고, 분류된 글들에 표지를 붙이는 방식이 출현했다는 점이다. 편찬자들은 근대 지식과 이념의 계몽적 전파라는 목적을 위해 전통적인 문종을 발전/변화시켜 근대지를 전파할 수 있는 양식을 개발하려 노력한 동시에 외래의 문종을 한국적으로 변용시키는 방안을 모색했다(조윤정, 2015:123). 따라서 근대 초기 독본을 고찰하는 일은 문해의 관점에서 독본이 수용한 근대지(知) 즉 교과 지식(敎科知)의 성격과 양상을 가늠하는 동시에 계몽의 방식으로 (재)구성된 문종(文種)에 대한 인식과 감각을 사유하는 일이라는 점에서 의미가 있다.

2. 근대 국어과 담론과 문해(文解)

근대적 문해에 대한 갈망은 관련 교육 법령과 교육 기구, 정책 등의 제도적 실천을 촉구했을 뿐만 아니라 다른 한편으로 근대적 지식과 이념에 대한 계몽적 전파를 추동했다. 이 두 방향은 근대 교육장에서 '가르쳐야 할 지식의 체계화'라는 '교과' 형식으로 산출되었다. 이를테면 '語學, 作文'(柳瑾, 敎科의 種類, 1906.7.), '言語科(國語及外國語)'(張應震, 敎授와 敎科에 對ᄒ야, 태극학보 13호~14호, 1907), '國漢文附 作文習字'(學課의 要設, 서북학회월보 1권 9호, 1909) 등 근대적 문해 관련 교과에 대한 요구와 함께 교과 내용과 성격을 지정하는 교과지(敎科知) 관련 담론들이 전사적으로 산출되었다. '敎科라는 者ᄂᆞᆫ 敎授原理와 其 形式을 表ᄒ야뻐 人心을 開發의 具'(柳瑾, 1906.7.)라는 보편적 관점에서 '學校에서 敎授하ᄂᆞᆫ 科目은 다 當時의 理想目的을 從ᄒ야 選擇ᄒᆞᄂᆞᆫ거시니'(張應震, 1907.9.24)와 같은 사회 역사적 관점에 이르기까지 교과에 대한 다양한 명명과 교과지의 분류 작업이 실행되었다.

분류의 정치성에 주목한 제프리와 수전(1997)은 자연과학적 객관성과 중립성의 신화에도 불구하고 모든 분류 체계에는 '일관되고 독특한 분류 원칙들이 가동되며, 범주들은 상호 배제적이고, 각각의 체계는 완전하다'는 속성이 존재한다고 강조했다. 그들에 따르면 일정한 체계로서 분류는 인간과 사물, 세계를 기원과 가계에 따라 구획하고 개별 범주들은 그 자체로 독립적이고 대화적이지 않기 때문에 권력적인 함의를 지니게 된다는 것이다. 계급이나 이념, 성, 국가 등을 작동해 온 분류의 정치학이 다양한 수준과 영역에서 폭력적인 결과를 양산해 왔다는 것은 주지의 사실이다. 경계 짓기로서 분류는 그 자체로 정치적이다. 근대지의 교육적 분류의 결과로서 교과(지) 역시 근대적 현상이자 이념적 제도이다. 교과를 구분하여 명명하고 개별 교과의 내용을 구축하는 일은 당시의 교육적, 사회 역사적 맥락에서 가르쳐야 할 내용을 선정/배제하는 정치적 준거를 정당화하는 것이다. 시서육예(詩書六藝)를 중심으로 하는 유교적 세계관의 설명력이 현저히 약화되고, 서구 학문과 지식의 유입에 따라 문명화의 논리가 강력해 지는 맥락에서 근대적 교과(과정)의 구획과 교과서 편찬은 근대적 문해를 향한 지식장의 정치적 욕망과 무관하지 않다는 점에서 주목할 필요가 있다.

근대 교육장에서 교과 분류의 기원적 형식은 '교육입국조서'(1895) 이후 공포된 일련의 교육 법령들에서 그 단서를 찾을 수 있다. 근대 초기 공포된 교육 법령이나 제도 담론은 근대 초기 지식의 교육적 (재)생산 구조를 안착시키기 위한 규율적 장치였다는 점에서 주목해야 할 표지이다. 고종이 '교육입국조서'를 통해 실용 중심의 덕양(德養) 체양(體養) 지양(智養)의 교육을 선포한 것을 비롯하여 '한성사범학교관제'(1895.4), '외국어학교관제'(1895.5), '성균관관제'(1895.7)에 이어 근대적 의미의 유사 교육과정에 해당하는 '소학교령'(1895.7)과 '소학교 교칙대강'(1895.8) 등에 이르기까지 일련의 교육적 장치는 근대 지식 체계의 교육적 제도화를 견인했다.[8] 교과의 분류와 교과지의 지정에 대한 제도적 진술은 근대 학문과 지식의 체계를 교육적으로 분류하고 교과적 정체성을 구축하기 시작했다는 점에서 주목할 필요가 있다.[9] 이를테

---

8) 근대 초기 교육 관계 법령과 교과를 제시하며 표로 제시하면 다음과 같다.

각급 학교령	학교수준	교과목
한성사범학교관제(1895.4.16.) 한성사범학교규칙(1895.7.23.)	본과	수신, 교육, 국문, 한문, 역사, 지리, 수학, 물리, 화학, 박물, 습자, 작문, 체조
	속성과	수신, 교육, 국문, 한문, 역사, 지리, 수학, 이과, 습자, 작문, 체조
소학교령(1895.7.19, 칙령 145호) 소학교 교칙대강 (1895.8.12, 학부령 3호)	심상과	수신, 독서, 작문, 습자, 산술, 체조
	고등과	수신, 독서, 작문, 습자, 산술, 본국지리, 본국역사, 외국지리, 외국역사, 이과, 도화, 체조, (재봉), 외국어
중학교관제(1899.4.4. 재가, 4.6. 공포, 칙령 제 11호)	심상과	윤리, 독서, 작문, 역사지지, 산술, 경제, 박물, 물리, 화학, 도화, 외국어, 체조
중학교 규칙(1900.4.4 재가, 4.6. 공포, 학부령 제 12호)	고등과	독서, 산술, 경제, 박물, 물리, 화학, 법률, 정치, 공업, 농업, 상업, 의학, 측량, 체조

9) 근대 초기 국어(과) 교육 제도와 정책, 근대 교과적 관점에서 국어 교과의 개념 형성에 관한 연구로 김혜련(2014) 참조

면 '소학교 교칙대강'은 국어과를 독서, 작문, 습자로 영역화하여 교과
적 성격을 지정했다. 독서와 작문의 경우 '적당한 언어와 문구를 사용
하여 정확히 사상을 표창하는 능력을 기르고 겸하여 지덕을 계발하는
것'을 목표로 설정하고, '보통 언어와 일상에 필요한 문자, 문구, 문법
을 읽는 법과 의의를 알게 하고', '다른 교과의 교수에 도움이 되도록
항상 연습하도록 강조'(作文)했으며 교과의 중심 내용(事項)은 '수신 지리
역사 이과 기타 일용생활에 필요하고 교수에 취미를 더하는 것'(讀本)을
제시하고 있다.[10] 다시 말해 문자를 읽고 쓰는 해독 능력과 텍스트에
대한 이해 능력을 중심으로 하는 기능적 문해력을 함양하는 도구 교
과로서 국어과의 성격을 설정했다. 또한 수신, 지리, 역사, 이과, 일상

---

10) '소학교 교칙대강'에서 독서, 작문, 습자에 관련된 내용을 제시하면 다음과 같다; 第
三條 讀書와作文은近으로由ᄒᆞ야遠에及ᄒᆞ며簡으로由ᄒᆞ야繁에就ᄒᆞᄂᆞᆫ方法에依ᄒᆞ고몬
져普通의言語와日常須知의文字文句文法의讀方과意義ᄅᆞᆯ知케ᄒᆞ고適當ᄒᆞᆫ言語와字句ᄅᆞᆯ
用ᄒᆞ야正確히思想을表彰ᄒᆞᄂᆞᆫ能을養ᄒᆞ고兼ᄒᆞ야智德을啓發홈을要旨로홈.尋常科에ᄂᆞᆫ近
易適切ᄒᆞᆫ事物에就ᄒᆞ며平易ᄒᆞ게談話ᄒᆞ고其言語ᄅᆞᆯ練習ᄒᆞ야國文의讀法書法綴法을知케
ᄒᆞ고次第로國文의短文과近易ᄒᆞᆫ漢文交ᄒᆞᄂᆞᆫ文을授ᄒᆞ고漸進ᄒᆞ기ᄅᆞᆯ從ᄒᆞ야讀書作文의教
授時間을分別ᄒᆞᄂᆞ니讀書ᄂᆞᆫ國文과近易ᄒᆞᆫ漢文交ᄒᆞᄂᆞᆫ文으로授ᄒᆞ고作文은國文과近易ᄒᆞᆫ
漢文交ᄒᆞᄂᆞᆫ文과日用書類等을授홈이可홈.高等科에ᄂᆞᆫ讀書ᄂᆞᆫ漢字交文을授ᄒᆞ고作文은漢
字交文과日用書類ᄅᆞᆯ授홈이可홈.讀書와作文을授ᄒᆞᄂᆞᆫ時에ᄂᆞᆫ單語短句短文等을取케ᄒᆞ
고或改作ᄒᆞ야國文使用法과語句의用法에熟ᄒᆞ게홈이可홈.讀本의文法은平易케ᄒᆞ야普通
國文의模範됨을要ᄒᆞᄂᆞᆫ故로 兒童이理會ᄒᆞ기易ᄒᆞ야其心情을快活純正케홈을採홈이可
ᄒᆞ고쏘그事項은修身地理歷史理科其他日用生活에必要ᄒᆞ고教授에趣味ᄅᆞᆯ添홈이可홈.作
文讀書와其他教科目에授ᄒᆞ事項과兒童의日常見聞ᄒᆞ事項과及處世에必要ᄒᆞ事項을記述
호디行文이平易ᄒᆞ고旨趣가明瞭케홈을要홈.言語ᄂᆞᆫ他教科目의教授에도항상注意ᄒᆞ야練
習케홈을要움.制四條習ᄌᆞᄂᆞᆫ通常文字의書ᄒᆞᄂᆞᆫ法을知케ᄒᆞ고運筆에習熟 케홈을要旨로
홈.尋常科에ᄂᆞᆫ國文과近易ᄒᆞᆫ漢字ᄅᆞᆯ交ᄒᆞᄂᆞᆫ短句와通常의人名物名地名等의日用文字와及
日用書類ᄅᆞᆯ習케홈이可홈.高等科에ᄂᆞᆫ前項의事項을擴ᄒᆞ며日常適切ᄒᆞᆫ文字ᄅᆞᆯ增加ᄒᆞ고쏘
日用書類ᄅᆞᆯ習케홈이可홈.字의書體ᄂᆞᆫ尋常科에ᄂᆞᆫ楷書或行書로ᄒᆞ고高等科에ᄂᆞᆫ楷 書行
書草書로홈.字ᄅᆞᆯ授ᄒᆞᄂᆞᆫ時에ᄂᆞᆫ別로히姿勢롤整ᄒᆞ고執筆과運筆을正케ᄒᆞ야字行은整正히
ᄒᆞ며運筆은힘蝀速케홈을要窗他教科目의教授에文字ᄅᆞᆯ書ᄒᆞᄂᆞᆫ時에도쏘ᄒᆞ其字形과字行
을正ᄒᆞ게홈을要함(하략)「小學校教則大綱」,『官報』第138號, 1895년 8월 15일(원문은
한국역사정보통합시스템(http:// www.koreanhistory.or.kr)을 출처로 삼았음).

생활 영역으로 지식의 범주를 설정함으로써 문해 교육을 위한 교과로서 정체성을 구축했다.

그러나 장응진(張應震)의 다음과 같은 논의는 문해 교육이 인쇄물 해독 중심의 전통적 읽기 즉 기능적 문해력을 넘어서 세상을 깊고 비판적으로 인식하는 읽기로 확장될 필요성을 강조했다는 점에서 주목할 필요가 있다.

(다) 言語修養과 心的 陶冶는 密接한 關係를 有한 거시니 普通敎育上에 言語의 修養은 最必要한 거시라. 吾人은 言語로써 意思表示와 思想發展의 重要한 手端으로만 用할 뿐이 아니라 此로 由하야 人類發展의 經路와 國民開化에 多大한 影響을 及한 許多한 記錄를 理解키 能하나니. 故로 上古로브터 敎育設備上에 最初에는 言語를 敎授하야 書冊을 讀케 하고 쏘 此 義意를 理解홈으로써 重要한 科目을 삼앗스니 此는 必竟 此等 學習으로써 時代國民의 心的 生活을 保有케 하고 쏘 普通敎育의 基礎를 作홈에 由홈이라.

今日 普通敎育을 施하는 學校에셔 程度의 如何를 不問하고 一般自國語로 中心을 삼는 거슨 世界各國이 一般이라. 古昔 人道主義가 復興할 時代에는 古語를 硏究하야 古人의 遺書를 理解홈으로써 惟務하고 外國語를 自國語보다 도리혀 尊重히 한 弊端이 有하엿스나 (我國의 從來敎育이 我國國文은 卑賤하다 하야 排斥不用하고 漢文만 專尙하엿스며 漢文에도 쏘 古字 篆字와 窮僻한 文字等을 多數 探究하야 古書를 多解홈으로써 學識의 尊卑를 比較홈과 如홈) 此等 謬見은 過去時代에 已屬하고 各國이 다ㅣ 그 自國語로써 敎育의 中心을 삼나니 此는 卽 國民으로 하여금 各自의 義務를 盡케 코져 하면 일즉히 國家名義에 同情을 表하야 愛國의 情을 喚起케 홀 거시오. 쏘 國語는 其 國民의 思想感情을 表出하는 거시미 同胞를 結合홈에 最有力한 方便이라. 如此히 國民學校 程度에셔는 다못 自國語로써 國民現時의 狀況을 了解홈으로써 滿足홀 거시나 萬一 一層을 更進하야 此 硏究理解의 力을 深遠케 코져 하면 其 由

來의 沿革을 明察ᄒ고 他國의 開化를 比較ᄒ며 他國民의 思想感情을 探
究홀 必要가 有ᄒ도다_張應震, 「敎授와 敎科에 對ᄒ야 (前號續)」, 『太極
學報』14호, 1907년 10월 24일

장응진은 문해의 기본 소임이 '言語로뼈 意思表示와 思想發展의 重要
ᄒ 手端'이라는 점을 전제하여 '국어'(과)가 책을 읽고 그 의미를 이해
하는 것을 본질로 하는 교과라는 사실을 강조한다. 그러나 그의 논의
는 자국어 교육이 단지 텍스트를 이해하고 표현하는 능력에 한정되어
서는 곤란하며 '애국', '국민의 통합'과 '인류 발전', '국민 개화'를 위
한 사회 정치적 맥락과 연동하는 교육을 지향해야 한다고 역설한다.
그 구체적인 방법으로 '국민학교' 과정에서는 국민·국가에 대한 현재
적, 역사적 이해('國民 現時의 狀況을 理解', '國民 由來의 沿革')에서 다른 나라
에 대한 이해('他國의 開化', '他國民의 思想 感情 探究')와 관련된 내용을 제안
하고 있다. 즉 이해하고 표현하는 기능적 문해력을 바탕으로 자국의
과거와 현재에 대한 역사적 이해와 다른 나라에 대한 이해를 동시적
으로 강조하여 자국의 현재적 위상을 세계와의 관계를 통해 명찰(明察)
할 수 있는 사회적, 비판적 문해력의 함양을 강조한다. 문자를 읽고 쓸
수 있는 최소한의 능력으로서 기초 문해력 혹은 최소 수준 문해력과
사회에서 일정한 역할을 수행할 수 있는 능력으로서 기능적 문해력
(functional literacy)이 탈맥락적인 일련의 읽기와 쓰기 기능의 연속체라면,
문해에 대한 장응진의 시각은 문해가 사회, 역사, 정치, 권력과 연동되
는 관계라는 점을 인식하고 그러한 맥락에서 문해 능력을 함양하는
교과로 국어과를 이해한다. 이러한 관점은 문해력을 개인의 심리적 능
력으로서 읽기와 쓰기의 기능적 수준에 국한하지 않고 사회 문화적
맥락 안에서의 실천과 행동의 문제로 이해하는 것이라 할 수 있다.[11]

3. 독본 교육 내용으로서 문(文)의 인식

근대 초기에 출현한 매체 중에서 신문이나 잡지, 학회지 등이 지식의 대중화나 민주화에 기여했다면 독본은 지식의 체계화와 위계화에 기여했다. 이들 매체는 근대 초기 새로운 문화 현상으로 등장했다는 점에서는 비슷하지만 신문이 정보를 신속하게 전달하는 것을 본질로 한다면 독본은 지식의 강화를 위한 교재라는 점에서 지속적이고 체계적인 지식을 선정하고 학교급이나 학년별로 위계화하여 배치하는 일이 중요했다. 지적 시스템의 근대적 전환과 관련하여 근대 초기 독본은 지식의 체계화, 혹은 교육의 공신력 면에서 다른 미디어에 비해 우월한 위상을 점했다. 그렇다면 독본은 근대 지식과 이념의 계몽적 전파를 위해 교과 지식(教科知)를 어떻게 구성했을까?

(라)-① 古代에는 英雄으로 標的物을 삼고 人格을 練磨ᄒ며 精神을 修養ᄒ기에 勉力ᄒ든 時代도 有ᄒ고 又 國家로 標的物을 삼고 ⑤<u>國家를 爲ᄒ야 一身을 犧牲에도 供ᄒᄂᆫ 一種 義理的 精神으로 向上心을 昻進케 ᄒ든 時代도 有ᄒ되 近世 人人은</u> 意識有無에 不拘ᄒ고 所謂 自然主義의 無理想 無解決ᄒ 中間에 彷徨ᄒ야 惟 自己의 快樂만 追求ᄒᄂᆫ ⑥<u>極端的 個人主義의 弊淵에 沈入ᄒᄂᆫ 者ㅣ</u> 多有ᄒ니 嗚呼라. 此ᄂᆫ 何因에 由ᄒ고 或은 人人의 向上心을 催進ᄒ 確乎ᄒ 標的物이 無ᄒ이니 슈 ⑥<u>又 英雄으로 標的物을 作ᄒᆷ도 弊害가 有ᄒ고 又 英雄을 崇拜ᄒᆷ도 時代가 迅變ᄒᆯ 뿐 아니라 ⑧國家가</u> 順潮에 棹進ᄒᄂᆫ 時代에ᄂᆫ 此로 標的物을 作ᄒᆷ은 困難ᄒ다 ᄒ니 <u>然則</u> 吾人의 前進에 對ᄒ야 如何ᄒ 標的物이 適宜ᄒᆯ가.

此 問題에 對ᄒ야 二方面으로 說去ᄒᆯ진되

第一은 心身의 完全ᄒ 發達를 力圖ᄒ야 身體를 訓練ᄒ며 精神의 活動을

11) 정혜승, 「문식성(Literacy)의 변화와 기호학적 관점의 국어과 교육과정 모델」, 『교육과정연구』 26(4), 한국교육과정학회, 2008, 149~172면.

圓滿케 홀 必要가 有ᄒᄂᆫᄃᆡ 惟 心身 鍛鍊에ᄆᆫ 注察ᄒᆞ면 佛敎에 所謂 中性, 無記性에 不過ᄒᆞ야 善惡機門ᄭᅡ지ᄂᆫ 未到ᄒᆞ엿스니 善惡思想의 感入은 社會 渦中에 投身 以后의 事ㅣ라. 第二ᄂᆫ 社會에 對ᄒᆞ야 自强ᄒᆞᄂᆫ 發達의 適否에 由起ᄒᆞᄂᆫ 故로 玆에 標的物의 必要를 感得홀지로다.

  然則 何로 目的을 指定홀가 ᄒᆞ면 前陳홈과 如히 自己의 完全히 發達케 홈을 先定혼 後에 社會에 對ᄒᆞ야 如何ᄒᆞ 方法으로 渡過홀가 ᄒᆞᄂᆫ 問題가 繼續ᄒᄂᆞ니 於斯에 客觀的 目的을 必定케 되ᄂᆫᄃᆡ 國家英雄으로 標的物을 作定홈은 畢竟 個人個人의 嗜好에 由ᄒᆞ야 決코 外部로 左左右右의 麾柄을 能執ᄒᆞ지 못ᄒᆞᄂᆫ 或時 示唆의 效果ᄂᆫ 奏ᄒᆞ니

  若專是飽暖에만 穩捿ᄒᆞᄂᆫ 類輩ᄂᆫ「朽木不可彫也」ㅣ라. 論價無地어니와 普通人物의 資格을 保有혼 者ㅣ면「爲人者不可以飽暖得滿足」이라 ᄒᆞᄂᆫ 腦則을 恒 守ᄒᆞ고 社會上에 現ᄒᆞ야 一定事業을 實演코자 ᄒᄂᆞ니(하략)_김달진(金達集),「現代 靑年은 如何혼 目標로 前進홀가」,『대한흥학보』2호, 1909년 4월 20일[12].

(라)-② 第二章 靑年의 前進編
一. 如何한 目標로 前進할가
  古代에ᄂᆫ 英雄으로標的物을삼고人格을練磨ᄒᆞ며精神을修養하기에勉力하든時代도잇고又國家로標的物을삼고一身을犧牲에도供하는一種義理的精神으로向上心을昻進케하든時代도有하다近世人은意識有無에不拘하고所謂自然主義的無理想無解決혼中間에彷徨하여惟自己의快樂만追求하도다嗚呼라此난何因에由할고或은人人의向上心을催進할確乎할標的物이無함이니ⓑ社會가順潮에棹進하난時代에는此로標的物을作함은困難하다하니그런즉吾人의前進에對하여如何한標的物이適宜할가此에對하여二方面을說去할지로다

  二. 標的物의 必要
  第一은 心身의 完全혼 發達를 力圖ᄒᆞ야 身體를 訓練ᄒᆞ며 精神의 活動을 圓滿케 홀 必要가 有ᄒᆞᄂᆫᄃᆡ 惟 心身 鍛鍊에ᄆᆫ 注察ᄒᆞ면 佛敎에 所謂 中性, 無記性에 不過ᄒᆞ야 善惡機門ᄭᅡ지ᄂᆫ 未到ᄒᆞ엿스니 善惡思想의 感入은 社

---

12) 인용문은 한국역사정보통합시스템(http://www.koreanhistory.or.kr)을 출처로 삼았다.

會 渦中에 投身 以后의 事ㅣ라. 第二는 社會에 對ᄒᆞ야 自强ᄒᆞᄂᆞᆫ 發達의 適
否에 由起ᄒᆞᄂᆞᆫ 故로 玆에 標的物의 必要를 感得ᄒᆞᆯ지로다.

三. 自己의 本能을 發達하여라

然則 何로 目的을 指定ᄒᆞᆯ가 ᄒᆞ면 前陳홈과 如히 自己의 完全히 發達케
홈을 先定ᄒᆞᆫ 後에 社會에 對ᄒᆞ야 如何ᄒᆞᆫ 方法으로 渡過ᄒᆞᆯ가 ᄒᆞᄂᆞᆫ 問題가
繼續ᄒᆞᄂᆞ니 於斯에 客觀的 目的을 必定케 되ᄂᆞᆫ디 國家英雄으로 標的物을
作定홈은 畢竟 個人個人의 嗜好예 由ᄒᆞ야 決코 外部로 左左右右의 魔柄을
能執ᄒᆞ지 못ᄒᆞᄂᆞ 或時 示唆의 效果는 奏ᄒᆞ니

若專是飽暖에만 穩接ᄒᆞᄂᆞᆫ 類輩는 「朽木不可彫也」ㅣ라. 論價無地어니와
普通人物의 資格을 保有ᄒᆞᆫ 者ㅣ면 「爲人者不可以飽暖得滿足」이라 ᄒᆞᄂᆞᆫ 腦
則을 恒 守ᄒᆞ고 社會上에 現ᄒᆞ야 一定事業을 實演코자 ᄒᆞᄂᆞ니(하략)_姜夏
馨,『二十世紀靑年讀本』, 태화관, 1922, 21~23면.[13]

㈑는 같은 글이 근대 학회지(①)와 독본(②)에 수록된 모습으로서 ㈑-
①은『대한흥학보』에 실린 김달집의 「現代 靑年은 如何ᄒᆞᆫ 目標로 前進
ᄒᆞᆯ가」의 전문이고 ㈑-②는 1920년대 민간 독본『이십세기 청년독본』
에 수록된 「第二章 靑年의 前進編」이다. 독본 바깥의 미디어 담론인 ㈑
-①이 독본 ㈑-②로 수록되는 과정을 자세히 들여다보면, 몇 가지 형
식적인 변화가 일어나는 지점을 발견할 수 있다. ㈑-①은 교육용 독본
에 비해 상대적으로 자유로운 내용이나 형식, 분량이 허용되는 일반
학회지에 수록된 모습이고, ㈑-②는 내용에 큰 변화는 주지 않았지만
독본의 형식에 적절하게 재구성한 모습이다. 물론 본문 내에서 ' · '를
삭제했고, 이전 텍스트(①)에 있던 ㉠, ㉡, ㉢을 삭제했으며 일부 어휘
도 대체(ⓐ의 '국가'가 1922년에 와서는 ⓑ의 '사회'로 대체)되었다. 그러나 ㈑-
② 독본에서 주목할 부분은 본문의 형식적 측면이다. 본문을 내용 단

---

13) 인용문은 구자황 · 문혜윤 편(2011)의 번역문을 따랐다.

락 세 부분으로 나누었으며, 이전 ㈜-①에는 없었던 '一. 如何한 目標
로 前進할가, 二. 標的物의 必要, 三. 自己의 本能을 發達하여라' 등과 같
은 소제목을 첨부했다. 이러한 변화는 교수·학습의 시간과 분량과 관
계 깊은 독본의 교재적 성격을 고려한 시도라 할 수 있다.

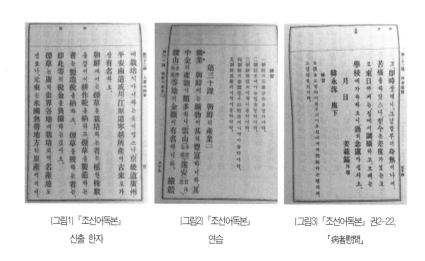

[그림1] 『조선어독본』   [그림2] 『조선어독본』   [그림3] 『조선어독본』 권2-22,
신출 한자   연습   「病者慰問」

　교육적 목적의 매체로서 독본의 성격은 위의 세 장면에서 보다 분
명하게 확인할 수 있다. [그림1], [그림2]는 각각 『보통학교조선어급한
문독본』(1915)에 수록된 '본문'과 '연습'이다. [그림1]은 제재를 이해하
는 데 필요한 어휘나 한자를 별도로 제시하여 내용 학습을 강화할 수
있도록 구안된 장치이며 [그림2]의 '연습'은 본문 제재에서 하습한 내
용을 확인하고 연습 활동을 통해 반복, 강화할 수 있도록 설정된 장치
이다. 이러한 단원 구성 장치들은 문해 매체로서 독본의 특성을 잘 보
여주는 표지로서 독본이 특정한 교재적 장치를 사용하여 지식을 구성
하고 있다는 점에서 주목할 필요가 있다. [그림3]은 독본이 지식을 구

성하고 전달하는 틀이자 의미를 구현하는 방식으로서 문종에 대한 감각을 보여주는 모습이다. 문종에 대한 교육은 "문식성의 핵심 기술을 학습자들에게 가르치는 데 좀더 생산적이고 생성적인 접근"(Knapp · Wakins, 2005 ; 주세형 외 옮김, 2007 : 1)이라는 문해의 관점에서 더욱 중요하다. 그러나 현대 국어 교과서가 문종에 따라 단원을 마련하고 문종 관련 지식을 배치하고 있는 것과는 달리 근대 초기 독본에서는 '話, 편지, 이익기' 정도를 제외하면 장르적 인식을 보여주는 표지를 발견하기는 쉽지 않다. 이러한 상황에서 [그림3]은 근대 초기 독본이 문종을 의식하고 있는 모습을 보여주고 있다. 물론『문장지남(文章指南)』(1908),『실지응용작문법(實地應用作文法)』(1909)과『실용작문법(實用作文法)』(1912),『문장체법(文章體法)』(1913),『시문독본』(1916) 등의 작문 교재들의 경우 글쓰기의 기능과 '문'의 전범을 마련하기 위해 이론적인 사유를 적극적으로 개진해 왔다. 그러나 [그림3]과 같이 교재에 나타나는 언어 사용 방식과 텍스트 유형에 주목하여 텍스트의 자질을 반복, 강화하는 지면을 마련한 모습은 신문이나 잡지 등 다른 미디어와 달리 문해 생성을 지향하는 독본의 형식적 특징이자 문종 교육에 대한 독본의 감각을 보여주는 장면이라 할 수 있다.

그렇다면 근대 독본 교육장에서 문종은 어떻게 인식되고 교육되었을까? 앞에서도 강조했듯이 근대 독본에 대한 연구는 독본이 교수·학습의 자료였다는 점, 특히 학습자의 문해력 향상을 위한 교재였다는 점에 근거하여 수록된 본문 텍스트의 내용뿐만 아니라 텍스트의 유형과 성격, 자질에 주목할 필요가 있다. 독본은 유사한 내용을 수록하고 있더라도 수신서, 역사, 이과 등의 교과서와 달리 학습자가 텍스트를 읽고 쓰는 능력을 향상할 수 있도록 텍스트의 내용과 형식은 물론 성격과 구성을 조정하고 배치하기 때문이다.

그러나 근대 초기 조선의 교육장에서 독본을 대상으로 한 문종 교육의 양상이나 방법에 관한 단서를 찾기가 쉽지 않다. 독본에 관한 그간의 연구 역시 관련 자료의 정리나 내용 분석 또는 독본의 사회문화사적 의의를 중심으로 진행되어 왔기 때문이다. 이들 선행 연구들은 후속 연구를 위한 기초 자료를 발굴, 정리했을 뿐만 아니라 신문이나 잡지, 학회지 등과 함께 근대적 교육 매체로서 독본의 의의를 구명하는 데 충실했다는 점에서 의의가 있다. 그러나 문해 교육 자료로서 독본의 성격이나 문해 장치로서 독본에 수록된 텍스트의 유형이나 자질에 대한 연구 등은 그다지 진척되지 못했다. 이러한 문제의식을 바탕으로 본 연구는 1910년대 발행된 『국정독본교수용수사법급취급(國定讀本敎授用修辭法及取扱)』(1912)에 주목했다. 『국정독본교수용수사법급취급』(이하, 『수사법급취급』)은 오늘날 국어 교과서의 교사용 지도서에 해당하는 책으로서 당시 국정 독본 교사들을 대상으로 수사법과 작문 교육, 독서 교육의 중요성을 강조하고 문종별 교육 방법을 안내하고 있다. 저자인 이나가키 쿠니사부로우(稲垣國三郎)는 효과적인 읽기와 쓰기 교육을 위해서 먼저 독본에 수록된 텍스트(文)를 율어(律語)와 대상(對象), 그리고 사상의 배열과 본질에 따라 여러 종류(文種)로 나누었다. 가령, 문종(文種)의 좁은 의미로서 보통문을 선정하고 기사문, 서사문, 설명문, 의론문으로 하위 문종을 나눈 뒤 각 문종의 성격을 다음과 같이 설명하고 있다.14)

---

14) 稲垣國三郎, 『國定讀本敎授用修辭法及扱』, 同文館, 1912, 227~231면, 대만국가도서관 소장. 이하 인용문은 인용자의 번역임.

- '기사문'은 사물을 알리는 힘과 즐겁게 하는 힘이 있다. 따라서 어느 때는 지적이며, 어느 때는 감정(情)적이다.
- '서사문'은 사건을 알리는 힘과 즐겁게 하는 힘이 있다. 따라서 어느 때는 지적이며, 어느 때는 감정적이다.
- '설명문'은 사상을 알리는 힘이 있다. 따라서 지적이다.
- '의론문'은 사상을 움직이는 힘과 알리는 힘이 있다. 따라서 의미가 있고(意的) 한편으로 지적이다. 그렇다고는 하나 의미 있는 것이 목적이며 지적인 것은 그 방편이다.

그리고 『수사법급취급』은 대상의 내용과 대상에 대한 태도에 따라 문종의 성격을 서사적(敍事的), 기사적(記事的), 설명적(說明的), 의론적(議論的) 등 네 가지로 구분했다. 그러나 문종의 자질을 명확하게 구별하는 기준을 설정하는 것은 불가능하다고 덧붙였다. '순수하게 단독적인' 기사문이나 서사문, 설명문, 의론문으로 부를 수 있는 경우는 드물기 때문이다. 기사문이라고 하더라도 서사적 요소를 동반하고 설명문이라 불리더라도 의론적 요소를 수반한다. 따라서 기사문(記事文)이라고 하더라도 성격에 따라 서사적 기사문(敍事的 記事文), 설명적 기사문(說明的 記事文), 의론적 기사문(議論的 記事文) 등으로 나눌 수 있다는 것이다. 이러한 점을 바탕으로 『수사법급취급』은 독본에 수록된 텍스트를 문종의 성격을 기준으로 네 가지로 구분한 뒤 각각을 세 개의 문종으로 구분하여 다음과 같이 모두 열두 개의 하위 문종을 제시했다. ㉠ 기사적(記事的)-서사적 기사문(敍事的 記事文), 설명적 기사문(說明的 記事文), 의론적 기사문(議論的 記事文), ㉡ 서사적(敍事的)-기사적 서사문(記事的 敍事文), 설명적 서사문(說明的 敍事文), 의론적 서사문(議論的 敍事文), ㉢ 설명적(說明的)-기사적 설명문(記事的 說明文), 서사적 설명문(敍事的 說明文), 의론적 설명문(議論的 說明文), ㉣ 의론적(議論的)-기사적 의론문(記事的 議論文), 서사적 의론문(敍事的 議論文), 설명적 의론문(說明的 議論文) 등이 그것이다.

흥미로운 것은 『수사법급취급』이 문종을 구분하고 제시하는 데서 끝나지 않고 문종을 교육하는 방법까지 나아가고 있다는 점이다. 저자인 이나가키는 교사가 독본 수업에서 문종을 가르칠 때 먼저 문종의 기본 형식(模式)을 가르치고 그 후에 다양한 글(文)들을 통해 유형적 차이를 찾아내어 문종의 특징을 추출하는 귀납적 방식으로 교수할 것을 제안하고 있다. 이때 교사는 텍스트의 내용과 형식의 관계를 강조하여 전달하고자 하는 내용과 그에 적합한 글의 유형과의 관계를 학습자가 습득할 수 있도록 지도할 것을 당부하고 있다. 가령, '지리' 관련 내용은 '기사문'을 통해 '역사'는 '서사문'으로, '이과' 관련 지식은 '설명문', '수신(교훈)' 관련 내용은 '의론문'이라는 형식을 통해 전달하는 것이 효과적이라는 것이다. 지리, 역사, 이과, 수신 등과 관련된 지식과 사상을 효과적으로 전달할 수 있도록 기사문, 서사문, 설명문, 의론문 등의 텍스트 유형을 호출하고 있는 셈이다. 문해적 관점에서 전달하고자 하는 내용에 적합한 글의 유형을 배치하는 방식을 통해 글의 내용과 형식을 함께 고려하고 있었다는 사실이 흥미롭다.

이러한 관점을 바탕으로 『수사법급취급』은 일본의 국정 독본인 『심상소학독본』에 수록된 제재 전체를 제시한 분류 기준에 따른 문종으로 명명하여 부록으로 첨부했다. 덧붙여 문종을 기준으로 독본의 수록 제재를 분석하고 분류한 이 방법이 당시 일본에서 익숙하게 통용되고 있었던 문종의 분류법에 토대를 둔 것이라는 사실도 강조했다. 저자는 일본의 경우 이 책이 발행되었던 1910년대 중반 이전 이미 독본을 대상으로 한 문종 교육에 대한 인식이 형성되어 있었고 문종 교육 방법 역시 구체적으로 개진되고 있었다고 언급한다. 이러한 근대 일본의 교

[그림4]
『國定讀本敎授用修辭法及取扱』(1912)

육 정책과 독본의 편찬 및 유통 제도가 식민지 조선이나 대만에 파급되었다. 『수사법급취급』역시 이 책의 판권을 고려할 때 일본의 동경은 물론 조선의 경성에서도 발매되었으며 이를 통해 문종에 대한 교육적 기획과 실천에 대한 의지가 어느 정도 형성되어 있었다는 사실을 짐작할 수 있다. 특히 일본의 국정 독본 관계자들이 조선의 국정 독본 편찬에 깊숙이 관여했을 뿐만 아니라 조선 최초의 국정독본으로 알려져 있는 『국민소학독본』(1985) 외에 『신정심상소학』, 『보통학교학도용국어독본』(1907) 등의 내용이나 형식이 일본의 국정독본을 저본으로 삼아 편찬되었다는 사실 등을 미루어 볼 때[15] 조선의 독본 교육 특히 문종 교육과 관련하여 국정독본의 교사용 지도서 성격으로 편찬된 『수사법급취급』(1912)의 영향은 적지 않을 것으로 보인다.

4. 문해의 구성과 문종 교육

오늘날 대부분의 국어 교과서는 '(대)단원명-목표-제재-활동' 중심으로 구성되어 있고 단원명이나 목표, 활동 등을 통해 문종에 대한 인식도 쉽게 확인할 수 있다. 그러나 근대 초기 독본의 경우는 단원 대부분이 '단원명-제재'로 구성되어 있고, 단원명도 제재나 주제를 제목

---

15) 근대 초기 조선의 국정 독본과 일본의 국정 독본의 관계를 고찰한 연구로 강진호(2012), 김혜련(2013) 등을 참조할 수 있다.

으로 삼는 경우가 많기 때문에 문종에 대한 인식을 쉽게 확인하기 어렵다. 뿐만 아니라 독본의 단원 체제 역시 해당 단원에서 성취해야 할 학습 목표나 내용이 제시되어 있지 않고 일부를 제외하면 학습 활동조차 마련하지 않고 있기 때문에 주로 본문 제재 중심의 학습을 요구하고 있다. 따라서 근대적 문해의 관점에서 학습자가 수용하거나 생산하기를 요구하는 문종에 대한 독본의 인식을 추론하기가 쉽지 않다.

그러나『보통학교조선어급한문독본(普通學校朝鮮語及漢文讀本)』(1913-1922, 이하,『조선어독본』)은 앞서 살펴 본『수사법급취급』과 동일한 시기인 1910년대 편찬되기 시작했던 교재로서 '단원명-제재-연습'의 단원 요소와 함께 신출 한자와 부록까지 구성하여 다른 독본에 비해 문해적 장치를 좀더 체계적으로 마련했다.16) 예컨대 권1만 보더라도 1과를 제외한 모든 단원에서 '연습'을 두어 학습자의 활동을 의도하고 있는데, 15과까지는 자모 학습과 관련된 연습 활동, 16과부터는 기본 문형 학습과 그에 관한 연습 활동으로 구성했다. 이러한 구성은 권2에서 권6에 이르기까지 유사하다. 교과서 단원 구성에서 '연습'은 학습자가 해당 제재에서 습득해야 하는 주요 원리나 지식을 재인하고 내면화할

---

16)『普通學校朝鮮語及漢文讀本』(조선총독부 편, 1913~1922)은『普通學校學徒用朝鮮語讀本』(자구정정, 1911)보다 4년 뒤에 나온 교과서이다. 강제 병합 이후 조선총독부는 보통학교용 교재로 1907년 학부에서 편찬한『普通學校學徒用國語讀本』(총8권)에 '교수상의 주의 및 자구정정표'를 만들고 임시로 자구 수정을 반영한 형태로 1911년『朝鮮語讀本』을 출판했다. 시기적으로는 이 교과서가 일제 강점기 최초의 교과서에 해당하지만 실제로는 통감부 체제하에서 만들어진 교과서에 자구정정만 한 것이다. 따라서 조선을 식민지 교육 체제로 전면 선언한 조선교육령(1911)을 기점으로 조선총독부 학무국이 주체가 되어 편찬한『普通學校朝鮮語及漢文讀本』(1915~1918)을 일반적으로 일제 강점기 최초의 조선어 교과서로 간주한다. 이전의『조선어독본』과 달리『普通學校朝鮮語及漢文讀本』은 '조선어'와 '한문' 단원이 함께 구성되어 있다. 전체 308단원 안에는 설명문과 논설문, 설화나 시 등과 성격이 유사한 글(文)이 수록되어 있다. 자세한 논의는 김혜련(2009) 참조.

수 있도록 의도한 활동의 성격이 강하다. 국어 교과서 역시 사회 문화적, 정치적 가치와 신념을 주로 제재와 활동을 통해서 제시하고 구체화하기 마련이다. 따라서 독본의 '연습'을 살피는 일은 근대 조선의 교육장이 국정 독본을 통해 유포하고자 했던 사회적, 정치적, 문화적 가치와 신념을 확인할 수 있다는 점에서 의미가 있다.

『조선어독본』의 경우 '연습'은 대부분 문자 해득 능력이나 간단한 의미 구성 능력 중심의 기초적 문해력을 지향하는 활동이 대부분이며 고학년 교재로 갈수록 비판적 읽기나 추론적 읽기를 바탕으로 하는 고차적 문해력(high level literacy)을 지향하는 활동도 등장하고 있다.

(마)
二. 다음말을읽어라.
　善惡. 積善. 善言. 惡行
(『조선어독본』, 권2-제15과)

" 四. 다음말을바더써라.
　어션. 긔션. 어부. 희빈. 파랑. 사장
(『조선어독본』, 권2-제40과)

"二. 「明白히」「仔細히」의「히」字를너어서,달은말을지어라."
(『조선어독본』, 권5-10과)

기초적 문해력(basic literacy)은 주로 초기 읽기와 쓰기 수준을 말하며 글을 읽고 쓸 수 있는 기초적인 능력을 의미한다. 기초적 문해력의 유형은 (마)의 사례와 같이 "二. 다음말을읽어라. 善惡. 積善. 善言. 惡行"(『조선어독본』, 권2-15과)와 같이 본문에 제시된 어휘를 읽거나 " 四. 다음말

을바더써라. 어션. 긔션. 어부. 히빈. 파랑. 사장"(『조선어독본』, 권2~40과)
와 같이 본문에 제시된 어휘를 따라 쓰는 활동으로 구성되어 있다. 나
아가 [그림5]과 같이 본문 내용에 대한 사실적 이해를 요구하는 활동
이나 "二. 「明白히」 「仔細히」의 「히」字를너어서, 달은말을지어라."(『조선
어독본』, 권5~10과) 등과 같이 짧은 글짓기와 같은 기초적인 수준의 의미
를 구성하는 활동도 요구하고 있다.

[그림5] 『조선어독본』 권1-56

읽는다는 것은 글자를 익혀 깨치는 문자 해독과 글을 읽고 의미를
수용하는 이해의 차원을 포함한다. 문자 해독은 읽기와 쓰기를 가능하
게 하는 기초적이고 선행적인 단계로 문해 교육 과정에서 필수적으로
다루어야 하며 완전히 습득되고 숙련되어야 할 전제 조건이다. 글자를
읽거나 쓸 수 있는지 나아가 어휘를 구성하는 일부 요소를 바꾸어 다
양한 어휘를 생산할 수 있는지를 묻는 것은 개인의 자습자해(字習字解)
를 위한 기초적, 기능적 문해 능력을 평가할 수 있다. 기초적인 자습자

해 능력이 구비된 후에 글의 의미를 이해하고 수용 또는 비판할 수 있는 이해 능력으로 나아가기 때문이다.

『조선어독본』의 '연습'은 기호로서 문자를 읽고 쓸 줄 아는 해독 능력을 확인하는 활동을 거의 매 단원 수록하고 있다. 근대 조선의 독본 교육장은 문해 교육의 일차적인 목표를 개인의 읽고 쓰는 능력 즉 기능적 문해력의 습득에 두고 있었던 셈이다. 무엇보다도 근대 초기 문해력 교육은 학교를 중심으로 표준화된 인력을 배출하는 데 기여했다. 『조선어독본』의 전 단원에 걸쳐 수록되어 있는 자습자해 활동은 문해의 표준화와 기능화를 목표로 한 것이었다. 기초 기능 수준에서 언어를 해독하고 이해하여 전체적인 뜻을 파악하는 능력을 중시했던 것이다. 제재와 연습 중심으로 구성된 『조선어독본』의 구성 체제는 지배 권력 중심으로 표준화된 문해 내용을 개발, 관리하고 표준화된 평가를 통해 문해 능력을 구축하기 위한 제도적 장치였던 셈이다. 그렇다면 『조선어독본』이 표준화하고자 했던 내용은 무엇일까?

(바)

一. 國民이 租稅를 納하는 것은 왜, 當然한 일이며, 重大한 義務라 하느냐.

二. 課稅를 免하랴하는 것은 왜, 惡한 일이냐.

三. 納稅의 期限을 連逮하는 것은, 왜 惡한 일이냐.

　　　　　　　　　　　　　(『보통학교 조선어급한문독본』, 권4-55과)

(사)

一. 海洋과 陸地의 廣을 比較하야말하야라.

二. 六大洲는 무엇무엇이냐.

三. 亞細亞, 歐羅巴, 北亞米利加各洲에는 엇더한 有名한 나라가 잇느냐.

四. 太平洋,大西洋,印度洋,北氷洋,南氷洋은어듸잇느냐.

(『보통학교 조선어급한문독본』, 권6-17과)

'문해'란 문자 해독 능력에 대한 기술뿐만 아니라 그것을 둘러싸고 있는 지식장의 권위 및 사회의 중층적 구조를 반영하는 기제로 창출된 개념이다. 근대적 문자 매체를 통한 근대 지식과 사상 유포를 근대화의 유력한 수단으로 찾았던 지식인의 관점에서 문해는 근대 문자 매체에 의존한 지식의 생산과 유통을 보편적이고 우월한 것으로 만드는 기제로 인식되었다. ㈐는 근대적 사회 제도로서 조세 제도와 국민의 납세 의무와 같은 새로운 지식을 독본을 통해 유통시키고 있는 장면이다. '조세'와 관련된 근대 지식을 제재를 통해 학습한 뒤, '연습'에서 '국민(國民)'이라면 세금을 납부해야 할 의무가 있고, 탈세나 연체는 옳지 않은 행위라는 점을 재인(再認)하는 장치를 마련하고 있다. ㈑ 역시 근대 조선의 학습자에게 해양과 육지에 대한 세계 지리적 감각과 지식을 주입하는 '연습' 장면이다. '육지와 해양' 단원은 본문을 "地球의 表面의 高處는 陸地가되고, 底處는 海洋이 되엿스니"로 시작하고, 육지에 대해서는 네 개의 주를 자세하게 설명한 후 이어서 해양을 세 대양과 남극해와 북극해로 나누어 다시 설명하고 있다. 그리고 이 내용을 지구 모양의 삽화로 반복하여 강화한 후 ㈑ 의 연습을 통해 해양과 육지의 크기 비교, 육대주와 나라, 해양의 위치 등을 질문하여 세계 지리에 대한 지식의 습득을 강화하고 있다. 근대 교육장에서 조선어독본은 조세나 세계 지리 외에도 자국의 역사나 세계의 역사, 자국의 지리, 근대적 사회 제도, 자연 과학 등 근대적 지식의 (재)생산과 유포를 위한 문해 미디어의 기능을 수행했다고 할 수 있다. 그리고 독본이 근대

국민 국가와 관련된 새로운 개념과 표상을 연습이나 시험 같은 평가
장치를 통해 유포한 점은 분명 혁신적이었다.

여기서 주목할 것은 근대 독본을 둘러싸고 있는 지식장의 권위가
문해 미디어인 독본의 내용과 유형을 관리하고 통어하는 장면이다.

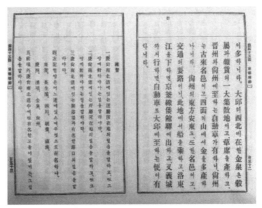

[그림6] 『조선어독본』 권3-45과, 「南部朝鮮(二)」

연습

1. 慶尙南北道에 잇는 道廳所在地의 일음을 말하고, 또
   그 쌍에 對하야 아는 일을 말하야라.

2. 慶尙南北道에 잇는 府廳所在地의 일음을 말하고, 또
   그 쌍에 對하야 아는 일을 말하야라.

3. 慶尙南北道에 잇는 開港場과 有名한 港口의 일음을 말
   하야라.

4. 左記한 쌍은 어느 道에 잇스며, 무엇으로 有名하냐.
   東萊. 長生浦. 泗川. 統營. 鎭海. 慶州. 浦項. 金泉. 尙州
   　　　　　　　　『조선어독본』, 권3-45과 「南部朝鮮(二)」

하야, 其情을表하나니, 紀元節天長節其他國家의祝祭日을當하야, 學校와閭閻에皆國旗를揭함은, 國民이其當日을奉祝하며, 又敬虔의意를致하는所以이니라. 外國에在한日本國民도, 此等祝祭日에는國旗를揭하나니라.

其國을愛하는者는, 其國旗를尊重히하지아니치못할지니, 我等은我國을愛하는故로, 日章旗를尊重히하나니라. 國民이其國旗를尊重히함은勿論이어니와, 外國의國旗에對하야도, 亦敬意를不失할지니라. 外國의國旗를侮辱함은, 其國을侮辱함과同하니, 禮儀가有한國民의可爲할바이아니니라.

練習

一 國旗는엇더한境遇에揭하느냐.

二 自國의國旗와外國의國旗에對하야吾人은엇더한注意를하지아니하면못쓰느냐.

第三課 漢文

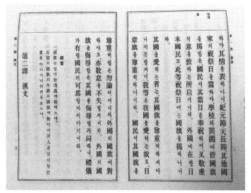

[그림7] 『조선어독본』 권5-1, 「國旗」

연습

1. 國旗는 엇더한 境遇에 揭하느냐.
2. 自國의 國旗와 外國의 國旗에 對하야, 吾人은 엇더한 注意를 하지 아니하면 못쓰느냐.

『조선어독본』, 권5-1과 「國旗」

[그림6]은 『조선어독본』 권3에 수록되어 있는 「南部朝鮮2」의 '연습'이다. 이 과는 조선의 남부 지방에서 경상남북도 지방의 지리적 위치, 지세, 산업 등을 중심으로 기술한 「南部朝鮮1」에 연속된 과(課)로서 부산부(釜山府)를 비롯하여 주요 도읍을 설명하고 있다. 특히 각 중심지를 설명할 때 철도, 전차, 자동차 등의 기반 시설과 상업, 산업 등 근대적 등에 대한 정보를 상세하게 기술하고 있다. 경상남북도에 관한 지리적 사실을 알리는 데 주된 목적이 있어 『수사법급취급』에서 제시한 문종 구분에 따르면 사물을 알리는 데 초점을 두는 기사문에 가깝다. '연습' 역시 본문 내용에 대한 사실적 이해를 요구하는 활동들로 구성되었는

데 이를테면 "1. 慶尙南北道에 잇는 道廳所在地의 일음을 말하고, 坨 그 짱에 對하야 아는 일을 말하야라. 2. 慶尙南北道에 잇는 府廳所在地의 일음을 말하고, 坨 그 짱에 對하야 아는 일을 말하야라. 3. 慶尙南北道 에 잇는 開港場과 有名한 港口의 일음을 말하야라. 4. 左記한 짱은 어느 道에 잇스며, 무엇으로 有名하냐." 등과 같이 명칭이나 ~에 관한 일, 혹은 '무엇'에 해당하는 사실이나 정보를 요구하는 '지적' 활동이 중심이다.

[그림7]은 고학년용 교과서인 권5에 첫 과로서 '국기'의 의미에서 시작해서 일장기의 의미를 설명한 후 국기와 국가의 관계를 환기시킨 후 국기를 소중히 다뤄야 하는 까닭을 주장하고 있다. 근대 조선의 국기는 '일장기'이며 일장기를 게양하는 '축제일(祝祭日)'을 정했다는 사실적 정보는 "國民이 其當日을 奉祝하며 又 경외의 意를 致하는 所以이니라. 外國에 在한 日本國民도 差等祝祭日에는 國旗를 揭하나니라"에 이르면 사실적 정보를 바탕으로 한 사상의 설득에 텍스트의 목적이 있다는 점을 알 수 있다. 식민지 조선의 현실과 위상을 인식시키는 이러한 텍스트는 제국의 논리나 조선의 식민지적 현실, 조선의 계몽 등 근대 지식장에서 생산되고 유통되었던 다양한 지식이 교수·학습적 관점에서 재구성되어 배치되었다고 할 수 있다. 흥미로운 것은 독본 안에서 지식과 문종이 결합되면서 독본의 문종을 형성하고 있다는 점이다. 이나가키가 설명하는 방식에서 "사상을 움직이는 힘과 알리는 힘"을 가지는 '의론문'에 근사(近似)한 셈이다. [그림6]과 같이 사실적 정보나 지식을 알리기 위해서 기사문과 같은 유형의 글을, [그림7]에서와 같이 사실적 정보를 제시하고 나아가 가치나 이념을 설득하는 데 목적을 둔 경우는 의론문과 같은 유형의 글을 선택했던 것으로 보인다. 이러

한 사례는 '노동'을 단원명으로 제시한 단원(권3-10, 「勞動」)의 '연습'에 서도 노동이 천하지 않다는 사실을 '설명'하도록 요구하고 있으며 노 동과 건강의 관계나 건강을 지키기 위해 유의할 일에 대해 이야기하 도록 기술하고 있는 데서도 확인할 수 있다.17) 비록 설명문이라는 장 르 표지를 제시하고 있지는 않지만 제재가 '노동과 건강'이라는 사상 을 강력하게 알리는 '의론적 기사문'에 해당하는 셈이다. 문종에 대한 인식은 '지방의 명절'에 관한 '대상이나 사건'을 이해하도록 하는 방 식으로 '연습'을 구성하여 '기사문'의 자질을 확인하게 하거나18) 직접 적으로 '본과를 모방하는 편지'를 쓰도록 요구하여 해당 제재가 '편지' 라는 문종임을 노출하는 형식을 통해서도 확인할 수 있다.19) 초보적인 수준으로나마 근대 초기 독본 편찬자들은 교육적 관점에서 문종을 의 식하고 있다는 것을 알 수 있다.

독본이 문종을 감각하고 교육하는 방식은 비슷한 시기 일본어과 독 본(당시 '국어과' 교재)이었던 『보통학교국어독본(普通學校國語讀本)』(1915, 이 하, 『국어독본』)을 통해서도 확인할 수 있다.20) 다음은 『국어독본』의 일부 이다.

    (아) 다음 내용을 말하시오. 또 글로 쓰시오.

---

17) "一.勞動하는것은決코賤한일이아닌것을說明하야라./ 二.勞動과健康이무슨關係가잇느 냐. /三.勞動에從事할째에,우리가特別히注意하야할일을이약이하야라."(『보통학교 조 선어급한문독본』권3-10과)
18) "이地方에서行하는名節을이약이하야라."(『보통학교 조선어급한문독본』권3-35과)
19) "본과를모방하야,友人의아들죽은것을弔喪하는편지와그답장을지어라."(『보통학교 조 선어급한문독본』권4-제7과)
20) 『普通學校國語讀本』의 경우 1912년 이후 1915년까지 간행 교과서를 대상으로 했으 며, 여기서는 김순전 외(2009)의 번역본 『조선총독부 제1기 초등학교 일본어독본 1-4』 을 대상으로 삼았다.

할머니는 어떻게 하여 복숭아를 발견했습니까?

할머니는 그 복숭아를 어떻게 하였습니까?

모모타로는 어떻게 되었습니까?

　　　　　　　　　　　　　　　　（『보통학교국어독본』, 권2-29)

다음 내용을 말하시오. 또 글로 쓰시오.

모모타로는 왜 도깨비섬에 갔습니까?

누가 모모타로와 동행하여 갔습니까?

　　　　　　　　　　　　　　　　（『보통학교국어독본』, 권2-30)

1. 다음 내용을 말하시오. 또 글로 쓰시오.

　모모타로가 도깨비섬에 도착하자 도깨비들은 어떻게 했습니까?

　모모타로는 어떻게 하여 쳐들어갔습니까?

　도깨비들은 어떻게 하였습니까?

　모모타로는 그 보물을 어떻게 하였습니까?

2. 모모타로 이야기를 해 보시오.

　　　　　　　　　　　　　　　　（『보통학교국어독본』, 권2-31)

　㈐는 『국어독본』 권2에서 세 과에 걸쳐 구성된 '모모타로' 단원의 '연습'을 모은 것이다. 총 아홉 개의 활동으로 이루어진 '연습'을 따라가며 활동하다 보면 해당 제재와 관련된 몇 가지 사실을 추출할 수 있다. 첫째, 이 제재는 할머니와 모모타로라는 두 인물이 등장한다는 점, 둘째, '옛날', '도깨비섬' 등의 특정한 시공간적 맥락이 등장한다는 점, 셋째 '어떻게'나 '왜'라는 장치를 통해 '무슨 일이 일어났는가?' 즉 시간의 흐름에 따라 어떤 사건이 일어나고 있다는 점 등이다. 예컨대 '모모타로가 어떻게 되었는가?'는 사건의 진행에 따라 모모타로라는

인물의 행적에 대해 묻는 것이다. 따라서 '연습'의 활동들을 따라가다 보면 이 제재에 특정한 장르적 표지를 명시하지 않았다 하더라도 시간의 연속적 흐름 속에서 원인과 결과로 엮이게 되는 사건을 중심으로 하는 서사적 텍스트라는 사실을 유추할 수 있게 된다.

실제로 '연습'에 해당하는 단원의 제재를 읽어보면 이 이야기는 '할머니가 강에서 떠내려오는 복숭아를 우연히 줍다/ 할아버지와 할머니가 복숭아를 먹으려고 쪼개다/복숭아에서 사내 아이가 태어나다/사내 아이의 이름을 모모타로라고 짓다/모모타로는 건강한 소년으로 자라다/ 어느 섬에 도깨비가 출몰하다/모모타로가 도깨비를 잡으러 떠나다/할머니가 떠나는 모모타로에게 수수경단을 만들어 주다/길에서 만난 개, 꿩, 원숭이에게 수수경단을 나누어주다/ 모모타로는 개, 꿩, 원숭이의 도움으로 도깨비를 무찌르다/도깨비의 보물을 가지고 와 천자님께 바치다' 등의 영웅적 서사를 구성하는 화소(話素)로 이루어져 있다. 허구적으로 조직된 인물과 사건이 허구적으로 상정한 시공간적 맥락을 배경으로 이루어지는 허구적 서사로서의 면모를 지니고 있는 것이다.

다음은 『국어독본』 권5의 또다른 사례이다.

㉣ 옛날 어느 나라의 임금님이 국내를 순회하셨을 때, 시골 학교에 가셨습니다. 임금님은 학생이 아주 잘 하는 것을 보시고 크게 기뻐하셨습니다. 그리고 책상 위에 있는 과일을 집으셔서 "이것은 무슨 계(界)일까?"라고 학생에게 물으셨습니다.

그러자 한 소녀가 바로

"그것은 식물계입니다."라고 대답하셨습니다.

임금님은 다시 한 개의 금화를 꺼내셔서 "그렇다면 이것은 무슨 계이냐?"라고 물으셨습니다.

그 소녀는 다시 "그것은 광물계이옵니다."라고 대답하였습니다.

그러자 임금님은 "그렇다면 나는 무슨 계이지?"라고 물으셨습니다.

임금님은 마음속으로 틀림없이 '동물계'라 할 것이라고 생각하고 있었습니다.

그렇지만 소녀는 대답을 하지 않습니다. 임금님을 동물계에 속한다고 말씀 드린다는 것은 실례라고 생각했기 때문에 뭐라고 대답을 해야 좋을지 몰랐던 것입니다.

그러자 임금님은 소녀에게,

"이번에는 모르겠니?"라고 상냥하게 말씀하셨습니다.

소녀는 임금님의 얼굴을 우러러 보고 "폐하는 천상계의 분이시옵니다."

라고 답을 아뢰었습니다.

임금님은 무의식 중에 다가가서 소녀의 머리를 쓰다듬으시며 그 현명함에 깊이 감탄하셨습니다.

연습

1. 임금님이 학교에 가시어 기뻐하시게 된 이유를 말하시오.
2. 임금님은 처음에 뭐라고 물으셨습니까? 소녀는 뭐라고 말씀드렸습니까?
3. 이어서 임금님은 뭐라고 물으셨습니까? 소녀는 뭐라고 말씀드렸습니까?
4. 마지막으로 임금님은 뭐라고 물으셨습니까? 소녀는 뭐라고 말씀드렸습니까?
5. 임금님이 소녀의 대답에 감동하신 이유를 글로 쓰시오.

(『보통학교국어독본』, 권5-8과)

㈎ 봄이 왔다

봄이 왔네. 봄이 와.

어드메 왔는가.

산에 왔네. 마을에 왔네.

들에도 왔다네.

꽃이 피네. 꽃이 피네.

어드메 피는가.

산에 피네. 마을에 피네.

들녘에도 핀다네.

새가 우네. 새가 우네. 어드메서 우는가.

산에서 우네. 마을에서 우네. 들녘에도 운다네.

연습

1. '봄이 왔다'의 노래를 외워서 불러 보시오.

2. 이 노래의 의미를 한 단락씩 말하시오.

3. 다음 말뜻의 차이를 이야기하시오. 그리고 그것을 사용하여 네 개
   의 짧은 글을 만드시오.

   피었습니다. 피웠습니다. 떨어졌습니다. 떨어뜨렸습니다.

   (『보통학교국어독본』, 권5-2과)

㉔는 임금을 천상계의 존재로서 인식하고 자명한 지식으로 구성하
는 과정으로서 조선의 전통적인 교육장에서는 보기 어려운 모습이다.
임금을 천상계의 존재로 여기는 어린 여학생과 소녀의 답변을 현명하
다고 여기며 감동하는 임금의 대화적 장면은 일본의 천황을 근대의
이성적 세계를 초월하는 존재로 구성하는 모습이다. 천황을 식물계나
동물계에 포함되는 지상적 존재가 아닌 초월적 존재라는 지식으로 구
성하고 있는 것이다. ㉔의 '연습'에서 네 가지 활동(1~4)은 이러한 내
용을 꼼꼼하게 읽었는지를 확인하는 이해 학습의 성격이 강하나면 마
지막 활동(5)은 이 글을 읽고 난 뒤 학습자가 지녀야 할 반응에 초점을
두고 있다. 이러한 활동 구성은 임금이 감동한 이유를 학습자가 적극
적으로 수용하게 하는 것으로 학습자의 태도를 표준화하여 임금에 대
한 규범적 관점을 수립하고 있는 문해적 장치라고 할 수 있다. 문자

해득 능력이 독본 교육의 몫으로 간주되었던 중요한 이유는 문자를 익히는 학습이 근대 지식장이 요구하는 지식과 이념의 습득을 위한 기초 단계이기 때문이다.

㉼의 '연습'에서 관심을 기울여야 하는 부분은 학습자에게 던지는 활동의 발문이 서사적 과정에 따라 제시되고 있다는 점이다. 모두 5개의 활동이 단순히 나열된 것이 아니라 임금이 학교에 가서 기뻐한 이유에 대한 질문을 시작으로 '질문-대답' 구조를 '처음에', '이어서', '마지막으로' 등의 단계로 고조되었다가 임금이 감동한 이유에 대한 질문으로 마무리되는 5단계 구성을 취하고 있다는 점이다. 서사의 흐름에 따라 질문을 구성했기 때문에 답변의 과정 역시 서사의 단계를 따르게 된다는 점에서 이 글의 장르적 성격을 포착할 수 있다.

'연습'을 통해 노출하고 있는 문종 의식은 제재를 읽을 경우 좀더 분명해진다. 서술자는 말하고자 하는 내용을 서사적 상황을 설정하여 전달하고 있기 때문이다. 임금과 학생이라는 두 인물이 학교라는 개연적 공간에서 나누는 실제 대화 형식으로 텍스트가 구성되고 있는 것이다. 서술자는 단순히 임금이 천상계의 존재라는 점을 전파하는 데 집중하는 것이 아니라, 화자와 청자의 관계성을 반영하고 인물의 심리까지 묘사하는 장치를 활용하고 있다. 이를테면 '임금께 실례라고 생각했기 때문에 뭐라고 대답을 해야 좋을지' 몰라 갈등하는 소녀의 모습, 소녀의 대답에 감동하여 임금 스스로 소녀에게 '무의식중에 다가가서 소녀의 머리를 쓰다듬'을 만큼 기뻐하는 임금의 모습 등은 초월적 존재로서 천황을 지식으로 알리는 힘뿐만 아니라 등장인물의 섬세한 심리를 들여다보고 공감할 수 있는 즐거움의 효과까지 창출하고 있는 것이다. 뿐만 아니라 첫 번째와 두 번째 질문에 이어 "그렇다면

나는 무슨 계이지?"라고 세 번째 질문을 던지는 장면, 소녀에게서 곧바로 답이 나오지 않자 재차 "이번에는 모르겠니?"라고 점층적으로 답변을 요구하는 장면은 서사적 갈등과 긴장까지 유발한다. 인물의 성격이나 상황이 강화된 대화체는 그 서사 내의 허구가 가지고 있는 핍진성을 높일 뿐만 아니라 독자들이 실제 이야기를 듣고 목격하고 있는 것과 같은 효과를 거두게 한다. 즉 이 제재는 '연습'을 통해 서사가 가지고 있는 그럴듯함의 효과를 '알리는 힘'에 투영함으로써 독자의 가독성을 높이고 이야기가 주는 즐거움을 느낄 수 있도록 고려함으로써 서사적 성격의 문종에 대한 감각을 노출하고 있는 셈이다. ㈑의 경우 '노래를 외워서 불러 보시오'라는 활동을 요구하고 있어 해당 제재가 낭송이나 가창을 전제로 하는 운문 장르라는 사실을 표지하고 있다. 노래의 의미를 한 단락씩 말해 볼 것을 요구하는 '연습 2'의 활동을 연계할 경우 본문의 제재가 일정한 단위를 전제로 의미와 율격을 통해 텍스트의 문종적 자질을 실현하고 있다는 사실 역시 알 수 있다. 특히 본문 제재를 '노래'로 지칭하고 있고, 이러한 '노래' 장르의 경우 외워서 불러보는 가창 활동과 단락별로 의미를 이해하는 활동을 구성하여 시라는 문종에 대한 감각을 교육하고 있는 것이다. 이와 같이 근대 초기 국정 독본의 경우 편찬자들이 문종에 대한 표지를 직접적으로 노출하지 않았다 하더라도 문종에 대한 감각과 인식을 지니고 있었다는 사실을 미약하게나마 볼 수 있다.

5. 근대 계몽의 논리와 문종 교육

전통적으로 국어 교과서의 단원을 구성하는 방식에는 문종 중심, 주제 중심, 목표 중심의 구성 방식이 있다. 최미숙 외(2016:70-73)는 제4차 교육과정기 국어 교과서에 사용된 방식을 예로 들어 "각 단원과 단원을 구별하는 기준이 시, 일기, 수필과 같은 글의 종류이며, 한 단원을 결속하게 하는 기제도 글의 종류이다. 단원이 달라지면 글의 종류가 달라지며, 한 단원에서는 동일한 문종만이 다루어진다"고 설명하고 있으며, 문종 중심 구성 방식에서 가장 중요한 학습 내용은 문종이라고 덧붙여 강조하고 있다. 이렇게 문종 중심으로 구성된 교과서를 대상으로 할 경우 교수·학습의 방향은 다음과 같다.

> 단원 도입부에서 문종에 대한 개괄적 설명이 제시되고, 중심부를 이루는 소단원 역시 문종의 특성을 전형적으로 보여주는 글 제재와 그를 분석하고 이해하는 학습 활동 위주로 구성된다. 정리부 역시 문종 학습을 확인하고 요약하는 내용 중심으로 구성된다(최미숙 외, 2016:70).

국어 수업은 주로 문종에 대한 이론적 학습과 문종의 특성을 보여주는 글 제재를 통해 문종의 실제를 습득하는 것으로 구성되고 실행된다. 체계적이고 반복적인 문종 학습은 '글 제재에 대한 장르적 특성에 대한 이해'를 높여 문종에 대한 국어 교과서 학습자들의 의식과 감각을 강화해 준다. 체계적이고 의도적인 교육을 통해 학습자들은 시, 소설, 일기, 설명문, 논설문 등의 장르적 특성과 관습을 내면화하게 된다. 오늘날의 국어 수업에서 글에 대한 장르적 이해를 중심으로 하는 모습을 발견하는 것은 그리 어렵지 않다.

국어 교과서에서뿐만 아니라 국어과 교육과정, 교수·학습 방법, 평가 등에 이르는 일련의 국어 교육 제도 현상과 대학의 국어국문학(혹은 문예 창작) 교과 과정뿐만 아니라 학교 밖에서 다양하게 행해지는 각종

백일장이나 글쓰기 제도 등을 통해서 문종의 규범과 관습은 존중되고 강화되어 왔다. 따라서 문종 연구에서 중요한 것은 단원을 응집성 있게 묶어 주거나 혹은 서로 구별해 주는 국어 교과서의 기제로서 이해하는 것에서 나아가 문종을 사회적으로 요구되는 지식과 사상을 담아내고 소통하는 방식으로 이해하는 일이다.

이와 같은 관점을 배경으로 이 연구는 다음과 같은 문제의식에서 출발했다. 근대 초기 지식장에는 전통 문식성 사회에서 활발하게 유통되었던 전(傳)이나 찬(讚), 논(論), 설(說), 송(訟) 등의 다양한 문종들이 소멸되거나 약화된 대신에 소설이나 수필, 설명문, 논설문 등 이전의 문종과는 구별되는 새로운 문종들이 등장했다. 다시 말해 오늘날 소통되는 문종들은 전통적 문종들과의 병존, 경합을 거쳐 근대에 새롭게 등장한 문종들이다. 여기서 주목할 것은 글(文)을 둘러싼 개념 체계의 전환이 단순히 글의 형식이나 체제에 대한 명칭의 문제가 아니라는 점이다. 문종은 글이 존재하는 양식 및 지식이 생산되고 유통되는 방식, 글을 인식하는 방식에 대한 총체적인 가치의 전환과 관련하여 고찰될 필요가 있다. 문종의 형성과 분화는 근대적인 지식과 표현 양식이 형성되어 가는 과정을 나타내는 중요한 지표가 되기 때문이다.

이 글에서 살펴본 근대 초기 독본은 이념의 계몽적 전파라는 목적을 갖고 그 내용을 효과적으로 전파하기 위한 여러 시도들을 담고 있던 텍스트이다. 근대 독본은 신문, 잡지, 학회지 등과 함께 근대에 등장한 새로운 매체 형식으로서 근대지의 생산과 유통을 담당해 왔다. 신문이나 잡지, 학회지 등이 주로 지식의 대중화가 과제였다면 독본은 교수·학습용 교재로서 교육용 지식의 선정과 위계화가 주된 임무였다. 방대한 학문과 사상의 범위에서 '지금, 여기'의 맥락에서 요구되는 지식을 선정하여 학교급별·학년별 등 기준에 따라 위계적으로 조직해야 했다. 따라서 근대 초기 독본에 대한 연구는 글을 분류하고, 그 분류체계 속에서 지성과 감성을 발현하는 기술을 습득하는 전범이 되었다는 측면에서 문종에 주목할 필요가 있다. 근대 독본을 통한 문종 연구는 근대지의 성립 과정 속에서 문종의 분화와 변화를 도모해야 했던 지식인들의 사유체계와 문종의 변화과정을 총체적으로 파악하기 위한 방법론으로서도 의미를 가지기 때문이다. 나아가 근대 독본이 문종을 의식하고 교육한 양상을 살펴보는 일은 독본이 수용한 내용, 이른바 교과지(敎科知)의 양상을 가늠할 수 있는 일인 동시에 계몽의 방식으로 차용된 글의 소통 방식, 즉 문종(文種)의 근대적 전환과 양상을 살필 수 있다는 점에서도 의미를 지닐 수 있다.

참고문헌

1차 자료

朝鮮總督府, 『普通學校國語讀本』, 朝鮮總督府, 1912~1915.
朝鮮總督府, 『普通學校朝鮮語及漢文讀本』, 朝鮮總督府, 1913~1922.
稻垣國三郎, 『國定讀本敎授用修辭法及取扱』, 同文館, 1912.
學部編輯局, 『國民小學讀本』, 學部, 1895.
강진호·허재영 편, 『조선어독본』, 제이앤씨, 2010.
김순전 외 역, 『조선총독부 제1기 초등학교일본어독본』, 제이앤씨, 2009.
교육인적자원부, 『국어과 교육과정』(교육인적자원부 고시 제 2007-79호), 2007.
교육과학기술부, 『국어과 교육과정』(교육과학기술부 고시 제 2011-361호), 2011.
교육부, 『국어과 교육과정』(교육부 고시 제 2015-74호)별, 2015.
『독립신문』, 『대한매일신보』, 『황성신문』, 『태극학보』, 『대한흥학보』, 『야뢰』 등.

2차 자료

강진호, 「'국어' 교과서의 탄생과 근대 민족주의」, 『상허학보』 36, 상허학회, 2012.
권보드래, 「한국 근대의 '소설' 범주 형성에 관한 연구」, 서울대학교 박사학위논문, 2000.
김동식, 「한국의 근대적 문학 개념 형성과정 연구」, 서울대학교 박사학위논문, 1999.
김혜련, 「제1차 조선교육령기『普通學校朝鮮語及漢文讀本』 수록 제재 연구 : 「흥부전」을 중심으로」, 『돈암어문학』 23, 돈암어문학회, 2009.
_____, 「국정(國定) 국어 교과서이 정치학 -『보통학교 학도용 국어독본』(학부편찬, 1907)을 중심으로」, 『반교어문연구』 35, 반교어문학회, 2013.
_____, 「근대 '국어' 교과의 개념 형성 연구」, 『한국언어문화』 53, 한국언어문화학회, 2014.
배수찬, 「근대적 글쓰기의 형성 과정 연구 : 논설문 쓰기의 성립 환경과 문장 모델을 중심으로」, 서울대학교 박사학위논문, 2006.

윤여탁 외, 『국어교육 100년사』 I · II, 서울대출판부, 2006.

이정찬, 『근대 전환기 작문론 연구』, 서울대학교 석사학위논문, 2006.

정충량, 『이화팔십년사』, 이화여대출판부, 1967.

정혜승, 「문식성(Literacy)의 변화와 기호학적 관점의 국어과 교육과정 모델」, 『교육과정연구』 26(4), 한국교육과정학회, 2008.

조윤정, 「근대 조선의 독본과 문종 개념의 인식」, 『한국근대문학연구』 32, 한국근대문학회, 2015.

최미숙 외, 『국어 교육의 이해』, 사회평론, 2016.

Bowker, Geoffrey C, Star, Susan Leigh(1997), *Sorting things out:classification and its consequences*, 주은우 역, 『사물의 분류』, 현실문화연구, 2005.

Peter Knapp, Megan Watkins(2005), *Genre, text, grammar : technologies for teaching and assessing writing*, 주세형, 김은성, 남가영 역, 『장르, 텍스트, 문법 : 쓰기 교육을 위한 문법』, 박이정, 2007.

鈴木貞美, 日本の文學, 김채수 역, 『일본의 문학 개념』, 보고사, 2001.

2부

문종 개념의 기원과 분화

01

시의 개념과 근대적 분화 과정

— 근대 국어 교과서 및 독본(1895~1925)을 중심으로

정
슬
아

1. 시에 대한 전통적 인식과 새로운 시 형식의 출현

전통적인 관점에서 '시(詩)'란 문(文)의 고매한 정신을 대표하는 글쓰기를 의미했고, 따라서 일반적으로 '한시(漢詩)'만을 지칭하는 것이었다. 시를 짓는 것[詩作] 또한 유구한 전통 아래에서 자신의 위치를 가늠해 나가는 정체성 확인의 한 방편이었고, 여기에는 국문에 대한 인식이 투영되지 않았다. 『전론(典論)』의 「논문(論文)」(조비(曹丕, 187~226)의 문학 비평서)이나 『문심조룡(文心雕龍)』(중국 선진(先秦)에서 육조(六朝) 시대까지의 중국 문학을 집대성한 유협(劉勰, 465?~520?)의 문학 이론서) 등에서 논의된 분류 방식은 전통적인 관점에서의 시가 어떻게 인식되고 있는지를 보여주는 대표적인 사례들이며, 이러한 시에 대한 개념은 '사상과 감정을 읊은 것'[1]이라는 말로 요약된다. 한편, 중국과 구별되는 독자성에 대한 인

---

1) 『문심조룡(文心雕龍)』 「명시(明詩)」에서는 "「詩」는 곧 「持」다. 인간의 情性을 保持하는 것이다. <詩經> 三百篇을 한마디로 概括하면 결국 그 내용은 마음의 純粹性으로 歸

식을 보이는 『동문선(東文選)』(1478) 이후 창작 태도에 있어서 새로운 자
각이 일어나기 시작하는데 이는 곧 표현 중심으로의 이동을 의미한다.

조선 후기를 자생적 근대정신과 양식이 형성되는 시기로 규정하면
서, 시 형태의 파괴 과정을 시조의 붕괴로 설명하고 있는 김윤식·김
현의 견해는 시(詩), 부(賦), 송(頌) 등과 같은 외래 장르가 아닌 "자생적
장르로서 그리고 율문 양식으로서의 시조"2)에 주목하여 서술되고 있
다. 우리 문학사에서 정형시의 자유시화 경향3)은 이미 18세기 후반부
터 진행되고 있었고 그 변화의 주도적 흐름이 자생적이라는 판단이다.
18세기 조선에서 사설시조의 등장은 정형시라 할 평시조의 율격을 부
분적으로 해체하여 자유시형에의 이행을 보여주고 있다. 18세기 후반
부터 시작된 정형시의 해체 및 자유시 지향 운동은 개화기 이후 시조
와 잡가, 민요, 가사, 판소리 등 전통장르 상호 간에 적극적인 교섭과
침투가 이루어짐으로써 가속화된다.4)

그 결과 자유시형에 준하는 여러 형태의 개화기 시가 장르가 등장
했으며, 이러한 하위장르들은 주로 자유시 형성 과정에 있어서의 영향
관계 아래에서 파악된 경향이 강하다. 개화가사에서 창가, 신체시를
거쳐 자유시로 이행하는 과정에 있어서 과도기적 시 형식으로 평가하

結된다. 「詩」는 「持」라는 論理가 여기서 부합된다[詩者持也, 持人情性, 三百之蔽, 義歸
無邪, 持之爲訓, 有符焉爾.]"고 하였다(유협, 최신호 역주, 『문심조룡』, 현암사, 1975, 25
면).

2) 김윤식·김현, 『한국문학사』, 민음사, 2012, 100면.

3) 정형시/자유시라는 도식적 틀은 미적 근대성과 결부되어 한국현대시사에서 해결되기
어려운 문제들을 유발한다. 이 둘을 나누는 기준이 단순히 형식과 율격에 있다고 한다
면 근대계몽기에 혼재되었던 여러 장르들 가운데 탈락되는 하위장르들이 발생하게 되
며, 운문과 시의 문제 또한 촉발하게 되기 때문이다. 이 글은 자유시를 형식적 규칙에
서 벗어난 운문이라고 보고, 형태적 측면 뿐 아니라 내용적 변화에도 주목하면서 근대
매체인 독본에 나타난 양상을 살피는 데 목적이 있다.

4) 오세영, 『한국현대시사』, 민음사, 2007, 15~23면.

거나 사설시조와 잡가를 자유시 형성 과정에 연결시키는 견해 등이 그렇다. 한편, 이처럼 근대화가 시작되는 1900~1910년대를 중심으로 시사를 살필 때, 개화기의 창가나 최남선의 '신체시'를 논의하다가 곧바로 1918년의 『태서문예신보』로 건너뛰는 문제를 지적할 수 있다. 또한 개화기 시가가 자유시 형성의 계기가 된 측면이 있기는 하지만 그 시기 시가가 전부 그러한 역할을 한 것은 아니라는 점에서 좀 더 세심한 고찰이 요구된다. 개화기 시가를 이루고 있는 양식 설정에 있어서도 연구자마다 각기 다른 기준으로 세분화하는 점 역시 재고되어야 할 부분이다.

본 연구는 전통적 의미와는 구별되면서, 노래[歌]와도 분화되어 근대적 의미로서의 '시' 개념을 형성해나가는 데 있어 근대지(知)를 보급하는 목적으로 간행되었던 교과서 및 독본이 수행한 역할에 주목하고자 한다. '국민'이나 '민족'의 개념이 '상상된 것'이라고 상정한다면, 교육은 국가가 요구하는 국민상을 창출하고 국가의 이데올로기를 내면화시키는 효과적인 장(場)이라 할 수 있다. 교육은 학습자를 권력의 장 안으로 편입시켜 사회의 구성원으로서의 기본적인 지식을 획득하고 사회적 자격을 부여받도록 한다. 따라서 사회 속에 무사히 진입하기 위한 과정으로서의 교육은 당시 사회가 어떠한 이데올로기를 성장과정 속에 주입시키고 있으며, '권력'이 어떠한 방식으로 작동하고 있는지를 보여주는 기제가 된다. 이때 교과서는 문화·정치·사회·경세 능의 다양한 층위가 반영된 텍스트로서, 이질적인 내용과 형식을 수렴한 혼종적 양상을 띤다. 이러한 맥락에서 근대 교과서 및 독본을 통해 전통적 관점에서의 시의 개념이 국문 시에 대한 자각으로 인해 그 의미가 전환되는 양상을 추적하는 일은 문종 개념의 관습화 과정을 고찰

하는 것이 된다. 다시 말해, 본 연구는 1900년대 이전에 통용되던 시와
는 구별되는 새로운 시적 질서에 대한 요구가 반영되는 과정을 살피
고 '시(詩)'와 '가(歌)'가 분화되어 근대적 의미로서의 시 개념이 도출되
고 자리 잡게 되는 양상을 고찰하는 것을 목적으로 한다. 이를 위해
개화기 및 근대전환기를 포괄하는 시기(1895~1925년)에 간행된 국어(조
선어과) 교과서 및 독본5)을 대상으로 삼는다.

2. 근대지(知)의 보급과 독본에 수록된 '노래'들

우리나라 최초의 국어 교과서라 할 수 있는 『국민소학독본』(1895)은
일본의 『고등소학독본』(1888)을 저본(底本)으로 하여 만들어진 교과서이
다.6) 이후 1896년에 편찬된 『신정심상소학』 또한 일본 메이지[明治] 정
권의 『심상소학독본』을 참고한 교과서로, 이러한 맥락에서 개화기 교
과서 편찬 과정을 파악하는 데 있어 일본 교과서와의 연계성은 필수

---

5) 근대 교육 제도 내에서의 교과서, 나아가 근대계몽기에 간행된 다양한 독본류를 일별
   하는 것은 이 시기에 형성되는 문종 개념을 살펴보는 데 유의미한 지표가 된다. 이를
   위해 최초의 교과서인 『국민소학독본』을 비롯하여, '제1차 조선교육령'(1911), '제2차
   조선교육령'(1922)을 반영하여 간행된 교과서 및 독본들을 두루 검토한다. 이 시기에
   한정하여 살피는 이유는 개화기·근대전환기에 이르러 지식의 범주화, 문학장의 형성
   과 교육을 통해 다양한 방식으로 세부적인 장르들이 검토되어 수용·배제의 과정을
   거치면서 문종 개념이 점차 확립되어 나갔다고 판단되기 때문이다. 『국민소학독본』
   (1895), 『신정심상소학』(1896), 『초등소학』(1906~1907), 『보통학교 학도용 국어독본』
   (1907), 『유년필독』(1907), 『최신 초등소학』(1908), 『노동야학독본』(1908), 『보통학교 학
   도용 조선어독본』(1911~13), 『보통학교 조선어급한문독본』(1913~20), 『시문독본』(1918),
   『신편고등조선어급한문독본』(1924) 등이 이에 해당한다(대상 작품 목록은 부록 [표]로
   첨부함).
6) 『국민소학독본』과 『고등소학독본』에 나타난 체제의 유사성 및 차이점은 강진호, 「'국
   어' 교과서의 탄생과 근대 민족주의」: 『국민소학독본』(1895)을 중심으로」(『상허학보』
   36, 상허학회, 2012)에서 자세히 논의된 바 있다.

적으로 해명되어야 할 부분이다.[7] 또한 일제 강점기『보통학교 학도
용 조선어독본』(이하『조선어독본』)은 교과서 형태로 등장한 대표적인 근
대적 텍스트로, 식민지 어문교육을 담당하는 주된 매체였다.『조선어
독본』은『보통학교 학도용 국어독본』(1907) 및『심상소학독본』등을 저
본으로 하여 일제 식민정책을 적극적으로 반영하고 있는 교과서라 할
수 있다. 이 교과서는 일제의 식민지 교육방침에 따라 다섯 차례에 걸
쳐 편찬·수정되었는데, 이 시기 교육령은 식민정책과 밀접하게 연관
되어 동화 정책의 추이를 살필 수 있는 준거가 된다. 한편『조선어독
본』은 이전 시기 교과서와 지속적인 관련을 맺으며 수정·개편된 교
과서이므로 개화기 교과서 및 독본과 연결하여 살필 때 그 의미가 더
욱 명확해진다.

근대 담론이 형성되어가던 시기, 독본은 당대의 모범적 글쓰기를 엮
어놓은 근대 매체이며 교과서로 기능했다. 계몽기 근대 지향적 교과서
가 갖춰야 할 면모는 다양했다. 과학, 기술, 지리, 정치, 경제 등 '근대
적 지식'의 범주를 포괄하면서 근면, 성실, 정직, 위생 등 '근대 시민
의식'을 내면화하도록 교육해야 했기 때문이다. 이 시기 교과서는 근
대 담론의 커다란 한 축을 담당하고 있었으며, 동시에 다양한 '역사적
사건과 인물'을 다룸으로써 조선이 지향해야 할 부국강병의 당위성을
끊임없이 환기시키면서 '애국계몽사상'을 고양·고취시키는 측면을
담당했다.『국민소학독본』은 조선의 지리적 정보를 비롯하여, 난군에

---

7) 변혁기 교과서의 제작에 있어 신학제의 수입과 함께 외국의 교과서가 그 모범으로 채
용되는 것은 외국의 경우에도 마찬가지인데, 이는 개화기 우리나라 교과서에 영향을
준 일본의『소학독본』역시 미국의『윌슨 리더』의 영향 하에서 만들어진 것에서도 알
수 있다(김태준, 「이솝우화의 수용과 개화기 교과서」,『한국학보』7(3), 일지사, 1981,
109면 참조).

서부터 태조에 이르는 역사적 사실에 많은 비중을 할애하여 서술하고 있다. 이는 조선의 독립성을 강조하여 국민의 애국심을 고취하기 위한 의도로 파악된다.

神策은究天文이오
妙算은窮地理라
戰勝功旣高ᄒ니
知足願云止라
—「乙支文德」에 삽입된 시 전문(『국민소학독본』 22과)

임군ᄉ랑아비곳고,
나라근심집곳도다。
下土에臨한힌날빗,
붉게丹衷빗쵸엿다。
—「趙光祖」에 삽입된 시 전문(『초등소학』 권7-24과)

『국민소학독본』(1895) 제22과와 『초등소학』(1907) 권7 제24과 두 단원은 역사적인 인물 교육에 있어서 위인의 면모를 더욱 부각시키는 장치로 그들이 창작한 시를 삽입하는 동일한 양상을 보여준다. 전자는 이를 '오언시'라고 소개하면서 한주국종체(漢主國從體)로 수록하고 있다. 고시(古詩) 형식을 갖춘 을지문덕의 「여수장우중문(與隋將于仲文)」(612)을 거의 그대로 넣은 셈이다. 이 시는 "신기한 책략은 천문을 다 헤고/ 교묘한 계산은 지리를 꿰뚫었네/ 싸움 이겨 공이 하마 높으니/ 만족하고 이제는 그쳐주시길"[8]이라고 번역될 수 있는데, 학습 대상의 연령에 따라 한시에 대한 기본적인 소양이 없다면 그 뜻을 파악하기 쉽지 않

---

8) 민병수, 『한국한시사』, 태학사, 2006, 61면.

다. 반면 『초등소학』에 실려 있는 조광조의 절명시[愛君如愛父/憂國如憂家/白日臨下土/昭昭照丹衷]는 오언절구를 4·4조의 국문으로 번역한 특징을 보여주고 있다. 이를 통해 4·4조 가사체 리듬을 활용하여 가창·가독을 용이하게 하는 효과를 주는 동시에, 학습자에게 '임금-아비'라는 비유로 국가와 국민의 관계를 가족 구도로 내면화시키는 역할을 한다. 이 단원에서는 조광조의 충심을 설명하면서, 무고한 모함으로 인해 죽는 순간에도 "國家를愛ᄒ며君上의게忠ᄒᄂᆫ心이조곰도變치아니ᄒ고" "歌를作ᄒ야其志를" 나타낸 것이라고 언급한다. 『국민소학독본』에 수록된 「을지문덕」의 경우에도 과거의 살수대첩을 기술하면서 현재의 쇠잔한 국운의 이유를 "朝鮮ᄉ름이愛國心이옛딕만못"하다고 파악한 서술이 발견된다. 독본에 수록된 역사적 내용들이 국민의 애국심을 고취시켜서 국가부국 및 쇄신에 부응하기 위한 노력으로 이어지도록 구성되었음을 알 수 있다. 한편 『초등소학』에도 을지문덕에 대한 단원(권5-16과)이 있으나 여기에는 고시 삽입이 제외되어 있다. 이 교과서에서 조광조가 상대적으로 부각되고 있는 것은 그가 "스스로國家를文明케ᄒ기로期約ᄒ야舊日의弊를업시ᄒ고一新ᄒ開化를ᄒ고져" 노력한 인물로 평가되기 때문이다. '문명'의 '개화'라는 근대적 가치를 실현시키기 위해서는 국민의 노력이 수반되어야 한다는 강조이며, 이러한 서술 방식은 국가-국민의 구도를 바탕으로 국민 개인의 역량이 곧 국력으로 환치되고 있음을 보여주는 것이다.

두 교과서에서 동일 양상의 구성을 보이는 단원을 통해 시에 대한 인식의 차이를 알 수 있다. 둘 다 인물의 특징을 부각시키기 위해 작품을 수록했다는 점에서 공통되지만, 『초등소학』에서는 한시를 그대로 싣지 않고 가창 및 가독을 염두에 둔 번역을 시도했다는 점에서

'국문'에 대한 자각이 발견된다. 이에 반해『국민소학독본』은 교화를 목적으로 한 근대적 지식 담론과 관련된 직접적인 서술이 주를 이루고 있고, 시 작품이 단독으로 수록된 단원은 찾아볼 수 없다. 그런데 이렇듯 을지문덕의 시 한 편이 인물 소개 단원에 삽입된 형태로 실려 있는『국민소학독본』과는 달리, 이듬해 간행된『신정심상소학』에서는 '노래'의 차원에서 살펴볼만한 단원들이 눈에 띈다. 두 교과서는 간행 시기가 비슷하지만,『신정심상소학』의 경우 '가곡', '군가' 등의 용어를 사용하여 노래를 교육적인 차원에서 활용하려는 양상을 보이고 있다.

이는 편찬 주체의 의도와 직결되는 것으로,『국민소학독본』이 근대 국가 건설이라는 당대적 요구를 자각한 조선인에 의해 주도된 교과서인 데 반해,『신정심상소학』의 간행에는 학부의 일본인 보좌관들이 큰 역할을 담당했다는 차이에서 비롯한다. 이 교과서는 학습 대상의 연령을 고려하여 실생활의 요소들을 첨가하였고, 학습 내용의 효과적인 암기를 위하여 '노래'의 기능을 활용하려는 시도를 하였는데, 이러한 점은 이후 간행되는 교과서에서 지속적으로 발견되는 특징이라 할 수 있다.

四六九十一의/녁달은三十一日이오/其餘月은一體로/三十日이되느니라./그러나二月의一數는/例事二十八日이나/閏年에는一日을/더흐야二十九日이라.
—「一年의月日이라」 부분(『신정심상소학』 권3-26과)

一日의計는晨에在흐고/一年의計는春에在흐고/一生의計는幼時에在흐오
—「人의一生이라」 부분(『신정심상소학』 권3-27과)

『신정심상소학』 권3 26과의 경우, 시간이라는 근대적 개념을 학습

시키기 위해 노래가 등장한다. 세시절기와는 구별되는 근대적 날짜 개념을 암송하기 쉽게 담고 있다. 이를 통해 24과 「地球의回傳이라」, 25과 「四節이라」 등 앞의 단원들과 긴밀한 연결을 보여주는 구성임을 알 수 있다. 먼저 이들 단원에서는 자전과 공전으로부터 파생되는 사계절과 일월의 기준을 과학적으로 밝힌다. 그리고 26과에서는 달력의 개념이 등장한다. 27과의 경우에는 앞 단원들에서 배운 시간의 개념을 인생과 연관시켜 계획적 학습의 중요성을 비유로써 가르친다. 일관된 구성의 단원들 가운데 특히 26과 본문에서는 "各月의一數를가지고지은歌曲"을 암기하라고 유도하는 것으로 보아 '노래'라는 익숙한 형태로 교육 내용을 효과적으로 주입시키려는 의도를 파악할 수 있다.[9]

근대적 학제 개편의 특징은 교과 체계와 교육 연한, 교과의 시수 등과 같은 시간적 제약으로 규정될 수 있다. 이는 교과서의 구성 방식이 필연적으로 노정할 수밖에 없는 제한성이라는 특징을 시사한다. 교과서에 도입된 노래는 이러한 제한성을 극복하기 위한 장치의 하나이다. 즉, 학습자가 본문의 내용을 쉽게 이해하고 기억할 수 있도록 하는 도구로써 활용한 것이다.

---

9) 이러한 교육 방식은 일본의 교과서에서도 자주 발견된다. 『심상소학독본』(1904)의 경우, 학습 효과를 높이기 위해 교육적 내용의 '창가'를 배운 후 그 노래를 집에서 불러보는 장면을 찾아볼 수 있으며, 이밖에 '어린이'로서의 아동 개념에 입각한 동요들이 다수 수록되어 있다. 이 교과서에 노래가 수록된 단원들의 경우, 형태적으로 의성어·의태어가 자주 사용되고, 수사법 등을 활용하여 문학적 완성도를 추구한 면모가 보이며, 동심의 미감을 느낄 수 있는 짜임새 있는 구성을 보인다. 노래를 활용한 학습의 중요성이 상당히 부각되고 있을 뿐만 아니라, 학습 대상의 연령을 반영하여 세심하게 난이도를 조절하고 있다는 점에서 우리나라 교과서와의 관계에 있어 저본 확정의 문제가 보다 엄밀해질 필요가 있다. 『보통학교 학도용 국어독본』(1907)과 『심상소학독본』(1904)의 단원들을 구체적으로 비교·분석하여 그 차이를 밝힌 연구로는 김혜련, 「국정(國定) 국어 교과서의 정치학─『보통학교 학도용 국어독본』(학부 편찬, 1907)을 중심으로」(『반교어문연구』 35, 반교어문학회, 2013)를 참고할 것.

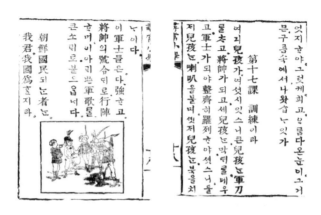

[그림1] 『신정심상소학』(1896) 권2 17과

이러한 맥락에서 '군가', '애국가', '운동가'의 활용 방식을 살펴볼 수 있다.『신정심상소학』권2의 17과「訓練이라」의 경우, 여섯 명의 아이들이 모여서 '군사훈련놀이'하는 장면을 구체적으로 삽화를 통해 제시하면서 "朝鮮國民되ᄂᆞᆫ者ᄂᆞᆫ/我君我國爲ᄒᆞᆯ지라"로 시작되는 군가를 부른다고 기술한다. 그 내용을 살펴보면 학생들이 분발하여 용기를 가지고 '적병'들을 해치우는 것이 '충의'라는 점을 인식시키려 함을 알 수 있다.『신정심상소학』의「訓練이라」와 유사한 방식으로 기술되는 단원들은『초등소학』의「運動」(권2-19과),『최신초등소학』의「줄다리기」(권2-12과),「運動」(권3-6과) 등이 있다.

朝鮮國民되ᄂᆞᆫ者ᄂᆞᆫ/我君我國爲ᄒᆞᆯ지라/膽氣勇略奮發ᄒᆞ야/敵兵萬若잇슬ᄲᅵ
ᄂᆞᆫ/목숨슬기不顧ᄒᆞ고/一段忠義힘뼈보세/飛雨갓튼彈丸中에/鬼神갓치ᄃᆞ니
면서/鐵로민든城門을난/一聲砲響에ᄲᅴ치고/구름갓치뫼인敵兵/바룸보듯훗
터보세

　　　　　　　　—「訓練이라」의 '軍歌'(『신정심상소학』권2-17과)

　힘을쓰셰, 우리학도,/공부위히, 힘을쓰셰./힘을쓰셰, 우리학도,/나라위
히, 힘을쓰셰

—「運動」의 '愛國歌'(『초등소학』 권2-19과)

　어허우리,大韓帝國/二千萬의,男女同胞,/一千萬은,男子되고,/一千萬은,女子
로다,/우리學徒,學問싹은,/國家棟梁,되리로다,/終日토록,行樂타가,/凱旋歌
로,好還한다,/萬歲萬歲,萬萬歲야/大韓帝國,萬萬歲야

—「줄다리기」의 '運動歌'(『최신초등소학』 권2-12과)

　大韓帝國의富强하기난/우리學徒가擔當함니다/工夫할쌔에工夫잘하고/運
動할쌔에運動잘하셰/許多事業을堪當하랴면/身體康健이第一福이오/一當百
하난競爭心으로/太極旗下에愉快運動응/千歲萬歲야우리學徒지/大韓帝國이
萬萬歲로다

—「運動」의 '運動歌'(『최신초등소학』 권3-6과)

　군가와 운동가가 삽입되어 있는 이 단원들은 '학교 운동장'에서 학
생들이 직접 어떤 방식으로 훈련하거나 운동을 하는지 구체적으로 보
여준다. 이와 같은 4·4조의 가사체의 노래들은 애국이라는 주제를 간
명하게 전달한다. 일종의 구호에 가까운 노래들은 신체 단련을 보다
효과적으로 수행하기 위한 도구로 활용되며, 지식과 이데올로기의 전
달 수단으로 기능한다. 이 시기에 출현한 다양한 시가 양식들을 범주
화하는 방식을 가급적 배제하고, 여기에서는 그 혼종적 양상 자체를
살피는 데 중점을 두어 파악하기로 한다. 제시한 부분들은 전부 교과
서에 '가(歌)'라고 명기되어 있고, 실제로 가창되어 주제 의식을 고취시
키는 역할을 했을 것으로 짐작된다. 형태상으로는 가사와 창가의 형태
가 혼효되어 있으며 그 내용도 단순한 반복과 나열에 머무른 것이 있
는가하면 공동체적 의식이 투영되어 근대적 계몽을 지향하는 것도 있다.

한편, 『신정심상소학』의 「입은흔아이라」(권1-13과), 「비호기를勸흠이라」(권3-2과), 「소경이라」(권3-4과), 「정성이라」(권3-28과)는 국주한종체로 비교적 자유로운 형태를 지니며, 비유를 활용해 학습 내용을 효과적으로 강조하기 위해 작품이 단독으로 실려 있는 단원들이다. 주로 면학 자세를 강조하기 위한 목적으로 그 내용은 교훈적이고 교시적인 차원에 머무르고 있지만 형태적 자율성을 일정 부분 보여주고 있다는 점에서 노래와 시의 중간적 양상이 등장하고 있음을 알 수 있다.『초등소학』의 「秋」(권5-10과), 「短歌」(권7-27과) 등도 4·4조의 기본 운율을 변형한 것으로, 내용상의 변화가 발견된다. 「秋」의 경우 전통적인 의미의 '정경' 묘사가 주를 이루고 있는 데 반해 「短歌」는 3절 형식으로 정경 묘사(1절)→자연의 비유를 통한 근면 강조(2절)→면학의 중요성(3절)으로 내용의 변화가 이루어진다. 특히『초등소학』에 이르면 "我國은,我國文을,使用흠이,可호"다고 하면서, "獨立自主호ᄂ表跡"으로서의 '국문'(권6-3과 「國文」) 자체에 대한 관심을 본격적으로 드러내고 있다.

지금까지 국정 및 민간 교과서에 수록된 작품들을 검토한 결과 그 구체적 양상을 다음과 같이 나누어 살펴볼 수 있다. 첫째, 근대지(知)를 보다 효과적으로 주입시키기 위한 교육적 목적에 의해 활용된 '노래'들, 둘째, 공동체 의식 함양을 위한 근대 기획의 산물이라 할 수 있는 '의식가'류(운동가·군가 등), 셋째, 가창으로부터의 전환이 이루어져 혼재된 형태를 보이고 있는 작품들이 그것이다. 이 시기 교과서에 등장하는 텍스트들은 특정 장르에 귀속시키기 어려울 만큼 그 특징들이 서로 얽혀 있고, 이러한 혼효성은 시의 경우에도 마찬가지여서 형태상으로나 내용상으로 전통적인 것과 새로운 것들이 혼재되어 있음을 알 수 있다.

3. 계몽 담론의 전유 양상과 공동체의 발견

교과서에 수록된 '노래'들은 근대적 지식을 주입시키기 위한 수단으로 활용되었으며, 공동체적 의식을 일깨우는 '근대 기획'의 산물이라 할 수 있다. 소리의 균질적 통합을 통해 갈등을 배제한 추상적 세계를 만들어내는 일종의 구호이며 도구로 노래가 채택된 셈이다. 가라타니 고진은 메이지 시대의 정권이 맨 처음 실행한 정책이 학제 및 징병령 반포라는 점에 주목한다. 이러한 제도는 부국강병의 기초로 실시된 것이며, 사람들에게 집단적 규율과 기능적 존재 방식을 '교육'하려는 데 그 목적이 있다.[10] 즉 인간을 "다시 만들어내는 하나의 교육 장치"[11]인 근대 국가가 시도한 기획은 개인을 '공동체'라는 이름으로 묶으려는 것이며 이러한 균질성의 핵심은 전근대적 관념으로부터 탈각하여 "'상상의 공동체'로서의 국민의 소리"[12]를 만들어내는 데 있다. 교과서는 공통의 감각을 주입시키고, 그것을 내면화한다.

> 時計가뎅〻친다
> 어셔어셔니러나세　　밤이발셔식엿네
> 衣服을갈어닙게　　아춤밥이되엿네
> 時計가뎅〻친다

---

10) 가라타니 고진, 박유하 역, 『일본근대문학의 기원』, 민음사, 2007, 173~175면.
11) 가라타니 고진, 위의 책, 176면.
12) 임경화, 「식민지 조선에서의 창가, 민요 개념 성립사」, 『개념의 번역과 창조』(이경구 외), 돌베개, 2012, 178면. 이 논문은 근대적인 공동체의식을 양성하는 강력한 도구로서의 노래의 역할에 주목한다. "함께 같은 노래를 부른다는 관념"이 부국강병, 문명개화라는 국가 과제와 긴밀히 연관되는 과정을 재구하고 이를 통해 식민지 조선에서의 창가와 민요가 어떻게 발생·성립하고 있는지 보여준다. 근대 일본에서 이루어진 소리의 균질화는 식민지 조선에서도 그대로 통용되어, '노래'를 구획하고 통제하는 수단으로 사용하였음을 확인할 수 있다.

洗手ᄒ고밥먹은후　　　遲滯말고學校에

冊싸셔엽헤ᄭᅵ게　　　　남보다몬져가세

時計가뎅々친다

工夫ᄒ셰工夫ᄒ셰　　　晝夜로부즈런케

닑고쓰고외일졔　　　　다른ᄆᆞ음두지말게

時計가뎅々친다

活潑ᄒ게놀며가세　　　下學時間되엿네

집으로얼는가셔　　　　快樂케노라보셰

　　　　　　　　　　―「時計」(『보통학교 학도용 국어독본』 권5-19과)

とけい が なった。

　おきよ、こどもら。もう、よ が あけた。

　きもの きかへよ。ごはん も できた。

とけい が なった。

　いそげ、こどもら。がっこ― へ、いそげ。

　つつみ かかへて、おくれん よ―に。

とけい が なった。

　ならへ、こどもら。よく、せい だして。

　本 を ひらいて、わきみ を するな。

とけい が なった。

　あそへ、こどもら。がっこ― が ひけた。

　はやく、かへって、まり、こま もって。

　　　　　　　　　―「とけい」 노래 부분(『심상소학독본』 권3-20과)[13]

---

13) 이 단원에 실려 있는 노래 부분을 번역하면 다음과 같다. "시계가 울렸다./일어나라, 아이들아. 이제 새벽이 밝았다./옷을 갈아입자. 밥도 다 되었다./시계가 울렸다./서둘러라, 아이들아. 학교로 서둘러라./보자기 들고 늦지 않도록./시계가 울렸다./배워라. 아이들아. 잘, 열심히./책을 펼치고, 한눈팔지 마라./시계가 울렸다./놀아라. 아이들아. 학교가 파했다./어서 돌아가서, 공, 팽이 가지고" 이러한 내용이 『보통학교 학도용 국어독본』에 번역되어 수록되면서 음수율을 바탕으로 의성어를 도입하는 등, 운율감을 주기 위해 노력했음을 알 수 있다. 이 노래는 『보통학교 학도용 조선어독본』에도 그대로 수록된다.

이 시기 교과서에는 '시간'과 관련된 단원들이 중요하게 부각된다. 특히 '시계 보는 법'을 학습시키기 위해 각종 삽화를 활용하고, 두 아이가 대화하는 내용으로 자연스럽게 시간을 읽는 방법을 기술한다. 이러한 단원들은 자연스레 근면·성실한 태도로 시간을 잘 활용하는 것이야말로 국민이 갖춰야 할 참된 덕목이라는 교훈과 연결된다. 『보통학교 학도용 국어독본』(1907)의 「시계」(권3-6과, 권5-19과) 단원은 일본의 국정교과서 『심상소학독본』(1897) 권3-20과 「とけい」의 내용을 둘로 나누어 수록한 것이다. 「とけい」의 단원 구성은 오빠가 여동생에게 시계 보는 방법을 가르쳐주는 내용의 본문과 '시계'를 소재로 한 노래 부분으로 나누어 볼 수 있다. 『보통학교 학도용 국어독본』 권5-19과에 단독으로 실려 있는 노래는 「とけい」의 노래 부분을 번역한 것이다. 아침에 일어나면 서둘러 학교에 가서 열심히 공부해야 한다고 강조하는 내용으로, 하루 일과를 구획하는 중심에는 '시계'가 놓여 있다. 시간 관리의 중요성을 강조하면서 면학을 장려한다. '학교'라는 공간은 바람직한 근대인으로서 갖추어야 할 덕목을 내면화하도록 교육시키는 기관으로, '잠재적 일본인'으로서의 조선인을 효과적으로 지배하려는 의도가 담겨 있다. 즉, "상대의 타자성을 무화시키고 나서 타자를 지배"[14]하려는 제국주의적 식민 통치 방식이다.

근대 제도적 교육의 차원에서 편찬된 교과서가 주로 근대적 교양을 주입시키면서 정치적 성향을 탈각하고 일제의 시민주의에 복무시키고자 하는 의도성을 뚜렷하게 지니고 있었다면, 제도권 이외의 현장에서는 애국심을 고취시키며 자주성을 강조하는 교육이 이루어졌다. 이처럼 어느 쪽이든 간에 계몽성을 담지하고 있다는 점에서 공통되지만,

14) 가라타니 고진, 앞의 책, 12면.

[그림2] 『보통학교 학도용 국어독본』(1907) 권3 6과, 권5 19과

제국-식민지라는 이중적인 사회·역사적 조건 속에서 독본 자체가 양가적이거나 혼종적인 모습을 띠고 있는 것은 개화기·애국계몽기가 지닐 수밖에 없는 시대적 상황을 반영한 것이라 할 수 있다. 그런데 제국주의에 대한 '저항' 자체가 구조적 틀에서 기인한 것이라면, 혼종적 양상은 식민지 근대가 태생적으로 지니고 있는 한계에 부딪힐 수밖에 없다. 이를 어떻게 해석할 것인가의 문제는 곧 근대계몽기가 함의하고 있는 계몽성의 이중적 양상을 파악하는 것과 상통한다.

우리나라의 근대 교육이 발흥한 것은 구한말로, 약 3천여 개의 사립학교들과 여러 전문학교들이 설립되어 신교육 구국 운동을 벌였다. 그러나 1908년 사립학교령 제정으로 인한 사학 탄압이 일어나고, 교과용도서검정규정을 신설하면서 일제에 반하는 교재를 금지(1908년 9월~1910년 5월, 총 86책 금서)하게 된다. 이 과정에서 『유년필독』(1907)이 금서로 지정된 일은 민간 독본이 지니고 있는 파급 효과에 일제가 민감하게 반응하고 있음을 알 수 있는 대목이다. 『유년필독』의 계몽 담론은

'충(忠)'이라는 전통적 관념을 바탕으로 근대적 교육을 통해 국권 회복을 도모한다.

슬푸도다,슬푸도다 國恥民辱 至今生存
우리國民슬푸도다 우리무리 무삼面目
슬푸도다,슬푸도다 져버렷네,져버렷네
우리國民슬푸도다 閔忠正을,져버렷네
한칼로殉國ㅎ든 九原冥冥져,가온데
精忠大節그靈魂 우리國民구버보네
슬푸도다,슬푸도다 國恥民辱우리무리
우리國民슬푸도다 一點報答무엇신가
自由國權셋기엿소 이나라,무삼나라
今日奴隷이아닌가 波蘭과埃及이지
이나라,무슴나라 슬푸도다,슬푸도다
印度와越南일셰 우리國民슬푸도다
四蘘九幹져듸,보쇼 靑靑흔,져빗,또,잇는가
三十三葉完然ㅎ이 우리國民警戒로셰
精血이,모얏네天地造化 萬國이同淚ㅎ고
忠憤이,이로다神人感動 世界가掀動일셰
     ―「血竹歌 一」전문(『유년필독』권3-25과)

슬푸도다,슬푸도다 우리國民슬푸도다
警戒로다警戒로다 우리國民져듸,보쇼
롤납고도,신긔ㅎ다,우리閔忠正
이리셕고,불상ㅎ다,우리國民들
三千里疆土이나라 우리눈물,져듸에,샏려
二千萬同胞이빅셩 大韓,中興어셔,ㅎ보셰
奴隷되지,말고 國恥民辱어셔,씨셔
國權回復ㅎ셰 地下含笑우리閔公

世界一等國이,이나라로다
世界自由民이,이國民일셰
우리同胞겨딕,보쇼   슬푸도다,슬푸도다
우리同胞겨딕,보쇼   우리國民슬푸도다
슬푸도다,슬푸도다   우리國民슬푸도다
　　　　　　　─「血竹歌 二」 전문(『유년필독』 권3-26과)

여기서 언급되고 있는 '閔忠正'은 1905년 11월 일제가 을사조약을
강제 체결하여 외교권을 박탈하자 이에 항거하는 의미로 자결을 택한
민영환을 지칭한다. "國恥民辱어셔,씨셔/國權回復ᄒ셰 地下含笑우리閔公"
이라는 구절은 "영환은 죽어도 죽지 않고 기어코 여러분을 저승 밑에
서라도 도울 것이니 바라건대 우리 동포형제들은 천만 배나 더 분발
하고 힘써서 뜻과 기운을 견고히 하고 학문에 힘써서 마음을 합쳐 힘
을 내어 우리의 자유와 독립을 회복한다면 죽은 자도 마땅히 어두운
저승에서 기꺼이 웃을 것이다.[泳煥死而不死, 期助諸君於九泉之下, 幸我
同胞兄弟, 千萬倍加奮勵, 堅乃志氣, 勉其學問, 結心戮力, 復我自由獨立, 則
死者當喜笑於冥冥之中矣]"(「警告大韓二千萬同胞遺書」, 1905.11.30.)[15]라는 유언
의 내용에서 기인한다. 그가 남긴 이천만 동포를 향한 유서는 당시 언
론에서 대대적으로 다룰 정도로 그 파급력이 상당했다. 조선 왕실의
외척이었던 민영환의 죽음은 일종의 상징적 의미로 받아들여졌던 것
이다.

---

15) 민홍기 편, 이민수 역, 『민충정공 유고(전)』, 일조각, 2000, 290면. 원문은 같은 책에
　　수록된 국사편찬위원회, 『민충정공 유고』, 226면.

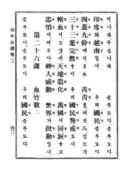

[그림3] 『유년필독』(1907) 권3 26과

[그림4] 『최신초등소학』(1908) 권4 24과

　　『최신초등소학』 권4-24과 「閔泳煥」에서는 그가 "國權이墮落함"에
"大勢를挽回코자하다가時勢가可爲치못"한 관계로 '自裁'하였다고 기술
한다. 그리고 그의 자결 이후 자택에서 자라났다는 '血竹'은 "二千萬同
胞를喚醒하야獨立精神을化生"한 것이라고 의미를 부여한다. 민영환의
죽음과 혈죽의 관계[16]는 전설담이 가미됨으로써 민중들에게 깊은 인

----

16) 『최신초등소학』에서는 다음과 같이 기술하고 있다. "厥明年에閔泳煥의几筵을設한挾
　　房에血痕이有한遺衣를置하고,其戶를閉鎖한지二百五十日에家人이啓視함애,靑靑한四
　　苞의新竹이,軒隙에生하얏시니九枝에四十一葉이라". 또한 이 단원은 민영환의 모습과
　　혈죽을 묘사하는 상세한 삽화를 제시함으로써 이해를 돕고 있다.

상을 남긴다. 이 사건을 소재로 이 시기에 대거 창작된 '혈죽가'류[17] 시가들이 이를 방증한다. 이 작품은 다양한 계층의 창작자들이 참여하여 시대적 요청에 따른 계몽 담론을 형성했고, 주로 신문 매체를 통하여 보급되었다. 당시 민중의 집단 창작은 구전과 가창이라는 전통적 흐름에 입각한 것인데, 나아가 국문에의 자각과 함께 '읊는 시'에서 '읽는 시'로의 이행을 보여주고 있다. 즉, 가창과 가독의 경계에 놓여 있는 작품으로, 계몽 담론의 전유 및 내면화 과정을 보여주며 '민족'이라는 공동체의 발견에 이르게 한다.

> 詩란 者는 國民言語의 精華라. 故로 强武혼 國民은 其詩부터 强武ᄒ며 文弱한 國民은 其詩부터 文弱ᄒ나니 一國의 盛衰治亂은 大抵 其國詩에서 可驗홀지오. 又 其國의 文弱을 回ᄒ야 强武에 入코즈 홀진되 不可不 其文弱혼 國詩부터 改良할지라.[18]

신채호가 「천희당시화(天喜堂詩話)」(1909.11.9.~12.4. 『대한매일신보』 연재)에서 말한 '동국시계혁명(東國詩界革命)'은 "東國語, 東國文, 東國音으로 製혼 者"[19]로 요약된다. 그는 "國民言語의 精華"라는 관점에서 시를 파악하여 시조와 민요를 높이 평가하고 민족계몽운동의 일환으로 시운동을 펼친다. 이 시기 시운동은 자생성에 주목하여 중국 중심의 한시 전통에서 탈피하면서도 동시에 가창이라는 특징과 멀어지면서 '시가(詩歌)'에서 '가(歌)'가 분리되는 방향으로 나아간다. 이때 계몽성은 근대적 공

---

17) 이에 관한 자세한 논의는 박애경, 「민충정공 담론과 <혈죽가>류 시가 연구」(『우리어문연구』 34, 우리어문학회, 2009)를 참조할 것.
18) 단재신채호전집편찬위원회, 『단재신채호전집』 제7권 문학, 독립기념관 한국독립운동사연구소, 2008, 732면.
19) 위의 책, 736면.

동체의 발견과 긴밀히 연결된다. 전통 가락에 계몽적 내용을 담은 개화가사와 개화기 시조는 시대적 변화를 감지하고 이에 대응하는 방식으로 표출된 것이었으며, 이는 곧 '민족'의 발견을 전제로 한다. 다시 말해, 변화된 외부적 상황을 자각하고 새로운 방식으로 표출하고자 하는 집단적 내면이 투영된 것이다. 근대적 개인(서정적 주체)은 어느 날 갑자기 탄생하는 것이 아니라 근대적 공동체의 발견이 선취된 이후에 가능해지는 개념이다.

이러한 근대계몽기를 거치고 난 다음, 어느 정도 활발하게 창작되고 있었던 근대적 의미의 '시'[20]가 교과서에 누락되어 있는 이유는 교과서가 가지고 있는 보수성과 당대의 식민주의로 설명할 수 있을 것이다. 또한 이 시기 보통학교 이상의 과정에서의 문학 교육 자체가 제대로 이루어지지 않고 있었다는 점을 간과할 수 없다. 일제 강점기의 언어교육은 '국어(일어)', '조선어', '한문'으로 이루어졌으며, 이 중 조선어 비중이 가장 낮았다. 국문으로 된 문학작품이 언어교육에서 높은 비중을 차지한 것은 오히려 개화기 때로,『금수회의록』같은 소설책은 직접 문학교재로 사용되기도 하였다.[21] 1911년 9월 '제1차 조선교육령'이 공포되고 애국 계몽 운동의 일환으로 설립된 사립학교들이 몰수당하게 되면서, 보통학교는 사립학교를 인정하지 않고 모두 관공립 보

---

20) 최초의 자유시로 언급될 만한 작품으로는 주요한의 「불놀이」(『창조』창간호, 1919. 2.), 김억의 「겨울의 황혼」(『태서문예신보』13호, 1919.1.), 황석우의 「봄」(1919.2.) 등을 들 수 있다. 물론 여기에는 다양한 이견들이 제출된 바 있다(윤여탁,『시 교육론2: 방법론 성찰과 전통의 문제』, 서울대 출판부, 1998 참조). 이와 같은 시형이 등장한 것은 그 이전인 이미 1910년대 중반의 『학지광(學之光)』에서 활동한 무명의 시인들, 예컨대 최소월, 김여제, 돌샘 등의 작품에서도 발견된다는 점이 그 근거이다. 하지만 일반적으로 「불놀이」를 기점으로 잡는 이유는 이 시가 당대의 감각으로 그 시기 문인들에게 최초의 자유시로 승인되었기 때문이다.

21) 천정환,『근대의 책읽기』, 푸른역사, 2014, 371~377면 참조

통학교로 하며, 4년제 고등보통학교와 2~3년제 실업학교는 사립학교를 인정하되 일본 국민으로서의 자격을 함양·교육시켜야 하고, 조선에서는 4년제 전문학교만 인정하고 대학교 설립과 대학 교육은 인정하지 않는다는 원칙이 세워진다. 또한 교과서는 총독부가 편찬하거나 인정한 것만 사용하도록 규제하였다. 총독부가 공적 교육을 장악하고 난 뒤 공식 조선어 교육에서 문학작품이 사용된 것은『신편고등조선어급한문독본』(1924)이 처음이다.[22] 이 교과서에는 여러 수의 시조, 「古歌五節」, 「石潭九曲」, 「漢陽遊記」, 「關東八景」 등의 운문과 「兎의肝」이 수록되어 있다.

　일제 강점기 공교육 내에서 조선어로 창작된 문학 교육이 가지는 중요성 및 필요성은 현저히 낮았으며, 이는 '국어(일본어)'와 '조선어'의 위상을 그대로 반영한 것이다. 『신편고등조선어급한문독본』의 '조선어' 비중이 높아졌다고 해도, 방점이 찍혀있는 것은 여전히 '한문'임은 분명하다. 주목할 점은 이 교과서를 통해 볼 수 있는 한문과 조선어의 관계 설정에 있다. '조선어'의 위치를 '한문'과의 연관 속에서 재조정하려는 노력은 이와 관련한 단원(권1-4·15과, 권2-4과 등)을 통해 찾아볼 수 있는데, '이두' '언해' '국한문혼용체' 등을 언급하면서 조선어가 지닌 효용적 측면이 특히 강조된다. 이중 「朝鮮의 漢字」(권2-4과)를 보면 한자의 유래 및 변천과정을 설명하면서 조선어와 일본어의 형식이 비

---

22) 조선총독부의 조선어 및 한문 과목의 교과서는 보통학교, 중등학교용으로 나누어 출판되었다. 고등보통학교 및 이에 해당하는 정도의 학교 '조선어급한문과' 교과서로 편찬된『新編高等朝鮮語及漢文讀本』은 제3차 교육령을 따라 1924년에 출판되었으며 주로 일본어 저술을 저본으로 하고 있다. 제1차 교육령을 따른『고등조선어급한문독본』(1913)의 경우 한문을 바탕으로 조선어가 보조적인 수단으로 사용되고 있는 데 반해,『신편고등조선어급한문독본』의 경우 단원수의 차이가 있기는 하지만 '朝鮮語之部'와 '漢文之部'로 나누어 그 언어를 각각 독립적으로 다루고 있다. 그러나 조선어가 차지하는 비중은 한문에 비해 현저하게 낮다.

숫하거나 동일한 측면이 있다는 언급을 하고 있다. 예를 들어 "李朝世宗二十八年에 諺文이 制定되기 以前" "朝鮮 固有의 文字"가 없을 때 한자의 음과 훈을 빌려와 사용했다는 '이두'에 대한 설명은 "國語" 즉 일본어의 '萬葉假名'의 발달과 동일한 것이라는 시각으로 서술되고 있다. 한문과 조선어의 관계를 밀접하게 연관시켜 설명하려는 언술은 같은 한자문화권이라는 동아시아의 특성을 이용하여 문화적 통합을 효과적으로 수행하려는 시도이다. 즉 한자문화권이라는 공통점을 활용하여 지배/피지배의 구별을 무화시키고 '반도'와 '내지'로서의 재편성을 거부감 없이 수용시키려는 정치적 의도를 담고 있다. 조선에는 자생적 문화라고 할 만한 것이 거의 없었고 설령 존재했다고 하더라도 '유치'한 수준의 것에 불과했으므로, 근대 문명 또한 조선의 자생력으로는 달성하기 어려운 것이라는 논리로 서술되고 있으며 이는 곧 식민 통치의 정당화와 연결된다. 따라서 이 교과서에 조선의 문학작품이 다수 실려 있다고 해도, 이는 역사성을 탈각시키고 음풍농월하는 자세만을 부각시키는 측면에서 채택된 것이다. 즉 자연을 강조하는 방식으로 정치성을 무화시키려는 시도라 할 수 있다.

4. 이념 너머의 시심(詩心), 그리고 근대적 시의 형성

근대계몽기 시운동의 형식 모색이 전통적 자장 안에서 새로운 리듬을 만들어내기 위한 과정이었다면, 그 내용적 측면 또한 근대적 지향을 담지하고 있다고 할 수 있다. 미적 근대성의 시각에서 바라본다면 이 시기에 창작된 다수의 시들은 대부분 전통주의에 매몰되어 있거나 지나치게 경향적이라는 비판을 면할 수 없다. 그러나 순문예주의적 시선을 배제하고 바라본다면, 매체나 형식적 측면, 내적 구성방식 및 실제 텍스트의 유입 등 매우 다양한 방식으로 이루어진 근대전환기라는 시대적 특징이 문학 안에서 다양하게 그 모습을 드러내고 있음을 알 수 있다. 즉 이 시기 작품들이 지니고 있는 면모들은 그 이전부터 존재해 오고 형성해 왔던 내적 토대의 방식대로 당대를 이해하면서도 그것을 변형하여 새롭게 감각하는 방식인 셈이다. 따라서 근대를 감각하고 창출하는 방식의 결을 따라가는 차원에서 이 시기 문학은 이해되어야 한다. 「문학이란 하오」(1916)에서 이광수는 "서양 신문화가 점점 몰려오는지라, 조선인은 마땅히 낡은 옷을 벗고" "새 정신적 문명의 창작에 착수"해야 한다고 주장한다. 이광수는 중국 한문학의 잔재를 청산하고 서양의 신문명을 적극 받아들이는 것이 신문학(근대문학) 건설의 선결 과제라고 생각했다. 그러나 문학이 인간의 삶을 근원적으로 드러내는 총체적 형식임을 감안할 때, 1890년대부터 이루어진 근대화가 근본적으로 문학에 도달하기까지는 어느 정도 시간의 경과를 필요로 했을 것이다.

나븨야져나븨야/이리와셔노자노자/돗타여긔花階우에/우슴웃듯곳픠엿다/졉닉도서롭거던/쑬맛좃츠달곰홀사/나븨야져나븨야/곳속에셔잠만자나/져곳속에흔잠자고/이곳속에쏘잠자나/잠씨여라봄늣눈다/무숨움을쑤엇눈가/나븨야져나븨야/입밋흐로쏙숨어라/너의一身날닐셔라/너의날기져즐셔라/모진바룸빗겨불며/急흔비가모라온다

—「蝶」 전문(『보통학교 학도용 국어독본』 권6-7과)

봄이 한창이로다 이 철 임자의/ 버들 위의 꾀꼬리 숲 사이의 꽃/ 갖은 향(香)내 차리고 바람을 보내/ 손으로 나비 불러 잔치 베푸세//…(중략)… 먼저 온 임금 나비 봄에 취(醉)하여/ 흥(興)에 겨워 큰 날개 한껏

펴고서/ 위로 번 듯 윗바람 아래로 번 듯/ 아랫바람 치면서 춤을 추는
데// 하나둘씩 서너씩 깃을 맞잇고/ 예 저기서 온 나비 다 모여든다/ 무
서울사 범나비 앞장을 서고/ 혼란한 얼룩 나비 뒤따랐구나//…(하략)…
　　　　　　　—「나비 놀이」 부분(『시문독본』 초판(1916) 권1-7)

　붉고희고누르게,새로봄븸한,/세마리나븨가,多情스럽게,/靑山차저가는
길,넓은들에서,/곳香氣에醉하야,오락가락./별안간에날흘이며,비가우수
수,/이일을엇지하나,樹蔭도업네./날개는젓는대,갈길먼나븨,/慌忙히비피할
곳,함쯰求한다./…(중략)…

　「오날날갓흔境遇當한우리네,/苦樂間에行動을함쯰해보세,/비에저즌그몸
을서로붓들고.」눈물샏려가면서,압길차즐제,/可憐히녁이신,저해님쎄서,/
바람神將식혀서,구름거드니,/오든비는긋치고,볏만쌩쌩타./華麗하고鮮明
한,저草木들의,/모든것이,樂園의내世界로다./펄펄펄서로쌀아,춤을추면서,/
곳香氣차저서,이리저리로.
　　　　　　—「동무나븨」 부분(『신편고등조선어급한문독본』 권5-3과)

　보통학교 4년제로 구성된 당시의 학제는 저학년용에서 고학년용으
로 갈수록 심화되는 구성에 따라 시의 경우 주로 후반부에 수록하고
있다. 이는 운문 학습은 고학년용이라는 인식에서 비롯된 것이다. 내
용면에서 자연적인 소재에 국한되어 있는 경우가 많은데, 제시한 작품
들 역시 '나비'라는 자연물을 다루고 있으며, 순서대로 1907년, 1916
년, 1924년에 각각 수록되었다. 「蝶」의 경우 자연과 나비의 관계를 일
차적으로 풀어놓으며 동요에 가까운 모습을 부여주고 있다. 「나비 놀
이」는 온갖 종류의 나비들이 모여서 즐겁게 잔치를 베푸는 장면을 묘
사하면서 봄날의 흥취를 전달한다. 이 단원은 『시문독본』 정정합편에
서는 삭제되어 있는데, 이는 편찬자인 최남선의 지향점이 반영되었기
때문이다. 「동무나븨」의 경우는 세 마리의 나비가 대화하면서 갑작스

러운 환경의 변화에 힘을 모아 대처하는 모습을 보여준다. 세 편 모두 동일한 소재를 처리하는 방식에서 그 차이가 드러나는데, 이는 곧 세계에 대응하는 방식의 차이이기도 하다.

전근대와 근대를 구별 짓는 주체의 문제를 염두에 둘 때, 근대문학은 "특정한 글쓰기(écriture)를 고립시키고 그 독자(獨自)의 정신적 토대를 찾으며 창작과 향유에 있어서의 특수한 관습을 체계화하는 일련의 실천 속에서 비로소 생겨난 것"[23]이라는 점에서 신체시 「해에게서 소년에게」(『소년』 창간호, 1908.11.)의 위상은 검토되어야 한다. 이 시를 통해 최남선이 추구한 것은 시형의 해체가 아니라 새로운 리듬을 담는 정형의 그릇이었다는 점에서 이후 '조선시'를 주창하는 행보와 연결되기 때문이다. 근대적 의미로서의 시에 대한 요구로 촉발된 새로운 형식의 모색은 근대 초기에 다양한 모습으로 존재했던 '시가(詩歌)'에서 출발한다. 그러다가 '시(詩)'가 강조되는 과정에서 장르적 교착과 배제를 통해 '가(歌)'가 분리되는 양상은 혼종성을 특징으로 하는 근대전환기를 거치면서 근대적 주체를 배태하며 이루어진 것으로 파악된다. 근대 국어 교과서 및 독본을 통해 이를 확인하는 과정은 장르적 인식이 근대 교육을 통해 어떻게 학습되는지를 보여주는 작업이기도 하다.

---

23) 권보드래, 『한국근대소설의 기원』, 소명출판, 2012, 21면.

부록 [표]

도서명	단원		비중	비고
國民小學讀本 (1895)	제22과 乙支文德		1/41	고시 삽입
新訂尋常小學 (1896)	권1	제13과 입은흔아이라	1/31	
	권2	제17과 訓練이라	1/32	군가 삽입
	권3	제2과 빈호기를 勸홈이라	5/34	
		제4과 소경이라		
		제26과 一年의月日이라		가곡 삽입
		제27과 人의一生이라		가곡 삽입
		제28과 정성이라		
初等小學(1906)	권1			
	권2	제19 운동	1/21	애국가 삽입
	권5	제10 秋	1/29	
	권6		0/28	
	권7	제24 趙光祖	2/29	고시 번역 삽입
		제27 短歌		
	권8		0/25	
普通學校學徒用 國語讀本 (1907)	권1		0/45	
	권2		0/25	
	권3		0/23	
	권4		0/22	
	권5	제6과 紙鳶과 핑이	3/23	
		제14과 驟雨		
		제19과 時計		선·후창
	권6	제7과 蝶	3/26	
		제15과 鐵歌		
		제23과 雨		선·후창
	권8	제2과 漂衣	2/23	
		제12과 善友		
幼年必讀(1907)	권1		0/33	
	권2	제14과 本分직힐일 一	2/33	
		제15과 本分직힐일 二		
	권3	제25과 血竹歌 一	2/33	
		제26과 血竹歌 二		
	권4	제25과 獨立歌 一	3/33	
		제26과 獨立歌 二		
		제27과 獨立歌 三		

最新初等小學 (1908)	권1	시무여들애공과	1/28	시조 삽입
	권2	제12과 줄다리기	1/26	운동가 삽입
	권3	제6과 運動	1/22	운동가 삽입
	권4		0/25	
勞動夜學讀本 (1908)		제8과 六條歌	3/50	
		제13과 愛國歌		
		제23과 勞動歌		
普通學校學徒用 朝鮮語讀本 (1911~13)	권2		0/26	권7 제외, 『보통학교학도용국어 독본』과 편제 동일
	권3		0/22	
	권4		0/19	
	권5	제5과 紙鳶과핑이	3/19	
		제11과 驟雨		
		제16과 時計		
	권6	제5과 蝶	3/21	
		제12과 鐵歌		
		제19과 雨		
	권7	제6과 工夫ᄒ고놀세	3/20	
		제12과 移秧		
		제16과 學問歌		
	권8	제8과 漂衣	2/19	
		제10과 善友		
普通學校朝鮮語及 漢文讀本 (1913~20)	권1		0/84	
	권2	제14과 연과팽이의노래	2/60	권5(6과)/권5(5과)
		제21과 驟雨의歌		권5(14과)/권5(11과)
	권3	제4과 漢文	3/50	
		제7과 金剛石		
		제15과 雨		권6(23과)/권6(19과)
	권4	제9과 移秧	2/58	-/권7(12과)
		제20과 漂衣		권8(2과)/권8(8과)
	권5	제6과 四時景	2/56	
		제44과 師의恩		
	권6	제5과 春朝	2/65	일부 낙장
		제61과 植松		

時文讀本(1918)	권1	2. 공부의바다	2/30	초판(1916) 권1 제7 「나비놀이」
		8. 時調二首		
	권2	1. 첫봄	4/30	
		7. 잔듸밧		
		17. 時調二首		
		20. 가을메		
	권3	2. 살아지다	4/30	
		20. 모내기		
		29. 知己難		와카・한시 삽입
		30. 하세쏘하세		
	권4	1. 님	5/30	
		8. 大西洋上의悲劇 下		브라우닝 시 삽입
		17. 周時經先生을哭함		
		20. 海雲臺에서		한시 부분 삽입
		30. 古今時調選		
新編高等朝鮮語及漢文讀本 (1924)	권1		0/37	
	권2	제8과 時調三首	1/37	
	권3	제13과 古歌五節	2/31	
		제15과 石潭九曲		
	권4	제2과 漢陽遊記	3/34	한시 삽입
		제10과 樂書의 名筆		한시 삽입
		제17과 關東八景		
	권5	제3과 동무나븨	4/30	
		제7과 時調四首		
		제9과 비둙이편지		
		제16과 古詩意譯		한시 의역

참고문헌

1차 자료

學部編輯局, 『國民小學讀本』, 學部, 1895.

學部編輯局, 『新訂尋常小學』, 學部, 1896.

國民敎育會, 『初等小學』, 國民敎育會, 1906.

學部, 『普通學校學徒用國語讀本』, 大日本圖書株式會社, 1907.

玄采, 『幼年必讀』, 徽文館, 1907.

鄭寅琥, 『最新初等小學』, 右文館, 1908.

兪吉濬, 『勞動夜學讀本』, 京城日報社, 1908.

朝鮮總督府, 『普通學校學徒用朝鮮語讀本』, 總務局印刷所, 1911~13.

朝鮮總督府, 『普通學校朝鮮語及漢文讀本』, 總務局印刷所, 1913~20.

崔南善, 『時文讀本』, 新文館, 1918.

朝鮮總督府, 『新編高等朝鮮語及漢文讀本』, 朝鮮書籍印刷株式會社, 1924.

2차 자료

강진호, 「'국어' 교과서의 탄생과 근대 민족주의」 : 『국민소학독본』(1895)을 중심으로」, 『상허학보』 36, 상허학회, 2012.

권보드래, 『한국근대소설의 기원』, 소명출판, 2012.

김민나, 『문심조룡―동양 문예학의 집대성』, 살림출판사, 2005.

김윤식 · 김현, 『한국문학사』, 민음사, 2012.

김태준, 「이솝우화의 수용과 개화기 교과서」, 『한국학보』 7(3), 일지사, 1981.

김혜련, 「국정(國定) 국어 교과서의 정치학―『보통학교 학도용 국어독본』(학부 편찬, 1907)을 중심으로」, 『반교어문연구』 35, 반교어문학회, 2013.

단재신채호전집편찬위원회, 『단재신채호전집』 제7권 문학, 독립기념관 한국독립운동사연구소, 2008.

민병수, 『한국한시사』, 태학사, 2006.

민홍기 편, 이민수 역, 『민충정공 유고(전)』, 일조각, 2000.

박애경, 「민충정공 담론과 <혈죽가>류 시가 연구」, 『우리어문연구』 34, 우리어문
학회, 2009.

오세영, 『한국현대시사』, 민음사, 2007.

윤여탁, 『시 교육론2: 방법론 성찰과 전통의 문제』, 서울대 출판부, 1998.

임경화, 「식민지 조선에서의 창가, 민요 개념 성립사」, 『개념의 번역과 창조』(이경
구 외), 돌베개, 2012.

천정환, 『근대의 책읽기』, 푸른역사, 2014.

가라타니 고진, 박유하 역, 『일본근대문학의 기원』, 민음사, 2007.

베네딕트 앤더슨, 윤형숙 역, 『상상의 공동체』, 나남출판, 2004.

스즈키 사다미, 김채수 역, 『일본의 문학개념』, 보고사, 2001.

유협, 최신호 역주, 『문심조룡』, 현암사, 1975.

02

교과서와 근대 '서사'

— 『국민소학독본』, 『신정심상소학』, 『보통학교 학도용 국어독본』의 경우

강
진
호

1. 근대 서사와 교과서

그동안 근대 서사에 대한 연구는 『제국신문』, 『경향신문』, 『그리스도신문』 등의 신문에 실려 있는 다양한 갈래종(種)들을 대상으로 이루어졌다. 서사의 형식을 갖고 있는 글들을 근대 소설의 전사(前史)로 파악하고 근대소설의 탄생과 발전 과정을 논하였다. 전(傳), 록(錄), 기(記), 화(話), 설(說) 등 전통적 서사 양식이 근대계몽기라는 시대 환경에 부응하면서 각기 다른 양식들과 결합하고 섞이면서 소멸하거나 때로는 변형된 형태로 양식적 진화를 거듭해 근대에 이르렀다는 것. 이를 통해 근대소설은 전통적 장르종들의 단선적 변화와 발전이 아니라 시대 환경에 대응하는 다양한 조정과 배제와 습합의 과정이라는 것을 알 수 있다.[1] 그런데, 새로운 양식은 대부분 인접한 집단과의 접촉과 교환을

---

1) 김영민(2005, 1997), 김윤규(2000), 정선태(1999), 김찬기(2004), 문한별(2007) 참조

통해서 출현한다는 사실을 고려할 필요가 있다. 집단은 외부와의 접촉을 통해서 그에 대응하는 내적 동기를 마련하고 그것을 통해 새로운 형식을 만들거나 변형하여 변화에 대처한다. 서사의 경우도 동일해서 전통적 양식이 외부와 접촉하면서 새롭게 변형되거나 새로운 형태를 창출한다. 더구나 소설이라는 양식은 하나의 제도이고 따라서 역사적인 제한성을 갖는다. 소설은 실체적이고 선험적인 것이라기보다 일종의 관계 혹은 계통 발생적 약호(code)에 가깝다. 근대계몽기에 소설이라는 장르는 형성 중에 있었고, 따라서 그 실상을 온전히 이해하기 위해서는 거기에 작용한 여러 요인들을 살펴볼 필요가 있다.

그런 견지에서 여기서 주목하는 것은 교과서이다. 최초의 근대 교과서로 평가되는 『국민소학독본』과 뒤이은 『신정심상소학』과 『보통학교 학도용 국어독본』을 고찰해 보고자 한다. 세 권은 모두 당시 학무 행정을 관장하던 학부(學部)에서 편찬되어 문명개화를 꿈꾼 당대 정부의 열망과 의지를 전파하고 교육하는 중요한 매체였다. 독본은 다양한 장르와 영역을 포괄하고 사회적으로 지식의 '보편성'을 인정받으면서 개념을 유통시킨 대표적인 매체였고 또 당시로는 가장 광범위한 독자를 갖고 있었다. 이들 독본이 당대 현실에 어떤 영향을 미쳤는지 수치적으로 검증할 수는 없지만, 교재에서 목격되는 다양한 종류의 문(文)은 장차 근대 문종의 형성에 인식적 토대로 작용하는 것을 볼 수 있다. 1920년대에 이르면, 정론성과 계몽성에 구속되어 있던 문종은 점차 그로부터 벗어나 (문학적) 자율성을 획득하고 마침내 시, 소설, 평론 등의 문종으로 구체적 형태를 갖는데, 여기서 주목하는 '독본'은 그런 변화 과정을 보여주는 매개물이다.

이 과정에서 특히 주목하는 것은 독본에 수록된 서사의 형성적 기원이 되는 외래적 요소들이다. 사실 개화기 독본은 일본 교과서의 번역과 수용을 통해서 편찬되었다. 최초의 근대 교과서인『국민소학독본』은 일본의『고등소학독본(高等小學讀本)』을 거의 옮기다시피 해서 수록 단원의 70% 이상이 동일하다.『고등소학독본』에 수록된 글을 요약하거나 축소해서 옮겼고, 동일한 소재를 다룬 몇 개의 단원을 정리해서 한 개의 단원으로 묶었으며, 심지어 글의 형식을 그대로 차용한 채 내용만을 일부 바꾼 경우도 있다. 또 일본의『심상소학독본(尋常小學讀本)』(1887)을 참조해서 만든『신정심상소학』에는『심상소학독본』에 수록된 여러 편의 설명과 논설문이 번역·소개되었다. 여기서 주목하는 서사의 경우도 예외가 아니어서『국민소학독본』등의 독본에는 전통 서사뿐만 아니라 다양한 형태의 번역 서사가 등장한다.『국민소학독본』에는 서사를 지칭하는 '화'(話), '이이기', '담화'(談話)가 나타나고, 역사 서술방식의 하나인 '기사'(紀事)도 중요하게 활용되었다. '화'(話)는『국민소학독본』의 목차에서 2번 나타나고, '이이기'는『신정심상소학』에서 8번이나 등장한다. 여기다가 이야기를 지칭하면서도 장르의식을 드러내지 않고 인물이나 소재를 제목으로 명기한, 이를테면 주인공의 이름이나 소재로 작품의 제목을 삼은 서사도 다수 존재한다. 이들 서사의 상당수는 일본 교과서에서 번역한 것들이다. 여기서 서사는 근대적 양식 개념이 형성되기 이전의 혼종적 형태로 편자의 계몽적 의도를 선하는 도구로 활용되었지만, 시간의 경과와 더불어 점차 오늘과 같은 형태로 발전한다는 점에서 근대 서사 형성을 살필 수 있는 중요한 단서가 된다.

　『국민소학독본』이나『신정심상소학』의 서사에 대해서는 그동안 몇몇 논자들의 연구가 있었다. 조문제는『국민소학독본』에서부터 1910

년의 『신찬 초등소학』까지 모두 39권의 독본을 대상으로 수록 서사의 특성을 고찰하였다. 전용호는 개화기의 서사를 경험적 서사와 허구적 서사로 나누어 고찰하면서, 개화기 독본이 문자 해독층의 확대, 근대소설 독자층의 확대, 민족 현실의 반영 등에서 중요한 역할을 했다고 논하였다. 송명진은 이들 연구를 이어받아 『국민소학독본』에서 『신찬 초등소학』까지 학부 간행의 독본들을 대상으로 수록 서사를 고찰하였다. 그런데 이들의 논의는 일본 교과서라는 외적 요소를 고려하지 않고 단지 전통적 양식이 근대계몽기를 통해서 양식적 진화를 거듭했다는 식의 주장에 머무는 경우가 대부분이다.[2] 필자가 『신정심상소학』과 일본의 『심상소학독본』을 비교하여 근대 서사의 상당수가 일본 교재의 번역문임을 밝혀낸 것은 그런 전통계승론의 한계를 보완하려는 의도라 할 수 있다. 독본의 서사가 어디서 유래했고 또 근대소설의 형성과정에서 어떤 의미를 갖는지 등은 그 저본이 되는 일본 교과서와의 관계 속에서 파악이 가능한 까닭이다.

그런 사실을 여기서는 『국민소학독본』과 『신정심상소학』, 『국어독본』에 수록된 서사종들을 통해 고찰하고자 한다. '紀事', '話', '이익기', '우화' 등의 서사 양식의 특성과 의미는 무엇인지? 그것을 서술자(화자)의 형태와 서사의 자율성이라는 측면에서 살피기로 한다. 주지하듯이, 고대소설과 근대소설의 중요한 차이는 서술자의 존재방식이다. 고대소설이 대부분 전지적 서술자의 시점을 취한다면, 근대소설은 그것과 함께 3인칭 관찰자 시점과 1인칭 주인공 혹은 관찰자 시점 등으로 다원화된다. 전지적 시점은 서술자가 모든 것을 설명해서 독자들이 작중인물과 함께 호흡하고 공감하기보다는 일방적으로 전달받는 식이지

---

2) 조문제(1986), 전용호(2006), 송명진(2012), 강진호(2014).

만, 작가 관찰자 시점 등은 인물이 객관화되어 제시되는 까닭에 독자들은 한층 긴밀하게 서사 내용과 교감할 수 있다. 『국민소학독본』의 서사는 대부분이 전지적 시점으로 서술자의 의도를 일방적으로 전하는 식이지만, 『신정심상소학』에서는 이솝우화가 번역·소개되면서 작가 관찰자 시점이나 액자구성의 전지적 시점이 등장한다. 이런 모습들을 통해 서사가 점차 자율적인 형태를 갖추는 것을 보게 되는데, 이는 문종(文種) 의식의 심화 과정으로 볼 수 있다. 물론 이런 변화는 일본 교과서의 번역과 수용에 따른 것이라는 점에서 한계를 지적할 수도 있지만, 한편으로는 그런 번역과 모방이 근대를 익히고 수용하는 과정이라는 점에서 그 의미를 찾을 수 있다. 말하자면, 근대 서사의 형성은 전통적인 양식의 변형과 조정을 바탕으로 서구 장르의 유입과 수용을 통해서 이루어졌다는 게 이 글의 요지이다.

2. 『국민소학독본』의 서사

최초의 근대 교과서라는 평가처럼 『국민소학독본』에는 다양한 양식의 근대적 글들이 수록되어 있다. 계몽적 내용을 전달하기 위한 예화(例話)에서부터 세계 주요 도시를 소개하고 설명한 글, 세종대왕을 비롯한 옛 성현들의 일화를 소개한 전기문, 근대적 문물에 대한 소개, 지식을 넓히고 노동을 해야 한다는 내용의 논설문 등 당양한 종류의 글이 등장한다. 하지만 근대적 의미의 문종이 분화되지 않은 관계로 글의 종류는 제한적이어서 대부분의 글들은 혼종적 특성을 보여준다. 설명문의 경우 논설문의 성격을 갖는 논설적 설명문이고, 논설문도 설명식의 논설문이나 서사적 논설문이 다수를 차지한다. 전기문은 서사 양식의 대표적인 글이지만, 실제로는 서사적 논설이 대부분을 차지한다. 이들 독본에 논설 투의 글이 상대적으로 많이 수록된 것은 무엇보다 근대 지식을 소개하고 계몽하기 위한 데 독본의 목적이 있었기 때문이다. 『국민소학독본』의 편찬에 관여한 것으로 추정되는 이상재, 박정양, 이완용 등은 갑오개혁을 추진하면서 신교육의 실시가 무엇보다 시급한 과제라는 인식 하에서 교과서를 제작하였다. 그런 관계로 이들 독본은 계몽적 의도에 의해 조율되고, 수록 단원은 대부분 서사적 논설문의 형태를 취한다. 이야기의 형식을 빌려서 전문적이고 생소한 근대 지식을 전달함으로써 학생들은 마치 친근한 주변의 이야기를 듣는 듯이 받아들이게 되는데, 『국민소학독본』의 편자들이 일본 교과서를 수용하면서 유독 서사적 논설을 많이 차용한 것은 그런 당대적 필요성과 무관하지 않을 것이다.

[그림1] 국민소학독본

『국민소학독본』에는 모두 16개 단원에 걸쳐 11개의 서사가 수록되어 있다. 아직은 양식적 분화가 이루어지지 않은 상태지만, 상대적으로 서사의 비중이 큰 글을 정리하면 다음 표와 같다. 역사적 인물을 소재로 한 서사가 7개이고, 나머지 4개는 이른바 서사적 논설에 해당한다.

[표1] 『국민소학독본』 수록 서사

	국민소학독본	高等小學讀本(권-과)	비고
2	광지식	知識ヲ得ルノ方法(1-2)	허구적 서사
5	세종대왕기사	집필	역사인물(한국)
9	이덕보원(以德報怨)	怨ニ報ユルニ德ヲ以テス(2-7)	허구적 서사
13	지식일화	知識ノ話(4권)	허구적 서사
22	을지문덕	집필	역사인물(한국)
24	노농석화	老農ノ談話(3-32)	허구적 서사
25	시간각수	時間ヲ守可シ(5-34)	역사인물(미국)
27	싸힐드1	苦学ノ結果1(5-11)	역사인물(미국)
28	싸힐드2	苦学ノ結果2(5-12)	〃
31	아미리가발견1	亞米里加發見(4-12)	역사인물(스페인)
32	아미리가발견2	亞米里加發見(4-13)	〃
33	아미리가독립1	출처 미확인	역사인물(미국)
34	아미리가독립2	〃	〃
35	아미리가독립3	〃	〃
40	성길사한1	〃	역사인물(중국)
41	성길사한2	〃	〃

이들 서사는 크게 둘로 나눌 수 있다. 하나는 「세종대왕 기사」나 「을지문덕」처럼 인물의 행적을 기록한 글이고, 다른 하나는 「광지식」이나 「노농석화」처럼 허구적 일화를 바탕으로 편자의 주장을 논설한 글

이다. 「세종대왕 기사」는 세종대왕의 행적을 '紀事'의 형식으로 기록했고, 「지식일화」와 「노농석화」는 편찬자의 계몽적 의도를 전하기 위해 '話'의 형식을 차용하였다. 여기다가 제목에서 문종 의식을 드러내지는 않았으나 서사를 내용으로 하는 단원들이 많이 등장하는데, 그 대부분은 인물서사이다. 세종대왕과 을지문덕을 비롯해서 워싱턴과 가필드, 징기스칸 등은 이들 역사 인물들의 실제 행적을 서사로 기록한 글들이다.

1) '기사'와 전통 양식

'기사(紀事)'는 「세종대왕 기사」에서 한번 명기되었을 뿐이지만 개화기 서사의 존재 방식을 알 수 있는 중요한 단서가 되는 글이다. '기사'는 '사건의 줄거리를 기록한다.'는 뜻으로, 역사 서술방식의 하나인 기전체(紀傳體)와 연결해서 이해할 수 있다. 『사기(史記)』의 주석서인 <정의(正義)>의 "본계와 관련되었으므로 본(本)이라고 하였으며, 여러 가지 일을 통할하여 해결한 것을 연월일 순서에 따라 정리하였으므로 기(紀)라고 한다."는 구절에서 알 수 있듯이, '본기'는 정통성을 가진 나라의 제왕의 역사를 기록한 것으로, 그 방법의 하나가 바로 '紀'이다. 이 '기'를 강화해서 서술한 게 이른바 '기사본말체'이다. 기사본말체는 역사를 사건의 시말로 기록하는 편찬 체재로 남송 때 원추(袁樞)가 『자치통감』을 기본 자료로 하여 『통감기사본말』이라는 책을 간행하면서 하나의 편찬 체재로 자리 잡았다. 사건의 명칭을 제목으로 내걸고 그와 관련된 기사를 모아서 사건의 시말을 기술하는 방식이다. 이는 동양에서 가장 발전된 역사 편찬 체재로서, 기존의 역사 편찬 체재인 기전체와 편년체(編年體)의 단점을 보완하기 위해 고안해낸 것으로, 역사에서 사건의 전말을 알고자 하는 새로운 역사의식의 산물로 평가된다.

> 우리나라 世宗大王게셔 萬古의 大聖人이시라 人民의 農事를 爲ᄒ샤 農事集說이라 ᄒᄂ 冊을 지어 頒布ᄒ시고 刑罰의 慘酷ᄒ믈 惻隱히 녀기사 笞背法을 除ᄒ시고 倫紀의 綱領을 定ᄒ사 三綱行實이라 ᄒᄂ 冊을 頒行ᄒ시고 龍飛御天歌를 撰ᄒ사 祖宗의 德을 贊揚ᄒ시고 ᄯᅩ 雅樂을 正-ᄒ시며 ᄯᅩ 萬世에 欽仰ᄒᆯ 者ᄂ 世宗大王이 ᄀᆯ아ᄉ딕 外國에ᄂ 다 基國文字ㅣ 有ᄒ되 我國에ᄂ 無ᄒ다 ᄒ샤 訓民正音을 지으시고 冊版삭이ᄂ 法이 不便ᄒ다 ᄒ사 活字를 鑄ᄒ시니
>
> 此ᄂ 다 大聖人의 開物成務ᄒ시ᄂ 文明ᄒ 德이라 支那의 堯舜禹湯이 아모리 聖人이라 ᄒᄂ 我 世宗大王의 聖神ᄒ신 德을 엇지 당ᄒ리오 支那 古昔帝王에 비록 聖賢이 多ᄒ다 ᄒ야도 世宗大王게셔 行ᄒ신 여러 가지 文明ᄒ신 德을 合ᄒ 者ㅣ 無ᄒ니라 是故로 我 世宗大王게셔 堯舜禹湯썌 上에 大聖人이시니 汝等 學徒들은 我國에 이러ᄒ신 大聖人이 계오신 줄 알지어다 我 大君主 陛下게셔 大聖人의 道德으로 大聖人의 王統을 繼承ᄒ시니 吾等은 大聖人의 人民이라 아모조록 愛國心으로 工夫를 잘 ᄒ야 富强文明ᄒ 化를 協贊ᄒ야 大聖人 自主獨立國의 活潑勤勉ᄒᄂ 自由良民이 되미 可ᄒ니라(띄어쓰기-인용자)(「第五課 世宗大王 紀事」 전문)

'세종대왕'의 업적을 순서대로 소개하면서 학생들에 대한 당부를 덧붙여 놓은 「세종대왕 기사」의 전문이다. '농사집설 간행→태배법 삭제→삼강행실 간행→용비어천가→아악→훈민정음→활자 주조' 등의 일화를 순서대로 나열한 뒤 그런 행적을 '문명한 덕'으로 간주하고 중국의 성인들과 비교해서 '대성인'이라고 규정하는 내용이다. 서술자가 인물의 일대기를 시간 순서로 언급한 뒤, 전지적 서술자가 되어 일화를 서술·평가하는 형식이다.

인물의 행적을 기록한 '을지문덕'이나 '싸힐드', '成吉思汗' 등도 '세종대왕 기사'와 동일한 형태로, '기사'라는 말을 사용하지 않았을 뿐이지 실제 서술방식은 동일하다. 을지문덕은 고구려의 대신으로 사람됨이 침착하고 지혜가 있어서 수양제의 일백삼십만 대군의 허실을 엿보고 평양 근처에서 크게 물리쳤다는 내용이다. 이들 단원은 서사를 포함하고 있지만, 사실은 서사라기보다는 역사 서술이라고 해도 틀린 말은 아니다. 「세종대왕 기사」나 「을지문덕」 등은 인물의 일화를 간략히 기록한 형태라는 점에서 본기(本紀)가 아닌 기사(紀事)에 해당한다.

그런데, '기사'는 과거 인물들의 단순한 기록이 아니라 시대적 필요를 바탕으로 한 서술로, 인물의 일화에다 계몽적 해설을 덧붙인 형식이다. 「세종대왕 기사」에서 세종의 업적을 말한 뒤 "애국심으로 공부를 잘 ㅎ야 부강문명흔 화를 협찬ㅎ야 대성인 자주독립국의 활발근면ㅎ는 자유양민이 되미 가ㅎ니라"라고 당부하는데, 이는 세종대왕을 근대계몽기의 현실에 부합하는 인물로 호명한 것이다. 객관적 사실만을 간략히 기록했던 기존의 역사 서술과는 달리 인물의 행적을 평가하고 의미를 부여함으로써 편찬자의 서술 의도를 구체화한 것이다. 「을지문덕」의 경우도 일화를 간략히 서술한 뒤, '군사의 강약은 나라의 대소가 아니라 그 나라 사람의 心과 氣에 달렸다'는 것, 그런데 오늘날은 잔약한 청인도 이기지 못하는 상황이 되었으니 이는 조선 사람의 애국심이 옛날만 못하기 때문이라는 것을 말하고, 학도들은 열심히 공부해서 을지문덕처럼 되어야 한다고 당부한다. 을지문덕의 일화에다가 학생들에 대한 당부를 덧붙였는데, 이 역시 「세종대왕 기사」와 동일한 형식이다. 「아미리가 발견」이나 「아미리가 독립」은 인물의 일화를 상세하게 기술하여 한층 리얼리티가 강화된 형국이지만, 앞의 경우와 마찬가지로 '기사'라는 역사 서술방식에서 크게 벗어나지는 않는다. 그런 점에서 이들 인물 전기는 전통적인 전(傳)이 근대계몽기라는 시대 현실에 맞게 새롭게 형태적 진화를 꾀한 것이라고 할 수 있다.

그런데 「싸휠드1」라든가 「아미리가 발견」 등은 일본 교과서를 옮긴 것이라는 점을 주목할 필요가 있다. 이들 글은 앞의 「세종대왕 기사」나 「을지문덕」보다 한층 더 진전된 형태의 서사를 보여준다. 「싸휠드1」는 마치 한편의 역사전기소설을 보는 듯하다.

미국의 20대 대통령인 제임스 가필드(J.A. Garfield, 1831~1881)의 일대기를, '苦學ノ結果'라는 일본 교과서의 제목처럼, 고학을 통해 입신출세하는 과정을 주요 일화를 통해서 서술하였다. 어려서 부친을 잃은 뒤 형과 모친의 도움으로 학교에 다닌 이야기에서부터 선원이 되어 목숨을 잃을 뻔한 이야기, 공업과 농업에 종사하면서 학비를 버는 일화, 대학에 다니는 도중에 남북전쟁에 참전한 이야기, 이후 국회의원을 거쳐 대통령이 된 이야기 등이 상세하게 서술된다. 원래 제목처럼 고학을 통해서 난관을 극복하고 성공에 이른 내력을 기록한 것으로, 앞의 「세종대왕 기사」나 「을지문덕」에 비해 한층 서사가 강화되어 있다. 더구나 이 글은 '고학의 결과'라는 제목 하에 인물의 행적만이 사실적으로 서술된다는 점에서 한층 더 역사전기소설에 가깝다. 「아미리가발견」은 그보다도 한층 더 진전된 형태를 보여준다. 이 글 역시 「亞米里加發見」이라는 제목으로 일본 교과서에 실린 글이지만, 내용과 형식은 한층 더 소설에 근접해 있다. 콜럼부스 일행이 3척의 배를 타고 서쪽을 향해 진행하였으나, 1개월이 지나도 목적지가 나타나지 않자 선원들이 불안해하면서 콜럼부스를 바다에 던지자고 약속하였다. 콜럼부스는 3일 안에 당도하지 못하면 바로 본국으로 귀항하자고 약속하고 항해를 계속해서 마침내 육지에 닿았다는 내용이다. 글의 말미에 "이는 곳 아미리가주 발견의 개략이니라"라는 구절을 통해서 글의 취지를 설명하지만, 이 자체가 한편의 소설이라 해도 과언이 아니다. 서두에서 출항하기 전의 부두 풍경의 묘사나 인물 간의 갈등을 언급한 대목 등은 소설의 기본 요소를 이 글이 갖추고 있음을 보여준다. 하지만 허구적 사실보다는 실제 일화를 기록한 것이라는 점에서 근대적 서사로 보기에는 한계가 있다.

이들 인물이 『국민소학독본』에 번역·수록된 것은 나라의 기초를 세우고 부흥시킨 이들의 행적이 전근대 사회에서 벗어나 문명 강국을 꿈꾸던 이상재 등의 교재 편찬자들에게 큰 호감을 주었기 때문일 것이다. "창업 수성에 대수완"을 발휘한 워싱턴과 같은 인물의 행적은 조선의 입장에서 볼 때 본받고 따라야 할 모델과도 같았을 것이다. 특히 박정양과 이상재는 수신사로 미국을 견문하면서 미국의 눈부신 발전상을 목격하고 크게 감동받은 상태였다. 『미속습유(美俗拾遺)』 곳곳에 표현된 미국 사회에 대한 박정양의 찬탄은 미국 건국의 주역들인 이들에 대한 자연스러운 관심으로 나타났을 것이다. 그런 점에서 이 글들은 1905년 이후 널리 성행한 역사전기소설과 목적을 같이한다. 주지하듯이, 역사전기소설은 과거의 민족 영웅들을 호출해서 민족적 기억을 복원함으로써 민족 통합과 근대 국가 수립으로 나가려는 의도에서 창작되었다. 작가들은 자신들의 정치적 지향과 세계관을 구조화하는 데 가장 이상적인 담론 형태로 역사전기소설을 창작했고 그래서 그것은 근대계몽기라는 시대의 요구와 부합하였다. 「세종대왕 기사」나 「을지문덕」, 「싸힐드1」 등은 모두 근대계몽기라는 시대의 요구를 바탕으로 소환된 인물들이고, 또 글의 형식 역시 시대에 맞게 변형된, 계몽적 의도로 씌어진 글들이다.

그런데, 기존 연구에서는 인물 서사가 처음 등장한 것은『죠션크리스도인회보』라고 한다. 1897년 11월 10일에 발표된「고륜포」가 최초의 인물 서사라는 주장이다. 그리고 1898년 2월 22일『독립신문』에도 인물 기사가 등장한다고 한다.3) 1907년 고종 양위 직후부터 1909년 애국계몽운동이 가장 치열하게 전개되는 시기는 역사전기소설이 가장 많이 창작되었다는 것. 그렇지만 이런 견해는 '독본'을 중심으로 볼 때 수정되어야 한다. 1895년『국민소학독본』에 수록된 여러 편의 기사와 인물전기는 그보다도 한층 발전된 형태의 서사물이고, 그래서 장차 번성할 역사전기소설의 전사로 볼 수 있다. 따라서, 근대계몽기의 역사전기소설은 전통적인 '기사'와 '전'의 형식을 계승하지만, 보다 결정적으로는 일본 교과서의 번역을 통해서 근대적 형식과 내용을 갖게 되었다고 정리할 수 있다.

2) '話'와 외래 서사

서사의 측면에서 또 하나 주목할 형식은 '화(話)'이다. '화'는『국민소학독본』의 목차에 2번 등장한 이후『신정심상소학』에서도 목격되는 용어이다.『국민소학독본』에「노농석화」와「지식일화」가 수록되었다면,『신정심상소학』에는「虎와 狐의 話라」,「최성돈의 話라」,「숙뉴의 話라」,「작이 연의 소를 탈흔 話라」등 모두 4개가 등장한다. 앞의 '기사'가 실제 인물의 일화를 간략히 정리한 형태라면,『국민소학독본』에 등장하는 2개의 '화'는 모두 경험적 일화를 소재로 한다는 점에서 구

<hr>

3) 김영민(2005), 15~21면.

별된다. 그런데, 이들 서사 역시 일본 교과서의 번역이라는 점에서 근대계몽기의 서사를 이해할 수 있는 중요한 실마리를 제공한다. 앞의 표에서 알 수 있듯이, 수록된 서사 11개 중에서 7개가 일본 교과서를 그대로 옮기거나 일부를 축소한 글이다. 「노농석화」는 그런 재수록 과정의 특성을 전형적으로 보여주는 글이다.

「노농석화」는 늙은 농부가 자손을 모아 놓고 주고받는 이야기이다. 늙은 농부는 자식들에게 자신이 지금처럼 부지런한 사람이 된 것은 순전히 물고기와 새를 지켜보면서 배운 교훈 때문이라고 말한다. 새와 물고기는 손이 없으나 부지런해서 자기보다 더 낫다는 것, 자기는 신체를 굽혔다 폈다 하고 수족을 자유로이 움직이는 데도 불구하고 새나 물고기보다 못하다는 생각에서, 지난 과오를 뉘우치고 부지런히 근로하여 오늘날의 행복을 누리게 되었다는 것이다. 이런 사실을 말한 뒤 서술자는 자식들에게 게으르지 말 것을 당부하는 교훈을 덧붙이고, 궁극적으로 학생들에게 부지런히 '근로'할 것을 주문한다.

한 老農이 一日은 子孫을 모아 일너 曰 너가 어릴 씌는 怠惰ᄒ야 務業에 마음이 업고 或 就業홀 씌도 남을 爲ᄒ야 ᄒᄂ가 싱각ᄒ더니 今日갓치 農業을 힘쓰게 되믄 全혀 魚와 鳥의 賜흔 바ㅣ라
一日에 魚를 낙시랴 川邊에 遊ᄒ더니 水中에 여러 魚가 遊泳ᄒ되 그 中에 한 魚ᄂ 安全흔 곳에 卵을 散附코져 ᄒ야 몸과 입으로 小石을 흔들고 맛춤 한 鳥가 너겻히 잇다가 棒莽 中으로 飛去ᄒ야 입에 苔蘚의 類를 물어 그 집을 지으랴 ᄒ거늘 ①(이때의 나는 물고기 낚는 것을 잊고, 다만 새와 물고기가 만든 것에 주의를 기울였다.) 너 因ᄒ야 熟思ᄒ니 鳥魚ᄂ 手가 업스나 그 勤勞ᄂ 오히려 나보다 더 ᄒ니 ②(지금 내 손을 보니) 나는 身體의 屈伸과 手足의 開合이 自在흔 故로 物件의 把擧 携擲을 任意로 못홀 거시 업고 勞動事爲를 支保치 못홀거시 업스니 然

則 스름이 怠惰호야는 生存이 難홀지니 나갓튼 者는 鳥와 魚에 比호면
羞恥가 多호니라 如此히 斟酌호고 昨非를 改悟호야 크게 奮發호고 自後
로 營營 勤勞호야 荒蕪한 田園을 開拓호고 耕耘을 用力호야 時時로 疎忽
홈이 업더니 맛춤닉 今日에 如此한 幸福을 享호노라

  汝等이 萬一 勤勞를 어렵고 괴롭게 알거든 뭇당히 野外에 나가 動物
의 호는 거슬 熟視홀 것시라 螻蟻가 飮食을 貯蓄호야 집을 지으며 蜂이
蜜을 모흐는 일은 다 吾等의 良師友ㅣ라 動物도 이갓치 勤勞호기는 各
各 그 幸福을 求홈이니 스름도 또한 怠惰치 못홀 거시라 怠惰는 곳 不幸
의 本이니 汝等은 輕輕히 看過치 말지어다 호더라

  ③(그 老農의 말을 仔細히 싱각호야 보니 幸福은 사람마다 스스로 求
홀거시라 王侯將相이나 汝等이나 勤勞를 아니호고 幸福을 어들 슈 업기
는 一般이라 나라의 富强은 國民의 勤勞에 잇다호니 汝等의 勤勞는 또
한 나라에 富强의 幸福이니 學校에 잇슬 씩와 卒業혼 後에도 一生 勤勞
를 잇지 말지어다) (띄어쓰기-필자) (「老農夕話」 전문)[4]

　이런 내용은 경험적 체험을 기록한 것이지만 앞의 '기사'와는 달리
화자의 적극적인 의미 부여와 설명이 더해진다는 점에서 한층 계몽적
인 의도(곧, 편집자적 의도)가 강화되어 있다. 이는 서사가 서술자의 의도
를 전하는 도구로 활용되었다는 것을 뜻하며, 곧 계몽적 의도에 서사
가 종속되는 이른바 '서사적 논설'이 된다. 그런데 이 과정에서 해설과
함께 서사가 한층 풍부해지고 보다 사실적으로 제시되는 것을 볼 수
있다. 앞의 '기사'가 큰 사건(혹은 행적)을 나열하는 식이었다면, 여기서
는 사건의 경위를 시간의 흐름에 따라 시술함으로써 서사의 개연성과
함께 리얼리티가 한층 강화된 것이다.

　그런데 이 글은 일본의 『高等小學讀本』을 그대로 옮긴 것이다. ①과
②는 일본 교과서에는 나오지만 『국민소학독본』에는 생략된 부분이

---

4) 「老農夕話」, 學部編輯局, 『國民小學讀本』, 大朝鮮開國五百四年 梧秋.

고,[5] ③은 새로이 추가된 부분이다. 이 세 부분을 제외하면 두 글은 거의 동일하다. ①과 ②는 의미와는 상관없는 묘사이기 때문에 생략한 것으로 보이지만, ③은 새롭게 추가된 것이라는 점에서 편찬자의 의도를 엿볼 수 있다. 근로를 하지 않으면 행복을 얻을 수 없기에 학교에 있을 때나 졸업한 후에도 일생 근로를 잊지 말라는 당부. 근로와 행복을 연결시키고 학생들에게 근로할 것을 당부함으로써 궁극적으로 부강한 나라를 만들고자 하는 조선 편자의 의도를 덧붙인 것이다.

「智識一話」 역시 같은 형식의 글이다. 한 아이와 노인이 지식에 대해서 논하면서 지식의 귀함은 '실지(실제) 응용'에 있다는 것을 사례를 들어 말한다. 지식을 실제 현실에서 잘 응용하면 악한 힘도 선한 힘이 되지만 그렇지 못하면 선한 힘도 악한 힘이 된다는 것, 가령 말을 잘 다루면 사람을 태우고 천리를 달리지만, 그렇지 못하면 말에서 떨어진다는 것, 또 물은 논밭에 필요한 물이 되면 선하지만 사납게 넘쳐나면 범람해서 제방이 무너지고 교량이 파괴된다는 것. 따라서 지식의 귀함은 응용 여하에 달렸다는 주장이다. 이 글 역시 앞의 경우와 동일하게 서술자의 해설적 의도가 앞서고 그것을 보조하는 도구로 서사가 활용된다는 점에서 서사적 논설과 동일하다. 이 역시 일본의 『高等小學讀本』을 그대로 옮겨 놓았다. 앞의 「지식일화」가 뒷부분을 첨가해서 편찬자의 의도를 구체화했다면, 여기서는 말미의 한 줄을 덧붙여 의도를 정리해 놓았을 뿐이다. "저 아이는 이를 말없이 듣고 있었지만, 갑자기 큰 소리로 부르며 나는 능히 이를 이해하고 있고 나는 능히 이를 깨달았다고 했다."[6]를 "그 아는 일을 실상 됴흔 일에 응용홈이 귀ㅎ니

---

5) 文部省編輯部, 『高等小學讀本』 3, 明治22년, 88면. ①과 ②는 다음과 같다.
   ① 此時,予ハ,魚ヲ釣ルフヲ忘レ,只鳥ト魚トノ爲ス所ニノミ注意セリ ② 今,吾手ヲ見ルニ

만일 불연ᄒ야 올치 못ᄒ 일에 응용ᄒ면 오히려 세상을 해ᄒ고 스름을 상ᄒ니 여등이 능히 명심ᄒ지어다"7)로 조정했을 뿐이다. 의미에는 변함이 없고 어투를 조선의 현실에 맞게 조정한 것이다.

그런데, 「노농석화」 등의 서사는 앞의 '기사'보다도 한층 더 서사적 논설에 가깝다는 것을 알 수 있다. 앞의 「세종대왕 기사」는 '세종대왕'에 초점이 모아지는데, 「노농석화」 등은 서술자의 해설에 강조점이 놓여 있다. 그런 사실은 「知識ヲ得ルノ方法」을 번역한 「광지식」이나 「怨二報ユルニ德ヲ以テス」을 번역한 「이덕보원(以德報怨)」 등의 경우도 동일하다. 「광지식」은 지식을 넓히기 위해서는 천사만물을 정밀히 관찰해야 한다는 것을 말하기 위해서 야만인의 일화를 예로 들고 있다. 「이덕보원」에서는 덕으로 원수에 보답한다는 교훈을 전하기 위해서 세 아들의 일화를 언급한다.

이들 글은 모두 서술자의 의도를 전하기 위한 도구로 서사가 활용된다는 점에서 신문의 서사적 논설과 동일하다. 신문은 당시 계몽의 핵심적인 도구였고, 그런 매체의 특성에 부합하는 글쓰기 방식이 바로 서사적 논설이었다. 교과서 역시 당대 정부가 의욕적으로 추진하던 문명개화의 도구였다는 점에서 신문과 동일한 특성을 지녔고, 수록된 글들 역시 같은 의도를 갖는다. 그렇다면, 「지식일화」 등은 수록 매체가 교과서일 뿐이지 형식과 내용은 신문의 서사적 논설과 동일하다고 볼 수 있다. 시사적 논설이란 근대계몽기 신문에 실린 논설들 가운데 서사성을 띠고 있는 글들을 말하지만, 거기서 편자의 의도가 들어가는

---

6) 彼兒童ハ, 是ヲ默聽シテ居タリシガ, 忽チ大聲二テ呼ビテ曰ク, 我レ, 能ク是ヲ了解セリ, 我レ, 能ク是ヲ了解セリト. (『高等小學讀本』 4권, 31면)

7) 「老農夕話」 말미, 앞의 『國民小學讀本』 참조

핵심적인 부분은 해설이다. 이때 편집자 주나 해설이 붙는 방식은 서
사문의 앞에 붙는 경우와 뒤에 붙는 경우, 그리고 앞과 뒤에 모두 붙
는 경우로 나눌 수 있는데, 앞의 「노농석화」와 「지식일화」는 모두 글
의 말미에 붙어 있다. 이들 글은 그런 방식을 통해서 편자의 계몽 의
도를 직설적으로 제시한 것이다.

　서사적 논설은 서사성을 드러내는 방식이 매우 다양한데, 크게 세
가지로 유형화할 수 있다. 하나는 서술체 방식이고, 둘은 문답체 방식,
셋은 토론체 방식이다.[8] 『국민소학독본』에 수록된 서사적 논설은 모
두 서술체로, 등장인물의 일화를 중심으로 이야기를 끌어가는 방식이
다. 여기서 서술자는 관찰자가 되어 서사를 해설한다. 그런 점에서 이
들 서사는 내용뿐 아니라 형식까지도 일본 것을 그대로 옮긴 것을 알
수 있다. 일본 『高等小學讀本』에 등장하는 서사는 대부분 서사적 논설
문이고, 글의 궁극적 목적인 해설이 서사의 말미에 붙어 있다. 서술자
는 관찰자가 되어 서사를 제시하고 해설한다. 그래서 외견상 서사의
형태를 취하지만 실제로는 논설문인데, 그것을 『국민소학독본』의 편
자들이 그대로 옮겨 놓은 것이다.[9] 그렇다면, 서사적 논설은 1897년 5
월경부터 등장하기 시작해서 1898년경 활성화되었고, 1990년대 초반
까지 매우 빈번하게 등장한 단형 서사양식이라는 기존의 주장은 재고
되어야 한다. 1897년 5월 7일 『그리스도신문』에 수록된 「코기리와 원
숭이의 니야기」, 1897년 5월 26일 『죠션크리스도인회보』에 실린 「묘와
문답」이 초기 서사적 논설이라는 주장과는[10] 달리 1895년 음력 7월(晤

---

8)　김영민(2005), 15~21면.
9)　강진호(2012)
10)　김영민(2005)

秋)에 간행된『국민소학독본』에 이미 여러 편의 서사적 논설이 등장해
서 활용되고 있었던 것이다.

3.『신정심상소학』의 서사

[그림2]『신정심상소학』

근대 서사의 형성이라는 측면에서 특히 주목을 끄는 독본은『신정
심상소학』(1896)이다. 문체면에서 국한혼용체에서 벗어나 국문체가 되
었고, 전체 단원의 40%(97개 단원 중에서 41개)가 서사일 정도로 많은 양
의 서사가 수록되었다. 그렇듯 많은 수의 서사가 수록된 것은 무엇보
다 계몽의 도구로써 서사의 유용성이 한층 더 인식된 데 있다.『신정

심상소학』을 비롯해서『초등소학』,『보통학교학도용 국어독본』등 당대 독본의 필자들은 주장하는 바를 설득력 있게 전달하는 데 서사적 양식이 유용하다는 것을 두루 인식했던 것으로 보인다.[11] 독본에 등장하는 서사의 상당수가 예화나 지식 일화의 형태를 취하는 것은 그런 이유로 설명할 수 있다.

그렇지만 무엇보다 결정적인 것은『신정심상소학』이 일본의『尋常小學讀本』을 저본으로 한 데 있다.『신정심상소학』에는 일본의『尋常小學讀本』에 수록된 우화 12개가 번역·수록되었고, 또 당시 일본에서 민간 교재로 널리 활용되었던『童蒙教草』와『通俗伊蘇普物語』가 중요하게 참조되었다.[12] 이들 교재를 저본으로 해서 편찬된 관계로『신정심상소학』에는 다양한 종류의 서사와 함께 우화들이 대거 수록된 것이다.

[표2]『신정심상소학』 수록 서사

단원	신정심상소학(학부) 권1(12개)	尋常小學讀本 (문부성)	비고
14	김지학		
15	부엉이가 비둘기의게 우슴을 보앗더라		『설원(設苑)』(梟逢鳩)
17	쥐의 이익기	1권 16課	
19	정직흔 아해		
20	탐심 잇는 개라	2권 19課 慾ふかき 犬の話	『通俗伊蘇普物語』[13]「第24 犬と牛肉の話」/ 이솝우화
21-22	화목흔 가권1, 2		
23	탐욕은 그몸을 망흠이라		

11) 조남현(2012), 74면.
12) 강진호(2014)

24	손가락끗이라		
26	승과 비아의 이익기라		
27	조고마흔 양이라		
29	가마귀와 여호의 이익기라		『通俗伊蘇普物語』「第193 狐と鴉の話」 / 이솝우화
30-31	포도전1, 2		福澤諭吉, 『童蒙教草』1권14) 「第4章 百姓其子ふ遺言の事」 / 이솝우화
단원	**신정심상소학 권2(11개)**	**심상소학독본**	**비고**
3	지성의 지혜라		「說郛續」
4	장유의 이익기라		
12	소야도풍의 이익기라	1권 30課	
18	사마온공 어린씩 이익기라		『장유(莊兪)』
19	여호와 괴의 이익기라	1권 9課	이솝우화
22-23	시계를 보는 법이라1, 2	2권 9-10課 時計1	
25	가마귀가 조개를 먹는 이익기	4권 12課 鳥蛤な食ふ話	
26-27	무식흔 스름이라1, 2		
29-30	산응성이라		
31	사슴이 물을 거울슴음이라	4권 23課 鹿の 水鏡	이솝우화
32	생각홀 일이라		
단원	**신정심상소학 권3(13개)**	**심상소학독본**	
3	塙保己一의 事績이라	3권 11課 塙保己一 の話	
6	虎와 狐의 화라	3권 28課 虎と狐との話	『전국책』
7	화성돈의 話라		≪New National Readers≫제2권 제29과15)
8	심의 평이라		
9	효서의 이익기라	4권 18課 自鼠とおや鼠	
10	영조조게옵서 욕을 환급흐신 이익기라		

11	이시백이 꽃을 밧치지 아니ᄒᆞᄂᆞᆫ 이익기라		
12	숙류의 話라		
13	조되믈 원ᄒᆞᄂᆞᆫ 문답이라	4권 8課 がん	
17	작이 연의 소ᄅᆞᆯ 탈ᄒᆞᆫ 화라	3권 30課 燕の巢をうばひ雀 の 話	
20	일본거류지의 지도라	4권 26과 公園の 地圖	
22	밀봉이라		
23	교활ᄒᆞᆫ 마라	3권 16課 ほねをくみせく馬 の 話	『通俗伊蘇普物語』「第116 驢馬と主人の話」/ 이솝우화

　표에서 볼 수 있는 것처럼, 『신정심상소학』에는 모두 36개의 서사가 수록되어 있다. 물론 장르의식이 형성되기 이전의 상황이라 서사로 분류할 수 없는 경우도 있고 또 서사라고 말하기에는 그 분량이나 내용이 빈약한 경우도 있다. 그런 경우를 제외하고 상대적으로 서사의 비중이 높은 단원만을 계산하면 36개인데, 그 중에서 14개가 일본 『尋常小學讀本』을 그대로 옮긴 것이다.

　36개의 서사 중에서 경험적 서사에 해당하는 것은 20개이고, 허구적 서사에 해당하는 것은 16개이다. 경험적 서사는 실제 인물의 일화를 서술한 전기(傳記)가 반을 차지하는데, 여기서 다루어진 인물들은 한국과 중국, 일본과 미국이다. 사마온공과 숙류는 중국 사람이고, 소야도풍과 고보기일은 일본 사람이며, 화성돈은 미국 사람이고, 장유와 영조와 이시백은 조선 사람이다. 그리고, 허구적 인물로는 김지학, 박정

---

13) 渡邊溫, 『通俗伊蘇普物語』, 明治21年(1888).
14) 福澤諭吉譯, 『童蒙敎草』, 尙古堂, 明治五年(1872).
15) 박승배(2013), 88면.

복, 지성, 무식한 사람, 용복이, 농부, 삼형제 등인데 이들은 모두 특정 교훈을 전달하기 위해 허구적으로 만들어진 가상의 인물들이다. 여기서, 문학으로 분류할 수 있는 허구적 서사는 모두 16개인데, 이 중에는 이솝우화를 옮긴 것이 6개이고 나머지는 재래의 전통 설화나 외국의 민담들이다.

다음에서는 이들의 특징을 살펴봄으로써 서사의 양상과 특성이 어떠했는가를 보기로 한다.

[표3] 서사의 유형 및 수

서사	경험적 서사		허구적 서사	
	실제인물	가상인물	이솝우화	기타 민담
1권(12)	.	4	3	5
2권(11)	3	5	2	1
3권(13)	5	3	1	4
총수(31)	20		16	

1) '이익기'와 인물 서사

『신정심상소학』에서 우선 주목할 수 있는 서사는 '이익기'이다. '이익기'는 『신정신상소학』에서 모두 11개기 등장한다. 「쥐의 이익기」를 비롯해서 「蠅과 飛蛾의 이익기라」, 「가마귀와 여호의 이익기라」, 「장유의 이익기라」, 「소야도풍의 이익기라」, 「사마온공 어릴썩 이익기라」, 「여호와 괴의 이익기라」, 「가마귀가 조개를 먹는 이익기」, 「효서의 이익기」, 「영조조게옵서 욕을 환급ᄒ신 이익기라」, 「이시백이 ᄭᅩᆺ을 밧치

지 아니ᄒᆞᄂᆞᆫ 이이기」 등이다. 여기서 「가마귀와 여호의 이이기라」와 「여
호와 괴의 이이기라」는 이솝우화이고, 「사마온공 어린썩 이이기라」는
『장유(莊兪)』에 나오는 내용이다. 그리고 표에서 언급한 것처럼, 「쥐의
이이기」를 비롯해서 14개 단원이 일본의 『尋常小學讀本』을 저본으로
한다. 11개의 서사 중에서 '장유', '소야도풍', '사마온공', '영조', '이시
백' 등은 모두 실제 인물을 대상으로 한 경험적 서사에 해당한다. 따
라서 '이이기'는 허구에서부터 실제 인물의 일화까지를 두루 포함하는
것을 알 수 있다.

여기서 서사는 실제 인물이나 현실의 일화를 내용으로 하는 것과
가상의 인물과 사건을 내용으로 하는 것으로 나눌 수 있다. 신문 기사
처럼 서술자가 드러나지 않고 실제 현실(혹은 경험)을 서술하는 것이 전
자라면, 서술자가 직접 드러나 서술자의 판단이나 느낌, 원망 등을 명
시적(또는 암시적)으로 서술하는 것이 후자이다. 전자가 비허구적 서사
(혹은 경험적 서사)라면, 후자는 허구적 서사라 할 수 있다. 『신정심상소
학』에는 이 두 가지 서사가 모두 나타난다. 여기서 경험적 서사는 크
게 두 가지 형태인데, 하나는 '서술자의 해설+서사'(혹은, 서사+서술자의
해설)의 형식이고, 둘은 '서사'만 단독으로 제시된 경우이다.

첫 번째인 '서술자의 해설+서사'를 대표하는 작품은 「제4과 장유의
이이기라」로, '서술자'가 '서사'를 해설하는 형식이다. '옛날부터 유명
한 학자와 현인은 태어나면서부터 되는 것이 아니라 각고의 노력 끝
에 비로소 그렇게 되었다.'는 모두의 언급을 바탕으로 그에 부합하는
사례로 장유의 일화가 소개된다. 열심히 노력해야 한다는 주장과 그
사례를 제시한 것으로, 여기서 서사는 그 자체가 목적이 아니라 주제
를 전달하는 도구로 기능한다. 「제18과 사마온공 어린썩 이이기」는 이

와는 달리 서사가 먼저 제시되고 그 뒤에 주제가 덧붙여진다. 곧, 사마온공이 5, 6세 때 아이들과 함께 놀다가 한 아이가 물독에 빠지자 급히 구하려고 했지만 독이 깊고 물이 많아서 어떻게 할 수가 없는 상황이었다. 이에 사마온공은 돌로 독을 깨고 아이를 구했다는 내용이다. 이런 이야기를 서술한 뒤 화자는 사람의 지혜는 측량할 수 없다고 말하면서 단원을 마무리한다. 여기서도 '서사'는 서술자의 의도를 전하는 도구로 활용되지 서사 자체의 자율성을 갖고 있지는 못하다.

'서사'만이 제시된 두 번째 유형으로는 「영조조게옵서 욕를 환급ᄒ신 이이기라」를 들 수 있다. 여기서는 서술자가 배제되고 단지 일화만이 제시된다. 영조가 호조판서에게 침욕(寢褥)을 하나 지어 달라고 하니 호판이 즉시 청목으로 솜을 많이 넣어 요를 만들어 바쳤다. 후일에 정조가 호판을 불러 그것을 돌려주면서, 요가 너무 편해서 점점 게을러지고 백성 돌보기를 소홀히 하니 어찌 그것을 계속 사용하겠는가 했다는 내용이다. 여기서는 이 일화만이 제시되고 어떤 주제나 해설이 더해지지 않는다. 백성을 근심하는 영조의 애민 정신이 본문에 직접 드러나기 때문에 굳이 서술자가 개입시킬 필요가 없었기 때문으로 보이지만, 만약 이 글의 분량을 늘이고 이야기성을 강화하면 바로 소설이 된다는 점에서 앞의 경우보다 한층 진전된 형태이다. 소설이란 전달하고자 하는 바를 형상을 통해서 제시하는 양식이고 그 자체로 자율적인 속성을 갖는데, 이 서사는 그 전단계에 해당히는 모습이나. 「제11과 이시백이 곳을 밧치지 아니ᄒᄂ는 이이기라」 역시 같은 형태로, 이시백이 임금을 모시는 방법을 말한다. 효종대왕이 이시백의 집에 모란이 무성하다는 소식을 듣고 꽃을 꺾어 보내라고 하자, 이시백이 정색을 하면서 모란을 꺾어버린 뒤 북향재배하고, 자신이 정도로써 임금을 섬기지 못하고 간사한 행동을 하라 하시니, 이를 그치지 않으면 장차 뇌물을 주고받는 행동으로 연결되어 나라가 위태로울 것이라 하였다. 임금이 이 말을 듣고 스스로 반성하고 더욱 신중하게 정사에 임했다는 내용으로, 이 역시 어떠한 해설이나 교훈이 덧붙여져 있지는 않다.

『신정심상소학』에 수록된 경험적 서사는 위와 같은 두 유형이다. 실제인물을 소재로 한 서사의 경우는 '인물기사(記事)' 혹은 '인물고(考)'의 형태를 취하는데, 이들 서사는 지금 상태에서 허구적 요소를 좀 더 첨가하고 분량을 늘인다면 역사전기소설과 같은 형태가 된다. 인물기사나 인물고는 그 성격이 역사전기소설과 큰 차이가 없고 단지 작품의 길이에서만 차이가 난다. 역사전기소설이 여러 회(回)에 걸쳐 연재된 뒤 작품으로 출간되거나 아니면 바로 단행본으로 출간되는 것과는 달리 인물기사와 인물고는 한 회 발표로 끝나는 경우가 대부분인데,[16] 이는 아직 장르에 대한 인식이 자리 잡지 못했기 때문으로 보인다. 그렇지만 근대 소설의 형성과정에서 이들 인물 서사는 당시 성행했던 외국 서적의 번역 및 번안과 함께 한국 전래의 문학 양식인 전(傳)류 문학이 근대계몽기에 어떻게 자기 변신을 했는가를 보여주는 좋은 사례로 이해될 수 있다. 기사와 전이 인물 서사의 형태로 변신하고 그것이 역사전기소설이라는 새로운 유형의 양식으로 이어졌음을 짐작케 해주는 대목이다.

---

16) 김영민의 앞의 책, 40~41면. '역사인물기사'나 '인물고' 등의 용어는 김영민의 이 책에서 차용하였다. 여기서 인물기사는 형식과 내용 양 측면에서 근대계몽기라는 과도기의 서사물이고, 『그리스도신문』이나 『조선크리스도인회보』에 실렸던 인물기사들이 이후 1900년대 성행하는 역사·전기소설의 토대를 이루었다고 한다.

2) 이솝우화와 허구 서사

『신정심상소학』에서 허구적 서사에 해당하는 것은 이솝우화를 비롯한 야담과 설화 등이다. 『신정심상소학』 전체에서 이솝우화는 6개가 등장하고 나머지 10개는 우리나라와 중국 등의 야담과 설화이다. 이솝우화를 제외한 우화나 설화는 이전부터 우리나라에 전승되던 이야기로, 「虎와 狐의 話라」처럼 고사성어(즉 狐假虎威)로 알려진 것이라든지 「생각홀 일이라」처럼 민간에 널리 알려진 교훈적 이야기가 포함된다. '이익기'를 붙이고 있는 이솝우화는 「가마귀와 여호의 이익기라」와 「여호와 괴의 이익기라」이다. 다른 우화들은 「탐심 잇는 개라」, 「사슴이 물을 거울삼음이라」, 「교활흔 마라」와 같이 작품의 주제 혹은 제재를 제목으로 붙여서 표면상으로는 문종의식이 드러나지 않는다. 이들 우화도 '이익기'를 붙인 것과 동일하지만 굳이 그 명칭을 사용하지 않았다는 것은 '이익기'가 특정 장르를 지칭하는 양식적 명칭이 아니었기 때문이다. 허구적 인물뿐만 아니라 실제 인물의 일화를 말하면서도 '이익기'를 사용하는데, 이는 앞의 '화'(話)가 인물 서사와 허구 서사를 구분하지 않고 사용했던 것과 동일하다. 이들 단원의 서사는 모두 학생들에게 지식과 교훈을 전달하기 위한 설명의 과정에서 동원되었고 그래서 서사로서 자율성을 갖고 있지 못하다. 그렇지만 『신정심상소학』에 제시된 이솝우화는 우리나라 교과서에 처음으로 등장하였고[17] 또 이 시기에 문학이라고 이름붙일 만한 것으로 최초의 작품이라는 데서 주목할 수 있다.

『신정심상소학』에 수록된 '이익기'를 붙인 우화는 앞의 경험적 서사

---

17) 허경진 외(2009), 11면.

와 마찬가지로 '서사'에다 '서술자 해설'이 더해진 형식이다. 그리고 서사의 형식도 앞의 경우처럼 '서사+서술자 해설'로 되어 있다. 이런 형식은 우화가 원래부터 도덕 교육의 자료로 널리 활용되었던 사실과 관계될 것이다. 본래부터 우화에는 '이야기(서사)'와 '교훈'이 결합되어 있었다. 이솝의 시대에는 우화가 소박하게 이야기되고, 교훈은 따로 뒤에 붙어 있었다. 『신정심상소학』은 지육(智育)과 덕육(德育)을 중시한 교재였고, 그것이 교훈을 전하기에 적합한 우화와 자연스럽게 결합한 것이다.

> 흔 괴가 山中에서 여호를 맛나 問安흔디
> 여화는 答禮도 아니흐고 다만 귀를 옷독이 세우고 쇠리를 흔들며 괴더러 무러 曰 너는 무슴 技藝잇느뇨 괴 對答흐야 갈오디 나는 아모 技藝도 몰으옵나이다 흐니
> 여호ㅣ 웃고 갈오디 어어 不祥흐다 技藝 몰으는 놈아 네 萬一 산냥기가 올진디 엇지 흐랴느뇨 흐고 辱흐더니 그 씩 뭇춤 獵狗가 오는지라 괴는 急히 나무 우희 올느안젓소나 여호는 나무에 올으지 못흐고 慌忙이 四面으로 避흐야 다라나다가 뭇춤닉 개의게 줍혓느이다.
> 여러분도 自己일만 힘쓰고 남을 웃지 마시오.
> ―「여호와 괴의 이익기라」

널리 알려진 이솝우화 「여우와 고양이」이다. 원문을 번역하듯이 서사만이 제시되고, 마지막 줄에 서술자의 해설이 덧붙여져 있다. 교훈을 전달하려는 취지의 서사로, 서술자의 진술을 통해서 교훈이 제시되고 거기에 서사가 종속되어 있다. '자기 일만 하고 남을 비웃지 말라'는 교훈을 전하기 위해 여우와 고양이의 일화를 제시한 것이고, 그런 점에서 서사는 교훈을 전하는 도구에 머문다. 『신정심상소학』에 우화가 대거 수록된 것은 교훈을 전달하기 용이한 우화의 이런 특성과 무

관하지 않을 것이다. 『신정심상소학』은 아동용 교재였고, 우화는 할머니들이 들려주는 옛날이야기처럼 아동들에게 교훈을 전달하는 편리한 양식이었다.

일본 교재를 번역·수록하는 과정에서 서사의 디테일을 생략하고 줄거리만 간략하게 옮긴 것도 그런 교훈적 의도와 관계될 것이다. 일본 교과서에 수록된 우화는 『신정심상소학』에 수록되면서 줄거리만이 간략하게 소개된다. 일본의 『尋常小學讀本』의 우화를 옮기다시피 한 「제20과 貪心잇는 개라」에서 그것을 단적으로 확인할 수 있다. 일본 교과서는 욕심 많은 개의 모습을 비교적 상세하게 제시하여 마치 그림을 보듯이 실감을 제공한다. 물속의 개가 물고 있는 고기까지도 상세하게 묘사하여 욕심 많은 개가 결국 자기 형상을 실물로 착각해서 물고 있던 고기마저 잃었다는 것을 사실적으로 서술하였다. 반면, 『신정심상소학』에서는 그런 상세한 묘사와 설명이 생략되고 단지 욕심 많은 개의 행위만이 간결하게 서술된다. 개가 고기를 물고 다리를 건너다가 탐심이 발하여 다리 아래를 향해 짖다가 물고 있던 고기마저 잃었다는 것을 간략히 서술한 뒤, 탐심으로 인해 자기 고기마저도 못 먹었다는 해설을 덧붙여 놓았다. 『尋常小學讀本』이 사실적인 묘사를 통해 하나의 장면을 그림처럼 보여주었다면, 『국민소학독본』은 내용을 간략히 정리하여 주제만을 제시한 것이다. 짧은 이야기를 통해 도덕적 가르침과 함께 사회적 의무를 깨닫게 하려는 취지에서 교과서가 편찬된 관계로, 서사 본연의 문학성보다는 교훈의 전달에 초점이 모아진 것이다.

[그림3] 「19課 慾ふかき 犬の話」

『通俗伊蘇普物語』에 수록된 것을 옮겨 놓은 「가마귀와 여호의 이익기라」에서도 그런 특성을 확인할 수 있다. 『通俗伊蘇普物語』의 우화는 오늘날의 소설과도 같이 섬세하고도 사실적이다.

① 或鴉が窓に出しておる一片の乾酪を攫去て. 喬木の上に飛び上り. こゝで でゆつくり御馳走にならうと 歡んで衝て居ると. 狐が散然とそれを見て. 心の內に惡計を生じ. まづあれに近寄る手段をめぐらして「オヤ. おくろさん. 汝の尊羽は. ナント美しいぢやァありませぬか. 夫にマァ御眼の光ます事は尊領もとの好事. 御胸の形狀がよく鷲に似て御出でなさる. ほんに汝の御爪にはどんな獸でも叶ァやしませぬ. 玄かし汝の樣な不足のない鳥はたいがい聲の醜いものだと聞きましたが. さうか知れませぬ.」といふと.

鴉. おだてに乘て憤然となり. 吾が一ッ妙聲を出して. 野狐を驚かしてくれやうと. うつかりと口を開けば衝居たりし乾酪は地におちたり. さうすると狐が馳けよつて引くはへ. 前から呆鴉を種々にふめてやつたか. まだ腦力の事に付てはなんともいやァしなかつたッケ」と. 心の中で考へながら跡をくらまし逃げ去りけるとぞ.

內心お見込がなくて. なんで他が諂諛を云ふものか. 夫を歡んで聞くも

のは. 後で諂諛料を取れるのだと覺悟をして居るがよい.

　　　　　　　　　　　　　（「第百九十三　狐と鴉の話」 전문)[18]

　(한 까마귀가 창문에 내어놓은 한 조각의 치즈를 훔쳐서 높은 나무 위에 날아가 앉았다. 여기서는 마음 놓고 먹을 수 있겠다고 좋아하며 쪼아 먹고 있었다. 여우가 잠깐 이것을 보고는 마음속에 나쁜 계책이 생겨 우선은 까마귀에게 다가갈 수단을 생각해 냈다. / 여우는 「아 까마귀님, 당신의 그 깃털은 어쩌면 그리도 아름답습니까? 게다가 그 눈빛의 영롱함, 그 목덜미의 아름다움, 그리고, 가슴의 형상은 어쩌면 매와 흡사합니다. 정말로 당신의 발톱에는 어떤 짐승이라도 미칠 수가 없을 겁니다. 그러나, 당신처럼 부족한 것이 없는 새로는 대개 음성이 좋지 못한 법이라고 들었습니다만 정말 그럴지도 모르지요.」라고 말했다. / 까마귀는 치켜세우는 말을 듣고 불쑥 화가 났다. 내가 한번 고운 소리를 내서 저 여우를 놀라게 해야지 하고는 입을 열었다. 그랬더니 입에 물었던 치즈 조각은 땅에 떨어지고 말았다. 이때에 여우는 달려와 차지하고는 「아까부터 바로 까마귀를 여러 가지로 추켜올렸지만, 아직도 정신 좋다는 이야기는 한 일이 없었던가」 하고 마음속으로 생각하고 어디론가 도망해버렸다. / 내심으로 정신을 차리지 않고, 타인이 아첨해서 이르는 말을 즐겁게 듣는 것은 뒤에 아첨 값을 빼앗기기 마련임을 각오해 두는 게 좋다.)

　② 흔 가마귀가 生鮮 흔 마리를 물고 나무가지에 안저서 먹으랴 홀 식 여호가 보고 慾心을 늬여 그 生鮮을 쎅서 먹고즈흐야 急히 그 나무 아릭에 와서 가마귀를 向흐야 말흐되

　當身소릭ᄂ 춤ᄋ름다온지라 아무커ᄂ 흔번 소릭를 들닙시ᄉ고 흐니

　가마귀가 여호의 와서 稱讚흐ᄂ 말을 듯고 하조아 흐야 까익이라고 흔 소릭를 흐나가 곳 그 고기 쌍에 쩌러지거늘 여호―急히 집어 입에 물고 卽時 수풀노다라낫소.

　가마귀ᄂ 그제야 비로소 속음을 씨다라쓰나 엇지홀 수 업섯ᄂ이다.

　　　　　　　　－「第二十九課 가마귀와 여호의 이익기라」 전문

18) 渡邊溫, 『通俗伊蘇普物語』, 明治21年(1888). 214～215면.

두 글을 비교해 보면, 일본의 경우는 비교적 상세하게 까마귀와 여우의 말과 행동을 제시해서 마치 실물을 보는 듯한 느낌을 준다면, 조선의 경우는 여우의 유혹에 넘어간 까마귀의 어리석은 모습만이 간결하게 서술된다. 까마귀가 생선을 먹고 있다가 여우의 칭찬에 속아서 물고 있던 고기를 떨어뜨리자 그것을 여우가 물고 갔다는 것을 서술한 뒤, 까마귀가 속았다는 사실을 환기하면서 글을 마무리한다. ①이 사실적 묘사를 통해 하나의 장면을 실감나게 제시했다면, ②는 내용만을 간략히 서술하여 교훈적 의도를 앞세웠다. 이 과정에서 조선의 현실에 맞게 '치즈'를 '생선'으로 바꾸고, 주제 역시 간결하게 처리하는 등의 조정이 이루어지지만, 『신정심상소학』은 묘사라든가 흥미 유발에는 관심이 없고 오로지 교훈의 전달에만 초점이 모아진 것을 알 수 있다. 일본이 사실적 묘사나 개관적 진술을 통해 문학적 특성을 살렸다면, 조선의 경우는 교육적 측면에서만 서사를 이해한 것이다.

실제로, 당시 일본에서는 위의 지문에서 짐작되듯이, 근대 문학에 대한 인식이 상당한 정도로 숙성된 상태였다. 일본 근대문학은 서양문학이 번역되어 소개되기 시작한 메이지 시대(1868~1912)를 경과하면서 본격화되는데, 특히 坪內逍遙는 평론 『小說神髓』(1885)가 발표되면서 근대화의 흐름이 한층 가속화된다. 당시 일본에 소개된 서양 작품을 연구한 坪內逍遙는 현대 생활의 실체를 묘사할 수 있는 새로운 문학작품과 순수 예술표현으로서 소설을 확립할 필요성을 절감하였다. 그는 현대 사회를 표현하는 방법으로서 사실주의 소설의 미덕을 주장했으며, 구어체 문장의 필요성과 순수문학에서 요구되는 다양성과 정확성을 표현할 수 있는 작가의 필요성을 강조했다. 이 같은 坪內逍遙의 이론과 지도에 의해 일본 최초의 근대소설이라고 불리는 『浮雲』(1887)이

탄생한다. 『부운』은 일본 최초의 언문일치체 소설이라는 점과 함께 급
변하는 사회 속에 놓인 주인공의 역경을 사실적으로 드러내고 동시에
그 미묘한 심리를 적확하게 묘사하는 등 근대문학의 출발을 알린다. 『심
상소학독본』과 『동몽교초』와 『통속이소보물어』에 수록된 우화들은
모두 일본 초기 근대문학의 흐름 위에 존재한다. 그래서 『심상소학독
본』과 함께 간행된 고등과 학생용 『고등소학독본』의 「서문」에는 구체
적으로 '문학'이 언급되고 활용된 것을 볼 수 있다. 여기서 '소설과 시
가 등을 통해서는 유쾌한 마음을 기르고 지혜와 용기를 양성하고, 궁
극적으로는 고분고분하고 우애의 정을 아는 아동을 기르려는 목적을
갖고 있다'[19]고 책의 간행 의도를 밝혔는데, 이는 시와 소설이 제도화
되어 활용되고 있음을 시사해준다. 실제로, 『소설신수』가 나온 1885년
의 메이지 중엽에는 근대적 의미의 문학 개념과 작품이 서양을 통해
서 도입되어 향유되고 있었다.[20]

그런 사실에 비추어볼 때, 『심상소학독본』에 수록된 우화는 단순한
교훈담이 아니라 문학적 서사로 인식되고 기능했음을 알 수 있다. 그
렇지만, 당시 조선에서는 근대적 의미의 '문학' 개념이 형성되지 않은
상태여서 우화 역시 독립된 양식으로 간주되기보다는 교훈을 전하는
도구로만 이해되었다. 『신정심상소학』에 수록된 우화의 대부분이 당
시 유행한 '서사적 논설'이나 '논설적 서사'의 형태로 되어 있는 것은
우화가 그런 도덕적 차원에서 인식된 데 원인이 있다.

이들 우화가 문학적으로 의미를 갖는 것은 전형화된 인물 유형을
제시하고 전파했다는 데 있다. 여우는 교활하고, 늑대는 탐욕스럽고,

---

19) 文部省編輯局, 『高等小學讀本』, 1988. 11, 1~5면.
20) 스즈키 사다미, 김채수 역, 『일본의 문학개념』, 보고사, 2001, 278~284면.

사자는 용감하고 위엄스럽게 그려진다. 고전 소설에서 계모가 악의 화신이고 서자가 정의로운 인물로 나오듯이, 동물들의 개체적 특성을 개성적으로 성격화함으로써 소설의 중심 요소인 인물에 대한 인식을 제고하는 역할을 수행한 것이다. 그리고 도덕을 서사 속에 용해시킴으로써 서사의 자율성에 대한 인식을 증진시키는 계기를 제공하였다. '이이기'가 붙은 두 편의 글은 모두 앞의 '話'와는 달리 서술자의 개입이 현저하게 줄어 있다. 인물의 행동을 설명하고 거기에 포함된 도덕을 설명해주는 앞의 경우와는 달리 서사가 간결하게 제시되면서 동시에 도덕이 환기되는데, 이는 그만큼 서사의 자율성이 향상되었다는 것을 시사해준다.

4. 『국어독본』의 교육용 서사

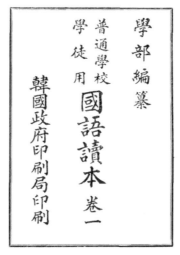

[그림4] 『보통학교 학도용 국어독본』

『국어독본』에서 서사는 설명의 방법이자 교육용 도구로 기능한다. 이들 서사는 교육서사로 명명되거니와(전용호, 2006), 이는 서사가 사물의 이치를 교육하려는 현실적 요구에 의해 구성되었다는 것을 뜻한다. 『국어독본』에 교육용 서사가 많이 등장하는 것은 교육 목표를 달성하는데 서사가 그만큼 효과적이었다는 방증이다. 실제로, 학부 간행의 교재 12권 중에서 서사가 수록되지 않은 것은 3권에 불과하고, 민간 발행의 국어과 교재에서도 30권 중에서 16권에 서사가 수록되어 있다. 이들 교재에는 권당 3~4편의 서사가 수록되어 적극적으로 평가되고 활용된 것(조문제, 1986)을 알 수 있다.

[표4] 『보통학교 학도용 국어독본』 수록 서사

권 / 단원	제목	특징
2권		
제1, 2과	동자1, 동자2	허구적 서사
제6, 7과	나자(懶者)1, 나자2	허구적, 화자 표시/ 『尋常小學讀本』(7권-3과) なまけもの
제12과	마(馬)	이솝우화
제18과	욕심이 만흔 犬	이솝우화, 『尋常小學讀本』(2권-19과) 慾ふかき犬の화 // 〈신정심상소학〉 수록
제23과	모심(母心)	허구적 서사/ 『國語讀本』(坪內雄藏, 1903, 富山房), 5권 4과 母ごゝろ
제25과	렵부와 원숭이	우화 / 『國語讀本』(坪內雄藏, 1903, 富山房), 3권 2과 かりらどとさす
3권		
제3과	영조대왕 인덕	경험적 서사, 〈신정심상소학〉 수록
제6과	시계	허구적 서사, 〈신정심상소학〉 수록
제8과	연습 공효	허구적 서사/ 『國語讀本』(坪內雄藏, 1903, 富山房), 7권 14과, 修練の功
제12과	편복화(蝙蝠話)	우화

권 / 단원	제목	특징
제15과	방휼지쟁(蚌鷸之爭)	우화, 〈신정심상소학〉 수록
제19과	빈게 급 가압(牝鷄及家鴨)	허구적 서사
제21과	정직지리(正直之利)	허구적 서사/『國語讀本』(坪內雄藏, 1903, 富山房), 5권 22과, 正直の德
제22과	홍수	허구적 서사
4권		
제1과	정직지리(正直之利)	허구적 서사(앞의 21과와 동일)
제2과	홍수	허구적 서사(앞의 22과와 동일)
제13과	문덕 대승	경험적 서사
제21과	옥희의 자선	허구적 서사, 액자 형식/『尋常小學讀本』(8권-3과) おふみの慈善
제22과	김속명의 탄식	경험적 서사
5권		
제2과	상(象)의 중량	허구적 서사/『國語讀本』(坪內雄藏, 1903, 富山房), 6권 11과, 象の目方
제8과	타인의 악사	허구적 서사
제23과	정와(井蛙)의 소견	우화, 화자 표시
6권		
제1과	명군의 영단	경험적 서사
제6과	무익한 노심(勞心)	허구적 서사
제9과	공자와 맹자	경험적 서사
제13, 14과	철의 대화1, 2	허구적 서사, 화자 표시/『國語讀本』(坪內雄藏, 1903, 富山房), 8권 14,15과, 鐵の物語上下
제17과	수당의 내침	경험적 서사
8권(7권 缺)		
제14과	회사	허구적 서사

『국어독본』에서 단순한 교육용 서사를 제외하고 상대적으로 서사의 비중이 큰 단원만을 정리하면 위의 [표]와 같다. 인물이 등장해서 사물을 설명하는 단순 교육서사까지 포함하자면 그 수는 훨씬 늘어나겠지만, 상대적으로 인물과 사건의 비중이 큰 것을 정리하면 위와 같다는

의미이다. 이들 서사는 「馬」와 「방휼지쟁」처럼 『신정심상소학』에 수록된 것을 재수록한 경우도 있고, 일본의 『國語讀本』이나 『尋常小學讀本』(문부성)에 수록된 서사를 번역·수록한 경우도 있다. 이들 서사는 다양한 형태를 보이지만, 대체로 실제 인물을 대상으로 한 경험적 서사보다는 가상 인물을 소재로 한 허구적 서사가 훨씬 많은 것을 알 수 있다. 『국어독본』에서 경험적 서사는 영조대왕, 을지문덕, 김속령, 세종대왕, 공자와 맹자 등을 대상으로 하며, 허구적 서사는 학생들의 흥미를 느낄 수 있도록 동물이나 인간처럼 말을 하거나 학생들과 비슷한 연령의 인물을 가상적으로 창조하여 만들어진 「동자」나 「욕심 만흔 犬」 등이 대표적이다.

1) 경험적 서사와 이야기의 형식

경험적 서사가 집중적으로 등장한 교과서는 앞의 『국민소학독본』이다. 『국민소학독본』에는 세종대왕, 을지문덕, 워싱턴, 가필드, 칭기즈칸, 콜럼부스 등 실제 인물을 대상으로 한 서사가 전체 서사의 2/3를 차지할 정도로 많다. 이는 일본 교과서에 수록된 것을 그대로 옮긴 데도 원인이 있지만, 한편으로는 전통적인 전(傳)이 여전히 힘을 발휘한 때문이다. 열전(列傳), 별전(別傳), 잡전(雜傳)을 포함하는 전(傳)은 전통적인 역사서술 방식의 하나이다. 전(傳)은 후손에게 성공과 칭찬을 받는 행위 과정을 보여주면서 본받아야 할 모델로서 기능하기도 하고, 가끔은 하지 말아야 할 잘못을 설명하는 위협적인 예로 기능하기도(류사오평, 158면) 하였다. 『소학독본』(1895)에서 옛 성현들의 일화를 나열하고 교훈을 덧붙였듯이, 여기서도 실제 인물을 통해 교훈을 전하는 방식이 그대로 유지된다. 「세종대왕 기사」에서처럼, 경험적 서사는 인물의 업적과 일화를 서술하고 그 뒤에 교훈을 간략히 덧붙이는 형식이다. 『국민소학독본』에 수록된 서사의 2/3가 이와 같은 실록의 형태로 되어 있다.

『국어독본』에 수록된 인물 서사도 이와 크게 다르지 않다. 「공자와 맹자」라든가 「개국기원절」 등에서 목격되는 서술 방식은 실제 사실의 기술이고, 그래서 허구적 성격은 상대적으로 약하다. 「개국기원절」(3권 18과)은, 태조 고황제가 개국하여 5백년간 우리나라를 조선이라 칭하셨고, 현금 상황제께서는 국호를 대한이라 개칭하고 황제에 즉위하셨다. 음력 7월 16일은 태조 고황제께서 즉위하여 나라의 기초를 정하신 날인 까닭에 개국기원절이라 칭한다. 태조 고황제의 덕택을 영원히 잊지 않기 위하여 이날에는 휴업하고 국기를 단다는 내용이다. 그리고 말미에 '日光은 국기에 빛나고 국기는 바람에 나부껴 상서로운 기운이 하늘에 가득 찬다'는 말을 덧붙였다. 학생들에 대한 당부 대신에 국가에 대한 축원을 서술하였지만 형식은 「세종대왕 기사」와 동일하다. 한편, 「공자와 맹자」는 두 인물의 일대기를 사실적으로 서술한 전(傳)이다. 이들 단원은 모두 실록과도 같고 그래서 허구에 대한 인식을 찾을 수 없다.

그런데 주목할 점은 『국어독본』에 수록된 경험적 서사의 대부분은 이와는 달리 일화(혹은 사건) 하나를 이야기하듯이 서술한 단형(短形) 서사의 형태를 취한다는 사실이다. 「명군의 영단」, 「세종대왕 인덕」, 「문덕 대승」, 「김속명의 탄식」 등의 경우처럼, 이들 서사는 주인공의 주요 일화를 간략하게 서술했는데, 그 전형적인 모습을 「명군의 영단」(6권1과)에서 볼 수 있다. 「세종대왕 기사」와 비교되는 이 글은 연대기가 아니라 특정 일화만을 소개한 단형서사이다.

　본조 세종대왕은 성신문무ᄒ신 위덕이 만고의 성군이시라. 甞 유질ᄒ시니 시신 등이 우려ᄒ야 무녀로 ᄒ야곰 성균관 근처에셔 기도케ᄒ다. 당시 성균관 유생에 抗直ᄒ 士가 만흔지라. 무녀배의 기도ᄒ믈 보고 사군망상ᄒᄂ 간신배의 所使ㅣ라 ᄒ야 이에 무녀를 구축ᄒ얏더니.

　시신 등이 분노ᄒ야 此意를 진상ᄒ디, 왕이 力疾ᄒ시고 起御ᄒ샤 굴ᄋ샤디 「士氣가 여차ᄒ니 짐 병이 卽愈ㅣ로다. 무녀ᄂ 여각 하천의 徒로 우부우부를 사롱ᄒ야 기도를 행ᄒ니 풍속을 퇴패케ᄒ미 막심ᄒ지라. 금야에 유생 등이 차등 폐풍을 일소ᄒ미니 실로 가상하다」ᄒ신디. 시신 등이 왕의 영명ᄒ심을 경복ᄒ야 공구히 퇴ᄒ니라.(6권 1-2면)

　세종대왕이 병 들자 신하들이 무녀를 불러 기도하게 했고, 강직한 신하가 무녀를 쫓아내자 이를 듣고 세종이 폐풍을 일소하는 것이니 가상하다고 칭찬했다는 내용이다. 세종의 영단(英斷)을 보여주기 위해서 무녀를 쫓는 일화를 도입했고, 그것만을 압축적으로 서술한 것이다. 게다가 세종이 한 말을 부호(「 」)를 통해 밝힘으로써 이야기의 사실성을 한층 제고하였다. 무속을 배척한 세종의 일화는 여러 업적 중의 하나에 불과하지만, 이와 같이 그 하나만을 제시함으로써 교육적 의도를 한층 명확히 한 것이다. 이런 형식은 개화기 단형서사의 대부분이 신문 논설란에 수록되었고, 작가들은 신문 발행에 깊이 관여한 논객들이었다는 사실과 연결해 볼 수 있다. 단형서사는 서사 자체보다도 논설을 통한 계몽에 목적이 있었다. 소설적 구성이나 흥미는 효과적인 계몽을 위해 동원된 수단이었을 뿐 글의 목적은 현실과 연관된 교훈에 있있나.[21] 『국어독본』에 수록된 서사 역시 당대의 그런 흐름과 무관하지 않은 것이다.

　「영조대왕 인덕」 역시 그런 취지의 글이다.[22] 이 글 역시 영조의 인

---

21) 김영민, 『개화기 신문 논설의 서사 수용 양상』, 소명출판, 1999, 22~27면.

덕(仁德)을 일화를 통해서 이야기하는 형식이다. 내용은 앞에서 언급한 것처럼, 인덕하신 성군 영조의 일화이다. 침욕을 만들어 달라는 부탁과 그것을 받은 뒤 게을러지는 자신을 반성하는 행위, 그런 자신에게 미루어 나이 들어 굶주림과 추위에 떠는 사람들을 잘 돌보라는 당부를 신하에게 내렸다는 내용이다. 학생들에 대한 당부의 말을 덧붙이는 대신에 '만민을 애무하고 동락케 하라'는 영조의 말로 글을 마무리하여 앞의 「세종대왕 기사」와 동일한 형식이지만, 하나의 사건을 통해서 주제를 제시했다는 점에서 구별된다. 역사적 사실을 이야기 형태로 전환해서 교육적으로 활용한 것으로, 곧 『신정심상소학』에서 우화를 소개하고 간략히 주제를 덧붙인 것과 같은 형식이다.

하나의 이야기를 짧게 서술한 것은 「문덕 대승」이나 「김속명의 탄식」에서도 동일하게 나타난다. 「문덕 대승」(4권 13과)은 고구려 을지문덕이 수나라 수제가 이끈 30만 대군을 방어하다가 거짓으로 패한 뒤 평양 북방까지 도망하다가 수군이 피폐하여 싸울 수 없다는 것을 알고 사면에서 공격하여 30만 대군을 대패시켰다는 내용이다. 여기서는 화자의 서술은 배제되고 오직 역사적 사실만이 간략하게 기록되는데, 이는 제목처럼 을지문덕이 대승한 내용을 이야기 형태로 진술한 것이다. 「김속명의 탄식」(4권 22과)은 고려 말의 충신 김속명의 일화를 내용으로 한다. 고려 말, 김속명은 어지러운 나라를 혼자의 힘으로는 바로잡을 수 없어서 근심하다가 병이 나서 누웠는데 여러 대신들이 문병을 오자 자신은 녹을 도적하고 지위를 욕심내는 등 심법(心法)이 부정하다고 탄식한다. 이를 듣고 대신들이 스스로를 돌이켜보면서 놀란다. 또 속령이 자기가 후록을 받고 높은 자리에 있으면서 인군의 불의를

---

22) 이 글은 『신정심상소학』에 있던 글을 재수록하였다.

교정치 못하고 인민의 환란을 구제치 못하였으니 스스로 부끄럽다고
하였다. 이런 사실을 기록한 뒤 마지막에 '속명의 말은 실로 당시 조
신의 실정을 설파한 소이'라고 간략한 해설을 첨가하였다. 제목처럼
김속명의 탄식을 서술한 것인데, 이 역시 앞의 경우처럼 한 개의 일화
를 통해서 교육적 의도를 직설적으로 제시한 것이다.

　『국어독본』에 수록된 경험적 서사는 이와 같이 기존의 형식을 반복
한 것도 있지만, 그 중심은 하나의 사건을 서사로 소개하는 단형서사
에 있다. 교육적 의도에 부합하는 일화를 선정해서 이야기하듯이 서술
한 단형서사는 최초의 독본인 『국민소학독본』에서는 거의 찾을 수 없
었으나, 그로부터 10년 후에 간행된 『국어독본』에서는 이와 같이 대폭
늘어나 있는 것을 확인할 수 있는데, 이는 허구 서사에 대한 인식이
그만큼 높아졌다는 것을 말해준다.

2) 허구서사와 우화

　앞의 [표]에서처럼, 『국어독본』에는 경험적 서사 대신에 허구적 서
사의 비중이 현저하게 높아져 있다. 언급한 대로 『국어독본』은 전체가
한 권의 이야기책이라 할 정도로 서사를 적극적으로 활용하였는데, 짧
은 교육용 서사까지 포함하면 허구적 서사의 수는 40개를 상회한다.
허구적 서사를 거의 찾을 수 없었던 『국민소학독본』에 비하자면 이는
허구석 서사에 대한 인식이 현저하게 향상되었다는 것을 뜻한다. 그런
사실은 무엇보다 전통적인 전(傳)에서 배제되었던 동물이나 무생물, 초
자연적인 존재들이 서사 영역에 대거 유입된 데서 알 수 있다. 기존의
전기들은 훌륭한 관리, 가혹한 관리, 효성스러운 대신, 신뢰할 만한 친

구, 절개 있는 여성, 유생, 은둔자 등 특별한 인간 유형이 대상이었지만, 여기서는 말이나 개와 같은 동물, 물(水), 아동과 어머니 등이 두루 등장해서 서사에 대한 정형화된 인식이 한층 유연해진 것을 볼 수 있다.

여기서 허구적 서사는 크게 두 유형으로 나눌 수 있다. 하나는 서술자가 개입해서 교훈을 직접 전하는 경우이고, 다른 하나는 서사만을 논평 없이 제시한 경우이다. 전자는 우화와 교육서사에서 두루 목격되는 가장 보편적인 형식으로, 「욕심 만흔 犬」에서 그 단적인 특징을 엿볼 수 있다. 고기를 물고 가던 개가 다리 밑의 그림자를 보고 그마저 욕심을 내어 짖다가 물었던 고기를 빠뜨렸다는 내용이다. 이를 서술한 뒤 화자는 끝에다 "심히 욕심이 만흔 자는 도로혀 손해되는 일이 만흐니라."라는 논평을 덧붙여 놓았다.

흔 머리 개가 잇는디 고기를 물고 드리를 건너 갈식 드리아리에도 또
흔 고기를 먹는 개가 잇는 것을 보앗더라.

이 개는 甚히 慾心이 만흔 개라 그 고기신지 쌔앗고져 ᄒ야 짓더라.
지즐 째에 입이 열녀셔 물엇던 고기가 곳 물가온듸 쌔진지라 이째 아
릭에 잇던 개가 물엇던 고기도 홈씩 업셔졋더라. 甚히 慾心이 만흔 者
는 도로혀 損害되는 일이 만흐니라.

욕심을 부리면 손해를 본다는 내용의 논평을 통해 서사의 주제를
말하고, 궁극적으로 학생들이 깨우치기를 소망한 것이다. 여기서 논평
이란 사람, 장소, 대상, 행동들에 대한 설명이나 해석이다. 그것의 중
요한 기능은 추상적인 용어로 정치적, 사회적, 경제적인 판단뿐만 아
니라 윤리적이고 심미적인 판단을 내려서 그것들의 성격을 정의하고,
청자가 어떤 행동의 과정에 참여하도록 설득하는데 주안점(웰무트 본하
임, 1998, 59~66면)을 둔다. 위의 논평은 학생들에게 욕심을 경계하라는
설득에 초점이 있다. 그런데, 우화는 당대 현실의 실제적인 문제가 아
니라 대개는 보편적이고 추상적인 문제를 다룬다는 점에서 간접적이
고 우회적인 교훈 전달의 방식이다. 우화에서는 이야기 자체의 의미에
초점이 맞추어지는 것이 아니라 이야기 속에 기탁된 숨겨진 의미, 즉
이야기를 통해 별도로 산출되는 우의(寓意)에 초점이 모아진다. 말하자
면, 우언의 이야기 내용은 이야기 밖의 일상적 삶의 어떤 국면과 유비
적 관계를 이루고, 작품 내적 세계는 나름의 독자성을 지니고 있으면
서도 작품 전체를 통해 작품 외적 의미를 가탁(유승준, 6-7면)한다. 그런
점에서 이 글은 조선 침략이 임박한 시점에서 일제가 조선 사람들에
게 전파하고자 했던 덕목이라고 해석할 수도 있을 것이다.[23]

---

23) 이는 「편복화」, 「방휼지쟁」, 「빈계급가압」, 「정와의 소견」 등의 우화에서 목격된다.
"二心을 가진 사롬을 경계홈이니라.", "양인이 상쟁에 타인이 이익을 엇는 것을 방휼
의 닷톰이라 ᄒ느니라.", "타인의 여하홈을 문견치 못ᄒ고 자기의 지각과 재능이 출
즁홈으로 망신ᄒ는 자롤 경계혼 고담이라." 등의 진술은 외견상 우화의 주제를 말한

교육서사도 대부분 이와 동일하다. 대표적으로 들 수 있는 것이 2권의 「동자1, 2」이다. 곧, 복동이는 가난한 집의 자식이어서 매일 나무를 팔아서 부친을 도와야 하는 관계로 공부할 시간이 없고 그래서 말을 끌고 가면서 책을 읽는다. 이웃의 부잣집 아들인 순명은 복동이의 학구열에 감동해서 저녁마다 복동에게 독서하는 법을 가르쳐 준다. 이를 서술한 뒤 마지막 부분에서 "동리 사룸들이 이 두 동자를 미오 스랑ᄒ고 공경ᄒ더라."라는 주변 사람들의 평을 덧붙여 놓았다. 전지적 화자가 인물들의 특성과 행위를 서술한 것으로 짧은 한편의 소설과도 같은 형식이다. 계몽적 의도를 직설적으로 드러내지 않고, 전지적 시점을 통해서 인물들의 일화를 실제 인물의 일화인 듯이 서술함으로써 신빙성을 높이는 전략을 취했고, 그래서 이 글은 분량이 적다뿐이지 형식과 내용면에서 신소설과 별반 차이가 없다.

그런 특성은 「母心」에서도 볼 수 있다. 여기서는 배경이 서사보다 먼저 제시된다. 곧, 해가 지고 달은 아직 나오지 않은 저녁, 바람이 차서 춥고 사방이 적막한데 아직 밖에 나간 아이들이 돌아오지 않았다. 모친은 깊이 우려하면서 문에 서서 애들이 길을 잃지는 않았는지 아니면 어디 다치지나 않았는지를 근심한다. 아이들은 실컷 놀다가 돌아오자 어머니가 기뻐서 아이들을 끌어안는다는 내용이다. 여기다가 서술자는 부모에게 심려를 끼치면 불효막심하다는 것을 언급한다. 서사가 제시되고 그것을 간략히 정리하는 식으로 서술자의 논평이 덧붙여진 것이다.

듯하지만 한편으론 『국어독본』의 편자가 학생들에게 가르치고자 했던 도덕과 가치라고 볼 수도 있다.

부모의게 우려를 끼치는 자는 불효막대홈이로다. 공자ㅣ 굴ㅇ사대 부모ㅣ 계시거던 멀니놀지말며 노라도 반두시 방향이 잇다 ㅎ시니라.

여기서 서사에 제시된 인물과 사건은 일상 현실에서 목격되는 구체적인 현실이다. 앞의 인물 서사나 우화가 추상적이거나 과거의 시간을 배경으로 편자의 의도를 제시했다면 교육서사는 대부분 아동과 어머니 등 주변의 인물이 주인공으로 등장한다. 그리고 이들 서사에서 언급되는 내용 역시 주변에서 흔히 목격되는 평범한 일상사라는 점에서 한층 더 현실적이다. 추상적인 시공간에서 전개되는 서사는 보편적이고 일반적인 교훈을 전달할 가능성이 많지만, 여기서는 구체적 인물과 사건을 통해서 한층 현실성 있는 교훈을 전달하는 것이다.

다음으로, 서사만이 논평 없이 제시된 경우이다. 서술자의 개입 없이 우화만이 제시된 경우는 「馬」와 「엽부와 원숭이」를 들 수 있다. 「馬」는, 소금을 옮기는 말이 물에 넘어져 소금이 모두 녹아 가벼워지자 좋아하였고, 이튿날 마른 풀을 싣고 가다가 일부러 물속에 넘어졌으나 말은 매를 맞고 고생하면서 귀가했다는 내용이다. 「엽부와 원숭이」는, 엽사가 세 마리 원숭이를 발견하고 총을 쏘려 하자 어미 원숭이가 새끼들을 도망하게 한 뒤 피살되었다. 잡은 원숭이를 집에 매달아 두었더니 밤에 새끼들이 와서 어미를 달라고 울어서 던져 주니 사체를 등에 지고 돌아갔다는 내용이다. 이들 우화는 이렇듯 서사만을 제시하고 어떤 논평이나 교훈을 제시하지 않고 독자들이 직접 공감하고 느끼도록 하였다. 앞의 경우처럼 작가가 개입하여 논평을 가하면 독자들은 쉽게 알아들을 수 있지만, 소설 속에 빠져들어 작중인물과 함께 호흡하고 긴장하는 등의 공감대를 형성하기는 어렵다. 근대 소설이 전지적 시점에서 탈피하여 시점을 다원화한 것은 그런 한계를 보완하고자 한 것으로, 그것은 보다 실감나게 서사를 전하려는 방법에 대한 인식을 전제한다. 「馬」나 「엽부와 원숭이」가 보여주는 것은 바로 그런 모습이다.[24]

이 부류 서사에서 목격되는 또 다른 특징은 본문에 화자를 명기한 점이다. 「나자(懶者) 1, 2」에서 목격되는 다음과 같은 형식은 개화기 소설의 일반적 형식이기도 하다. 가령, 마을에는 두 개의 길이 있는데 하나는 학교 가는 길이고, 다른 하나는 들로 나가는 길이다. 학생 '장(張)'은 학교에 가기 싫어서 들로 나가고, 학생 '이(李)'는 매일 새것을 배우는 것이 즐겁다는 이유에서 학교로 나간다. 「나자2」에서는 20년 후 놀기를 좋아했던 사람은 남루한 의복을 입고 대갓집 문 앞에서 구걸을 하며, 배우기를 즐긴 다른 한 사람은 그 집 주인이 되었다는 이야기이다.

> (張) 나는 학교에 가기 실흐니 이리 오너라 들에 가자. 草茵에 누어셔 숯이나 짜면셔 놀자.
> (李) 너는 엇지ㅎ야 학교를 됴화ㅎ지 아니ㅎ느뇨 每日 새것을 빈호는 것이 ᄀ장 즐겁지 아니ㅎ뇨.
> (張) 산술 국어 일어 한문 ᄀ흔 것을 빈혼덜 무엇에 쓰리오 나는 홀로 들에 가셔 자미잇게 놀겟다 ᄒ더라.
> 이처럼 ᄒ고 張은 原野로 가고 李는 학교로 가니라.
>   ―「나자1」에서

두 학생의 성(姓)을 명기하고 대화를 서술함으로써 서사는 마치 연극

---

24) 「엽부와 원숭이」는 일본의 『國語讀本』에 수록되었고, 그것을 그대로 번역해서 옮긴 때문으로 볼 수도 있지만, 다음에서 볼 수 있듯이, 서사의 리얼리티를 높이려는 시도들이 여럿 목격된다는 점에서 서사에 대한 인식이 진전된 것이라 하겠다.

의 한 장면처럼 한층 객관화된 모습으로 나타난다. 고전소설이 전지적
시점을 통해서 대상 인물과 화자의 구분이 모호한 형태를 보여주었다
면 여기서는 초점인물과 거리를 둠으로써 한층 객관화된 서술이 된
것이다. 더구나 여기에 등장하는 인물과 사건은 주변에서 목격되는 지
극히 일상적인 것들이다. 일상 현실이란 이완 와트(Ian Watt)의 주장처
럼 근대소설이 탄생하는 바탕이고, 동시에 리얼리티의 근간이다. 그
일상을 근거로 개인을 발견하면서 근대 소설이 탄생하였다. 여기서 개
인은 전통이라는 이름의 과거 사상과 행동 양식으로부터 독립해 있는
그런 의미의 개인(이언 와트, 89-92면)이다. 물론 「나자」는 열심히 공부한
사람이 성공한다는 전통적인 주제로 귀결되고 한편으론 이솝우화 「개
미와 베짱이」를 패러디한 듯한 모습이지만, 구체적이고 현실적인 인
물을 통해서 서사를 전개했다는 점에서 앞의 경우보다도 한층 리얼리
티를 갖는다. 이런 형식의 진술은 4권 22과 「김적명의 탄식」, 5권 23과
「정와의 소견」, 6권 13, 14과 「철의 대화1, 2」 등에서도 두루 목격된다.
『혈의 누』나 『금수회의록』이 화자를 제시하여 한층 객관화된 서술을
보여준 것처럼 화자를 명기한 이런 식의 서술을 통해서 한층 리얼리
티를 높인 것이다.

  서사의 측면에서 또 하나 주목할 점은 『국민소학독본』에서보다 한
층 진전된 형태의 액자식 구성이 등장한다는 사실이다. 액자 소설은
이야기 속에 하나 또는 여러 개의 내부 이야기를 안고 있는 것으로,
이야기 밖에 또 다른 서술자의 시점을 배치하여 작품의 시점을 다원
화한 것이다. 4권 21과 「옥희의 자선」에서 그런 사실을 볼 수 있다. 이
글의 경우 신문 기사를 내화(內話)로 소개하고, 외화의 서술자가 기사의
인물을 찾아서 도와준다는 점에서 내화와 외화의 경계가 사라지고 리

얼리티가 한층 더 강화되어 있다.

> 어느날 신문지에 「가련흔 모자」라 흐는 제목 하에 좌기흔 사실을 게
> 재흐얏더라.
> 　백동 십이통 일호에 사는 이여원은 금년 십일세 되는 동자ㅣ라 여원
> 의 부는 목공으로 자생흐더니 어느날 모가의 수리공 역에 피용흐엿다
> 가 중상으야 사망흐니 이쒸는 여원의 나히 오세라 기 모ㅣ 비통흔 중
> 에 매일 낫에는 의상을 재봉흐야 근근히 세월을 보니는지라 (중략) 슯
> 흐다 여원이 자금으로 엇더케 돈을 엇으며 엇더케 약을 살 수 잇스리
> 오 그 모자의 신세가 참 가련흐도다.
> 　옥희라 흐는 여자의 모친이 그 신문을 넑을 식 옥희가 듯고 크게 감
> 심흐야 평일에 저축흔 돈 육십전을 여원의게 연조(捐助)흐겟다 흠이 그
> 모친도 옥희의 자선심에 감동되야 나도 의복을 주겟다 흐더니 익일에
> 옥희와 그 모친이 여원의 집을 자져셔 돈과 의복을 연조흐니 여원이
> 희열흔 므음과 감격흔 정을 익의지 못흐야 무수히 배사흐고 여원의 모
> 친도 병상에서 간절히 그 은혜롤 닐굿더라.

　모친이 읽어준 신문 기사를 듣고 기사 주인공의 딱한 처지를 알게
된 옥희는 저금한 돈과 어머니가 보탠 의복을 가지고 다음날 여원을
찾아가 전달했다는 내용이다. 불상한 이웃을 돕는 선행을 기록한 짧은
일화로, 신문 기사의 내용이 내화가 되고 그것을 읽고 도와주는 옥희
모녀의 행동이 외화가 된다. 내화와 외화가 긴밀하게 연결되어 이야기
의 경계선이 사라진 형태로, 외부의 액자틀은 내부 이야기의 근원을
제시하고 동시에 내부 이야기와의 거리를 발생시키면서 내부 이야기
의 개연성을 증진시키는 효과를 발휘하였다. 사실 이 글은 불쌍한 이
웃을 도와야 한다는 내용의 계몽적 이야기이고, 그래서 서사의 의도는
앞에서 언급한 서사적 논설과 별반 차이가 없다. 그런데 서사적 논설

에서는 외화에 해당하는 옥희 모녀의 이야기가 서술자의 해설(논설)로 제시되지만, 여기서는 그것을 이야기 형식으로 제시했다는 점에서 한층 더 실감을 주게 된다.

물론 액자 형식은 이 시기만의 산물은 아니다. 이전의 민담과 설화를 전달하는 구술자도 서사의 신빙성을 높이고 흥미를 유발하기 위해서 이러한 형식을 택하기도 하였다. 주지하듯이, 서사적 논설은 조선 후기의 한문단편과 야담의 형식을 계승한 글쓰기 양식이다. 서사적 논설은 일화, 문답, 우화, 몽유, 토론, 인물전기 등 다양한 형식으로 나타났는데, 「옥희의 자선」은 그런 견지에서 볼 때 평범한 인물의 일화를 소재로 한 서사적 논설의 하나이다. 말하자면 「옥희의 자선」은 서사적 논설과 양식적으로 공통된 특성을 갖는다. 단순하고 짧은 서사를 활용하여 교훈적 주제를 전달했던 서사적 논설은 이후 매체와 대상 독자가 변함에 따라 장형화되고 그것이 단행본의 형태로 출간되어 신소설로 대중에게 널리 소개된 것은 익히 알려진 사실인데, 「옥희의 자선」은 그 중간 형태에 해당하는 모습이다.

5. 근대 서사의 도입과 '국어' 교과

근대계몽기 독본에는 이렇듯 다양한 형태의 '서사'가 등장한다. 이들 서사가 모두 현실과 조응해서 양식적 진화를 거듭했다고 단정하기는 어렵지만, 근대 서사 형성의 양식적 기초로 작용한 것을 부인하기는 힘들다. 전통적 문(文)이 근대 전환기라는 시대 현실에 조응해서 그 형태를 변화시킨 것이 그 단적인 사례라 할 수 있다. 1900년대에도 '문'(혹은 '문학')은 포괄적이고 통합적인 의미를 갖고 있었고, 그래서 문은 개인에서 국가에 이르기까지 사회의 전 단위를 유지시키는 힘으로 간주되었다. 근대 초기의 서사가 계몽적이고 정론적 특성을 갖는 것은 그런 전통이 완강하게 작용한 때문이다. 거기에는 물론 서사의 효능에 대한 자각도 작용한다. 조선 후기 국문소설이나 잡기(雜記)류의 번성에서 알 수 있듯이, 서사 양식은 어떤 사실이나 이념을 구체적 형상을 통해서 전달하고, 그래서 실감을 주고 내용을 쉽게 이해하도록 한다. 일본의 『尋常小學讀本』의 머리말에서 "아동들이 쉽게 이해할 수 있도록 이야기체를 활용한다"고 했던 것은 그런 특성과 관계되는데, 조선의 경우도 예외가 아니었다. 조선의 교과서에 서사의 중요성이 구체적으로 표명되지는 않았지만 일본 교과서를 참조하면서 서사의 효용성을 자연스럽게 인지하고 독본에 활용한 것이고, 그래서 최초의 독본인 『국민소학독본』에서부터 많은 수의 서사가 수록된 것이다. 그렇지만 아직은 문종에 대한 자각이 이루어지지 않은 상태였기에 근대적 문종의식을 찾기는 힘들다. '기사(紀事)'와 '화(話)'와 '이익기' 등 서로 다른 명칭을 사용하고 있음에도 불구하고 각각에 대한 차별적 인식을 보여주지는 못한다. 이들 글은 대부분 주장하는 바를 좀 더 설득력 있게 전달하기 위해 서사를 활용한 서사적 논설의 수준이다.

그렇지만 이 과정에서 조금씩 서사의 자율성이 확보되는 것을 볼 수 있다. 전통 서사에서는 서술자가 적극적으로 개입해서 논평을 가하는 경우가 많았지만, 『국민소학독본』과 『신정심상소학』의 서사에서는 그런 특성이 상대적으로 약화되어 나타난다. 서술자의 개입이 축소되거나 사라지고 대신 서사 자체가 독립된 형태가 되면서 자율성이 한층 강화된 것이다. 그래서 이들 글은 '서사적 논설'이 아니라 '논설적 서사'가 된다. 서술자의 의도가 주변적인 것으로 축소되고 서사가 보다 큰 비중을 차지할 경우 논설과 서사의 관계가 역전된 '논설적 서사'가 되는데, 그것을 『신정심상소학』이 보여주는 것이다.

한편, 이솝우화의 수용은 '서사'에 대한 인식을 향상시키는 계기로 작용한다. 전형화된 인물과 함께 보편적 교훈이 제시됨으로써 이솝우화는 이후 아동문학의 창작적 토대로 기능한다. 화자의 존재 방식에 변화가 오는 것도 그런 사실과 관계될 것이다. 고대소설은 대부분 전지적 시점을 취하지만 독본의 서사에서는 그것이 한층 다양한 형태로 나타난다. 『국민소학독본』의 서사는 대부분 전지적 시점으로 이루어져 서술자의 계몽적 의도가 직접적으로 드러나지만, 『신정심상소학』에서는 이솝우화가 소개되면서 작가 관찰자 시점이 등장하고 심지어 액자 구성의 전지적 시점이 나타나기도 한다. 이런 형식이 사회적으로 확산되어 신소설과 같은 반향을 일으키지는 못했지만, 교과서를 통해서 지속적으로 전파됨으로써 아동문학 탄생의 중요한 토대를 제공한 것으로 보인다. 『심상소학독본』의 서사는 신소설을 비롯한 초기 근대문학이 계몽성을 지반으로 성장하는 중요한 터전이 된 것이다. 개화기 이후 국어 교과서에서 「가마귀와 여호의 이익기라」나 「탐심 잇는 개라」 등의 우화가 지속적으로 수록되면서 서사의 원형을 제공했고, 그 지반 위에서 서사 양식이 형태를 잡게 되는 것이다. 교과서가 갖는 중요한 사명의 하나는 국민정신의 함양에 있는 바, 이들 서사는 그것을 가능케 한 양식적 도구였던 셈이다.

소설과 역사에서 진실의 의미는 각기 다르다. 소설 작가는 역사와는 다른 형태로 사건, 인물, 감정, 진실을 창조한다. 근대소설은 이 허위(虛僞) 진술이 실록과는 다른 가치와 의미를 갖는다는 인식이 확립되면서 자리를 잡는다. 신문이나 잡지를 통해 볼 때 그런 의식이 등장한 것은 대체로 1890년대 후반이다. 그런데 '독본'의 경우에는 그보다 4~5년이나 빠른 시점에서 그런 현상이 나타나는 것을 볼 수 있다. '독본'의 변천에 따른 서사 종(種)의 추이는 허위 진술의 가치에 대한 인식의 진전과 함께 서사의 자율성이 점차 확보되는 과정과 맞물려 있고, 그런 점에서 근대 '독본'은 근대소설이 형성되고 탄생하는 과정을 보여주는 바로미터와도 같다. 독본은 단순한 교육용 매체가 아니라 서구와 일본의 영향이 본격화되고 거기에 대응하는 전통 양식의 내적 변화가 이루어지는 조정과 경연(競演)의 장이었다. 소설은 그 장(場)에서 점차 세력을 키우면서 자생력을 갖게 된 존재로, 개화기 독본은 그 초기 양상을 구체적으로 보여주는 것이다.

참고문헌

1차 자료

『高等小學讀本』, 文部省編輯局, 1988.11.
『國民小學讀本』, 學部編輯局, 大朝鮮開國五百四年 梧秋.
『論語』, 「述而」, 子不語 怪力亂神.
『童蒙敎草』, 福澤諭吉譯, 尙古堂, 明治五年(1872).
『新訂尋常小學』, 學部, 建陽元年 二月上澣.
『尋常小學讀本』, 文部省編輯局, 明治 二十年 五月.
『通俗伊蘇普物語』, 渡邊溫, 明治21年.
渡邊溫, 『通俗伊蘇普物語』, 明治21年(1888).
福澤諭吉譯, 『童蒙敎草』, 尙古堂, 明治五年(1872).

2차 자료

강진호, 「'국어' 교과서의 탄생과 근대 민족주의」, 『상허학보』 36, 상허학회, 2012.
_____, 「한·일 근대 국어 교과서와 '서사'의 수용」, 『일본학』 39, 동국대 일본학
       연구소, 2014.
김영민, 『한국 근대소설사』, 솔, 1997.
_____, 『한국 근대소설의 형성과정』, 소명출판, 2005.
김윤규, 『개화기 단형서사문학의 이해』, 국학자료원, 2000.
김찬기, 『한국 근대소설의 형성과 전』, 소명출판, 2004.
문한별, 「한국 근대 소설 양식의 형성과정 연구」, 고려대 박사논문, 2007.
박승배, 「갑오개혁기 학부 편찬 교과서 편찬자가 활용한 문헌 고증II」, 『교육과정
       연구』 31, 한국교육과정학회, 2013.
송명진, 「개화기 독본과 근대 서사의 형성」, 『국어국문학』 160, 국어국문학회, 2012.
윤승준, 「근대계몽기 단형 서사문학과 우언」, 『동양학』 38, 단국대 동양학연구소,
       2005.

전용호, 「고종·순종시대 국어교과서의 서사유형 연구」, 『어문논집』 53, 민족어문학회, 2006.

정선태, 『개화기 신문논설의 서사 수용 양상』, 소명출판, 1999.

조남현, 『한국현대소설사1』, 문학과지성사, 2012.

조문제, 「개화기 국어교과서에 수록된 교재에 관한 연구(1)」, 『국어생활』 4, 국어연구소, 1986.

허경진 외, 『근대계몽기 조선의 이솝우화』, 보고사, 2009.

루샤오핑, 조미원 외, 『역사에서 허구로(중국의 서사학)』, 길, 2001.

스즈키 사다미, 김채수 역, 『일본의 문학개념; 동서의 문학개념과 비교고찰』, 보고사, 2001.

웰무트 본하임, 오연희 역, 『서사 양식』, 예림기획, 1998.

이언 와트(Ian Watt), 강유나·고경하 역, 『소설의 발생』, 강, 2009.

03

1920년대 독본과 수필의 영역

곽
승
숙

1. 1920년대 독본과 수필

근대 독본에 대한 연구는 교과서로서의 '교육적' 측면에 초점을 맞추면서 일제 강점기의 교육 정책과 교과서의 서지 내용을 정리하는 방식으로 이루어져 왔다.[1] 아울러 일제 강점기에 간행된 독본은 식민주의의 소산으로 내지는 식민주의에 대항하는 텍스트로 연구되면서 다양한 연구 성과를 축적하였다.[2] 기존의 연구를 통해 일제 강점기 독본의 존재 양상, 개별 독본의 형식과 내용, 사회적 의미 등에 대한 성과가 축적된 것이다.

그러나 여타 교과서와 다른 읽기 자료로 독본의 특성을 염두에 둔

---

1) 박붕배,『한국 국어교육 전사』, 대한교과서주식회사, 1997; 이종국,『한국의 교과서 출판 변천 연구』, 일지사, 2001.
2) 강진호 외,『국어 교과서와 국가 이데올로기』, 글누림, 2007; 허재영,『일제 강점기 교과서 정책과 조선어과 교과서』, 경진, 2009; 김혜련,『일제 강점기 조선어과 교과서와 조선인』, 역락, 2011; 강진호·구자황·김혜련 외,『근대 국어 교과서를 읽는다』, 경진 출판, 2014.

다면, 독본에 수록된 다양한 산문의 유형에 초점을 맞춰야 한다. 독본은 편찬된 당시의 담론을 특정한 체재와 형식으로 반영하고 있는 읽기 교재의 위상을 지닌 것으로 파악할 수 있기 때문이다. 개화기를 거쳐 일제 강점기에 출간된 독본은 교육적 의도 아래 당대의 지식을 생산하고 보급하는 매체로 기능하였다. 그러나 독본에 실린 글은 현상이나 지식에 대한 기술 설명적인 교육적 내용에 그치지 않고 '교화'나 '개화'라는 목적의식 아래 다양한 영역에서 선택되었다. 이 시기 독본에 수록된 글 중에서 '산문'의 형식을 갖춘 글은 문종이 분화되기 이전의 상태를 보여준다.[3]

이 글은 1920년대 독본에 수록된 산문 중에서 비-허구적인 내용을 담고 있는 글에 주목한다. 문학의 장르 안에서 형식상 시, 소설, 희곡이 아닌 글을 지칭하면서 내용상으로는 비평적인(논문적인) 것에서부터 감상적인 것까지를 아우르는, 다양한 편폭을 보임으로써 비-허구 산문 전체를 가리키는 용어로 '수필'이 있다.[4] 1930년대를 거치면서 수필은 감(感)·감상문(感想文)·단상(斷想)·상화(想華)·소품(小品)·일기(日記)·기행문(紀行文)·산문시(散文詩)·서간(書簡) 등의 이름으로 다양한 비-허구 산문들을 포괄하는 하나의 독자적인 장르로 성립하게 된다.[5] 이러한 수필 개념의 정립은 수필이 질적·양적으로 두드러지게 되는 1930

---

3) 독본에서 문종에 대한 인식은 목차의 제목 앞에 각 글의 종류를 표시해 놓은 것으로 확인할 수 있다. 『문예독본』(1931)에는 '童話', '童謠', '小說', '時調', '戱曲', '新詩', '頌', '史話', '小品文', '편지', '隨筆', '論文', '感想文', '紀行', '스케취', '逸話', '評論', '紀行文', '短評', '解題'로, 『조선어작문학습서』(1931)에는 '感想文', '追憶文', '寫生文', '紀行文', '論文', '說明文', '편지' 등으로 문종이 분류되어 있다.
4) 문혜윤, 「'수필' 장르의 명칭과 형식의 수립 과정」, 『민족문화연구』 48, 민족문학사연구소, 2008, 128면.
5) 김현주, 「한국 근대 산문 연구의 시각과 가능성」, 『한국 근대 산문의 계보학』, 소명출판, 2004, 26면.

년대에 당대 새로운 문학 장르로서 수필 담론이 활성화된 것과 관련
이 깊다. 1930년대 수필 담론은 문예지나 신문 등에 발표된 작품들을
통해 수필 장르의 당대적 의미를 밝히는 데 초점이 맞춰져 있다. 문예
지나 신문 등의 매체를 중심으로 수필의 개념이 성립된 것으로 파악
하고 있는 것이다. 그런데 1930년대 수필 담론이 활성화되기 이전 시
기, 수필의 유형으로 분류되는 비-허구 산문의 유형을 1920년대 '독
본'에서도 발견할 수 있다. 따라서 이 글은 수필의 개념 정립 과정에
서 다루어지지 않은 매체로서 '독본'에 주목하고자 한다. 문학작품을
감상하고 창작 방법을 설명하는 일반적인 작문 교재가 아니라, '설명'
을 통해 지식을 전달하는 국정 교과서에 수필로 분류될 수 있는 산문
이 수록된 것은, 수필이 다양한 장에 걸쳐 존재하고 있다는 사실을 방
증한다. 한편 독본이라는 텍스트 안에서 수필 장르가 활용되는 양상을
통해 수필 형식에 대한 당대의 인식을 확인할 수 있을 것으로 기대한
다. 이를 위하여 1920년대에 간행된 국정 독본인 『보통학교 조선어독
본』(1923-1925), 『보통학교 고등과 조선어독본』(1924-1925), 『여자고등 조
선어독본』(1923-1925)을 대상 텍스트로 삼는다.[6]

---

6) 대상 텍스트인 『보통학교 조선어독본』, 『보통학교 고등과 조선어독본』, 『여자고등 조
  선어독본』은 1922년 개정 교육령 시행기의 보통학교, 고등보통학교의 교과서이다. 이
  텍스트를 분석의 대상으로 삼은 이유는 첫째, 보통학교와 고등보통학교의 국정 교과서
  로서 초등교육과 중등교육 과정에서 활용되었다는 점, 둘째 1910년대 교과서에 비해
  산문의 형식을 갖춘 비교적 긴 분량의 글이 수록되었다는 점을 들 수 있다.
    1922년 조선교육령과 계학교 규정을 개성함에 따라 조선총독부는 그 취지에 기초하여
  교과서 개판(改版) 계획을 수립하고, 다른 한편 1922년 1월에 개최된 교과서 조사위원
  회의 의견을 참작하여 교과서를 새로 편찬하였다. 이 편찬 작업은 1924년도에 대체로
  완료되었고, 이후에는 개정에 착수하였다. 조선총독부가 밝힌 교과서 편찬의 일반 방
  침 중 '조선' 관련 내용을 살펴보면 다음과 같다. 보통학교 교과서 편찬과 관련해서는
  "교재는 조선 아동에 대해서는 조선에 관한 교재를 많이 넣고 아주 일부의 교재에 대
  해서만 국정 교과서를 전부 또는 조금 변경하여 채용한다.", "교과서의 기술은 아동의
  심리에 맞게 하고 무엇보다도 흥미에 맞게 한다."로 제시하였다. 고등보통학교 교과서

이 글에서는 세 편의 텍스트에서 기행, 편지, 일기에 초점을 맞추고
자 한다. 1920년대 독본에 수록된 기행, 편지, 일기는 기존 문학의 전
통적 형식을 따르면서 시대적 흐름에 따른 변화의 양상을 드러내기도
한다. 당대의 교육 이념이 기행, 편지, 일기의 형식 안에서 근대적 주
체로서 발신인(편찬자)과 수신인(학습자) 사이의 관계를 통해 드러나 있
는 것이다. 기행, 편지, 일기는 편찬자가 각각의 글의 서술 주체인 '나'
혹은 '우리'로 모습을 드러내면서 학습자를 향해 발화한다. 이 글에서
는 기행, 편지, 일기의 유형을 살펴보고, 이러한 글들이 1920년대 독본
속에서 변화의 과정을 거치며 존재하는 양상에 대해 살펴보기로 한다.

2. 지리적 지식과 기행문[7]

1920년대 독본의 기행 관련 산문은 특정한 장소에 대한 설명이나

편찬과 관련해서는 "조선어 및 한문 교과서는 이전에는 당시의 정세에 비추어 한문을
주로 하고 조선어를 부차적으로 다루는 경향이 있었으나, 신규정에서는 조선어와 한문
의 지위를 완전히 바꾸어 한문은 분량을 줄이고 그 정도도 낮춘다. 조선어는 이와 반
대로 한다."로 제시하였다. (이혜영 외, 『한국 근대 학교교육 100년사 연구(Ⅱ)—일제시
대의 학교교육』, 한국교육개발원, 1997, 210~215면 참조) 이러한 방침은 『보통학교
조선어독본』, 『보통학교 고등과 조선어독본』, 『여자고등 조선어독본』에서 기행, 편지,
일기의 형식을 통해서 반영되었다. '조선'의 장소를 다루는 기행의 형식은 조선에 관
한 교재와 연관되며, 편지의 발신자/수신자 및 일기의 필자를 아동으로 설정한 것은
학습자의 심리와 흥미에 맞게 편찬한다는 방침과 관련된다.

7) 이 장에서는 특정한 장소에 대한 설명이나 장소에 대한 감상, 여정을 표현하고 있는
글을 아울러서 살펴본다. 이 글의 텍스트인 『보통학교 조선어독본』, 『보통학교 고등과
조선어독본』, 『여자고등 조선어독본』에 수록되어 있는 '기행' 관련 글은 17편으로 다
음과 같다.
『보통학교 조선어독본』- 白頭山(3권11과), 京城(3권22과), 湖南旅行(5권11과), 富士山과
金剛山(5권16과), 新羅의古都(5권25과), 開城(6권8과)
『보통학교 고등과 조선어독본』- 京城의春色(1권2과), 瑞西의山水(1권5과), 赤道直下大
洋의一日(1권6과), 朴淵遊記(1권8과), 世界(2권7과), 嶺東山水(一)(2권24과), 嶺東山水

감상, 여정을 표현하고 있는 단형 산문과 장형 산문의 형태로 드러난
다. 단형 산문은 주로 특정한 지역에 대한 설명적 진술과 그곳에 대한
요약적 서술로 이루어져 있다. 단형 산문은 지명을 제목으로 하여 해
당 지역이나 장소에 대한 지리적, 역사적 정보를 짧은 형태로 전달하
는 글로, 당대의 지리적 인식을 포함하고 있다. 각각의 지역은 나라를
구성하는 국토의 일부로 설명되면서 그 내용이 국민으로서 알아야 할
지리적 지식의 유형으로 제시되는 것이다. 이러한 단형 산문에는 독본
이 편찬될 당시의 이념이 강하게 드러나 있다.[8]

『보통학교 조선어독본』의 단형 산문인 「백두산」과 「개성」은 각각의
장소에 대한 정보를 제공한다. 「백두산」은 백두산의 위치, 높이, 천지,
두만강, 압록강에 대해 서술되어 있다. 「개성」역시 위치, 주변 환경,
인구, 도시 구역에 대한 설명으로 서술되어 있다. 장소에 대한 이와 같
은 지식은 '조선'의 지리뿐만 아니라 일본의 지리에 대한 정보로 제시
되기도 한다.『여자고등 조선어독본』에 수록된 「橫濱」과 「奈良」, 「富士
山」은 일본의 해당 지역에 대한 정보를 전달한다. 이 글들은 조선총독

(二)(2권25과)

『여자고등 조선어독본』- 橫濱(1권12과), 富士山(1권13과), 開城(2권4과), 奈良(2권15과),
京城씃구경(4권3과)

8) 한성에 대한 글이 대표적인 유형으로, 각 독본에 '한양' 내지 '한성'이라는 제목으로
　수록된 글은 그곳이 '우리나라'의 수도라는 정의로부터 시작되는 점에서 공통적이나
　한양에 부여되는 의미가 서술자에 따라 차이를 보이게 된다.『국민소학독본』,『보통학
　교 횐도용 국어독본』,『최신조능소학』,『신찬초등소학』에 수록된 산문에서 지형, 위치,
　주변 지세, 모습 등은 '한성'에 대해 전파하고자 하는 지식이다. 그런데 네 편의 산문
　은 지리적 지식을 전달하면서 동시에 그것을 넘어 지향하는 바가 각각 다르다.『국민
　소학독본』이 보다 문명개화해야 할 곳으로 '한성'을 강조했다면『보통학교학도용 국어
　독본』에서는 문명개화의 구체적 양상을 제시하고 있으며,『최신초등소학』에서는 역사
　적 장소의 강조,『신찬초등소학』에서는 지형에 대한 감탄을 제시하면서 이념적 내용을
　제외시킨다. 이러한 지향은 독본이 발간될 당시의 상황, 발간 주체의 차이에 의한 것
　으로 볼 수 있다.

[그림1]『보통학교 조선어 급 한문독본』 권2 조선 지세 삽화

부의 관할에 따른 '내선일체'의 이데올로기가 교과서에 반영된 결과이다. '내선일체'의 이데올로기를 보다 직접적으로 드러낸 글은 『보통학교 조선어독본』에 수록된 「富士山과金剛山」이다. 장소를 다룬 글들의 분량이 비교적 짧고, 담고 있는 내용이 '정보' 위주라면, 이 글은 비교적 긴 분량에 서술자의 '감상'이 적극적으로 드러나 있다. 이 글은 후지산과 금강산을 나란히 배치한 뒤 각 산의 위치와 높이, 지형, 주변 지세에 대한 설명과 함께 감상을 표현하고 글의 마지막 부분에서 "富士山은그山容의雄壯秀麗함으로,金剛山은그山姿의優美幽邃함으로,共히世界의屈指하는名山이오."(강진호·허재영 편, 『조선어독본』 3, 230면)라는 서술로 마무리된다. '我國'의 산인 후지산과 '조선'의 산인 금강산이 한가지로 세계의 명산이라는 서술을 통해 내선일체의 이데올로기를 구현하는 것이다. 이는 "내선 융화를 위해 일본과 일본인에 관한 자료를 가한다"는 보통학교 교과서 편찬의 일반 방침을 그대로 따른 것이다. 그러나 단형 산문 형태의 글에서는 기행의 주체 즉 서술 주체의 '이동'이 제시되어 있지 않기에 기행문의 형태를 지닌 것으로 보기 어렵다.

본격적인 기행문의 형태를 갖춘 장형 산문은 『보통학교 조선어독본』에 수록된 「호남여행」이다.9) 「호남여행」에는 호남선 남행열차를 타고 이동하는, 여행의 행로를 중심으로 견문을 기록하는 서술 주체가 등장하여 산천 경물을 묘사하는 유기(遊記)의 형식이 보이기도 한다. 기행문의 전대(前代) 양식인 유기체(遊記體) 산문은 산수 등 자연 속에 존재하는

---

9) 근대 초기 대부분의 독본에서 장소에 대한 내용을 다루고 있는 글은 단형 산문의 형태이다. 특정한 장소에 대한 인식을 기반으로 하되, 서술자의 직접적인 체험과 해당 장소에 대한 감상이 발현되는 기행문의 형태가 등장하는 것은 최남선의 『시문독본』(1918)을 통해 확인할 수 있다. 그런데 『시문독본』에 실린 대부분의 기행문은 고전을 번역한 글로, 새로운 기행문의 유형을 제시하기보다는 '시문체'의 전범을 보여주기 위한 의도로 선정된 것이다.

아름다움을 발견하고 자연에 대한 인간의 심미적 감수성을 펼치면서
문학성을 획득하게 된다.[10] 기행의 주체인 필자가 본 것을 생동감 있
게 묘사하면서 여행자의 여정을 기록하는 것이 기행문의 서술 방향이
다. 그런데 「호남여행」에서 필자의 기록은 자신이 본 것보다 기차를
타고 거쳐 가는 지역에 초점이 맞춰져 있기에 견문의 생생함이 느껴
지지 않는다. 「호남여행」의 필자가 보는 것은 "右便으로秀麗한鷄龍山
이보이드니, 어느듯平野가眼前에展開"(강진호·허재영 편, 『조선어독본』 3,
220면) 되는 광경이다. 필자의 시선은 기차의 진행 속도에 따라 주마간
산 식의 풍경 감상으로 이어진다. 기차 안에서 필자는 자신이 보고 싶
은 대상이 아니라 기차가 보여주는 풍경을 바라보게 되는 것이다.[11]

湖南線南行列車를탄우리는、忠淸南道의大都會인大田을등지고進行하얏
소。얼마아니되여、右便으로秀麗한鷄龍山이보이드니、어느듯平野가眼前
에展開되면서、벌서論山에到着하얏소。 저有名한恩津石佛은、여긔서東南
쪽一里쯤되는곳에잇는대、놉히가五十五尺이나되는彌勒이至今도오히려
中霄에웃쑥서서、千年前高麗時代의藝術을말하는듯하오。百濟의舊都인扶
餘도여긔서멀지안소。
論山으로부터廣漠한平野를南으로進行하면、物資의集散地로有名한江景
에到着하고、更히前進하면、古來로有名한黃登湖의蕩漾한綠波가左便으로
보이는대、只今은臨益水利組合의貯水池가되여잇소。
裡里는元來寂寞한一寒村이엿섯스나、鐵道開通以來로急激히發展하야、
只今은湖南地方의中心地가되엿는대、益沃水利組合의大規模의事業으로灌
漑의便益이普及되오。馬韓의舊都인金馬城은여긔서멀지안소。
支線을밧궈타고平野를歡賞하면서、群山에到着하얏소。群山은半島西海

---

10) 진필상, 심경호 옮김, 『한문문체론』, 이회문화사, 2001, 104면.
11) 김현주는 최남선의 「평양행」을 분석하면서 기차가 여행의 주체이자 주제이며, '철도
지(鐵道知)'가 곧 여행의 안내서일 정도로 기차 여행이 기행문에 여러 가지 변화를
초래하였다고 보았다. (김현주, 앞의 책, 「국토 기행문의 계보학」, 133면)

岸의有數한良港으로、兩湖의門戶가되여、米穀의輸移出이가장殷盛하고、海産物의貿易도盛行되오。裡里로回程하야、輕便鐵道로全州를訪問하얏소。全州는古來의名邑으로、現今全羅北道廳의所有地인대、各種官衙・社會・商店等이 櫛比하야、대단히繁昌하오。(강진호・허재영 편, 『조선어독본』3, 220~21면)

인용문의 서두는 기차 여행의 주체인 '우리'가 대전(大田)을 출발하여 첫 번째 경유지인 논산(論山)에 도착한 장면이다. 논산에서 강경(江景)을 지나 이리(裡里)로 가는 도중에 계룡산(鷄龍山), 은진석불, 부여(夫餘), 황등호수(黃登湖水) 등의 유적지와 명승지를 언급하지만 각 장소는 탐방을 위한 장소가 아니라 지나가는 곳이기 때문에 그곳에 대한 감상 대신 일반적인 지식이 서술된다. 반면에 경유하는 지역은 근대적 발전의 측면에서 설명된다. 가령 원래 가난한 마을이었던 이리가 호남지방의 중심지가 된 이유는 철도개통 이후라는 언급, 관개(灌漑)가 편리해진 것은 익옥수리조합의 사업 이후라는 점 등을 통해 해당 지역의 발전을 강조하는 것이다.

대전을 출발하여 다시 대전행 기차를 타기까지가 이 글의 여정이다. 여정 안에서 확인할 수 있는 공간의 이동은 대전(출발) → 논산 → 강경 → 이리 → 군산 → 이리 → 전주 →이 리 → 송정리 → <광주> → <나주> → 목포 → 여관 → 대전행 기차로 제시된다. 필자는 이리를 기준점으로 하여 지선을 바꿔 타고 군산으로 가고, 다시 이리로 돌아와서 경편철도로 전주를 방문한 뒤, 또 이리로 돌아와서 목포행 열차를 타고 송정리에 도착한다. 그리고 송정리를 거쳐 목포에 도착한 뒤 여관에 투숙한다. 그런데 나열된 지명이 곧 필자가 실제로 이동한 경로는 아니다. 필자가 이동한 공간은 '도착' 내지 '방문'이라는 언급을 통해 확인할 수 있는데 광주와 나주는 그러한 언급이 없다. 필자가 방문하지 않은 광주와 나주를 언급한 이유는 송정리에서 남조선철도로 바꿔 타고 이동하면 도착할 수 있는 곳으로 두 지역을 소개하기 위해서이다. 광주와 나주에 대한 언급을 통해서 이 글이 호남 지역을 기차로 방문할 수 있는 방법을 설명하기 위한 의도로 서술되었음을 알 수 있다. 즉 이 글은 호남 여행을 다녀온 필자의 경험적 사실을 전달하기보다는 기차를 타고 호남의 지역을 두루 찾아갈 수 있는 방법을 제시하는 것에 역점을 두고 있는 것으로 볼 수 있다.

기행문에서 '여행'의 주체로서 필자의 모습은 견문과 감상을 통하여 확인할 수 있다. 주체의 견문과 감상은 기행문의 문학적 성격을 드러내는 요소가 된다. 그런데 「호남여행」의 경우 이동하는 주체로서 필자의 모습이 희미하다. 「호남여행」의 서두에서 필자는 "湖南線南行列車를탄우리"를 제시하고 있으나 여정 중에는 '우리'가 드러나 있지 않다. 글의 말미에서 "旅館에들어數日間疲勞를풀고", 목포를 떠나 "再次大田行汽車속사람이되엿소"라는 표현에서는 여행 주체로서의 개인이 확인된다. 이러한 여행 주체의 분열을 통해 이 글의 서술자가 여행 주체로서의 기록자와 글을 읽게 될 독자를 아울러 '우리'로 호명한 것을 확인할 수 있다. 즉 「호남여행」은 호남 지역의 여행 기록을 제시하기 위한 것이 아니라 호남 지역까지의 이동과 관련된 정보를 독자에게 설명하기 위해 기행의 형식을 차용하여 적극적으로 독자를 '우리'라는 범주로 불러들인 것이다.

『여자고등 조선어독본』에 수록된 「開城」 역시 경의선 북행 열차를 탄 서술 주체가 '우리'로 지칭하며 독자를 적극적으로 불러들인다. 「開城」은 「호남여행」에 비해 서술 주체의 감상이 개성적으로 표현되어

있다. 그러나 이 글이 주로 다루고 있는 내용은 기차를 타고 개성으로
이동하여 하차한 이후에 목격하는 근대적 공간에 대한 소개이다. 옛
도읍지로서의 유적에 대한 감상보다는 철도공원, 면사무소, 대로(大路),
공사립남녀학교 등 개성 시가에 대한 서술 비중이 높다. 이 글의 서술
주체도 개성에서의 견문을 통해 근대적 도시 공간에 대한 지식을 독
자에게 전달하는 역할을 한다.

  결국 1920년대 독본에 수록된 기행문은 여행 과정 중 보고 들은 것,
느낀 것에 대한 서술자의 감상과 사고가 개성적으로 표현된 장르가
아니라 당대의 지리적 지식을 전달하고 설명하기 위해 기행문의 형식
을 차용한 것으로 볼 수 있다. 독자는 필자의 안내에 따라 기차를 타
고 이동하며 각 지역의 상업, 농업, 공업의 중심지를 소개받으면서 각
지역의 연결망인 근대적인 철도망에 대해 배우게 되는 것이다. 식민지
화 이후 변모하는 지역의 발전된 양상을 설명의 방식으로 제시한다면
그것은 평이한 내용으로 읽히게 된다. 따라서 독본의 편찬자(서술 주체)
는 전달하고자 하는 지리적 지식을 기행문의 양식에 담음으로써 독자
(학습자)가 그 내용에 흥미를 느끼도록 시도한 것으로 보인다. 지식을
어떻게 전달할 것인가라는 고민이 독자를 '우리'라는 주체 안에 호명
하는 기차 여행 형식의 기행문의 양식을 통해 드러난 것이다. 그러나
이 기행문 안에는 여행하고 있는 주체의 생각과 느낌 대신 근대적 이
동 수단과 근대적 도시에 대한 서술 주체이 설명적 목소리만이 드러
나 있다.

3. 근대적 소통 매체와 편지

편지는 발신인과 수신인이 정해져 있는 형식이다. 독본의 편지에서 발신인 혹은 수신인은 대개 그 교과서가 학습의 대상으로 삼는 학습자로 설정되어 있다. 발신인 혹은 수신인의 자리에 학습자를 불러들이는 이러한 시도는 목적이 분명하게 존재하는 편지 양식의 특성에 의해 그 글이 전달하려는 내용을 매우 명료하게 드러낸다. 즉 편찬자는 학습자를 수신인/발신인의 자리로 불러들이면서 그들에게 직접 발화하고자 하는 내용을 전달한다.

1920년대 독본에는 다양한 유형의 편지가 수록되어 있다.[12] 독본에서는 실용문으로서 편지의 역할과 그 활용법에 대해 교육시키는 내용이 빈번하다.[13] 『보통학교 조선어독본』에 수록된 「京城從弟에게」는 서술자가 편지를 쓰게 된 이유를 언급하고, 실제 작성한 편지를 제시한 뒤, 봉투에 넣어 발송하고 답장을 받게 되기까지의 과정에 대해 서술되어 있다. 글은 ① 서술자인 '나'(종대)가 경성에 살고 있는 사촌 아우 종학에게 편지를 쓰게 된 동기 소개, ② '내'가 쓴 편지 제시(일요일에

---

12) 『보통학교 조선어독본』, 『보통학교 고등과 조선어독본』, 『여자고등 조선어독본』에 수록된 편지는 23편으로 그 목록은 다음과 같다.

　　『보통학교 조선어독본』- 편지(3권10과), 問病(3권21과), 京城從弟에게(4권2과), 先生님께(4권9과), 新義州에서(4권11과), 注文書(4권15과), 友人의親喪에弔狀(4권22과), 花遊의請邀(5권2과), 妹弟에게(5권8과), 子在家上父書(5권19과), 水害中問候(6권9과), 平壤에서(6권17과), 講演會請邀文(6권22과)

　　『보통학교 고등과 조선어독본』- 都會에잇는友人에게, 水彩畵를贈하는書(1권4과), 旅窓에서아우에게(2권15과), 物品을贈하는書札(2권17과)

　　『여자고등 조선어독본』- 留學가신언니에게(1권6과), 近狀을報告키爲하야舊師께(1권23과), 遠足의請邀(2권5과), 母女間往復書簡(2권17과), 寒中親友에게(2권24과), 講話의 大要를缺席한友人에게(3권23과), 사랑하는妹弟에게(4권18과)

13) 독본에 수록된 편지를 비롯하여 근대의 편지에 대한 연구는 김성수의 『한국 근대 서간 문화사 연구』(성균관대학교출판부, 2014)를 참조할 수 있다.

아버지와 경성에 갈 예정인데 종학이를 만날 수 있을지 확인하는 내용), ③ 편지 봉투 기입하는 방법과 우표를 붙여 우체통에 넣는 과정 설명, ④ 우편 배달부에게 답장을 받게 된 상황 제시, ⑤ 종학이가 보낸 편지 제시, ⑥ 경성 방문에 대한 요약적 서술의 여섯 장면으로 구성되어 있다. 한 과 안에 편지를 써야 할 상황과 실제 용례, 편지의 양식과 편지 봉투 에 기록하는 방법, 편지 봉투 그림, 우체통과 우편배달부의 역할까지 를 다룬다. 학습자가 이 글을 읽는다면 편지를 쓰고 부칠 수 있을 정 도로 그 과정이 자세히 설명되어 있다. 이와 관련하여 우편 제도에 대 한 설명, 편지 작성 방법, 모범 예문 제시는 독본에 빈번하게 등장하는 데, 이는 편지 쓰기에 대해 지속적으로 교육이 실시된 근거로 볼 수 있다. 이렇듯 편지 쓰기를 교과서 안에서 강조하게 된 것은 편지가 당 시의 일상생활에서 근대적 소통의 매체 역할을 담당한다는 인식에서 비롯된 것이다. 편지는 자기의 사상을 표현하는 동시에 근대적 사회생 활에서 교제에 중요한 영향을 끼치기 때문에 작성법을 배워야 한다는 주장을 확인할 수 있다.[14]

1920년대 독본에 수록된 편지는 실용문임에도 불구하고, 장르의 전 형적인 양식이 제시되기도 한다. 특정한 상황에서 써야 할 편지의 양 식이 그대로 제시되는 경우가 빈번하다.『보통학교 조선어독본』의「先 生님께」는 학생이 선생님의 안부를 묻는 편지로, 한문 상투어와 의고 적인 문체를 통해 한문 서간의 형식을 따르고 있나.「子在家上父書」는 학업을 위해 집을 떠나 있는 아들이 집에 있는 아버지에게 보내는 편 지의 형식을 보여준다. '父主前 上書'라는 서두를 시작으로 편지의 내

---

14) 조한문교원회 편찬,『중등조선어작문』(1928), 구자황・문혜윤 편, 도서출판 경진, 2011, 37면.

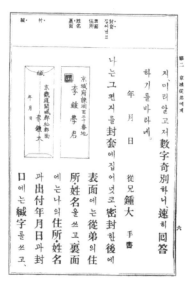

第二 京城從兄弟에게

지·미리 알고저 數字奇別하니, 速히 回答
하기를바라네.

나는 그 편지를 封套에 집어넛코, 密封한 後
에 表面에는 從弟의 住
所·姓名을 쓰고, 裏面
에는 나의 住所·姓名
과 出付年月日과 封
口에는 緘字을 쓰고,

年 月 日 從兄 鍾大 手書

京畿道開城郡松都面
李 鍾 大 君

京城府礼洞五十番地
李 鍾 大

六

第二 京城從兄弟에게

쓰 表面左肩에 三錢郵票를 독바로 붓처서 郵
便筒에 너엇소.

그러한지 數日을 지난 後에, 내가 마당에서 놀
고 잇는대 郵便配達夫 가 와서 편지바드시 오,
하는 소리에 나는 從
弟에게서 오는 편지
인가하야, 急히 바다
본즉, 果然 그 答狀이
엿소.

七

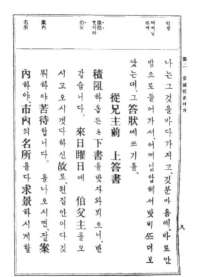

第二 京城從兄弟에게

앗는대, 그 答狀에 쓰기를,

從兄主前 上答書

積阻하옵든 츠 下書를 밧자와 뵈오너니, 반
갑습니다. 來日曜日에 伯父主를 모
시고 오시겟다하신 故로 왼집안이 다 깃
붐하야 苦待합니다. 울나 오시면, 잘案
內하야, 市內의 名所를 다 求景하시게 할

八

第二 京城從兄弟에게

터이올시다. 그날은 멋 時쯤 京城驛에
到著하시게 될는지, 마죵울나 갈터이오
니 速히 回示하시기를바랍니다.

年 月 日 從弟 鍾學 上書

그날은 다 형히 日氣가 和暢하얏는 故로, 아버
지를 쌀아서 京城에 갓섯소. 나는 鍾學의 男
妹를 쌀아서 漢陽公園에 올나가서 京城市中
이며 漢江을 바라보고 本町·鐘路等의 繁華한
市街를 지나서 다 公園動物園等을 求景

九

[그림2] 『보통학교 조선어 독본』 권4 편지 봉투 삽화

용에 이어 마지막 부분에서 '年 月 日 子 名 上書'를 빈칸으로 남겨두
어서 학습자가 이 글을 참고할 수 있도록 하는 것이다. 이와 같은 경
우는 상품을 주문하는 편지인 「注文書」를 통해서도 확인할 수 있다.
이러한 글은 학습자에게 전형적인 편지의 형식을 학습하도록 하는 목
적 아래 배치된 것이다. 특정한 상황에서 써야 할 전범으로서 편지에
는 의례적인 표현이 등장하기에 개인의 감정이나 개성적인 문체를 드
러낼 수 없다. 이는 당대의 편지가 전대의 한문 서간의 형식으로부터
탈피하기 어려운 지점을 암시한다. 즉 전대 문학적 양식으로부터 벗어
나기 어려운 산문의 양식이 편지였음을 드러내는 것이다.[15] 그리고 이
러한 양식이 전범으로 수록된 것은 『보통학교 학도용 국어독본』(1907)
→『보통학교 학도용 조선어독본』(1911)→『보통학교 조선어급한문독본』
(1913)→『보통학교 조선어독본』(1923)으로 이어지는 식민지 국정 국어
교과서라는 텍스트의 성격에서 비롯된 것으로, 저학년을 대상으로 편
지 쓰기의 양식을 훈련시키려는 의도를 드러낸다. 이는 『보통학교 고
등과 조선어독본』이나 『여자고등 조선어독본』에서는 의고적인 문체
의 편지, 전형적인 상황에서의 편지 전범이 수록되어 있지 않은 사실
을 통해 미루어 짐작할 수 있다.

한편 실용문인 편지가 '기행'의 양식을 띠면서 지리적 지식을 전달
하는 수단으로 활용된다. 편지는 식민지 국정 교과서가 주입하려는 지
리적 지식을 발신자의 입을 통해 수신자에게 전달한다. 『보통학교 조
선어독본』에 수록된 「신의주에서」는 발신인이 수신인에게 보내는 편

---

15) 서간문의 작성법에 대해서는 『보통학교 조선어급한문독본』 권5 14 「書簡文의作法」
에서 자세히 설명하고 있다. 편지 봉투의 종류, 여백, 날짜 적는 방법, 서명 방법, 친
족과 친족 이외의 사람에게 써야 하는 각종 서식에 대해 서술되어 있다. (강진호·
허재영 편, 『조선어독본』 2, 제이앤씨, 2010, 377~383면)

지의 형식을 갖추고 있으나, 실제로는 신의주에 대한 보고서와 같은 글이다. 화자는 신의주에서 살게 된 지 일 년이 지나 "當地形便을奇別"하고자 하여 편지를 보낸다고 밝힌다. 이 글에서는 화자의 견문과 감상이 두루 표현되는 대신 신의주의 지리, 기후, 인구 등에 대한 내용이 소개된다. 특히 해상 운송, 도로 현황, 철도, 영림창 등을 설명하면서 이를 바탕으로 하여 물자 수송, 교역이 활발히 이루어져 상업이 번창하게 된 근대 도시로서 신의주를 소개한다. 화자의 견문을 토대로 작성된 편지인 것처럼 보이나 화자의 견문은 신의주에 대한 당대적 지식과 분리되지 않는다. 이때 편지는 화자의 견문을 특정한 수신인에게 전달하기보다는 다수에게 생경한 공간에 대해 안내하는 역할을 맡는다. 수신인과 발신인의 폭이 넓어지면서 편지는 사적 형식을 넘어 설명의 영역으로 확장된다.

발신인이 다수의 수신인을 향해 발화하는 순간 편지는 사적 형식을 넘어 설득의 영역으로 확장되기도 한다.『여자고등 조선어독본』에 수록된 「사랑하는妹弟에게」는 발신인이 졸업을 앞둔 누이동생에게 진로에 대해 당부하는 내용으로 구성된 편지이다. 누이동생을 향한 당부는 편지 안에서 누이동생을 비롯한 '그대들' 젊은 청년들에게 향하는 것으로 확장된다. 당부의 내용은 진로를 선택할 때 유의미한 방향으로 결정해야 하며, 자신이 선택한 길을 따를 때에는 조심히 해야 하며, 사회에 명성을 끼칠 만한 인물이 되겠다고 결심했다면 자신의 결정이 가족 친지 사회에 해가 되지 않을지를 생각해 보라는 것이다. 그런데 이러한 당부 끝에는 누이동생과 같은 여자들에게 그 이상의 중요한 것으로서 '어머니 되기'를 주장한다. 아이를 낳고 기르는 것을 '天分'으로 강조하면서 자신의 의견에 찬성하여 달라고 요청하는 것이다.

'어머니 되기'는 "此本分을圓滿하고充分하게發揮한女子는,一面으로보면深奧한學理의發見,世界的大藝術·大文學의創作과갓치尊貴偉大한事業을成功"(강진호·허재영 편, 『조선어독본』 5, 656면) 한다고 평가된다. 식민지 조선의 가정에서 조선인을 길러낼 어머니 역할에 대한 강조는 이 글이 조선의 식민지 시기 훈육 대상으로서 여학생들의 교과서인 『여자고등조선어독본』에 수록된 것과 관련이 있다. 발신인의 목소리는 식민지 교육에 의해 창출하고자 했던 조선의 여성상을 여과 없이 노출하게 된다.

사적 형식을 빌려 설명을 목적으로 하는 편지는 화자의 감정과 설명 대상이 병치되어 제시되면서 혼종적 양상을 띤다. 『보통학교 조선어독본』에 수록된 「평양에서」는 발신인으로서 화자가 수신인을 직접 호명하며 시작되는 편지글이다. 화자는 편지의 서두에서 황주역에서 이별한 뒤 두 계절이 지났다고 언급하면서 "나의敬愛하는源一氏"를 호명한다. 안부 인사 뒤 이어지는 내용은 편지를 쓰게 된 동기로, "벌서부터　當地狀況을奇別하야들이고십흔生覺은懇切하얏스나,밧붐과게을음으로因하와,至今에야겨우數行을적삽나이다"(강진호·허재영 편, 『조선어독본』 3, 289면)라고 표현된다. 이 글은 화자의 근황에 대해 알리려는 목적보다는 도착지의 상황, 평양의 과거와 현재에 대해 묘사하고 설명하는 것에 초점이 맞춰져 있다. 인사말 뒤 본문은 평양의 지명, 위치, 지세에 관한 서술로 시작되면서 "人口는約九萬이며, 道廳으로爲始하야, 諸官衙·各學校·軍隊·銀行·會社等이完備된西鮮第一의大都會올시다."(강진호·허재영 편, 『조선어독본』 3, 289면)로 요약 제시된다. 평양의 자연과 명승고적은 화자가 이동하면서 보고 느낀 견문의 형태로 서술되면서 화자의 '감상'이 표현된다. 감상의 끝에는 "吾兄을瞻想하는悵懷가더욱懇

切합니다"로 마무리되면서, 이후에는 평양의 육상/해상 교통, 탄광 등에 대해 설명하고 평양의 상업이 날로 융성해진다고 평가하며 끝을 맺는다. 의고적 표현으로 서술된 감상은 평양의 '과거'에, 정보전달을 위한 설명은 평양의 '현재'에 초점이 맞춰지면서 필자의 감상과 지식이 기행과 편지의 형식에 담기게 된다.

독본의 편지 중 설명이나 설득의 목적으로 쓴 글이 아니라 발신인의 감정 표현이 주가 되는 유형은 가족, 친지 사이에 주고받은 글들이다. 이 유형의 편지는 기존의 형식을 벗어나면서 격식보다는 일상생활에서 느끼는 개인의 감정을 표현하는 데 중점을 두고 있다.『보통학교 고등과 조선어독본』에 수록된「旅窓에서아우에게」는 학업을 위해 집을 떠난 형이 동생에게 보낸 편지이다. 이 편지는 기존 편지 양식의 규범에서 벗어나 있고 한문 서간의 의례적인 표현도 찾아볼 수 없다. 편지는 "오래내아우의낫흘보지못하고,내아우의글씨까지보지못하니,마음이헛출하야,줄인듯하다"라는 서두로 시작되어 "九月보름날저녁숨兄은쓴다"(강진호·허재영 편,『조선어독본』1, 322~323면)라는 종결 인사로 마무리된다. 화자는 부모님의 안부와 동생이 읽는 글의 종류, 교우관계, 활동 등 아우의 일상에 대해 묻고 자신의 일상생활의 매순간 아우를 떠올린다면서 절절한 그리움을 표현한다. 선선한 가을이니 '한무릎공부'에 힘쓰고, 종종 근황을 담은 편지를 보내달라는 내용으로 편지는 끝을 맺는다. 일상적인 내용을 평이한 한글체로 서술한 이 글은 특정한 수신인을 향한 발신인의 정감 표현이 주가 되면서 기존의 규범적인 편지 형식으로부터 벗어나 있다. '안부'를 묻는 목적 아래 발신인의 말이 특정한 수신인에게로 향하는 이러한 편지는 개인과 개인 사이의 소통이라는 면에서 사적 담론으로 드러난다. 이러한 유형의 편지에서는 사적 담론을 통해 개인의 일상과 그 주변 세계에 대한 생각과 감정을 직접 표현하는, 글 쓰는 주체로서의 '자기'를 확인할 수 있다.

편지는 근대적 소통의 매체로 실용문을 대표하는 글이었으나 1920년대 독본에 수록된 편지는 글의 목적에 따라 다양한 양상을 보인다. 실용문, 특정한 도시에 대해 소개하고 관련 지식을 설명하는 글, 설득하는 글, 안부를 전하는 글 등으로 분류되는 것이다. 발신인의 목소리로 전개되는 편지는 상호 소통을 지향하기보다는 발신인이 전달하고자 하는 내용을 일방적으로 전달할 수 있는 양식이다. 이러한 양식의 편지는 편찬자가 교과서를 통해 전달하려는 이데올로기를 학습자에게 일방적으로 이입할 수 있는 수단으로 활용되면서 사적 담론을 설명이나 설득을 목적으로 하는 공적 영역으로 확장시킨다. 그러나 특정한 수신인을 대상으로 하여 일상적인 내용을 평이한 언어로 전달하는 유형의 편지에서는 글 쓰는 주체의 생활과 감정이 표현되면서 '개인'의 목소리가 전달된다.

4. 일상의 재현과 일기

1920년대 독본의 일기는 학습자와 같은 또래의 화자가 겪은 일상의 경험과 생각을 전달하고 있는 글이 대부분이다. 나이와 수준이 비슷한 화자의 고백적 서술은 학습자의 몰입을 효과적으로 이끌어낼 수 있는 장치이다. 따라서 주인공이자 화자에 의해 전형적인 생활로 그려지는 당시의 일상에 대해서 학습자는 쉽게 동화될 수 있다.

독본의 일기 속에서 재현되는 일상은 가정과 학교와 관련된 생활이다. 『보통학교 고등과 조선어독본』에 수록된 「鄕村日記」는 시골 마을에서 사는 화자의 일주일 동안의 일상이 서술되어 있다.[16] 매일의 일기는 날짜, 날씨, 시간 순서에 따른 활동과 생각, 느낌의 내용으로 구성된다. 화자의 일상은 학교생활보다는 가정에서의 노동과 야외활동을 위주로 그려져 있다. 이 일기에서 화자가 공들여 서술하는 것은 날씨와 관련된 것이다. 날씨는 매일의 일기 처음과 끝에서 언급된다. 노동, 야외활동, 날씨는 농촌 생활에서 중요하게 다뤄지는 요소로, 이 글은 농촌에 거주하는 청소년의 일상을 여실히 재현한 것으로 보이기도 한다. 그런데 화자의 일상은 빈틈이 없을 정도로 잘 짜여 있다. 오전에는 학교 수업, 오후에는 노동을 하거나 친구를 만나는 등의 활동을 한다. 아울러 독서, 그림 그리기, 한문 공부, 학과 복습, 편지쓰기 역시 일상에서 해야 하는 일이다. 이렇게 재현되는 일상은 개인적 체험이라기보다는 모범적 일상에 가깝다. 일기를 통해 드러나는 빈틈없는 일상은 시간을 관리하고 행동을 규율해야만 영위되는 것이다. 따라서 이러한 일상을 담는 일기를 쓰기 위해서는 스스로 시간을 관리하고 행동을 규율해야 한다.

시간 관리에 대한 화자의 인식은 『여자고등 조선어독본』에 수록된 「日記中에서」를 통해 확인할 수 있다. 12월 1일부터 시작되는 일기에서 화자는 아침에 달력 한 장을 떼면서 그해의 마지막 달이고 학기말

---

16) 화자의 매일을 간략히 요약하면 월요일에는 하교 후 급히 집으로 돌아와 논밭에 거름을 주고, 싸리를 엮어 배추밭 울타리 만드는 일을 돕는다. 화요일에는 등교하다가 특이한 곤충을 잡아 이과 선생님께 드리고, 오후에는 가지 밭을 파고 파 이랑을 판다. 수요일에는 새벽부터 비가 많이 내려 학교 왕래에 어려움을 느끼고, 하교 후 친구를 찾아간다. 목요일에는 방과 후에 정포은전을 읽고, 오후에는 밭을 매고 배추모를 옮겨 심는다. 금요일에는 친구와 근처 연못에 가서 연꽃을 구경하고 그것을 그림으로 그려온다. 토요일에는 오후에 한문선생님께 시전 이야기를 듣고, 밤에는 일주일 동안의 학과를 복습하느라 좀 늦게 잔다. 일요일에는 붕어를 잡아 오고, 밤에는 경성 숙부에게 편지를 쓴다.

이라는 생각에 시간을 유용하게 이용해야겠다고 결심한다. 일주일 동안의 일기 중 가장 긴 분량으로 서술된 화요일의 일기는 시간을 관리하지 못해 생긴 하루의 일화를 서술한 글이다. 화자는 학교에 갈 준비를 모두 해 놓았지만 날씨가 추워 미루적거린다. 학교에 갈 시간이 늦었다는 재촉에 서둘러 집을 나서나 전차를 놓쳐 오랫동안 전차를 기다리게 된다. 겨우 전차를 타고 조급한 마음으로 학교에 갔으나 벌써 '나'를 제외한 다른 학생들은 모두 도착한 상태이다. '나'는 얼굴이 붉어지도록 부끄러움을 느끼며 자습시간을 보낸다. 이후의 학과 시간에도 '나'는 집중을 하지 못한다. 하교 후에 어머니를 도와 일을 하고, 밤에는 예정대로 예습과 복습을 한다. 일기를 쓴 뒤 언젠가 선생님이 말씀하신 '緊張한一日'을 보낸 것 같아 기쁜 마음으로 잠자리에 든다. 화자는 잠시의 게으름 때문에 일과를 마칠 때까지 시간에 쫓긴다. 그러면서도 하루 동안에 해야 하는 일을 모두 마쳤다는 생각에 기쁨을 느낀다. 이러한 화자의 일기는 그날의 일을 되돌아보는 것보다는 날마다 규칙적으로 해야 하는 일을 수행했는지를 확인해보는 성격을 띤다.

개인의 체험과 그에 따른 생각과 감정을 여실히 드러낼 수 있는 것이 일기의 특성이다. 『여자고등 조선어독본』에 수록된 「日記中에서」는 고등보통학교 졸업반 여학생의 생각과 감정이 여실하게 표현되어 있다. 이 글에는 매일의 학교생활이 주요한 일상으로 제시된다. 학교생활은 소풍, 교과목에 대한 설명, 학급회의, 춘기 경기회, 수업 시간 일화 등이 상세하게 설명된다. 가령 소풍 장소가 결정되고 게시되자 이에 환호하는 자신의 반 학생들의 소리가 1학년 반보다 더 맹렬했다면서 부끄럽다고 고백하거나 평소에 오만하던 급우가 평균대에서 실수하자 다른 급우들이 소리 내어 웃다가 선생님에게 꾸중을 듣는 장면

등에서는 여자고등보통학교 학생의 일상이 생생하게 드러나 있다. 학교 교육과 관련된 일상은 수업 내용이나 수업 시간의 한 장면을 통해 제시된다. 서양사 시간에 스파르타와 아테네 사이의 갈등을 배웠다거나 체조시간에 평균대를 연습했다는 등의 구체적인 사실이 드러난다. 가사 과목에서 배운 세탁 방법을 응용해서 옷을 빨아 어머니에게 칭찬을 받았다는 내용, 시골에 계신 조부모님께 편지를 쓴 내용 등은 학교에서 배운 지식을 일상에 적용해 본 사례로 제시된다.

일상의 단면을 스케치하는 것과 더불어 이 글에는 화자의 내면이 뚜렷하게 드러난다. 첫 번째 일기에서 "五月도벌서中旬이되엿다. 이學年이야말로高等女學生時代最後의學年이니,第一學期부터遺憾업시充分히努力하리라고酌定하얏다. 저學年初期의마음이, 嫩葉의繁盛을增進함과는反對로, 公然히엷어가는것갓치도생각된다."(강진호·허재영 편, 『조선어독본』 5, 617면)라는 표현을 통해 화자의 생각이 제시된다. '작정'하고 '생각'한 내용을 그대로 표현한 것이다.

독본에 수록된 일기를 통해 드러난 일상은 학교와 가정에서 '학생'이 배우는 학과 과정, 학교생활, 교우관계, 방과 후 활동, 노동 등으로 날마다 일정하게 규칙적으로 해야 하는 것으로 구성된다. 일기 속 일상은 매우 질서정연하다. 학교 교육은 학습자에게 일기 쓰기를 권장하고 학습자에게 일기 속 일상은 모범적인 것으로 인식된다.[17] 따라서 학습자는 일기를 쓰며 자신을 규율하게 된다. 학교에서 권장하는 일기

---

17) 일기 쓰기에 대한 권장은 『보통학교 조선어급한문독본』의 한 단원에 제시되어 있다. 이 단원에서는 일기 쓰기의 세 가지 효용을 설명하여 일기의 중요성을 강조한다. 첫째, 지난날의 일을 되돌아 볼 수 있다. 둘째, 문장을 쓰는 연습이 될 수 있다. 셋째, 몸과 마음을 수양하는 데 도움이 된다. (강진호·허재영 편, 『조선어독본』 2, 제이앤씨, 2010, 457면)

쓰기는 '국민'이 되기 위한 교육의 장치로 기능하게 되는 것이다. 이러한 일기 쓰기는 학습자 개인의 습관에서 나아가 학습자 전체 집단의 습관이 되기도 한다. 따라서 시간을 관리하고 행동을 규율하는 일기 쓰기는 국민을 통합하는 수단으로 활용될 여지가 있다. 그러나 시대적 요구 앞에서도 개인의 내면을 표현하여 글 쓰는 주체로서 '자기'를 발견할 수 있다는 점에서 개인적 글쓰기로서의 일기의 의의는 강조되어야 한다.

5. 결론

1930년대를 거치면서 수필의 장르적 특성과 관련된 담론이 정리된 것은 이태준의 『문장강화』를 통해서이다. 이태준은 이 책에서 수필을 "자연, 인사(人事), 만반에 단편적인 감상, 소회(所懷), 의견을 경미(輕微)하고 소박하게 서술하는 글"로 정의한다. 아울러 수필은 하고 싶은 대로 자기를 표현하는 글로서 논조(論條)를 밝히고 형식을 차릴 것 없이 그냥 쓰고 싶어서 쓰는 글로, 한 감상, 한 소회, 한 의견이 문득 솟아오를 때, 설명으로든 묘사로든, 가장 솔직하게 표현하는 글이라고 밝히면서 논문이나 논설과의 변별성을 강조한다. 수필에는 필자의 자연관, 인생관, 습성, 취미, 지식과 이상 등이 드러나므로 수필을 쓰기 위해서는 '자기의 豐富'와 '자기이 美'기 있이아 한나고 수장한다.[18] 수필을 쓰는 주체로서 '자기'를 강조하는 것이다.[19]

---

18) 이태준, 『문장강화』, 문장사, 1947, 185면.
19) '자기'의 발견에 대해서는 다음의 글을 참조할 수 있다. 신지연, 『글쓰기라는 거울』, 소명출판, 2007, 11~26면; 문혜윤, 앞의 글, 145~146면.

1920년대 독본에 수록된 비-허구 산문 중에서 '기행문', '편지', '일기'는 서술 주체로서 '자기'가 선명하게 드러난 유형의 글이다. 각 글의 서술자는 이동하는 주체, 말하는 주체로서 개인적 경험을 서술한다. 이러한 주체는 교과서의 이념을 전달하는 방법에 대해 편찬자의 인식이 개입된 결과이다. 기행문, 편지, 일기의 '나' 혹은 '우리'라는 주체는 학습자를 텍스트 속으로 호명하기 위한 의도에서 설정된 것이다.

그러나 기행문, 편지, 일기에 대해 편찬자는 장르의 속성을 뚜렷이 인식하지는 않았다. 각각의 글은 이념을 보다 효과적으로 전달하기 위한 수단이었다. 이는 편찬자의 인식이 해당 장르의 작법에 대한 고민으로 이어지지 않은 것에서 확인할 수 있다. 독본에 수록된 기행문은 감상보다는 견문 중심으로, 해당 공간에 대한 지리적 관찰을 토대로 그 공간에 대한 지식을 독자에게 전달한다. 이는 지식을 자랑하지 말고, 흥취를 내세워야 한다는 기행문의 작법과는 거리가 있다.[20] 결국 독본의 기행문은 지식을 전달하고 설명하기 위해 기행문의 형식을 차용한 것으로 볼 수 있다. 편지와 일기 역시 이념을 전달하기 위해 동원된 양식이다. 편지는 발신인과 수신인이 분명하게 제시되는 사적 매체임에도 불구하고 그것은 사적 형식을 넘어 설명이나 설득과 같은 공적인 영역으로 확장된다. 일기는 빈틈없는 일상을 통해 학습자를 규율하려는 의도를 드러낸다. 그러나 편지와 일기에서 발견되는 주체는 개인적 경험을 공적 담론으로 제시하려는 의도 속에서도 개인의 일상과 주변 세계에 대한 생각과 감정을 직접 표현하는, 글 쓰는 주체로서 '자기'를 드러낸다는 점에서 그 의미를 찾을 수 있다.

---

20) 이태준은 『문장강화』에서 기행문의 작법에 대해서 기행문에 나오는 학문이나 역사는 취미와 회고 정도에서는 의미가 있으나 강의를 하듯 고증과 주장을 일삼는다면 그것은 기행문이 아니라 학문이라고 설명한다. 이태준, 앞의 책, 161면.

참고문헌

1차 자료

강진호·허재영 편, 『조선어독본』 1, 제이앤씨, 2010.
_____, 『조선어독본』 2, 제이앤씨, 2010.
_____, 『조선어독본』 3, 제이앤씨, 2010.
_____, 『조선어독본』 5, 제이앤씨, 2010.

2차 자료

강진호 외, 『국어 교과서와 국가 이데올로기』, 글누림, 2007.
강진호·구자황·김혜련 외, 『근대 국어 교과서를 읽는다』, 경진출판, 2014.
김성수, 『한국 근대 서간 문화사 연구』, 성균관대학교출판부, 2014.
김현주, 「1930년대 수필 개념의 구축 과정」, 『한국 근대 산문의 계보학』, 소명출판, 2004.
_____, 「국토 기행문의 계보학」, 『한국 근대 산문의 계보학』, 소명출판, 2004.
_____, 「한국 근대 산문 연구의 시각과 가능성」, 『한국 근대 산문의 계보학』, 소명출판, 2004.
김혜련, 『일제 강점기 조선어과 교과서와 조선인』, 역락, 2011.
문혜윤, 「'수필' 장르의 명칭과 형식의 수립 과정」, 『민족문화연구』 48, 민족문학사연구소, 2008.
박기혁, 『조선어작문학습서』, 구자황·문혜윤 편, 도서출판 경진, 2011.
박붕배, 『한국국어교육전사』, 대한교과서수식회사, 1997.
이윤재, 『문예독본』, 구자황·문혜윤 편, 도서출판 경진, 2009.
이종국, 『한국의 교과서 출판 변천 연구』, 일지사, 2001.
이태준, 『문장강화』, 문장사, 1947.
이혜영 외, 『한국 근대 학교교육 100년사 연구(Ⅱ)-일제시대의 학교교육』, 한국교육개발원, 1997.

조한문교원회 편찬, 『중등조선어작문』(1928), 구자황·문혜윤 편, 도서출판 경진, 2011.

진필상, 심경호 옮김, 『한문문체론』, 이회문화사, 2001.

최남선, 『시문독본』, 구자황·문혜윤 편, 도서출판 경진, 2009.

허재영, 『일제 강점기 교과서 정책과 조선어과 교과서』, 경진, 2009.

근대 교과서와 기행문의 성립
— 일제 강점기 조선어 교과서에 나타난 명승고적을 중심으로

구
자
황

1. 문제제기

근대 교육의 성립과 함께 각종 교과서가 등장했다. 당시 교육 당국이 국가 단위의 교육령에 따라 교육용 교재를 개발함으로써 오늘날 '국어과'로 분류될 수 있는 각종 교과서(조선어, 한문, 일어)도 출현하였다. 비슷한 시기 민간에서도 다수의 '독본'[1]이 쏟아져 나왔다. 이는 근대 교육에 대한 열망이 개인적·사회적 필요를 넘어 민족적으로 고조되던 현실에서 비롯된 것이다. 이렇듯 근대 초부터 교과서는 관찬 교과서와 민간 독본이 경합하는 형국이었다.

이 글이 주목한 것은 근대 교과서에 등장하는 이른바 명승고적(名勝

---

[1] 독본(讀本)은 근대적인 교과서 및 교육용 자료를 지칭하는 용어로, 근대 초 대부분의 교과서는 교과목 명 뒤에 '○○독본'이라는 책명을 사용하곤 했다. 여기서는 주로 관찬 교과서인 '조선어 독본', '조선어 급 한문독본'과 구별하기 위해 민간에서 발행한 각종 교과서류를 '독본'으로 구분하여 서술하고자 한다.

古蹟)의 근대적 변용과 그 의미이다. 이 과정에서 기행문이 형성되는 과정을 고찰하려고 한다. 이러한 관심은 다음과 같은 질문에서 비롯되었다. 당시 언론 및 교육 장(場)에서 호명된 명승지 가운데 하나가 백두산이다. 그런데 왜 백두산인가? 백두산이 호명된 이유와 배경은 무엇인가? 그러다가 교과서에서 점차 백두산보다 금강산이나 고적으로 관심이 옮겨간 이유는 무엇인가? 이 과정에서 인문지리를 호명하는 방식으로 채택된 기행문의 문종(文種)적 성격과 수용 원리, 그리고 문학으로서의 의미는 무엇인가? 말하자면 근대 국어과 관찬 교과서와 민간 독본이 특정 지리나 장소, 즉 공간을 수용하고 사유하는 인문지리적 방식과 그 의미를 탐색해보려는 것이 이 글의 문제의식이다.

이 글은 조선적인 것이 호명되는 방식과 논리를 다룬 논의, 일제 강점기 수학여행에 관한 다양한 연구, 수학여행과 기행문의 관련성을 다룬 최근 논의에 기대어 있다. 선행 연구를 바탕으로 이 글이 더 나아가고자 한 지점은 '국어과'(당시 조선어로 명명된) 교과서의 구체적 수록 양상과 그것의 장르적 관습, 교과서 간의 영향과 경합 과정, 그리고 미의식의 차이 등이다. 이러한 논의는 교육이나 학교를 지배이데올기의 재생산구조로 파악한 부르디외의 논의, 식민 지배의 담론과 쓰기를 통해 전유의 가능성을 제기한 호미 바바등의 탈식민주의 논의, 교육을 통한 정치체의 구현을 언급한 발리바르식 논의를 한국적으로 이해하는 데 기여할 수 있을 것이다.

2. 명승고적의 근대적 변용과 상징체계

풍경 하나. 영화 <인터스텔라>(2014)식으로 시간을 거슬러 가보자.

다음은 일제 강점기 어느 대중 강연회 풍경이다.

> 본사 주최의 백두산 강연회는 예정과 같이 재작일 오후 여덟시부터 종로 중앙청년회관에서 열리었는데, 원래 조선민족에서 무한한 감흥을 일으키는 강연이라 정각 전부터 물밀듯 밀려오는 군중이 뒤를 이어 순식간의 회장 안은 정결한 흰 옷 입은 사람들로 만원이 되고 장내에 들어오지 못하는 수천의 군중은 다른 문밖에 몰려서서 돌아가지 아니함으로 그 혼잡은 실로 형언할 수 없었다. <…> 역사에 조예가 깊은 권덕규 씨가 '조선역사와 백두산'이란 문제로 그의 학식을 기울여 열변을 토하게 되었다. <…> 위대한 강산을 중심으로 일어난 사례를 들어 조선 민족도 백두산 같은 웅대한 산 아래에서 근원이 발한 것을 보면 하나님이 우리 조선인에게 너희는 영특한 민족이라는 교훈을 암시한 것이라고 하매 청중 속에서는 박수가 일어났다. 그 다음 단군이 탄생한 태백산이 백두산이란 말을 명쾌하게 증명한 후 은근히 <u>우리 고대의 광영스러운 역사를 들어 무한한 감흥을 일으키고 동양의 모든 강한 나라가 이 백두산을 중심으로 일어난 말로 백두산의 더욱 거룩함을 말</u>(하였다.)[2](이하 띄어쓰기 및 밑줄 강조 – 인용자)

신문 기사를 재구성해보면, 첫 번째 연사인 권덕규(權悳奎)가 백두산에 얽힌 해박한 역사 이야기를 풀어 놓는다. 이어 등장한 민태원(閔泰瑗)은 백두산 탐험단 과정을 슬라이드도 없이 생생하게 묘사한다. 흰옷 입은 수천 명의 청중들은 박수와 환호를 보내고 민족적 자부심을 한층 고양시키면서 아마도 각자의 집으로 돌아갔을 것이다.

그날 밤 그들의 가슴 속에 무엇이 남았을까? 2002년 월드컵이 <오! 필승 코리아>를 남겼다면, 3.1운동 후 조선 민중들은 <애국가>의 원형이 되었을 어떤 창가 같은 것을 부르지 않았을까? 그날 밤 식민지

---

2) 「공개된 성산(聖山)의 신비」, 『동아일보』, 1921.8.29.

조선의 청중들이 열렬하게 반응했던 그 무한한 감흥은 요즘 사람들이 백두산에 오르고 천지를 보면서 느끼는 감동과 비슷하지 않았을까 싶다. 그렇다면 이런 감흥과 감동은 어디서 온 것일까? 다시 영화 <인터스텔라>식으로 말한다면 누가 어디서 보내는 신호일까?

  조선시대 사대부들의 백두산 이해는 대개 주자학의 영향 아래 놓여 있었다. 즉 모든 산과 하천은 곤륜산(崑崙山)에서 시작하며 백두산과 조선의 공간을 이런 천하 지형 안에서 이해하였다. 조선 후기 제작된 각종 지도에는 천하주의적 정치-공간으로 이해된 백두산을 쉽게 볼 수 있다. 예를 들어 18세기 말 제작된 것으로 추정되는 <천하지도>에는 곤륜산에서 황하가 발원하는 것으로, 조선과 중국의 경계에 있는 백두산은 곤륜산보다는 작지만 비교적 큰 크기로, 또한 조선 산 중에서 유일하게 표기된 산으로 나타나 있다.

> 곤륜산은 모든 산의 첫 뿌리인데 그 정상에서 황하의 근원이 시작된다. 지금 백두산은 물에 담긴 돌이 퇴적하여 정상에 천지(大澤)가 있고, 물이 모래 밑으로 백 리를 흘러 강이 시작되는데 이것은 곤륜산과 흡사하다. 다만 그 강을 황하에 비교하면 백 리와 천 리의 차이가 있고, 물에 담긴 돌을 옥과 비교하면 크기와 가치에서 큰 차이가 있다. 이는 곧 백두산은 형체는 갖추었으나 규모가 (곤륜산에 비해) 미미한 것일 뿐이다. <…> 백두산이 곤륜산의 적통을 이어받은 큰 아들이며, 오악은 그 가까운 조상의 서자나 지자가 될 뿐인 것을 알 수 있다.[3]

  구한말, 대한제국기까지도 백두산의 상징성은 훨씬 제한적이었다. 당시 의욕적으로 개발한 학부 편찬의 국어과 교과서 3종 세트, 즉『국

---

3) 박종(朴琮),「백두산유록(白頭山遊錄)」,『당주집』권5-14, 48~49면.(김정배·이서행 외, 『백두산, 현재와 미래를 말한다』, 한국학중앙연구원, 2010, 383면에서 재인용.)

민소학독본』(1895), 『소학독본』(1896), 『신정심상소학』(1896) 어디를 찾아봐도 백두산을 구체적으로 적시한 단원은 한 곳도 없다. 백두산이 국가의 다양한 상징물 속에서 드러나고, 당대인의 일상과 상징체계 안으로 들어온 것은 20세기 초였다. 바야흐로 조선에도 민족국가 건설이 과제로 부상하고, 그런 관점에서 시공간을 거슬러 올라가면서 조선의 근대적 상징으로 새롭게 조명받기 시작한 것이 '단군(檀君)'이다. 그리고 백두산은 단군 신화가 비롯된 공간으로 새로운 의미를 부여받게 되었다. 백두산이라는 상징이 단군신화와 더불어 근대 민족주의의 맥락에서 재구성되었던 것이다.

신채호는 백두산의 상징체계를 근본적으로 변화시켰다.[4] 백두산이 한반도 산맥의 조종산(祖宗山)에서 일거에 자주적이고 저항적인 민족정체성의 상징으로 확장되었다. 백두산이야말로 한민족의 가장 근원적인 원형을 기억하고 있으며, 오랫동안 사대주의적 억압을 견뎌내면서 민족의 순수 원형을 유지하고 있는, 동시에 앞으로 세워질 민족국가의 희망을 상징하는 곳으로 승화된 것이다. 중요한 것은 그 상징의 힘이 결코 만만치 않았다는 점이다. 그것은 근대 전환기 격변에 맞설 조선의 민족의식을 가슴으로부터 충만하게 하였고, 정신적·육체적 희생을 감수할 정도의 강력한 호소력을 내장한 것이었다. 이른바 저항적 민족주주의 담론의 에너지원으로 작동했던 것이다.

『동아일보』는 백두사의 근대적 변용과 인문지리적 사유 방식을 구

---

4) 신채호는 1908년 『대한매일신보』에 연재한 「독사신론」에서 태백산-묘향산 설을 비판하면서 단군신화에서 환웅이 땅에 내려와 나라를 세운 곳으로 표기된 태백(太白)은 백두산이라고 강력하게 주장하였다. 이러한 주장은 명백한 실증이 없었음에도 불구하고 한민족의 독립적인 정체성과 그 근거를 발견할 필요에 의해 대중들로부터 광범위한 호응을 받았다.

현한 대표적인 매체였다. 당시 민족주의 계열의 신문은 공공의제를 설정하고 선도함으로써 공적 담론을 이끌었다. 특히 문예공론장의 형성을 통해 공적 지식의 증대에 기여했고, 교과서를 비롯한 출판·교육 등 문예공론장의 선순환 구조를 마련했으며, 결과적으로 이 과정에서 문학(교육)의 지평을 확보할 수 있게 되었다.

『동아일보』는 1921년 사회부 기자였던 소설가 민태원과 사진반 탐험대를 백두산에 보내, 사진까지 찍어오게 하였다. 이로써 단군이 태어난 성지이자 조선의 조종으로서의 백두산을 부각시켰다. 1921년 8월 6일자 『동아일보』는 백두산 탐험대의 보고를 시작하면서 백두산 천지의 사진과 함께 실린 기사를 통해 백두산은 4천 년 역사를 가진 조선 민족의 시조 단군이 탄강한 곳이라고 소개하였다. 이 탐험대의 특집 기사는 17회에 걸쳐 1면에 게재되었고 백두산 강연회, 웅변대회, 사진전도 함께 열렸다. 앞서 소개한 강연회 역시 그 중 하나였다.

『조선일보』 역시 백두산 만들기에 적극적이었다. 최남선은 1926년 『조선일보』에 총 77회에 걸쳐 「단군론」을 연재하였고, 이어 백두산을 직접 방문하고 7월 28일부터 1927년 1월까지 「백두산 근참기」를 연재하기도 했다.[5] 그런가 하면 당시 『조선일보』 부사장이었던 안재홍(安在鴻)도 백두산을 방문하여 1930년 8월 30일부터 9월 3일까지 「백두산 등척기」를 연재하였다. 이와 같은 연재물에서 백두산은 민족의 '사랑'

---

5) 최남선은 백두산을 민족주의적 상징을 넘어 '동방'의 상징으로 확장시켰다. 그는 백두산과 한민족 역사의 근원인 단군의 결합을 확인했을 뿐 아니라 중국, 인도 문명과 다른 유라시아와 일본을 포괄하는 '동방'의 밝은 문화의 지층이 있으며, 이 문화가 가장 잘 보존된 곳이 백두산을 중심으로 한 한민족 활동무대라고 주장하였다. 조선 후기 소중화(小中華)를 지리적으로 표상했던 지리적 상징이 최남선의 '불함문화론(不咸文化論)'에 와서 비중국적인 문화 단층을 대표하는 상징으로 변모한 것이다.(김정배·이서행 외, 『백두산, 현재와 미래를 말한다』, 한국학중앙연구원, 2010, 389면 참조)

이요, '믿음'으로 지속적으로 묘사되었고, 답사 후에도 영화 상영, 사진전, 강연회를 통해 백두산을 조선의 상징체계로 만드는 과정을 이어갔다.

이렇듯 19세기 이후 열강의 침략과 세계사적 질서의 재편 속에서 백두산은 한반도의 명운을 상징하는 체계로 변용되고, 사회 종교적 의미를 지닌 자연물로 승화되었다. 이러한 체계와 승화의 틀은 더 이상 왕의 신민(臣民)이 아닌 주권의식을 가지는 국민(國民)으로 거듭난 조선 민중들이 선택한 것이었고, 동시에 조선의 지식인들과 상상의 공동체가 창안한 것인바, 이전과는 다른 그 무엇으로 그들의 정체성을 부여해줄 상징이 절실히 요청되었기 때문에 성립한 것이다. 그리고 이 같은 요청은 이제 막 개발·보급되기 시작한 근대 교과서에 적극 수용되었으며, '국어과'(당시 조선어과)에서 효과적으로 활용되었다.

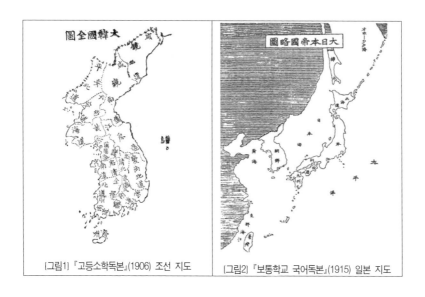

[그림1] 『고등소학독본』(1906) 조선 지도   [그림2] 『보통학교 국어독본』(1915) 일본 지도

조선 총독부가 발간한 『보통학교 국어독본』(1915)을 보면, 3권 19단원이 "이것은 우리 대일본제국의 지도입니다."로 시작한다. [그림2]의 일본 지도는 단순히 국토지리와 정보를 제시하는 것에 그치지 않는다. 이 지도는 제국의 영토와 함께 기존의 공간과 미지의 공간을 구획하는 한편 조선인을 제국의 신민으로 재정립하는 표상을 보여준다. 이 지도는 남쪽의 대만에서부터 일본 본토와 한반도가 펼쳐지고, 북으로는 홋카이도와 사할린을 포괄하는 광대한 공간이 일본 제국의 영토임을 명백히 한다. 동북아시아 전체를 포괄하는 이 광대한 영토는 천황의 햇살이 비치는 문명의 공간이다. 더 이상 일본은 아시아의 작은 섬나라가 아니라 반도와 대륙을 거느린 거대한 제국임을 선포하는 것이다.6) 그렇지만 그것은 아직도 검은 색으로 표시된 광활한 대륙을 미답지로 남겨 놓았다. 그래서 만세일계 천황의 통치 아래 "국위는 날로 앙양되고 국력은 달로 증진되"니 "국민 된 자는 더욱 더 분발 노력하여 황은의 만분의 일이라도 보답"7)해야 한다는 것, 곧 중국 대륙을 새로운 영지로 편입시키기 위해서는 천황에게 충성을 다해야 한다는 주장을 펼치는 바, 이것은 엄연히 식민지 조선에서 일어를 국어로 가르치는 교과서가 적시하는 내용이었다.

이처럼 일제는 제국의 심상지리를 교과서 단원으로 구성하고, 정교하게 기술하는 미시권력을 통해 제국의 포부와 욕망을 시각화하였다. 그리하여 내선일체의 세계관을 구체화하고 천황의 신민으로서의 동일성을 강요해나갔던 것이다. 『보통학교 국어독본』(전8권, 1912-1915) 곳곳에서 영토에 대한 관심이 구체적으로 표명된 것은 이런 의도와 연결

---

6) 강진호, 「일제강점기 『國語讀本』과 차별적 위계 교육」, 『문학교육학』 49, 한국문학교육학회, 2015, 108~109면 참조.

7) 「대일본제국」, 『보통학교 국어독본』 8권, 조선총독부, 1915, 31면.

해 볼 수 있다. 「후지산」(4권 15단원), 「조선」(4권 16단원), 「조선의 지세」(5권 3단원), 「큐슈와 대만」(6단원 18단원), 「홋카이도와 사할린」(6권 19단원), 「혼슈와 시코쿠」(6권 9단원) 등이 차례로 기술되고 있기 때문이다.

이에 비해 조선어 교과서의 영토와 지리에 대한 관심은 교과서 안에 제한적으로 반영되었다. 무엇보다도 강력한 심상지리의 표상이 부재했고, 상징체계를 만들어내지 못했다. 조선 학부의 관찬 교과서『신정심상소학』(1896)이 '태극기'를 삽화로 수용한 적은 있으나 단원으로 다룬 적은 없다. [그림1]은 당시 휘문고보 교과서인『고등소학독본』(1906)에 수록된 것으로, 이 책은 내용 전반에 걸쳐 민족주의 지향이 강했고, 때문에 일제에 의해 금서로 지정된 바 있다. 그런데 이 책이 제기한 공간적·역사적 시원(始原), 즉 "사천여 년 전에 단군이 나라를 세우고 왕검성에 도읍을 정했다"는 서술은 강한 흡인력을 가질 만큼은 아니었다. "후에 자손이 쇠미함에 은나라 태자 기자가 동쪽에서 와서 단씨 왕가를 대신하여 왕이 됨에 8조의 교령을 설치하고 예의의 교화를 펼침으로써 인륜이 비로소 열렸다"[8]는 서사 정도만을 덧붙였을 뿐 하나의 상징체계로 제시되는 수준은 아니었다.

한일병탄 이후, 조선의 민족주의 지식인들은 식민지 전락의 고통을 자아와 타자의 투쟁으로 전개되어온 조선통사(朝鮮痛史) 담론에 포함시켰다. 이 담론에서 백두산은 과거의 영광과 미래의 희망을 상징하고 사회 종교적 의미를 지니는 민족주의 상징으로 재탄생하게 된다. 당시 민족 언론의 공공의제 설정과 문예공론장의 선순환 구조는 이미 언급한 바 있거니와 최남선은『심춘순례』(1926)의 머리말에 이런 담론과 심상지리의 의미를 "조선의 국토는 산하 그대로 조선의 역사이며, 철학

8) 김찬기 편역,『고등소학독본』, 도서출판 경진, 2011, 3과 「대한」 중에서.

이며, 시대의 정신"이라고 역설하기 시작했다.

20세기 초 조선은 민족주의를 이념적으로 실현할 독립 국가가 결여된 상태였다. 하지만 백두산을 포함하여 새롭게 만들어진 민족주의의 상징체계는 한국인들에게 큰 호소력을 발휘하였다. 당시 조선의 지식인들은 새로운 언어(시문체)와 교과서(독본), 새로운 공론장(신문, 잡지)을 통해 민족주의 담론과 상징체계의 기반을 효과적으로 전파했다. 백두산의 상징은 근대로 접어들면서 이전에는 존재하지 않았던 새로운 에너지와 의미로 충전되었던 것이다. 기행이라는 신어가 등장하고, 기행문이 창안되고, 종교적 의미로 격상된 순례가 유행처럼 번졌다. 이광수의 「금강산유기」(1922/1924), 최남선의 「풍악기유」(1924), 『심춘순례』(1925), 「금강예찬」(1928) 등이 대표적인 예이고, 현진건의 「고도 순례 경주」(동아일보 1929.7.18.~8.19), 「단군 성적 순례」(동아일보 1932.7.29.~11.9) 등도 여기에 속한다.

하지만 백두산 상징은 아무런 기반 없이 창조된 것이 아니다. 과거의 양식과 전통에 기반을 두고 새로운 환경과 담론에 의해 재구성된 것이다. 아래에서 보는 바와 같이 수많은 '유산기(遊山記)'를 통해 장르적 관습이 이미 축적되어 있었다. 여정, 감상, 관찰, 보고 등의 요소는 이전부터 쌓아온 익숙한 장르 관습이었다.

[표1] 백두산 유산기

번호	제목	저자	연도	출전	비고
1	북정록	김지남	1712		
2	북정일기	박권	1712		
3	백두산기	홍세태	1712	유하집 권9	
4	백두산기	이의철	1751		

5	백두산유록	박종	1764	당주집 권14	
6	유백두산기	서명응	1766	보만재집 권8	시문독본 2권 2과에 「백두산 등척」으로 수록
7	백두록	권필칭	1775	오담선생문집 권1	
8	유백두산기	서기수	1809	소재집 권3	
9	백두산일기	이중하	1885		

서명응(徐命膺, 1716-1787)은 북학파의 비조로 일컬어질 정도로 실용적 학문에 관심이 많았던 인물이다. 그는 1766년 백두산을 유람하고 적은 글에서 "우리가 산천의 경치나 즐긴다면 천박한 일이 될 것"이라고 하며, "관방의 지세를 살펴보는 것도 좋고, 북극성이 떠오르는 것을 관측하는 것도" 권장했다. 실제로 백두산 유람 후 그는, '상한의(象限儀)'라는 천체 관측 도구를 만들었을 정도로 실용적 사유와 관찰적 태도를 견지한 바 있다. 최남선의 『시문독본』(1916)에는 이러한 서명응의 실학적 미의식을 하나의 단원으로 구성하기도 하였다.

백두산은 이렇게 근대 교과서 및 독본 안으로 들어오기 시작하였다. 이후 아래에서 보는 바와 같은 교가, 창가 등으로 확산되어 가면서 조선 민족의 심상지리 원형으로 자리 잡아가게 된 것이다.

1. 백두산하(白頭山下) 넓고넓은 만쥬뜰들은
   건국영웅 우리들의 운동장이요
   거름거름 대(隊)를 지이 잎만 향(向)하어
   활발하게 나아감이 엄숙하도다
2. 대포(大砲)소리 앞뒤산(山)을 둘둘울리고
   총(統)과 칼이 상설(霜雪)같이 맹열하여도
   두렴없이 막막하는 돌격소리에
   뎌의군사 혼겁하며 정신일엇네

3. 억만대병(億萬:大兵) 기운대로 헤치고나아가
   원슈덜이 말우에서 떨어지난 것
   늦은 가을 남우닙과 다름없고나
4. 개션문하 자유(自由)종을 떵떵울리고
   삼천리(드千里) 에 독립긔를 펄펄 날닐제
   만세만세(萬歲萬歲) 만세만세(萬歲萬歲) 우리나라에
   만세만세(萬歲萬歲) 만세만세(萬歲萬歲) 우리동포(同胞)아[9]

3. 명승고적의 수용 원리와 기행문 성립 과정

풍경 둘. 백 년 전 조선의 학생들은 어디로 수학여행을 갔을까? 무얼 타고 갔을까? 이태준(李泰俊)이 휘문고보(徽文高普) 시절 1등상을 받았던 기행문을 재구성해 보면, 그들도 요즘 학생들처럼 들뜬 마음으로 수학여행을 갔다. 주로 경주, 부여, 개성 같은 고적지나 금강산 같은 명승지를 기차를 타고 다녀왔다. 수학여행은 당시 교육당국이 제시한 교과과정에도 명시되어 있었는데, 지금도 그러하듯 가기 전에 목적지의 지리, 역사, 문화를 학습하고, 갔다 와서는 으레 기행문을 썼다. 잘 쓴 글은 교지(校誌)같은 데 실리곤 하였다.

地理 배울 때 보고 시프고 歷史 배울 때 보고 싶든 扶餘 歷史로 扶餘古蹟으로 扶餘 아! 이러한 扶餘를 이제, 남다른 友情들과 서로 손을 잡고,

---

9) 국가보훈처, 『해외의 한국독립운동사료 14-일본편 4』, 1996. 97면에서 재인용. 「운동」이란 제목의 이 창가는 『보통교육 창가집』(1910)에 <권학가>, <수학여행>, <학문가> 등과 함께 수록됐다. 이 창가는 이상준(李尙俊)의 『최신 창가집(最新 唱歌集)』(1918) 및 이기재(李起載)의 『열화당 창가집(悅話堂 唱歌集)』(1909)에도 전한다. 이런 운동가류는 학교의 중요 행사인 운동회 때 개막행사와 폐막행사에서 부르거나 행진 활동에 보조를 맞추기 위해 부르던 노래이다.

절절한 情緖를 서로 풀어가면서 坦坦大路에 步調를 맞추도다. <…> 아!
이 王陵은 實로 사천년간 東洋 藝術에 代表的 古墳이다. 日本에도 없고,
支那에도 업고, 오즉 朝鮮에만 잇는 자랑의 寶物이로다. 雄偉堅固한 墳
이 構造와 珍奇華麗한 大理石에 神巧한 壁書는 실로 百濟의 魂이 모다
이곳에 뭉친 듯하도다. 천삼백여년 전 先祖들이 文物典章의 美를 갓초아
燦爛한 藝術界에 千古不朽의 이 大作을 感歎하면서 다시 一行에 섞여 半
月 城跡을 지나 扶餘邑內에 到達하기는 午後 네시경이엿다.[10]

　필자인 이태준은 학교에서 지리와 역사를 통해 배운 부여를 직접
볼 수 있다는 기대감에 들떠 있다. 그런데 이 글에서 주목되는 것은
조선의 수천 년 역사와 예술적 미의 기원을 공유하려는 필자 이태준
의 정신세계이다. 일본에도 중국에도 없는 동양 예술의 정수를 직접
확인하고 감탄해마지 않는 이태준의 모습이 눈에 선하다. 그가 글로
표현한 심상은 불후의 예술미와 그것을 가능케 했던 문물과 제도, 즉
찬란한 조선의 문화와 역사를 심미화하는 데 기여하고 있다.[11] 독자들
로 하여금 부여로 표상된 심상 지리 안에 조선적인 것을, 동시에 잃어
버린 것을 환기시켜줌으로써 정치적 심미화의 가교를 제공하기 때문
이다. 근대적 기행문의 이 같은 장르적 관습은 재래의 '산수유기(山水遊
記)'나 '유산기(遊山記)'와는 확연히 다른 지점이다. 또한 이것은 논설과
설명의 방식과도 다르다는 점에서 문학으로 통하는 비밀의 문이 아닐
수 없다.

　흥미로운 것은 기행을 통한 명승고적의 수용 원리가 교과서에 따라

---

10) 이태준, 「부여행」, 『휘문』 2호, 1924.(민충환, 『이태준 문학 연구』, 깊은샘, 1988, 50~
　　52면에서 재인용.)
11) 조윤정, 「근대 조선의 수학여행과 기행문 쓰기의 방법」, 『동방학지』 168, 연세대학교
　　국학연구원, 2014, 336~337면.

차이난다는 점이다. 관찬 교과서의 경우, 고적과 명승지를 다루되 철도를 중심으로 새롭게 부각되거나 가볼 수 있게 된 근대 신흥 도시를 다룬다. 문종 면에서는 설명, 서간, 기행을 골고루 활용하지만 내용과 초점은 '국토지리'에 가깝다.(1930년대 4차 교육령기 관찬 교과서에서는 이 같은 내용이 '산업'적 측면에서 기술되는 특징을 보인다.) 특히 일본과의 지리적 위계화가 특징적이다.

예를 들면, 금강산의 지세며 경관을 기술하지만 일본의 후지산富士山과 대비하여 정치적·미학적 위계화를 동반하는 식이다. 경주의 유적과 역사를 기술하지만 일본 나래奈良와 유사성을 언급하는 서술도 마찬가지다. 이 같은 수용 원리는 아래 예문이나 [표2]에서 보듯 관찬 교과서 전반에 편만(遍滿)한 것이었다.

제16과 富士山과 金剛山

富士山은 我國 本州의 中部에 突立하얏스니 그 놉히는 一萬二千尺이나 되고 그 形狀은 맛치 붓채를 펴서 걱구로 세워 노은 것과 恰似하며, 山勢가 甚히 秀麗하고 雄壯하야 我國 古來의 名山이오. <…>

金剛山은 朝鮮의 名山으로 江原道의 東北部에 ?立하얏스니 山勢가 優美奇妙하고 石骨의 峯巒이 重疊한 故로 世上에서 一萬二千峰이 잇다고 말하며 其中에 毗盧峯은 此山의 最高峰이니 놉히가 六千尺이나 되오. <…>

富士山은 그 山容의 雄壯秀麗함으로 金剛山은 그 山姿의 優美幽邃함으로 공히 世界의 屈指하는 名山이오.[12]

제25과 新羅의 古都

邑의 東南四里에 잇는 佛國寺도 新羅時代에 建設한 것인대 建築·塔碑 등의 볼만한 것이 不少하고 그 後便 吐含山에 몸을 던져 石窟庵에

---

[12] 조선총독부, 『보통학교 조선어독본』, 조선서적주식회사, 1924, 5권 16과.

들어가면 穹窿한 石窟 속에 二十九體의 佛像을 周壁에 彫刻하얏고 中央
에는 一丈餘의 釋迦尊像을 安置하얏는대 그 彫刻의 優美함은 東洋藝術
의 자랑거리라하오.

慶州에 와서 聯想되는 것은 內地의 奈良이오. 奈良도 慶州와 同時代에
繁華하든 舊都인대 兩都의 遺傳된 建築美術 等이 互相 類似함을 보면 上
古의 內鮮文明이 매우 密接하얏든 것을 알 수 잇소.[13]

[표2] 명승고적 수록 단원[14]

번호	단원명	문종	교과서명	원문 출전 및 기타
1	53과 등금강산기(登金剛山記)	기행문	『고등 조선어급한문독본』4 (1913)	『금강산기』
2	22과 경성	설명문	『보통학교 조선어독본』3 (1923)	
3	11과 신의주에서	서간문	『보통학교 조선어독본』4 (1924)	
4	24과 부산항	설명문	『보통학교 조선어독본』4 (1924)	
5	11과 호남여행	기행문	『보통학교 조선어독본』5 (1924)	논산, 강경, 이리, 군산, 광주, 목포 호남선의 여정.
6	16과 부사산(富士山)과 금강산	설명문	『보통학교 조선어독본』5 (1924)	
7	25과 신라의 고도(古都)	기행문	『보통학교 조선어독본』5 (1924)	경주와 나라 비교
8	8과 개성	설명문	『보통학교 조선어독본』6 (1924)	
9	17과 평양에서	서간문	『보통학교 조선어독본』6 (1924)	
10	44과 박연폭포	설명문	『고등 조선어급한문독본』4 (1924)	『둥국여지승람』
11	6과 개성	기행문	『고등 조선어급한문독본』4 (1924)	같은 내용의 글
	4과 개성	기행문	『여자고등 조선어독본』2 (1928)	

13) 조선총독부, 『보통학교 조선어독본』, 조선서적주식회사, 1924, 5권 25과.
14) 조윤정, 앞의 글, 327면에서 재인용.

12	25과 금강산	설명문	『고등 조선어급한문독본』4 (1924)	『동국여지승람』, 『택리지』
13	2과 한양유기(漢陽遊記)	기행문	『고등 조선어급한문독본』4 (1924)	『호동서락기』
14	8과 평양 연광정(練光亭)	설명문	『고등 조선어급한문독본』4 (1924)	『동국여지승람』

역사이자 종교이자 철학으로서의 국토, 나아가 시(詩)로서의 산하가 교과서에 뚜렷하게 기술되는 것은 관찬 교과서가 아니라 민간 독본에서 두드러진다. 최남선이 엮은 『시문독본』(1916)과 이윤재가 쓴 『문예독본』(1931)은 여기서도 주목받을만한 텍스트임이 입증된다.

아래 표는 최남선의 『시문독본』(1916)에 실린 글을 종류에 따라 나눈 것 가운데 '기행'으로 분류될 수 있는 단원과 문종을 뽑은 것이다. 기행문은 총 18편으로 4권 전체를 기준으로 논설(33편) 다음으로 많고, 이야기(17편), 전기(12편), 창가 및 시조(12편), 설명(10편)에 비해 세 번째로 많이 수록된 주요 문종이다.

[표3] 『시문독본』 기행 단원

권-단원	제목	내용	문종	저자 / 출전
1권-03	천리춘색 1	여정 (남대문-황주성)	기행문	
1권-04	천리춘색 2	여정 (대동강-청천강)	기행문	
1권-05	천리춘색 3	여정 (제석산-천지)	기행문	
1권-16	만물초	금강산의 돌	기행문 (산수유기)	양봉래, 「만물초기」
1권-24	박연(朴淵)	박연폭포 기행	기행문 (산수유기)	이월사, 「유박연기」
2권-02	백두산등척	백두산 등정	기행문 (산수유기)	서명응, 「백두산기」 부분
2권-09	만폭동	만폭동 기행	기행문 (산수유기)	이경석, 「풍악록」 부분

2권-16	상해서	상해 기행	서간문	이광수, 『청춘』3
2권-21	화계에서 해써오름을봄	화계사 기행	기행문	
2권-23	오대산등척 (1)	오대산 기행	기행문 (산수유기)	김삼연, 「오대산기」
2권-24	오대산등척 (2)	오대산 기행	기행문 (산수유기)	김삼연, 「오대산기」
3권-03	심양까지(상)	열하일기 (1911)	기행문 (번역)	박지원, 『열하일기』
3권-04	심양까지(하)	열하일기 (1911)	기행문 (번역)	박지원, 『열하일기』
4권-11	영동의 산수(상)	영동의 산수 기행(1912)	기행문 (번역)	이중환, 『택리지』
4권-12	영동의 산수(하)	영동의 산수 기행(1912)	기행문 (번역)	이중환, 『택리지』
4권-15	환희기(상)	열하일기 (1911)	기행 서사 (번역)	박지원, 『열하일기』
4권-16	환희기(하)	열하일기 (1911)	기행 서사 (번역)	박지원, 『열하일기』
4권-20	해운대에서	해운대 기행 (1917)	기행문	이광수, 「오도답파기」29

기행을 통한 명승의 교과서 수용은 전(前)근대 성격의 '산수유기', '유산기'에서부터 근대적 문체로 시도된 번역 기행, 그리고 근대적 성격이 두드러지는 기행문에 이르기까지 다양하다. 여기서 관찬 교과서의 기행문과 다른 점은, 우선 학생들이 쓴 기행문보다는 명망가나 문인들의 작품을 수록한다는 점이다. 이는 『시문독본』만의 특징이기도할 터인데, 『시문독본』이 애초 문체를 창안하려 했고, 동시에 문범을제시하려 했던 것과 관련이 깊다.

기행의 대상과 목적도 뚜렷하게 구별된다. 관찬 교과서는 금강산과근대 신흥 도시를 다루고, 철도와 신작로를 중심으로 한 여정을 소개하는 등 주로 관찰에 치중한 기행이 많다. 반면 『시문독본』은 천지(天池)까지 이르는 백두산 가는 길과 북방정서를 여전히 강조하면서도 그

안에서 주체의 정서와 대상에 관한 세밀한 묘사, 나아가 미의식을 표출함으로써 기행 그 자체가 아니라 기행문을 통한 국토에 대한 심상지리의 전유와 정치적 심미화를 지향하고 있다. 이는 지리와 공간을 차별적으로 위계화했던 관찬 교과서의 시각과 확연히 다른 것이다.

이런 점에서 볼 때, 『시문독본』은 공간을 재배치하고 제국의 심상지리를 전복적으로, 조선적으로 재구성한 민간 독본이라 할 만하다. 아울러 혼종적인 형태로나마 근대 기행문의 지평을 제시한 교과서 텍스트라 할 수 있다.

한국문학사에 기행문이 하나의 문종으로 뚜렷하게 정착된 것은 이윤재의 『문예독본』(1931)에 이르러서다. 『문예독본』의 어문민족주의 성격에 대해서는 이미 밝혀진 바 있다. 『문예독본』은 특별히 교육학적 용어나 교육 원리를 적용하지는 않았다. 그러나 제재 및 단원 구성 면에서 해방 이후 국어 교과서에까지 영향을 끼쳤으며, 각 단원마다 수록된 제재의 저자 및 문종을 구체적으로 적시한 특징이 있다. 여기서 주목할 부분은 이 같은 민간 독본의 제재 및 단원 구성이 관찬 교과서에 '역류(逆流)'하는 양상이며, 동시에 관찬 교과서가 이를 선택·수용하거나 배제하는 기준이라는 점이다.

현진건의 「불국사에서」는 『문예독본』에 실린 대표적인 기행문이다. 현진건의 이 글은 당시 다른 관찬 교과서에도 빈번하게 실렸으며, 해방 이후에도 오랫동안 국정 교과서에 수록되었던 대표적인 교육 정전(正典)이다. 이 글은 「고도 순례 경주」라는 제목으로 『동아일보』에 총 13회에 걸쳐 연재(1929.7.18.-8.19)하였던 것을 『문예독본』이 '기행문'으로 분류하면서 교과서에 처음으로 등장했다. 『문예독본』이 「불국사에서」라는 제목으로 수록한 부분은 아침 일찍 경주를 나서서 불국사역에 도착한 다음, 불국사(청운교-백운교-다보탑-석가탑-영지-대웅전)에서 석굴암에 이르기까지의 여정과 그 사이에 둘러본 대상물을 관찰·묘사하고 감흥을 드러내는 대목이다.(오늘날까지도 대부분의 교과서가 불국사 이후 부분을 수록하고 있다.) 특히 기행문 중간에 삽입된 무영탑과 관련된 전설, 박제상과 관련된 전설과 시조(時調)로 인해 문학적으로 성가(聲價)가 높았다.

『문예독본』에 실린 「불국사에서」가 문학 혹은 기행문 연구에서 주목받는 이유는 뭘까? 첫째, 직접적이고 강한 저자의 현실인식이 이념적 설명이나 계몽적 서사의 형태가 아닌 문학의 방식으로 드러나기 때문이다. 이 글은 역사적 사실이나 소재를 주된 제재로 삼아 글쓴이의 강한 현실인식을 반영하고 있다. 현진건이 역사를 다루는 이 같은 방식은 신채호, 최남선 등 이전 세대와 현격한 차이가 있다. 현진건의 경우, 역사도, 전설도, 소설도 아닌 이 모두를 아우르는 방식으로 '기행문'을 택했다. 근대 초까지도 오해를 불식시키지 못했던 재래의 '문학'이 이광수가 주창한 Literature의 번역으로서의 '문학'과 달랐듯 현진건의 '역사' 역시 더 이상 문화사나 민족기원의 탐색도구가 아니었다. 역사라기보다는 하나의 문학적 양식, 말하자면 '역사의 문학화'라고 보아야 할 것이다. 따라서 이 글을 수록한 이윤재의 『문예독본』은 역사 그 자체의 고답적 해설 혹은 계몽성의 노골적 전달보다는 한글 문장의 세련미와 유창성을 기반으로 한 문학을 신택한 셈이다. 『문예독본』을 근간에서 지탱하고 있는 미문의식(美文意識)과 문학적 국어가 어우러지면서 「불국사에서」는 근대 기행문의 전범으로 등극할 수 있었던 것이다.

둘째, 이 글은 소설적 상상력과 치밀한 묘사, 사실적인 구어체와 섬세하고 개성이 드러나는 문체 등 언어의 유창성이 돋보인다. 대상을 현재의 관점에서만 바라보는 것이 아니라 옛 문헌과 전설을 엮어 역사적 상상력을 펼쳐 보이는 특징이 있다. 또 치술령(鵄述嶺)에 올라 박제상(朴堤上)의 의연한 죽음과 그런 남편을 기다리다 망부석이 된 박제상의 아내를 생각하는 장면에서 시조를 삽입하는 등 형식면에서 재래의 장르적 관습을 계승하면서도 내용적으로 강한 현실인식과 심미적 지향을 드러내고 있다.

반면 일제가 펴낸 관찬 교과서는 「불국사에서」를 제재로 수용하고 있으나 그것의 지향과 미의식은 새로운 것에 대한 관찰과 여정이 주된 기행문으로 재구성된다. 예를 들어, 『중등교육 조선어 급 한문독본』(1933-35)이 수록한 「불국사에서는」 불국사역에서 시작해서 토함산에서의 동해 일출로 이어지는 여정으로 시작과 끝을 이룬다. 내용적인 면에서 보면, 석가탑과 다보탑의 미학적 상찬은 건너뛰고, 무영탑과 박제상의 전설은 빼버린 채 석굴암 부분, 특히 관음보살의 관능미가 부각되는 대목과 옛 모습이 아직 남아있는 것을 다행으로 여기는 부분을 수록하고 있다. 아마도 이것은 박제상 전설이 상기하고 고양시키는 대목, 즉 "千秋의 빛나는 義氣를 남기고 倭國 木島에서 연기로 사라진 朴堤上의 義魂義魄은 지금 어디서 헤매는고!"와 같은 구절이 자극적이기 때문일 것이다. 하지만 본질적인 것은 민간 독본의 제재 및 단원 구성, 학습자(조선인)의 요구를 수용하면서도 제국의 심상지리 안에서 선택과 배제의 기율 원리가 작동한다는 점이다. 따라서 여기서 중요한 것은 제재의 유사성, 다양한 방식의 기행 구현, 수학여행이 가져다주는 집단적 정서 체험 등이 아니다. 이러한 것들은 관찬 교과서가 보여주는 일종의 착시현상에 불과한 것이다.

변영로의 「백두산 갓든 길에」는 시조 양식의 기행시로 분류된다. 총 7개의 소제목으로 나뉘어져 있으며 『동아일보』에 연재했던 것을 재수록한 작품이다. 『문예독본』은 상권에서 이를 '시조'로 구분하여 전체를 수록하였는데, 『중등교육 조선어 급 한문독본』에서는 동일한 제목으로 4권 9단원에 수록하면서 1개의 소제목 아래 묶인 2수를 제외하였다. 인용문에서 보는 바와 같이 제외된 2수는 연시조의 가장 핵심적인 대목에 해당한다.

無頭峰 上에서 二首

一

무틀峰 기어 올라 千里 天坪을 내다보니
넓기도 넓을시고 우리 옛터 예 아닌가
인 홍이 잦기도 전에 눈물 벌서 흐르네

二

우리 임 귀천한 후 몇몇 滄桑 지냇관대
옛 神墟 어디 가고 滿眼 蒼鬱 樹林뿐가
생각이 예로 달리니 아득아득 하여라[15)

'무틀봉'은 무두봉의 다른 이름으로 백두산의 봉우리 가운데 하나이며, '천평'은 백두산 아래의 벌판을 가리킨다. 둘째 수의 '임'은 '한배검', 즉 '단군'을 의미한다. 「無頭峰 上에서」는 무두봉에 올라 우리의 옛 터를 떠올리며 단군 이래의 역사와 변천 속에서 그 터에 수림(樹林)만이 가득한 상황에 대한 아쉬움, 허허로움을 담고 있다. 그러나 관찰

15) 이윤재, 구자황·문혜원 편, 『문예독본』, 경진, 2009, 99면.

교과서에서는 두만강, 정계비(定界碑), 천지(天池)를 언급하는 여정과 지배적 정조를 수용하고 있음에도 불구하고 가장 극적으로 고양될 수 있는 부분, 즉 백두산과 단군을 연상할 수 있는 2수가 목적의식적으로 배제되었다.

『문예독본』에 실린 이병기의 「낙화암을 찾는 길에」 역시 비슷한 맥락을 확인할 수 있다. 관찬 교과서인『중등교육 조선어 급 한문독본』에서는 제목을 낙화암의 상징성이 부각되지 않도록 「夫餘를 찾는 길에」로 바꾸어 수록하였다. 백제를 향한 궁녀(宮女)들의 절개와 민족혼을 느끼며 필자의 정서가 고양된 다음과 같은 부분을 삭제한 채 수록하였다.

> 이 바위에 나는 홀로 서 잇다. 가마니 눈을 감고 그때의 광경이나 다시 그려 보자—꽃 같은 미인들은 수없이 떨어진다. 자개잠 금비녀는 나려지고 머리채는 흩어러지고 치맛자락은 소스라치며 펄렁거린다. 풍덩실풍덩실 물소리는 난다. 만일 그때 의자왕도 이리 몰켜와 이 광경을 보앗드라면 어찌나 되엇을가. 그 어느 치맛자락을 잡고 같이 몸을 던져 죽어버렷을는지도 모를 것이다. 과연 그랫드라면 金庾信·蘇定方 앞에서 행주의 치욕도 아니 받앗을 것이다. 더욱이 의자왕의 일이 가엾게 생각된다. 차라리 몸을 백마강에 던져 어장리에 장할망정 저 국치에게는 더러이지 않겠다는 백제의 혼, 백제의 꽃은 영원히 이 인간에 살아 잇을 것이다. 나는 이 백제의 꽃을 보고 울기도 하고 웃기도 한다. 그리하여 나의 사랑하는 부여에도 가장 이 낙화암을 사랑한다.16)

정리하자면, 근대 조선어 교과서의 공간적 사유는 편찬 주체 및 지향, 즉 '실용간이(實用簡易)' 중심으로 충량한 제국의 신민을 지향한 관

---

16) 이윤재, 구자황·문혜원 편, 『문예독본』, 경진, 2009, 83면.

찬 교과서와 기행문을 통해 현실 인식과 문학적 회로를 마련함으로써 정치적 심미화를 지향했던 민간 교과서 사이에 각각 차이를 보인다. 기행문은 이 과정에서 근대 문학의 뚜렷한 문종으로 등장하였으며, 일정한 장르적 관습을 획득하여 오늘에 이르렀다. 명승과 고적을 포섭하여 인문지리적으로 사유한 기행문이 조선적인 것과 잃어버린 민족을 환기하는 근대적 양식으로 거듭나게 된 것이다. 또한 여기서 한 가지 간과할 수 없는 사실은 관찬 교과서의 기행문 수용은 '조선인의 민도와 시세에 맞게' 구성되고 선택과 배제의 기율에 맞춰 개발되었음에도 불구하고 실제 현실에 있어서는 아래 표에서 보듯 민간 독본의 제재와 구성 원리를 적극 수용했음을 알 수 있다. 이른바 교과서 간의 경합에서 벌어지는 '교섭과 역류'의 양상을 간과할 수 없는 것이다. 아울러 관찬 교과서와 민간 독본의 명승고적 수용은 교과서 간의 상호 길항과 경합 양상을 보여줌과 동시에 이 과정에서 근대 기행문이 형성할 수 있게 되었다는 점을 기억할 필요가 있다. 공간에 대한 인문지리적 사유가 문학적 국어를 형성하는 단초를 마련하고, 단순히 문식성을 이해하는 차원을 넘어 잃어버린 역사의식과 조선적 미의식을 형성하는 데까지 영향을 끼쳤던 셈이다.

[표4] 관찬 교과서와 민간 교과서의 기행문 관련 단원

단원명	민간 독본			관찬 교과서	비고
	시문독본 (1916/1922)	중등조선어작문 (1928)	문예독본 (1931)	중등교육 조선어급한문독본 (1933-35)	
해운대에서	○	○(3-15)		○(1-15)	기행문
망군대	○	○(5-17)		○(3-11)	기행문

장미와 목단	○	○(2-13)		○(1-9)	수필
주시경	○	○		○	위인전
의기론	○		○	○(4-13)	논설문
봄	○	○(2-12)		○(2-3)	
백두산 갔든 길에			○(상권)	○(4-9)	기행 시조
백두산 등척	○			○(4-8)	기행문
낙화암 가는 길			○(상권)	○(1-11) 부여를 찾는 길에	기행문
불국사에서			○(상권)	○(2-10) 석굴암	기행문
귀성	○			○	수필
공부의 바다	○	○(1-1)		○(1-28)	신체시
봄비			○(상권)	○(2-4)	자유시
가을			○(하권)	○(1-23)	
생활	○			○	논설문
박연	○			○	기행문
힘을 오로지 다함	○			○	논설문
활발	○			○	논설문
화계에서 해떠오름을 봄	○	○(2-16)		○(3-14)	기행문
내소와 개	○			○	소설
용기	○	○(2-25,26)		○	논설문

*○은 동일 제재 수록을 의미함.
*괄호 안은 교과서의 '권-단원'을 의미함.

4. 결론

이 글은 근대 교과서에 등장하는 명승고적(名勝古蹟)이 재래의 장르관습을 바탕으로 근대적으로 변용되었다는 점을 주목하였다. 그 예로 백두산의 상징체계가 형성되는 과정을 살폈다. 재래로 조선의 명승지이긴 했지만 백두산은 근대 초까지만 해도 크게 주목받은 곳은 아니었다. 한일병탄 이후, 제국의 심상지리에 대응하는 식민지 지식인의 조선통사와 민족주의 담론이 불러낸 근대적 상징체계로 등장한 것이 백두산이다. 그러나 이는 무에서 유를 창조한 것이 아니다. 기존의 '산수유기(山水遊記)', '유산기(遊山記)'를 변용하는 한편, 근대적 지리 관념 및 교통 발달을 토대로 근대적 민족국가의 미의식을 구현하기 위해 '기행문'이라는 신어가 만들어진 것이다. 이 글의 첫 번째 결론이 여기에 해당된다.

새로운 문종이 형성되는 과정은 이 글이 주목한 또 하나의 지점이었다. 교과서는 일제가 펴낸 관찬 교과서든 민간이 펴낸 대안 교과서, 즉 독본의 형태든 새로운 문종으로 기행을 적극 수용하였다. 명승고적의 근대적 변용이 기행문이라는 신어의 탄생과 밀접한 관련이 있다는 것인데, 기행문이 근대 문학(교육)으로 들어가는 비밀의 문도 여기에 있다고 보는 것이 이 글의 두 번째 결론이다.

교과서 간의 교섭과 상호 경쟁을 구체적으로 실증할 때, 기행문을 문학(교육)의 정원으로 이끈 주요 텍스트는 최남선의 『시문독본』과 이윤재의 『문예독본』이라 할 수 있다. 『시문독본』(1916)은 신문학 작품과 함께 재래의 '산수유기'나 '유산기'를 적극 수용하였다. 이윤재의 『문예독본』(1931)은 기행문을 근대 문학으로 포섭하면서 교과서의 원형을 창안하였다. 그리고 이들과 경합하면서 지속적으로 단원이나 제재를 주고받은 일제이 관찬 교과서들도 기행문과 근대 문학의 형성에서 주목할 필요가 있다.

일제 강점기 국어과(당시 조선어과) 교과서에 포섭된 명승고적과 이에 대한 공간의 사유 방식은 편찬 주체 및 교과서의 구성 원리 면에서 다른 양상을 보인다. 관찬 교과서는 단군과 백두산을 철저히 은폐하는 대신 의도적으로 금강산을 부각시켰다. 근대적 교통망을 홍보하는 한편 관광을 매혹적으로 선전하면서 제국의 심상지리와 문명화를 체현하는 수학여행이 교과과정으로 적극 권장되었다. 반면 민간 독본에서는 백두산을 언급하는 횟수가 적지 않았고, 금강산과 함께 고적지와 관련된 단원이 많다. 실제 교과서 단원 안에서는 학습자의 집단적 정서를 체험하도록 하는 한편, 민족의 현실과 비애, 나아가 역사 혹은 미의식을 서술하는 방식이 부각되었다. 이것은 지리와 장소를 통해 제국의 심상지리에 맞서거나 전유하는 방식이라 할 수 있다. 이는 논설과 설명 등 '경성(硬性) 문종'이 제한적이던 현실에서 수필이나 기행 같은 '연성(軟性) 문종'을 통해 공적 지식의 차이를 극복하려던 것으로 보인다. 흥미로운 것은 일제의 관찬 교과서가 민간 교과서의 기행 관련 제재, 단원, 문종을 의식하면서도 이를 선택·수용·배제한다는 점이다. 관찬 교과서와 민간 독본의 구성 원리는 유사한 점이 많다. 하지만 기행을 매개로 한 지리, 장소에 관한 서술과 이를 사유하는 인문지리적 서술방식은 엄연한 차이를 보이는데, 때로는 양측의 교과서가 서로 영향을 주고받으며, 때로는 조선 독자들을 대상으로 경합하는 장면을 확인할 수 있다.

참고문헌

1차 자료

강진호·허재영, 『조선어독본』 1-5, 제이앤씨, 2011.
구자황·문혜윤, 『근대 독본 총서』 1-7, 도서출판 경진, 2009/2011.
국가보훈처, 『해외의 한국독립운동사료 14-일본편 4: 최신 창가집』, 1996.
민충환, 『수주 변영로 詩전집』, 부천문화원 향토문화연구소, 2010.
이강언 외, 『현진건 문학전집』 6, 국학자료원, 2004.
논설, 『매일신보』, 1914.2.7.-2.22.
논설, 「한국민족 지리상 발견」, 『대한매일신보』, 1910.2.20.

2차 자료

강진호, 「일제강점기 『國語讀本』과 차별적 위계 교육」, 『문학교육학』 49, 한국문학
    교육학회, 2015.
구자황, 「근대 독본문화사 연구 서설」, 『한민족어문학』 53, 한민족어문학회, 2008.
_____, 「최남선의 『시문독본』 연구」, 『과학과 문화』 3(1), 서원대학교 미래창조연
    구원, 2006.
김경남, 「이광수의 작문관과 기행 체험의 심미적 글쓰기」, 『어문론집』 58, 중앙어
    문학회, 2014.
_____, 「일제 강점기의 작문론과 기행문 쓰기의 발달 과정 : 1920년대 이후의 문
    장론과 기행 장르 인식을 중심으로」, 『우리말글』 62, 우리말글학회, 2014.
김정배·이서행 외, 『백두산, 현새와 미래를 말한다』, 한국학중앙연구원, 2010.
민충환, 『이태준 문학 연구』, 깊은샘, 1988.
박진숙, 「기행문에 나타난 제도와 실감의 거리, 근대문학」, 『어문론총』 54, 한국문
    학언어학회, 2011.
박진숙 외, 『'조선적인 것'의 형성과 근대문화담론』, 민족문학사연구소 기초학문연
    구단, 소명출판, 2007.

박진영, 「최남선의 『시문독본』 초판과 정정 합편」, 『민족문학사연구』 40, 민족문학
　　사연구소, 2009.

서영채, 「최남선과 이광수의 금강산 기행문에 대하여」, 『민족문학사연구』 24, 민족
　　문학사연구소, 2004.

임상석, 「『시문독본』의 편찬 과정과 1910년대 최남선의 출판 활동」, 『상허학보』
　　25, 상허학회, 2009.

정치영, 『사대부, 산수유람을 떠나다』, 한국학중앙연구원 출판부, 2014.

조윤정, 「근대 조선의 수학여행과 기행문 쓰기의 방법」, 『동방학지』 168, 연세대학
　　교국학연구원, 2014.

마이크 크랭·나이절 스리프트 엮음, 최병두 역, 『공간적 사유』, 에코리브리, 2013.

베네딕트 앤더슨, 윤형숙 역, 『상상의 공동체』, 나남출판, 2002.

에티엔 발리바르, 『정치체에 대한 권리』, 후마니타스, 2011.

제임스 커런, 이봉현 역, 『미디어와 민주주의』, 한울아카데미, 2014.

피에르 부르디외, 최종철 역, 『구별짓기』, 새물결, 2005.

05

근대적 문종 인식으로서 '설명'의 출현과 그 배경
—『국민소학독본』(1895)과 『신정심상소학』(1896)을 중심으로

이
정
찬

1. 서언

'근대적 문종 인식'과 '설명'을 과연 무엇으로 규정하고 또 어떻게 접근할 것인가. 사실 문종(文種)은 '학술 용어'라기보다는 교육 현장에서 주로 사용하는 '교수 용어'에 가까우며 표준국어대사전에도 부재한 단어로 그 의미가 명확히 '규정'되어 있기보다는 관행적으로 '통용'되고 있는 것이 사실이다. 다만 1912년에 출간된『국정독본 교사용 수사법 및 취급』에 문종이란 용어가 등장하고 또 그 하위 범주로 기사문, 서사문, 설명문, 의론문이 제시되는 것으로 보아 정확한 시기를 확정힐 수는 없시만 비교적 이른 시기부터 교육 용어로 사용되었던 것으로 추정된다.

이 연구에서 지칭하는 '근대적 문종 인식'이란 근대 전환기 글(文)에 대한 전통적인 관념에서 벗어나 새로운 의도와 목적으로 문필 행위 일반에 질서를 부여하고자 하는 의식적 행위를 의미한다. 특히 이러한 행위는 『국정독본 교사용 수사법 및 취급』에서 보듯 '독본(讀本)'이라는 근대적 교육 매체의 출현과 밀접한 관련이 있다. 주지하듯 독본은 *Reader*의 번역어로, 이 근대적 교육 매체 속에는 가치 및 태도의 변화를 촉구하는 언어와 지식의 보급 및 전파를 도모하는 언어, 그리고 예술 행위로서의 언어 등이 근대 초기 계몽의 논리 속에서 혼재되어 있었다. 그러나 점차 다양한 의도와 목적 속에서 그 언어들은 분화되어 각자의 고유한 방식을 전유(專有)하였고 마침내 그것이 하나의 전형과 관습으로 발전하였다. 이러한 일련의 흐름이 바로 '근대적 문종 인식'이 형성하고 발전하는 과정이라 할 수 있다.

다음으로 '설명'은 일반적으로는 '정보전달을 목적으로 하는 의사소통 행위'를 의미한다. 여기에는 지극히 일상적인 것에서부터 추상적인 이론이나 법칙에 이르기까지 다양한 대상들을 포함하고 있다. 이에 일부에서는 설명을 '지식에 대한 서술'로 규정하여 명제화된 언어적 형식에 초점을 두고 논의하기도 하고, 또 일부에서는 특정한 '글 유형'으로 규정하여 설명문, 보고문, 기사문 등과 같이 정보 전달을 목적으로 하는 글 양식으로 논의하기도 한다. 다만 이런 방식들은 모두 언어의 문제(명제 및 서술 유형, 양식 등등)에 초점을 두고 있다는 점에서 공통적이다.

사실 설명에서 중요한 의미를 갖는 지식, 정보 등은 그 특성상 생산자와 수용자 그리고 그것이 소통되는 상황과 밀접한 관련이 있다. 즉, 맥락에 따라 자료(data)의 재가공이 수반되는 것이다. 특히 이러한 과정이 근대 전환기 독본의 출현에서처럼 국가 권력에 의해 사회 전체에 대규모로 시행될 경우 그것은 필연적으로 '담론'적 성격을 갖게 된다. 의도적으로 기획된 규범적 제도로서의 근대적 교육 제도의 시행, 이를 위한 새로운 '언어(국어; 國語)'의 창안 그리고 실천적 양태로서의 독본의 출현은 근대적 문종으로서 '설명'이 독본에 등장하게 된 배경 및 그 의의와 아주 밀접하게 연관되어 있다 하겠다.

맑스는 『정치경제학 비판을 위하여』의 서문에서 생산, 분배, 교환, 소비의 순환에 대해 언급하고 있다. 그는 '생산 과정에서 사회 구성원들은 인간의 욕구에 따라 자연의 산물을 전유한다. 분배는 개개인이 이 생산물을 얻는 비율을 결정한다. 교환은 특정한 생산물을 개개인에게 공급하는 분배의 결과로 자신에게 허용된 몫을 다른 것과 바꾸길 원하는 일이다. 끝으로 소비를 통해 생산물은 향유를 위한 개인적 전유의 대상이 된다.'[1]고 주장하였다. 그리고 그는 생산과 소비의 상호 이해를 주장함으로써 순환의 고리들을 결합시킨다. '생산은 소비로 연결되며, 소비의 재료를 창출한다. 생산이 없으면 소비의 대상도 없다. 그러나 소비 또한 생산으로 연결된다. 즉 소비는, 생산물이 이를 소비하는 주체에게 제공됨으로써 비로소 생산물이 되기 때문이다.'[2] 맑스의 이러한 이론은 사회적 현상에 대한 경제학적 관점에서의 분석이지만, 새로운 지식의 보급과 전파, 나아가 지식을 통해 표상되는 가치와 이념의 확산을 목적으로 하는 근대적 '설명'의 출현 배경과 의의 그리고 (후속 논의에서 진행하게 될) 그것이 특정한 방식으로 고착화되어 하나의 지식으로서 자격을 갖게 되는 과정을 이해하고 해석하는 데 있어 매우 유용한 관점을 제공해준다

국가 권력에 의해 선택된 일련의 새로운 지식은 근대적 제도 및 이념 등을 표상하는, 의도적으로 기획된 사회적·문화적 가치의 '창출'이

---

1) 맑스, 김호균 역, 『정치경제학 비판을 위하여』, 청사, 1988, 193~194면.
2) 맑스, 김호균 역, 위의 책, 196면.

라 할 수 있으며, 이는 독본의 발간이라는 제도적 실천을 통해 학생은
물론 일반 대중들에게 전달되었다. 그리고 독본 속에 담긴 새로운 지
식은 교육이라는 맥락 속에서 학습자들에게 '분배'되는데 이 과정에서
지식 자체의 논리는 물론 지배 계층의 요구, 사회적 수요 등이 교육의
논리로 포장되어 분배의 과정에 개입되었다. 아울러 학습자들에게 전
달하기 위한 방식으로 각기 최적화된 언어적 형식을 채택했는데, 이것
이 오랫동안 고착화되면서 하나의 '전형' 혹은 '관습'이 되어 다시금
새로운 지식으로서의 자격을 갖게 되었다[3].

　이에 본 연구에서는 이러한 문제의식 속에서 설명을 '지식이나 정
보에 대한 언어적 표상'이 아닌 '특정 지식에 대한 의미 부여 및 가치
를 내재하고 있는 지식의 분배와 소비에 영향을 끼치는 사회적 담론'
으로 규정하고 이러한 관점에서 근대적 문종 인식으로서의 설명의 출
현 과정을 규명하고자 한다. 구체적인 방법으로는 우선 교과서 편찬자
들은 어떤 의도와 목적 속에서 지식을 '선택'했는가라는 문제에서 출
발한다. 그리고 그 선택된 지식들은 어떤 방식으로 분류되고 위계화되
어 독본에 '배치'되었으며 이는 어떤 언어적 형식을 통해 '전달'되었는
가를 중심으로 고찰할 것이다.

2. 지식의 선택 : 국가주의와 보통 지식

　독일의 철학자 피히테는 「독일 국민에게 고함」이라는 강연을 통해

---

3) 물론 이 과정이 상당기간 지속되면 어느 순간 관습을 잉태한 최초의 '기획된 사회적·
　문화적 가치'는 은폐되고 마치 그 자체로 독립되어 존재했던 것처럼 인식되기도 한다.
　푸코는 바로 이러한 문제의식 속에서 그 철학적 논의를 발전시켰다. 자세한 사항은 미
　셸 푸코, 이정우 역, 『지식의 고고학』, 민음사, 2000 참조

독일이 문명세계로 진입하여 새로운 독일로 재건되기 위해서는 교육의 역할이 매우 중요하다고 강조하였다.

> "우리에게 필요한 교육은 실생활에 적합한 인간을 길러내는 교육이다. 교육은 … 누구나 옳은 것을 자신의 당연한 의무로 행할 수 있도록 절대적으로 확고부동한 인격을 형성해 주는 일이며 … 독자적으로 사고할 수 있도록 자극하는 일이다. … 새로운 교육은 처음부터 시민 정신의 훈련이어야 하며 … 그들만의 특별한 공동체 속에서 합리적 법체제하의 '견습 시민'으로 양육하는 것이다."[4]

피히테의 이러한 주장은 소위 '교육입국(敎育立國:educational state)'의 논리라 할 수 있는데, 이는 1808년 독일 공공교육의 책임자로 임명된 훔볼트와 그의 후임자들에 의해 구체적인 제도로 실행되었고[5], 일본의 교육 개혁에도 절대적인 영향을 끼치게 되었다.

메이지유신을 통해 새로운 근대 국가로의 전환을 선포한 일본은 초기에는 프랑스의 학제와 미국식 교육 제도를 도입하여 근대 교육을 기획하였다. 그러나 1886년 독일 중심의 교육제도로 일제 개편을 기획하는 데, 이는 제국대학령에서 시작하여 사범학교령, 소학교령, 중학교령 등의 학제 개편과 교육 내용의 전환적인 변혁으로 구체화되었다[6]. 이를 주도한 사람은 모리 아리노리(森有礼)로, 그는 교육의 목적을 '애국심 배양'으로 규정하였다. 즉, '진리 탐구를 목적으로 하는 학문'이 아닌 '국가를 위한 지식 교육'이 바로 일제 개편의 핵심이었던 것

---

4) 피히테, 황문수 역, 『독일국민에게 고함』, 범우사, 1988.
5) 보이드, 이홍우 외 역, 『서양교육사』, 교육과학사, 1996, 498~504면.
6) 이정찬, 「근대 국가주의 교육관의 성립 과정」, 강진호 외, 『근대 국어교과서를 읽는다』, 경진출판사, 2014.

이다[7]. 그는 학제에서도 소학교, 중학교를 공히 심상과와 고등과로 구
분하고 심상과는 수신과목을 중심으로 한 덕육(德育)으로, 고등과는 거
기에 상급학교로의 진학을 위한 지육(智育:교과의 전문 지식)이 부가되는
방향으로 재편하였다. 즉, 심상과는 '입국(立國)'의 논리가, 고등과는
'입국(立國)'과 함께 '입신(立身)'의 논리가 중요한 목표로 부각되었던 것
이었다.(당시 제출된 중학교교칙대강을 보면 중학교 고등과 교육의 목적 중 하나는
'중인 이상의 업무에 취업'하기 위함이며 또한 '고등학교에 입학'하기 위해 필요한 학
과를 가르친다는 내용이 명시되어 있었다. 아울러 고등학교 고등과 역시 '제국 대학
입학을 목적'으로 하는 학과를 가르친다고 명시되어 있다. 이처럼 취업과 진학이라는
개인적 성취를 입국(立國)과 대비하여 본 연구에서는 '입신(立身)'으로 명명하고자 한
다.)

조선 또한 1895년 박정양, 이완용, 이상재, 윤치호 등을 중심으로 근
대적 교육 개혁을 단행하였는데 아래는 1894년 갑오개혁에서부터
1895년 최초의 근대적 교과서인『국민소학독본』이 출간되기까지 학무
에서 주요 업무를 담당했던 사람들을 정리한 것이다[8].

	김홍집·박영효 내각 (1894.12.17~1895.5.21)	박정양·박영효 내각 (1895.5.31.~1895.8.23.)	박정양·유길준 내각 (1895.8.24.~1895.10.8.)
박정양	학무·학부대신	총리대신	총리대신
이완용	외무협판	학부대신	학부대신
이상재	학무참서관	학부참서관	학부참서관
윤치호	학무참의	학부협판	외부협판

강진호는 이들 중 이상재가『국민소학독본』이 출간되는 데 있어 중

---

7) 가타기리 요시오 외, 이건상 역,『일본 교육의 역사』, 논형, 2011, 114~115면.
8) 한철호,『친미개화파연구』, 국학자료원, 1998, 103면.

요한 역할을 담당하였을 것으로 추정하였다. 그 근거로 초대 주미대사
로 부임했던 박정양을 수행하여 1887년부터 1888년까지 미국에서 체
류했던 경험과 학부 참서관으로 역임했던 이력 등을 제시하였다. 특히
『국민소학독본』에 실린 '아미리가 독립 1~3'이 박정양이 집필한 『미
속습유』(1888)의 일부를 인용한 것도 역시 중요한 판단 근거가 될 수
있다고 주장하였다[9]. 그러나 박승배는 '아미리가 독립 1~3'의 경우 『미
속습유』와 유사하지만 이 책 또한 미국의 교과서인 *New National Reader*
의 제2권 제29과와 상당부분 유사하
거나 동일하기에 박정양 개인의 집
필이라기보다는 미국 교과서의 영향
을 받은 것이라고 주장하였다[10].

이상의 논의에서 중요한 것은 그
동안 명확히 알려지지 않았던 『국민
소학독본』의 편찬 주체 및 출간 배
경 등의 사항들이 일부 밝혀지기 시
작했다는 점이다. 당시 내각에서 중
요한 역할을 담당했던 박정양과 이
상재는 정치적 격동기 속에서도 일
련의 개혁적인 정책 시행을 주도했
던 사람들이다. 특히 이상재는 박정

[그림1] 『국민소학독본』 제1과

양의 식객(食客: 일설에서는 '개인비서'로

9) 강진호, 「'국어' 교과서의 탄생과 근대 민족주의: '국민소학독본'을 중심으로」, 『상허학
보』 36, 상허학회, 2012.
10) 박승배, 「갑오개혁기 학부 편찬자가 활용한 문헌고증II」, 『교육과정연구』 31, 한국교
육과정학회, 2013.

지칭했으나 식객으로 표현하는 것이 더 적절하다.)으로 18세부터 31세까지 13
년 동안 박정양의 자택에서 기거하였다. 그 인연으로 1881년 박정양이
'신사유람단'에 포함되었을 때 그의 수행원으로 함께 도일(渡日)하였고,
1887년 박정양이 주미대사로 부임할 때도 서기관으로 함께 했던 것이
다. 이후 독립신문의 발간과 독립협회 및 만민공동회를 주관하는 등의
적극적은 사회 개혁 운동을 전개하였는데 이때가 1896년에서 1898년
으로, 바로 학부 참서관으로 재직하면서 『국민소학독본』을 출간한 시
기와 직접적으로 관련되어 있다. 특히 관료 신분으로 독립협회에 적극
가담하고, 독립협회가 해산될 때까지 협회의 사무를 주관했다는 죄목
으로 이상재는 보수파 및 친일파의 탄핵을 받아 관직에서 물러나고,
1902년에는 이승만, 김린 등과 함께 투옥되기에 이른다.[11]

단원	제목	단원	제목	단원	제목	단원	제목
1	대조선국	11	낙타	21	뉴약	31	아미리가발견1
2	광지식	12	조약국	22	을지문덕	32	아미리가발견2
3	한양	13	지식일화	23	경렵(鯨獵)	33	아미리가독립1
4	아가(我家)	14	윤돈1	24	노농석화	34	아미리가독립2
5	세종대왕 기사	15	윤돈2	25	시간각수	35	아미리가독립3
6	상사급교역	16	풍(風)	26	지나국2	36	악어
7	식물변화	17	근학(勤學)	27	까휠드1	37	동물천성

11) 이상재의 이력은 1956년 대통령 명으로 공보실에서 출간된 『월남 이상재선생 약전』
   을 근거로 하였다. 비교적 최근에 나온 전택부의 『이상재 평전』도 있으나 상당부분
   의 내용이 위의 책과 유사하다. 이하 특별한 언급이 없는 한 이상재의 이력은 모두
   이 책을 근거로 하였음을 밝힌다.

8	서적	18	봉방(蜂房)	28	싸휠드2	38	합중국광업
9	이덕보원(以德報怨)	19	지나국1	29	기식(氣息)1	39	원소
10	시계	20	전(錢)	30	기식(氣息)2	40~41	성길사한1, 2

『국민소학독본』 단원명

위 표를 보면 다양한 소재들이 등장하고 있음을 알 수 있다. 문제는 상사급교역, 조약국, 전(錢), 시간각수 등과 윤돈, 뉴약, 싸휠드, 아미라가발견, 아미라가독립 등이다. 기존에는 이를 신(新)지식, 세계사 등등으로 분류했으나 편찬 주체(이상재)를 감안하면 『국민소학독본』은 근대적 국가 건설에 필요한 지식을 선택적으로 제시하고 있다고 볼 수 있다. 즉, 조선(대조선국, 세종대왕 기사, 을지문덕, 한양)과 미국(뉴약, 싸휠드, 아미라가독립, 합중국광업)을 비교하여 근대 국가에 대한 특정한 관념을 형성하도록 유도하는 것이라고 할 수 있다. 또한 근대 국가를 건설하기 위한 사회적인 제도(상사급교역, 조약국, 전)와 구성원의 소양(세상에 대한 일반적 지식: 식물변화, 시계, 낙타, 윤돈, 풍(風), 봉방, 지나국, 경렵, 기식, 악어, 동물천성, 원소)그리고 이를 추동할 수 있는 가치 및 태도의 변화(이덕보원, 근학, 노동석화, 시간각수)도 각각 드러내고 있는 것이다.

이처럼 이상재는 갑오개혁에서부터 을미사변에 이르기까지 격변하는 시대 속에서 새로운 근대 국가를 건설하고자 하는 이상을 『국민소학독본』에 투영시켰으며 이는 특성 지식을 선택하는 요인으로 작동하였던 것이다.

『국민소학독본』 이후 소학교 교재로 학부에서 편찬한 것은 『소학독본』(1895)과 『신정심상소학』(1896)이다. 이중 『신정심상소학』은 제목에서와 같이 '심상과' 교육을 목적으로, 학부에 채용된 일본인 보좌관 다카미 카메(高見龜)와 아사카와 마츠지로(麻川松次郎)를 통해 출간이 되었다. 이들은 각기 1896년 7월 1일과 같은 해 3월 5일 고용되었지만, 1894년 7월 8일자 『時事新報』에 청일 전쟁 관련 취재 기사를 게재하고, 1895년 9월 5일자 『敎育時論』에 '(다카미 카메가 조선에) 소학교를 잇따라 세우기 위한 법령의 준비도 끝냈다.'라는 기사 등이 실려 있는 것12)으로 보아 일찍부터 조선에 거주하면서 당대의 사회적 변화에 긴밀히 관여했던 것으로 추정이 된다. 특히 다카미 카메의 경우 1897년 일본의 공사 카토오 마스오(加藤增雄)가 당시 외무대신이었던 이완용에게 보낸 공문에서 다카미 카메가 조선 정부의 명으로 1896년 2월 6일

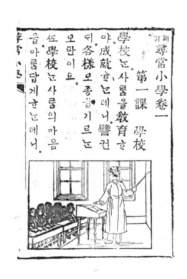

부터 3월 28일까지 동경에 파견되어 조선의 유학생 상황을 시찰했다는 내용이 있는 것13)으로 보아 일찍부터 조선 정부와 관계를 맺고 있었다고 추정할 수 있다.

학부에 고용된 이들 일본인 보좌관들은 각기 1897년 6월(다카미 카메)과 1898년 3월(아사카와 마츠지로)까지 소학교 교사 및 사범학교 교관을 겸직하면서 학부의 명으로 교과서 번역 및 편찬의 업무를 담당하였다.14) 이들의 행적을 보다

[그림2] 『신정 심상소학』 제1과

12) 이나바 쯔기오, 홍준기 역, 『구한말 교육과 일본인』, 온누리, 2006, 23.
13) 고려대학교아세아문제연구소 편, 『구한국외교문서』, 고려대학교 아세아문제연구소, 1967, 578~579면.
14) 이나바 쯔기오, 홍준기 역, 앞의 책, 23~24면.

면밀히 살펴보기 위해『신정심상소학』이 출간되던 1896년 2월의 전후 사정을 살펴보기로 하자.

명성황후가 일제에 의해 살해되고(1895년 8월 20일), 당시 집권 세력인 박정양과 이상재 등이 김홍집과 정병하를 중심으로 한 친일 관료들에 의해 정권을 **빼앗기며**(1895년 10월 12일), 일제의 세력 확장에 불안을 느낀 고종이 이완용, 김범진 등과 결탁하여 러시아 공사관으로 피신(1896년 2월 11일)하는 등의 사건들이 일어났다. 이러한 혼란 속에서 출간된『신정심상소학』은 앞서 출간된『국민소학독본』과는 다르게 일본인 보좌관이 주된 역할을 담당하다보니 미국과 관련된 제재들 대신 오노노 도후(小野道風:서예가), 하나와호 키이치(塙保己一:학자), 일본거류지 지도 등과 같이 일본과 관련된 내용들이 그 자리를 차지하였다. 이로 인해 선행 연구자들 중 일부는 '일제에 의한 학정(學政) 잠식을 보여주는 텍스트'라 비판하였고[15], 실제로『신정심상소학』이 일본의『심상소학독본』(1887)을 상당부분 번역 및 번안(新訂) 하였음도 선행 연구에서 밝혀졌다[16]. 그러나『국민소학독본』역시 일본의『고등소학독본』을 상당부분 차용했지만 그 이면에는 새로운 근대 국가 건설이라는 뚜렷한 목적의식이 존재하였다. 그렇다면『신정심상소학』에도 과연 그러한 목적이 존재할까?

많은 선행 연구들은 편찬 주체와 일본 교과서와의 관련성 등을 근거로『신정심상수학』을 일제의 문화적 침탈 혹은 일본의 지배 이데올로기가 동원된 교과서라고 평가하였다[17]. 단순 유사성만 따진다면『국

---

15) 최현섭, 「개화기 학부 발행 교과서의 편찬 의도」, 『논문집』, 경인교육대학교, 1985.

16) 구자황, 「교과서의 생산과 흐름: '신정심상소학'의 경우」, 『한민족어문학연구』 65, 한민족어문학회, 2013.

17) 대표적인 사례로는 다음의 연구들을 들 수 있다.

민소학독본』또한 일본의『고등소학독본』과 거의 유사하지만 분명 그 기저에는 다른 의도가 숨어 있었듯이 이 책 또한 일본과의 표면적 유사성의 기저에 다른 의도가 존재하는지 보다 면밀히 검토해 볼 필요가 있다.

> …(전략) 卽今 萬國이 交好ᄒ야 文明의 進步ᄒ기를 힘쁜즉 敎育의 一事가 目下의 急務ㅣ라 玆에 日本人 補佐官 高見龜와 麻川松次郞으로 더부러 小學의 敎科書를 編輯ᄒᆞ식 天下 **萬國의 文法과 時務의 適用ᄒ 者**를 依樣ᄒ야 或 物象으로 譬喻ᄒ며 或 畫圖로 形容ᄒ야18) …(후략)

인용문은『신정심상소학』의 서문으로, '문명의 진보'라는 상황 속에서 '학문(文法)'과 '시무(時務)'에 적합한 것을 선택하여 '비유'와 '형상(그림)'으로 기술했다는 교과서 편찬의 취지 및 전달 방식을 밝히고 있는 부분이다. 그렇다면 이때 선택된 학문과 시무란 과연 무엇일까?19) 이를 보다 구체적으로 살펴보기 위해『신정심상소학』이 저본으로 삼고 있는『심상소학독본』의 서문(서언)을 살펴보기로 하자.

> 一. 심상소학교 제1학년 반(半)부터 제4학년 말(末)에 이르는 동안에 아동에게 독서를 가르치기 위해 도움을 주고자 편찬된 것으로 전부 합쳐 7권이다.
> 一. 이 책에 선택된 교재는 아동의 심정에 알맞게 이해하기 쉽고, 배

송명진,「'국가'와 '수신', 1890년대 독본의 두 가지 양상」,『한국언어문화』39, 한국언어문화학회, 2009; 김종대,『한국 도깨비 연구』, 국학자료원, 1994; 김용의,『혹부리 영감과 내선일체』, 전남대학교출판부, 2011.
18) 강조 표시는 인용자 임의로 한 것임. 이하 특별한 언급이 없는 한 강조 표시는 모두 인용자가 임의로 한 것임을 밝힌다.
19) 비유와 형상과 관련해서는 5장에서 구체적으로 다루도록 하겠다.

우기 쉽고 좋은 내용들로서, 저절로 그 품성을 갈고 닦는 데에
적합하다고 생각되는 것을 취하였다.

(중략)

一. 이 책 제1권은 **아동의 유희 또는 옛날이야기** 등과 같이 뜻을 이
해하기 쉽고 취미로 배우기 쉬운 것을 택하고 …(후략)

一. 제2권, 제3권에는 …(중략) 속담, 생각해 볼만한 것, **여러 가지 사
물의 이야기**, 그 밖에 **양기(養氣)에 도움이 될 만한 고인(古人)의
행실** 등이 그러하며, 제4권, 제5권에 이르러서는 …(중략) **지리·
역사의 사실**을 보태고, 제6권, 제7권에 이르러서는 **학술상의 사항
에서부터 농공상의 직업에 관한 사항**까지 더하였다.(구자황, 2013
재인용)

인용문을 보면 일본의 『심상소학독본』은 아동의 심리와 정서 발달
을 고려하여 주변의 사물에서부터 지리·역사 그리고 학술 및 직업에
이르기까지 다양한 지식을 편재에 맞게 재구성하고 있음을 알 수 있
다. 즉, 학습자의 특수성을 고려한 구성이라고 할 수 있다. 물론 일본
의 『심상소학독본』을 참고한 『신정심상소학』이 그 체재를 온전히 따
르고 있지는 않지만 『국민소학독본』에는 부재한, 일화(逸話) 및 우화(특
히 이솝우화가 처음으로 교육 제재로 활용되었다는 점에서 주목할 만하다.) 그리고
학교, 옷, 말과 소, 제비, 식물 등 아동(학습자)이 쉽게 접하는 일상의 사
물이 교재에 등장하고 있다는 점은 주목해야할 사항이다. 이는 1895년
7월 19일에 반포된 소학교령에서 소학교의 목적을 '아동 시체의 발달
에 감(鑑)하여 국민교육의 기초와 그 생활상에 필요한 보통 지식 및 기
능을 줌을 본지로 한다.[20]'고 하는 것을 통해 그 의도를 추정할 수가
있다. 즉, '아동의 생활상에 필요한 보통 지식 및 기능'이 곧 독본에

---

20) 오천석, 『한국신교육사』, 현대교육총서출판사, 1964, 89면 재인용.

수록된 제재(지식)의 선택 기준으로 작용했던 것이다. 그렇다면 이때의 보통 지식은 무엇을 의미하며 이는 궁극적으로 어떤 목적을 지향하고 있는 것일까?

『신정심상소학』 권1에 수록된 학교, 말과 소, 제비, 식물 등은 감각 기관을 통해 확인 가능한, 조선의 아동(학습자)에게 매우 친숙한 대상이다. 이는『국민소학독본』에 수록된 낙타나 악어 등과는 다른 '구체성'과 '명료성'을 지니고 있다. 그리고 이러한 대상들의 확인은 '감각 훈련'의 과정인 동시에 '공통의 감각' 및 '공통의 인지'를 형성하도록 촉진한다. 즉, 개개인이 대상에 대해 가지고 있는 특수한 경험들을 일반적·보편적 앎(지식)으로 전환 및 확장시키며 궁극적으로는 경험의 재구성과 그를 통한 이해의 증진을 촉진시키는 과정이라 할 수 있다. 그리고 이러한 과정이 심화 발전되어야만 비로소 추상적·이론적 대상에 대한 이해를 도모할 수 있는 것이다.

[그림3] 소학교의 수업 모습

주지하듯이 초경험적 세계에 대한 이해는 경험 세계와는 무관한 새
로운 논리 체계가 적용되는 데, '감각 훈련'은 그러한 형식 논리의 체
계를 수용하도록 하는 일종의 인지적 훈련의 전(前)단계라고 할 수 있
다. 더욱이 초경험적 세계에 대한 이해가 사회의 특수한 요구와 결합
했을 때는 생리학에서 위생 및 보건으로, 생물학에서 양봉 및 농업 등
으로 변화하게 되는데, 이 과정에서 형식 논리는 다시금 경험 세계의
논리로 환원되어 새로운 경험을 구성하고 이를 강화하는 역할을 담당
한다. 즉, '소학교령'에서 말한 '보통 지식'이란 바로 이러한 과정의 전
(全) 단계에 적용되는 지식이며 이는 궁극적으로 이용후생(利用厚生) 나
아가 부국강병(富國强兵)을 이루는 데 필요한 지식이라고 할 수 있으며
이는 순수한 학문 탐구와는 질적으로 다른 것이라 할 수 있다.[21]

3. 지식의 배치 : 심상과 고등의 분류와 위계

국가 주도의 교육은 언제나 특정한 목적을 위해 교육 내용들을 선
별하고 그 선별된 내용들을 분류하고 위계화 한다. 앞서도 언급했듯이
일본은 교육의 목적을 크게 국가에 필요한 신민의 양성(立國)과 인간다
운 삶의 영위(立身)로 구분하고 각 학교의 심상과에는 전자를, 고등과에
는 전자에 후자를 더하는 방식으로 교육 내용을 배치하였다. 이러한
특징들은 『신정심상소학』과 『국민소학독본』이 서본으로 삼았던 『심

---

21) 앞서도 언급했듯이 『심정심상소학』에는 일본과 관련된 제재들이 다수 포함되어 있
다. 이는 편찬자의 이력과 당시의 정치적 상황 등을 고려할 때 『국민소학독본』이 미
국 관련 제재들을 수록한 것과는 질적으로 다른 차원의 문제이며, 그런 의미에서 선
행 연구자들의 비판적 견해 또한 일부분 타당하다고 할 수 있다. 다만 『심정심상소
학』의 성격을 '친일'만으로 규정하는 것에는 동의하기 어렵다.

상소학독본』과『고등소학독본』에서도 잘 나타나 있다. 이 두 책은 모두 모리 아리노리에 의해 반포된 소학교령에 근거하여 각각 심상소학교(심상과)와 고등소학교(고등과)에 사용될 것을 목적으로 출간되었다. 그 개략적인 내용들을 살펴보면『심상소학독본』에는 상대적으로 아동의 인지적·정서적 발달을 고려하면서 우화 및 이야기 등을 소재로 윤리적 행위 및 판단과 관련된 제반의 문제 즉, 입국(立國)의 논리가 구체화된 제재들이 주를 이루고 있다. 반면『고등소학독본』에는 우화 대신 역사와 지리, 사회 관련 (단편적인) 지식 등이 주를 이루면서 상대적으로 가치 판단의 문제는 다소 약화되는 양상으로 나타났다. 이러한 심상과, 고등과 내용 구성은 다시금 중학교에도 그대로 이어져 심상중학교에는 (자국과 세계의) 역사와 지리 관련 이야기 및 단편적인 지식 등이 주를 이루고, 반면 고등중학교에는 경제, 물리, 화학, 법률 등의 다소 전문적이며 학문적 지식들을 직접적으로 서술하는 방식으로 구성되었다[22]. 그렇다면 과연 조선은 심상과와 고등과를 어떤 방식으로 배치했으며 여기에는 어떤 논리가 적용됐을까?[23]

아래 표는 1895년부터 1900년까지의 학교편재 및 교과목과 관련된 사항들이다.

---

22) 가타기리 요시오 외, 이건상 역, 앞의 책, 115~117면.
23) 우선 한 가지 지적할 사항이 있다. 갑오개혁 이후 조선 정부는 소학교의 경우 심상과와 고등과로 학제를 편성하였으나 그에 부합하는 국어과 독본 교재는『신정심상소학』을 제외하고는 명확히 제시된 것이 없다. 편찬 주체 또한『국민소학독본』과『신정심상소학』이 각기 다르며, 기타 다른 교재들 또한 어떤 명확한 체계 속에서 출간되었다고 추정할 만한 명시적인 근거도 찾을 수 없었다. 다만, 심상과와 고등과의 구분이 학문적 논리가 아닌 교육적 논리에 의해 구분되었다는 점, 이것이 제도적 틀을 갖추는 과정에서『국민소학독본』과『신정심상소학』이 출간되었다는 점 등을 감안하여 이 둘의 연관성을 찾고자 하는 의도에서 이하 논의를 전개하였다. 따라서 이 장은 일정부분 추정과 가정을 전제로 하고 있음을 밝힌다.

각급 학교령	학교 편재	교과목
소학교교칙대강 (1895.8.12)	심상과	수신, 독서, 작문, 습자, 산술, 체조
	고등과	수신, 독서, 작문, 습자, 산술, 본국지리, 본국역사, 외국지리, 외국역사, 이과, 도화, 체조, (외국어, 재봉)
중학교규칙 (1900.4.4)	심상과	윤리, 독서, 작문, 역사지지, 산술, 경제, 박물, 물리, 화학, 도화, 외국어, 체조
	고등과	독서, 산술, 경제, 박물, 물리, 화학, 법률, 정치, 공업, 농업, 상업, 의학, 측량, 체조

교과목을 살펴보면 그 대략적인 사항들은 일본의 그것과 상당부분 유사함을 알 수 있다. 그러나 문제는 소학교 고등과를 마친 학생들이 중학교로 진학해야 하는데 정작 중학교규칙은 소학교교칙대강이 나온 뒤 5년이 지나서야 제정되었다는 점이다. 즉, 일본의 경우 제국대학에 서부터 중학교, 소학교까지의 편재(遍在)가 거의 동시에 공포된 반면 조선은 소학교와 사범학교, 그리고 일부 외국어학교가 먼저 공포되고 5년이 지난 후에야 중학교 관련 제도가 마련되었다는 것이다.(특히 고등 교육 기관이자 학문 연구의 중심이 되는 '대학'은 이때까지 그 제도와 관련하여 논 의조차 이루어지지 않았다.)

이를 토대로 당시 상황을 추정해보면, 소학교 과정을 이수한 학생들 의 진로는 사범학교, 외국어학교 혹은 사립 중학교에 진학을 하거나 사회로 진출하는 것뿐이었다. 즉, 조선의 중학교 교육은 소학교에 비 해 극히 제한적이거나 아주 미비했던 것이다.(민간에서 『중등 수신교과서』 (1897), 『신편 윤리학 교과서』(1897), 『중등리화시교』(1899) 등이 출간되었지만 학부 에서는 『중등 만국지지』(1905)를 제외하면 명시적으로 중학교 교육을 표방한 교재들 은 출간되지 않았다.)

[그림4] 중학교의 수업 모습

　또한 대학교육이 제도적으로 부재했다는 점과 중학교규칙이 공포된 이후에도 실제로는 중학교 고등과가 설치되지 않았다는 점 등을 감안하면 학문 탐구에 대한 제도적 지원은 거의 부재했으며 이는 궁극적으로 학교 교육에 있어 순수 학문에 대한 관심의 부재를 초래했다고도 추정할 수 있다. 이러한 요인들로 인해 근대 지식의 중요한 특징이라 할 수 있는 지식의 '독립성'과 '자율성'은 조선의 교육 내에서는 큰 영향력을 갖지 못했으며, 지식의 표상과 전파를 목적으로 하는 가장 대중적인 문종으로서의 '설명' 또한 상대적으로 그 발전이 미약할 수밖에는 없었다.

　끝으로 다양한 상황에서 그에 적합한 문필 행위를 명시적으로 보여줄 수 있는 작문 교과서 또한 학부에서는 출간되지 않았고, 1909년 민간(최재학의『실지응용작문법』)에서 처음 출간되었다는 점, 그리고 습자 관련 교과서는 이때까지 출간되지 않았다는 점 등을 감안하면 비록 교과목 편재(遍在)에서는 독서, 작문, 습자가 존재하지만 실질적으로는

'독서'를 중심으로 교과가 운영되었다고 추정할 수밖에는 없다.

결국 이러한 여러 요인들로 인해 조선의 공교육은 사실상 소학교 교육, 그중 언어 교과는 '독서'를 중심으로 시행되었으며, 일본과는 다른 방식으로 지식의 배치가 기획될 수밖에는 없었다.

신정심상소학 권1

1	학교	11	고통은 행복의 씨앗	21	화목한 집 1
2	면려(勉勵)	12	참새	22	화목한 집 2
3	개미	13	입은 하나이다	23	탐욕은 몸을 망친다
4	사대문과 사소문	14	김지학 일화	24	청결 일화
5	동서남북	15	부엉이와 비둘기 우화	25	청결하라
6	시계	16	식물	26	파리와 나방의 우화
7	말과 소	17	쥐의 우화	27	두 양의 우화
8	농공상	18	아들의 도리	28	우리나라
9	효	19	박정복 일화	29	까마귀와 여우의 우화
10	무지개	20	욕심 많은 개 우화	30~31	포도 이야기

신정심상소학 권3

1	만수성절	12	숙류의 일화	23	교활한 말의 우화
2	권학(勸學)	13	세 여학생의 일화	24	지구의 자전과 공전
3	하나와호 키이치 일화	14	국화	25	사계절
4	소경	15	기원절	26	서력(西曆)
5	경찰	16	제비	27	사람의 일생
6	호가호위(狐假虎威)	17	제비와 까치의 우화	28	정성
7	워싱턴 일화	18	책 읽는 법	29	사자
8	욕심많은 아이의 일화	19	그림과 도안	30	양생(養生)
9	효심많은 쥐	20	일본거류지 지도	31	비둘기의 귀환
10	영조 임금의 일화	21	산과 강	32	배
11	이시백의 일화	22	꿀벌	33~34	무기와 군사

위 표에서 볼 수 있듯이『신정심상소학』에서는 주로 학교, 개미, 시계 등과 같이 일상적이며 확인 가능한 대상(권1)에서 지구의 자전과 공전 등과 같이 일부 추상적이고 이론적인 대상(권3)으로 제한적으로나마 그 (지식의) 영역이 확장되고 있음을 알 수 있다. 그러나 이 역시 '일상수지(日常須知)'일 뿐 학문이 가진 고유한 지식 체계를 드러내지는 못하고 있다. 즉, 감각 훈련을 통한 일상적 경험의 재구성과 실용성에 근거한 보통 지식의 습득이 심상과에 주로 배치되어 있는 것이다. 반면 앞서 살펴보았듯이『국민소학독본』에는 새로운 국가 체계에 대한 지식과 일부 실용과는 무관한 세상에 대한 지식(凡知學)이 상당수 분포되어 있다. 물론 낙타나 악어의 사례에서와 같이『국민소학독본』의 제재들이 어떤 학문적 체계 속에서 상호간 밀접한 관련성을 지니고 있는 것은 아니다. 이점에 있어서는『신정심상소학』또한 동일하다.

결국 이러한 문제는 편찬 주체의 차이에서 비롯된 일관성의 부재와 순수 학문에 대한 무관심에서 비롯된 것이라 할 수 있다. 즉, 심상과와 고등과를 체계화할 수 있는 기저 요인들이 우리나라의 경우에는 일본에 비해 상대적으로 빈약했던 것이다. 다만 친미 개화파든, 친일 내각이든(그리고 그들에 의해 고용된 일본인 보좌관 역시) 교육을 통한 '근대 국가의 건설'이라는 공통된 목표를 지니고 있었기에 두 교재 전반에는 '국가주의 이념'이 비교적 견고하게 자리를 잡을 수 있었다.

그러나 이념은 언제나 지식을 자의적으로 포섭하고 해석한다. 때문에 온전히 지식 자체의(학문적) 논리를 드러내기 보다는 편의적으로 사용되고 왜곡한다. 이러한 문제는『신정심상소학』과『국민소학독본』에도 그대로 나타나는데,『신정심상소학』에서 제시하고 있는 배와 무기, 군사,『국민소학독본』의 상사급교역, 조약국 등이 모두 그러한 사례들

이다. 이는 표면적으로는 근대적 지식을 표상하는 듯 보이지만 모두
그 이면에는 국가주의 이념이 자리 잡고 있다. 따라서 근대적 지식이
지니고 있는 '보편성'과 '독립성'의 논리를 온전히 표상할 수 없으며
종국에는 가치와 이념의 도구로 전락하는 양상을 보이고 있다. 이로
인해 객관적이고 사실적인 지식의 전달을 목적으로 하는 '설명'과 태
도 및 가치관의 변화를 추구하는 '논설' 이 시기 독본에는 혼재되어
나타날 수밖에는 없었다. 하지만 이러한 현상이야말로 당대의 특수한
상황을 반영하고 있는 것이라 할 수 있다.

따라서 심상과와 고등과의 지식 배치의 논리를 '국가주의'라는 관점
속에서는 살펴보면 개인의 일상적 경험 세계에 대한 인식이 국가 체
계에 대한 인식으로 확장되고 있다는 점에서 재조명할 필요가 있다.
또한 '국가주의' 이념으로 인해 이 당시 독본류 교재들에서 보다 적극
적으로 근대적 지식의 다양한 영역들을 포섭하고 제재로 견인할 수가
있었다는 것 또한 중요한 의미를 갖는다. 즉, 근대적 문종 의식으로서
'설명'은 바로 이런 특수한 역사적 맥락 속에서 출현했던 것이다.

4. 지식의 서술 : 기술(記述)과 진술(陳述)

앞서도 언급했듯이 이 당시의 교과서 편찬자들은 지식의 자율성과
독립성에 대한 인식보다는 지식을 활용한 근대 국가의 건설에 더 큰
관심이 있었다. 따라서 그 어떤 지식도 자체의 내적 논리를 드러내는
것에서 그쳐서는 안 되며 궁극적으로 가치 실현의 도구로 활용이 되
어야만 의미가 있는 것으로 간주되었다. 그리고 이는 '실용 및 시무'로
포장되어 계몽과 개화의 주요 논거가 되었다. 따라서 당시에는 '부력

의 원리'보다는 '증기선과 전함'이, '생물의 생장'보다는 '농업'이 더 중요한 것으로 간주되었다. 하지만 전함을 이해하기 위해서라도, 농업을 발전시키기 위해서라도 반드시 부력의 원리와 생물의 생장에 대해서는 알아야 한다. 즉, 근대 국가를 건설하기 위해서는 지식이 반드시 필요하지만 순수 학문을 목적으로 하는 지식과 당장의 시무에 필요한 지식을 구별하고 이 둘을 적절히 조절해야하는 것은 온전히 교과서 편찬자들의 몫이었던 것이다.

> ᄉᆞᆷ의 氣息이 닉고 드리ᄂᆞᆫ 두 가지라. 입으로 드리ᄂᆞᆫ 김을 吸息이라 ᄒᆞ고 입으로 ᄂᆞᆫ 김을 呼息이라ᄒᆞᄂᆞ니 然이나 한번 ᄂᆞᆫ 김을 ᄯᅩ다시 드리면 몸에 害가 젹지 아니니라. 呼息과 吸息의 다름은 各色 試驗으로 顯實ᄒᆞ기 쉬우니 …(중략) 衆人이 一房 內에 모와 숫블픠고 燭블켜고 窓과 障을 다 닷치면 必然히 氣運이 糢糊케되야 그 방내에 ᄉᆞᆷ과 숫블과 燭불이 그 방내에 空氣를 吸收ᄒᆞᄂᆞᆫ 故로 空氣가 自然이 害롭게 되ᄂᆞ니라
> – 『국민소학독본』 중에서

인용문은 호흡에 대한 '설명'으로 날숨과 들숨에 대해 서술하고 그것이 건강 및 위생과 어떤 관련성이 있는지를 구체적인 사례를 통해 밝히고 있다. 여기서 중요한 것은 바로 날숨과 들숨을 개념적으로 정의하지 않고 선언적으로 지정(指定)하며 그것을 경험적 사례로 보여주고 있다는 것이다. 사실 특정 용어를 사용하고 그것을 개념적으로 규정한다는 것은 유개념과 종차 등의 논리적 장치를 사용하여 의미적 모호성을 피하고, 관념적 체계를 세우기 위한 인위적인 '언어 조작'의 방식이다. 그러나 당시 독본류 교재에서는 추상적 원리나 이론에 대한 관념적 표상보다는 현실 생활에 필요하다고 선택된 특정 지식을 경험

적 차원에서 환기하기 위해 대상을 묘사하거나 지정하는 방법을 주로
사용하였던 것이다.

> 軍士란 것슨 나라를 직희고 또 쏏홈ᄒᆞᄂᆞᆫ 스름이니 陸軍에 從事ᄒᆞᄂᆞᆫ
> 者와 海軍에 從事ᄒᆞᄂᆞᆫ 者ㅣ 잇ᄂᆞ이다.
>
> 陸軍이란 것슨 陸戰ᄒᆞᄂᆞᆫ 者를 稱홈이니 此中에 銃을 메이니도 잇고
> 馬를 타나니도 잇스며 大砲를 放하나니도 잇고 또 砲臺를 쏏흐며 橋梁
> 를 놋ᄂᆞ니도 잇ᄂᆞ이다.
>
> 海軍이란 것슨 海戰ᄒᆞᄂᆞᆫ 거슬 稱홈이니 此에 從事ᄒᆞᄂᆞᆫ 者ᄂᆞᆫ 軍艦의
> 進退를 掌管ᄒᆞᄂᆞ니도 잇고 大砲를 發放ᄒᆞᄂᆞ니도 잇ᄂᆞ이다. 此等 軍事ᄂᆞᆫ
> 一朝에 國家에 戰爭이 잇슨 ᄣᅢᄂᆞᆫ 命을 不惜ᄒᆞ야 敵兵과 쏏호며 國과 君
> 을 爲ᄒᆞ야 忠誠을 盡ᄒᆞᄂᆞᆫ 者ㅣ니 가장 나라를 爲ᄒᆞ야 光色이 잇ᄂᆞᆫ 職務
> 오이다.
>
> 『신정심상소학』 중에서

인용문은 군대와 군의 역할에 대한 '설명'이다. 하지만 '此等 軍事ᄂᆞᆫ
~ 光色이 잇ᄂᆞᆫ 職務오이다.' 에서는 '논평'을 통해 충의 가치를 드러내
고 있다. 이러한 방식은 표면적으로는 사실의 전달에 논평이 삽입되는
것처럼 보이지만 그 이면에는 가치 전달을 위해 사실을 이용하는 편
찬자의 의도가 담겨 있다고 할 수 있다. 즉, 지식이 궁극적으로는 태도
및 가치 변화를 추동하는 논거로 활용되고 있는 것이다.

이처럼 교과서 편찬자들에게는 교과서 집필의 기저가 되는 강력한
사회적 요구가 존재하였다. 하지만 이와는 무관한 독립적이고 자율적
인 지식 체계 역시 존재한다. 그들에게는 이 둘을 교묘하게 절충해야
만 하는 과제가 부여되었던 것이다. 이에 그들은 경우에 따라서는 지
식이 지닌 중립성을 드러내면서 그것이 궁극적으로 특정한 가치를 지

향할 수 있도록 이중적인 장치를 마련하였다. 즉, 지식의 중립성과 도구로서의 활용 가능성을 언어를 활용해 교묘히 절충했던 것이다.

元素는 엇더흔 거신고 호니 化學上에 元素를 두고 하는 말이라 대체 元素는 非常흔 知力으로 發明된 거시니 凡 萬物은 大蓋 六十五種 物質 中에 한느 혹 둘 이상으로 構成호는 거시라 …(중략) 現今 化學者는 鉛으로 金銀을 取호랴 力호는 者는 업스느 元素와 化合物을 利用코즈홈에 汲汲호며 쑌 各種 物質을 結合호야 新化合物을 製出코즈 盡力호니 거을 다올이라호는 物體 中으로 化學者가 美麗흔 赤色 染料를 製出호기는 近來의 發明이라 從來 그 染料는 고지니일이라호는 虫을 가지고 製出호더니 그 發明이 되엿스니 世人을 爲호야 益홈이 즈못크니라.

－『국민소학독본』중에서

원소에 대해 정의한다면 여기에는 분류(유개념)에서부터 본질과 속성(종차)의 확정에 이르기까지 복잡한 문제들이 전제되어 있다. 따라서 이러한 사항들을 하나씩 해결하기보다는 교과서 편찬자는 그것을 '세상 만물을 구성하고 있는 가장 기본적인 물질' 정도로만 서술하고 있다. 이는 '정의'가 아닌 '지정'의 방식이다. 위에서 언급했듯이 정의는 분류화와 차별화라는 작업을 일관되게 수행해야만 논리 체계(이론)를 구축할 수가 있다. 하지만 지정은 특정 대상을 가리켜서 정하는 것으로, 그 행위의 일관성만 유지하면 된다. 즉, '개'를 정의하는 것은 분류화와 차별화의 연속된 과정을 모순 없이 수행해야 하지만 '꼬리를 흔들며 짓는 것은 개다.'처럼 지시 대상과 지시 행위간의 일관성을 유지한다면 지정은 논리적 모순을 피할 수 있을뿐더러 부분적으로나마 행위의 객관성도 획득할 수가 있다.[24] 따라서 교과서 편찬자들은 복잡한

24) 다만 지정은 정의와는 다르게 개념 간의 논리 구축은 불가능하며 따라서 결과적으로

화학의 개념을 정의하고 이를 토대로 학술적 이론을 서술하기보다는 대상을 지정하는 방식을 택했던 것이다. 또한 연금술과 화학을 비교하면서 화학이 금과 은을 만들지는 못하지만 그것이 염료(染料)의 추출 등에 이용될 수 있으며 그로 인해 얻을 수 있는 이익은 매우 크다는 점을 강조하고 있다.

여기서 서로 다른 층위의 언어적 양태가 나타난다. 하나는 원소(대상)를 '지시'하는 언어인 반면 다른 하나는 원소(대상)에 사회적 의미를 '부여'하고 인간(혹은 국가, 공동체)과의 관련성을 '강화'하는 언어이다. 이 둘은 대상을 서술하는 데 있어 각기 다른 기능을 담당하고 있다. 전자의 언어는 부분적으로나마 대상에 대한 관념을 '기술(記述 description)' 하지만, 후자의 언어는 대상이 갖는 가치를 '진술(陳述 statement)'하고 있는 것이다. 이 두 언어적 양태는 '연금술'이라는, 대상과는 무관한 이질적 존재를 통해 대상의 의미를 보다 명료화하는 것은 물론 그것이 인간에게 주는 효용까지 함께 서술하고 있다. 즉, 대상을 사실적(혹은 객관적)으로 드러내는 '기술적 언어'와 대상에 의미를 부여하는 '진술적 언어'가 비교와 비유 등의 수사적 장치를 통해 결합함으로써 근대적 지식을 보급하고 전파하기 위한 새로운 양식으로서 '설명'이 출현했던 것이다.

주지하듯이 이 시기의 근대적 지식이란 주로 서구적 관념 속에서 특수한 논리를 바탕으로 성립된 지적 체계를 의미한다. 그리고 이는 대부분 단편적이며 개별적인 사안이나 사물에 대한 지식이 아닌 보편적이며 추상적인 원리나 법칙에 대한 지식을 의미하였다. 그러나 이러한 지식이 논리적 체계를 구축하기 위해서는 필연적으로 특수한 '개념

추상적인 이론이나 법칙을 표상하는 데 있어 일정부분 한계를 가질 수밖에 없다.

정의'를 바탕으로 '일반화'및 '타당화'라는 과정을 거쳐야 한다는 점이다. 물론 동양의 전통적 학문 역시 이러한 요소들이 중시했지만 그러나 그것을 풀어내는 언어적 방식에 있어서는 서구의 그것과 적지 않은 차이를 보였다.

위에서 언급했듯이 개별적 대상이 일반화와 타당화의 과정을 거치기 위해서는 필연적으로 중립적이고 본질적인 의미를 지닌 대상으로 변화해야만 한다. 즉, 눈앞에 있는 '복실이'(강아지)는 '개'로 규정되고 명명되어야만 학문적 인식의 대상이 될 수 있는 것이다. 아리스토텔레스 이후 서구에서는 이러한 질적 변화를 '정의(定義: definition)'라는 언어적 방식을 통해 해결하고자 하였다. 주지하듯이 정의란 대상(피정의항)을 유개념과 종차를 활용하여 규정하는 것이지만 그 기저에는 '범주화(유개념)'와 '차별화(종차)'의 작업이 포함되어 있다. 아리스토텔레스는 이러한 방식만이 '우리에게 제기되는 온갖 사항에 대해 통념(endoxa)[25]으로부터 추론할 수 있는 방법과 우리 자신이 하나의 논의를 유지하려는 경우에 모순되는 그 어떤 것도 말하지 않는 방법'을 터득할 수 있다고 주장하였다[26].

정의 I
물질의 양(질량:quantity of matter)은 그 물질의 밀도와 용적을 서로 곱한 것으로 측정되는 것이다.
이 때문에 두 배의 용적을 차지하는 두 배의 밀도의 공기는 양(量)은 4배가 되며, 3배의 용적을 가지면 6배가 된다. … 중략 … 나는 차후에 여러 곳에서 물체 또는 질량이란 이름으로 쓰이는 것은 이 양을 뜻하

---

25) endoxa를 '통념'으로 번역한 것은 김재홍의 논의를 따른 것이다. 일상적인 판단 과정에서의 경험적이며 보편적인 전제를 의미한다.
26) 아리스토텔레스, 김재홍 역, 『변증론』, 길, 2017, 29면.

는 것이다. 또한 이것은 각 물체의 무게로서 알려져 있다. 왜냐하면 이 후에도 보여주겠지만 나는 아주 정확하게 이루어진 진자(振子) 실험에 의하여 그것은 무게에 비례함을 보았기 때문이었다[27].

인용문은 근대 과학을 정초한 뉴튼이 '만유인력의 법칙'을 설명하기 위해 기존(무게)과 다른 새로운 개념(질량)을 정의하는 일련의 과정을 보여주고 있다. 뉴튼은 개별적인 대상이 지닌 속성(무게)이 아닌 물질 일반이 갖는 본질적인 속성으로서 질량을 정의하였다. 아울러 이러한 작업은 물체의 운동에 있어서도 관성(慣性), 구심력(求心力), 가속도 등등으로 세분화되어 정의 되었고 마침내 이러한 개념들을 통해 근대 과학의 핵심적 이론들을 구축하였던 것이다. 또한 이러한 일련의 방식은 궁극적으로 (근대적) 지식이 독립적으로 존재하며 독자적인 논리 체계를 구축할 수 있는 바탕을 제공했으며 이로 인해 지식은 사회로부터 자율성과 독립성을 갖게 되었던 것이다.

이 연구가 지식의 서술에 있어 '정의'에 주목하는 것은 그것이 바로 대상을 체계화하는 즉, 대상을 분류하고 규정하는 일련의 지적 과정을 반영한 전형적인 언어 형식이기 때문이다. 또한 근대 학문이란 것이 모두 그러한 언어를 통해 개념을 확정하고 개념간의 논리 체계를 구축하면서 발전하였다는 사실 때문이다. 하지만 우리의 전통 학문에서는 상대적으로 그러한 방식이 일반적이고 보편적인 것이 아니었다.(물론 이렇게 단편적으로 우리 전통 학문의 방법론을 일반화할 수는 없을 것이다. 그러나 이는 매우 복잡한 문제이며 또한 본 연구의 논의에서 벗어나는 것이기에 범박하게나마 서구적 전통과 우리의 전통을 개념 규정의 방법으로서 '정의'를 통해 살펴보았던 것이다.) 게다가 국가주의 이념이 강력한 동인(動因)으로 지식을 독

---

27) 아이작 뉴튼, 조경철 역, 『프린시피아 Ⅰ』, 서해문집, 1999, 17면.

본류 교재에 포섭하는 과정에서 그 지식을 위와 같은 방식으로 표상할 수가 없었다. 즉, 대상을 정의하고 이를 바탕으로 논리를 구축하는 방식은 우리의 학문적 전통에서는 물론 근대적 교육의 이상에도 부합하지 않았던 것이다. 하지만 독본류 교재들에 제시된 지식들은 적어도 그것이 보편적이며 객관적인 것처럼 보여야만 하는 당대 사회적 요구도 있었다. 따라서 교과서 편찬자들은 이런 요구들을 반영하여 '정의' 대신 '지정'을, 사회적 효용과 가치를 부여하기 위해 '비유'와 '비교'를 교묘하게 활용하는 방식으로 이를 해결(혹은 은폐)하고자 하였던 것이다.

이처럼 독본류 교재의 근대적 지식은 특수한 사회적 요구 속에서 수용되고 전용되었다. 그리고 그 과정에서 지식을 표상하고 전달하는 새로운 글쓰기로써 '설명'이 출현하게 되었지만 지식 자체의 내적 논리보다는 '시무'와 '애국'이라는 사회적 요구가 더 중시되어 마침내 지식의 전달과 설득이 한 편의 글 속에서 혼재되는 양상으로 나타나고 말았다. 그러나 지식에 대한 사회적 요구가 변화하고, 그와 함께 기술적 언어와 진술적 언어의 본질적 차이가 부각되면서 점차 기술적 언어를 중심으로 하는 설명과 진술적 언어를 중심으로 하는 설득 등으로 문종은 분화되기 시작하였다.

5. 마무리

이 연구는 문종이 명제와 같은 언어적 차원이나 글의 형식에 국한된 문제가 아닌 특정 부류의 글이 등장하고 영향력을 갖게 되는 사회·문화적인 배경에 주목하여 살펴보고자 하였다. 이에 특정 지식이 '선택'되고 '유통'되는 과정과 그것이 특정한 언어 형식으로 표상되는 것

에 주목하여 고찰하였다. 근대 초기 독본류 교재들을 출간했던 주체들
과 그들을 둘러 싼 당대 사회적 요구들, 그리고 그것이 교육의 논리로
수용되는 일련의 과정이 근대적 지식이 '선택'되고, '배치'되며 특정한
언어 방식으로 '서술'되는 요인이었으며 이것이 바로 근대적 문종 인
식으로서 설명이 출현하게 된 배경이었던 것이다.

  이 시기 독본에서는 일상적이고 구체적인 대상에서부터 추상적인
이론과 법칙에 이르기까지 다양한 지식들을 제시하였다. 그러나 그 지
식들은 특수한 경험을 일반적·보편적 앎(지식)으로 전환 및 확장시키고
이를 통해 공통의 감각 및 경험을 재구성하도록 유도하며, 궁극적으로
는 이용후생(利用厚生) 나아가 부국강병(富國强兵)을 이루도록 하는 '국가
주의' 이념 속에서 선택된 것이었다. 따라서 그 선택된 지식들은 '심
상'과 '고등'과로 분류 및 배치될 때 학문적 논리와 함께 '입국(立國)의
논리'가 강조되어 자의적으로 해석되고 분류되었다. 그리고 이는 대상
을 사실적으로 드러내는 '기술적 언어'와 대상에 의미를 부여하는 '진
술적 언어'를 혼용함으로써 근대적 문종으로서의 '설명'을 태동시켰
다. 즉, 지식을 특수한 사회적 요구 속에서 수용하고 전용(轉用)하는 과
정에서 설명이 출현하였던 것이다.

참고문헌

강진호, 「'국어' 교과서의 탄생과 근대 민족주의: '국민소학독본'을 중심으로」, 『상허학보』 36, 상허학회, 2012.

구자황, 「교과서의 생산과 흐름: '신정심상소학'의 경우」, 『한민족어문학연구』 65, 한민족어문학회, 2013.

고려대학교아세아문제연구소 편, 『구한국외교문서』, 고려대학교 아세아문제연구소, 1967.

공보실, 『월남 이상재선생 약전』, 공보실, 1956.

김용의, 『혹부리 영감과 내선일체』, 전남대학교출판부, 2011.

김종대, 『한국 도깨비 연구』, 국학자료원, 1994.

박붕배, 『한국국어교육전사』 상, 대한교과서, 1987.

박승배, 「갑오개혁기 학부 편찬 교과서 저자가 활용한 문헌고증」, 『교육과정연구』 30, 한국교육과정학회, 2012.

_____, 「갑오개혁기 학부 편찬자가 활용한 문헌고증Ⅱ」, 『교육과정연구』 31, 한국교육과정학회, 2013.

송명진, 「'국가'와 '수신', 1890년대 독본의 두 가지 양상」, 『한국언어문화』 39, 한국언어문화학회, 2009.

오천석, 『한국신교육사』, 현대교육총서출판사, 1964.

이정찬, 「근대 국가주의 교육관의 성립 과정」, 강진호 외, 『근대 국어교과서를 읽는다』, 경진출판사, 2014.

전택부, 『이상재 평전』, 범우사, 2002.

최현섭, 「개화기 학부 발행 교과서의 편찬 의도」, 『논문집』, 경인교육대학교, 1985.

한철호, 『친미개화파연구』, 국학자료원, 1998.

가타기리 요시오 외, 이건상 역, 『일본 교육의 역사』, 논형, 2011.

맑스, 김호균 역, 『정치경제학 비판을 위하여』, 청사, 1988.

미셸 푸코, 이정우 역, 『지식의 고고학』, 민음사, 2000.

보이드, 이홍우 외 역, 『서양교육사』, 교육과학사, 1996.

아리스토텔레스, 김재홍 역, 『변증론』, 길, 2017.

아이작 뉴튼, 조경철 역, 『프린시피아 Ⅰ』, 서해문집, 1999.

이나바 쯔기오, 홍준기 역, 『구한말 교육과 일본인』, 온누리, 2006.
피히테, 황문수 역, 『독일국민에게 고함』, 범우사, 1988.

06

식민지 국어 교과서의 글쓰기와 '설명'의 권위
—『보통학교 학도용 조선어독본』(1911)을 중심으로

문
혜
윤

1. 교과서의 글쓰기

이 글은 식민지 시기 최초의 국정 초등 국어(조선어) 교과서『보통학교 학도용 조선어독본』(1911)을 다룬다.『보통학교 학도용 조선어독본』은 통감 정치 기간에 간행된『보통학교 학도용 국어독본』(1907)을 저본으로 하여 편찬되었으며, 제1차 조선교육령에 따라 조선어과와 한문과가 통합되면서 만들어진『보통학교 조선어급한문독본』(1913)의 발간 이전까지 사용되었다.『보통학교 학도용 국어독본』(1907)→『보통학교 학도용 조선어독본』(1911)→『보통학교 조선어급한문독본』(1913)→『보통학교 조선어독본』(1923, 1933)으로 이어지는 국정 초등(보통학교) 국어 교과서는 '체재의 유지 및 자구 정정', '체재의 재편 및 소재의 재사용' 등을 통해 원뿌리는 공유하면서도 연결의 지점과 단절의 지점을 보여 주었다. 같거나 비슷한 단원의 순서 및 배치로 인해 식민지 국정 국어

교과서의 큰 틀은 변화가 없었던 것으로 보이기도 한다. 그러나 동시에 『보통학교 학도용 국어독본』과 『보통학교 학도용 조선어독본』 사이에는, '학부' 편찬에서 '조선총독부' 편찬으로, '대일본도서주식회사' 발행에서 '총무국인쇄소' 발행으로 편찬과 발행의 주체 이동이 있었다. 이 작은 차이들은 각 교과서들을 다른 의미로 파악할 것을 요구하는 중요한 지표가 된다.

　이 교과서들은 우리나라 국정 국어 교과서의 효시에 해당한다. 대한제국 학부가 편찬한 『국민소학독본』(1895), 『소학독본』(1895), 『신정심상소학』(1896) 역시 국정 국어 교과서의 기원으로 불리는 것들이다. 그러나 '국어 교과서'라는 단어가 함의하고 있는 '국어'와 '교과서'의 복잡한 교호 작용 속에서 '국가의 말'을 가르치기 위한 '교육적인 형식'을 제공한 국어 교과서의 시초는 『보통학교 학도용 국어독본』이라 해야 할 것이다. 일련의 보통학교용 국어 교과서들은 대한 제국 학부가 편찬한 『국민소학독본』, 『소학독본』, 『신정심상소학』 등과는 다른 형식적 지반을 공유한다. 가장 특징적 지점이 『보통학교 학도용 국어독본』의 권1에 등장하는, '한글 깨치기'에 대한 보다 분명한 목표 설정과 진전된 교수 방식이다.[1] 이 책은 '국어'를 가르친다는 의식을 교과서 제목을 통해 명확하게 드러낸 첫 교재이기도 하다.[2] 『보통학교 학도용

---

[1] 박치범, 「체계화된 형식에 담긴 일제의 계몽 담론」, 『근대 국어 교과서를 읽는다』, 경진, 2014, 173~180면 참조. 이 글에 의하면, 같은 시기의 『신정심상소학』과 사찬 교과서 『초등소학』에도 '한글 깨치기'를 위한 교육 내용이 들어가 있다. 그런데 『신정심상소학』은 한문 교육을 위한 수단으로 동원되는 수준에 머물렀으며, 『초등소학』은 의미 중심 지도법을 채용하고 한자 익히기를 겸할 수 있는 진전된 방식을 택하였지만 『보통학교 학도용 국어독본』과 비교해 보면 기초적인 수준이었다.

[2] 김혜련, 「국정 교과서의 정치학」, 『근대 국어 교과서를 읽는다』, 경진, 2014, 138~139면 참조. 이 글은 『보통학교 학도용 국어독본』을 일본 문무성 편집국이 심상소학교용으로 간행한 최초의 국어과 교과서 『소학독본』(1904)과 비교함으로써, 한국에서 "'국

조선어독본』은 권1이 누락되어 있으나 권2~권8까지의 전체 단원 구성을 비교하였을 때, 권1 역시『보통학교 학도용 국어독본』과 거의 동일한 체재를 띤다고 유추할 수 있다. 그러나『보통학교 학도용 국어독본』과『보통학교 학도용 조선어독본』사이에 가로놓인 1910년 한일병합은 '국어'가 '조선어'로 변한 만큼 국어를 가르치는 교과서에 내밀한 방향 전환을 가져왔다.

국어 교과서의 '국어'는 '국가를 대표하는 언어'란 의미만을 가지지는 않는다. '국어'는 다른 교과의 학습을 위해 습득해야 하는 국가 공용어이기도 하면서, 민족성을 드러내는 기제이자 민족 문화의 수준을 보여주는 바로미터가 되기도 한다. 또한, 교과서에 담긴 내용들을 통해 최종적으로 그 의미가 파악되는 상징성을 지닌 것이기도 하다. 교과서 편찬 주체가 '국어(조선어)'의 의미를 어떻게 파악하느냐에 따라 국어 교과의 정체성이 달라지는 것이다. 다른 말로 하면, '국어'는 교과서를 기술하는 국가의 언어이기도 하면서 교과서의 내용을 통해 구현되는 이데올로기이기도 하다. 이는 '국어'가 교수 과정에 필요한 도구라고만 파악하기도, 이데올로기의 반영으로서만 파악하기도 어려운 양면성을 지니고 있다는 점을 알려준다.

'국어'가 '조선어'로 격하된 후의 첫 교과서『보통학교 학도용 조선어독본』에 대한 연구는,『보통학교 학도용 국어독본』과의 비교 속에서 이루어진 바 있다. 강진호는『보통학교 학도용 국어독본』에 내해 "조선인에게 필요한 최소한의 근대 지식을 보급하고, 한편으로는 일본

___

어'라는 교과 이름을 내걸고 편찬된 국정 국어 교과서"가 일본 교과서의 단순 모방이 아니라 국가, 실용, 수신 측면에서 근대적 지식을 구성하려는 개별적 목표를 가진 것이었다고 하였으며, 이는 보통학교 시행 규칙(1906년 9월 4일)에 적합한 '보통 지식'의 수준과 범위에 해당하는 정도라고 평가하였다.

에 유리한 친일의식을 심어주는 게 교재 편찬의 궁극적 의도"[3]였다고 지적하였고, 강제 병합 직후 이를 저본으로 하여 개편된 『보통학교 학도용 조선어독본』에 대해서는 "천황제와 제국의 시선"[4]이 전일화되었다고 평가하였다. 교과서가 편찬된 시대의 정치상·사회상은 교과서의 단원 구성으로 반영되고, 각 단원마다의 내용은 시대가 요구하는 이데올로기를 품고 있다. 이것을 명확하게 설명하는 것이 교과서를 교과서답게 분석하는 중요한 방식이며, 이러한 방식을 통해 도출되는 결론의 타당성도 부인할 수 없다.

그러나 본 연구는 '교과서의 글쓰기'라는 틀을 통해 좀 다른 방향의 분석을 가해 보고자 한다. '글쓰기[écriture]'는 '개인의 언어 사용 방식을 통해 드러나는 개성'이란 의미를 포함한 '문체'보다 폭이 넓은 개념으로서, 개인의 문장에 영향을 끼치거나 개인적 문장의 누적으로 나타나는 시대적·사회적 문장의 공통 형태를 의미한다. 따라서 '교과서의 글쓰기'는 교과서 편찬 주체의 정치적·사회적 담론과 정치의 작동 방식을 반영한다는 점을 여전히 유효한 특질로 가질 수 있다. 교과서는 발신자와 수신자의 쌍방적 소통의 회로라기보다, 이미 만들어진 것(가치관, 세계관)의 일방적인 제시라는 점에서 더욱 그러하다. 다른 한편, 교과서 분석이 이데올로기 분석에 치중하게 되고, 그리하여 일제의 식민화 활동에 대한 지적, 친일이나 제국을 위한 가치 형성을 언급하는 결론으로 귀결되기 쉬운 이유 역시 '교과서의 글쓰기'가 가지는 특징에서 기인할 것이다. 하지만 '글쓰기' 방식을 파악하는 것은, 내용상의 이데올로기를 해명하는 작업에 형식상의 담론 구조, 언술 방식을 함께

---

3) 강진호, 「'국어' 교과서의 형성과 일제 식민주의―『국어독본』(1907)과 『조선어독본』(1911)을 중심으로」, 『조선어독본과 국어 문화』, 제이앤씨, 2011, 32~33면.
4) 위의 글, 42면.

드러냄으로써 교과서가 담고 있는 사상의 실체를 입체적으로 이해할 수 있도록 해준다.

특히 이 글에서 다루고자 하는『보통학교 학도용 조선어독본』은, 그 직전의『보통학교 학도용 국어독본』과 거의 비슷한 체재와 단원 구성을 보인다는 점에서 그간 연구자들에게 '자구정정본' 이상의 관심을 받지 못한 것으로 보인다.『보통학교 학도용 조선어독본』에 드러나는 글쓰기의 방식을 파악하고, 이를 통해 국어 교과서 형성의 한 측면을 해명하고자 한다.

2. 연결과 반복을 통한 주체의 구성

『보통학교 학도용 조선어독본』(이하『조선어독본』)은 권2부터 자모 습득이나 문장 연습의 단계를 벗어난 본격적인 줄글—권2~권4보다 권5~권8에서 한문의 양이 늘어나는—이 등장한다. 일정한 주제를 제목으로 내세워 기술하는 글들로 각 과가 이루어진다.

[그림1] 권2 1과 가난한 집 아이, 복동이의 모습

권2는 총 26과로 이루어져 있다. 1과 「동자1」는 가난한 집 아이 '복동이'가 소를 몰고 가면서도 책을 읽는 근실한 모습을 보여주고, 2과 「동자2」는 부잣집 아이 '순명이'가 복동이에게 학교 교재를 빌려주어 공부할 수 있게 하는 선행을 이야기한다. 3과 「사시」는 봄, 여름, 가을, 겨울의 사계절 특징을 아주 짧막하게 기술하고 있으며, 4과 「계」와 5과 「우와 마」는 닭과 모이 주는 아이와의 유대를, 소와 말의 비교를 통해 서로의 형상이 다름을 인지하는 내용이 그려진다. 1과에서 5과는 명시적으로 드러나지 않는 부분이 있다 하더라도 '복동이'와 '순명이'라는 인물의 연결 관계를 보여주고 있다. 복동이라는 인물의 특징을 제시하고(1과), 순명이라는 인물의 특징을 제시한 다음(2과) 그들을 둘러싼 자연 환경(3과)과 그 속에서의 노동(가축 기름, 그러나 부잣집 아이 순명이는 가축을 통해 공부)을 다루고 있다. 이러한 형태의 연결은 다른 과에서, 다른 권에서도 반복된다.

바로 다음 과인 6과~7과는 「나자1」, 「나자2」라는 제목으로 연결되어, 학교 가지 말고 들에 가서 놀자고 하던 '게으른 사람' 장 씨가 20년 후 부자가 된 친구 이 씨를 만나는 이야기를 기술하고 있다. 8과~11과에서는 가족과 집에 대해서 이야기하고 있다. 8과 「가」에서는 새가 보금자리를 얽어 깃들이듯이 사람도 집을 지어 풍우한서를 피한다고 하면서 집이란 것이 무엇인지를 설명하고, 9과 「원포」에서는 뒤란밭을 꾸미는 이유가 사시로 꽃을 보고 근엽과 과실을 먹는 것 때문인데 그저 초목이 성장하는 것을 보는 것만으로도 좋은 일이라고 설명한다. 8과와 9과만으로는 연결 관계가 희미하지만 다음 10과 11과의 「아가1」과 「아가2」는 가족 구성원을 이야기하면서 특히 아버지가 아침마다 일찍 나와 '원포'를 돌보시는 것을 즐거운 일로 삼으신다고 하는 지점에서 9과와의 연결성이 드러난다. 또한 아버지와 친한 옆집 의사가 있는데 그가 우리 집에 오는 것은 아픈 사람이 있어서는 아니라는 점을 굳이 이야기한다. 집이 비록 가난하여도 병자가 없는 것이 큰 기쁨이라는 점을 말한다. 이를 통해 8과에서 11과로 이어지는 이야기의 연결성을 확인할 수 있다.

[그림2] 권2 13과 편지 봉투 쓰는 방법 예시

 각 권 내에서의 평행적인 연결과 그러한 연결의 주기적인 반복은 다른 권으로 이어지면서 다른 방식의 연결로 나타난다. 권2 13과 「엽서와 봉함」, 14과 「우편국」은 13과에서 엽서 쓰는 법, 편지 봉투 쓰는 법을 설명한 다음 14과에서 이 엽서와 편지가 우편국에 모여 어떠한 방식으로 개인의 집에 도착하는지를 설명한다. 이 두 과의 연결은 권3에 이르면 4과 「병자 위문」과 5과 「위문 회사」에서 선생님을 병문안 간 학생들이 선생님으로부터 위문에 대한 감사 편지를 받는 것으로 이어지는데, 5과에서는 실제 편지의 예가 등장한다. 권4의 2과 「홍수」
는 연일 비가 내려 마을이 물에 잠기면서 옥동이와 할아버지, 마을 사
람들이 산 위로 피난 간 밤을 지새운 이야기가, 3과 「홍수 한훤」은 홍
수 소식을 듣고 수동이가 옥동이에게 보낸 문안 편지의 예와 옥동이
의 답장의 예가 제시된다. 즉 권2에서는 엽서, 편지 봉투, 우편국 등의
근대적인 제도에 대해 설명한다면, 권3과 권4에서는 병문안의 경우,
홍수의 경우 등 개별적인 사인들에 대한 간단한 이야기와 편지의 실
례가 제시되는 방식으로 학습이 구체화되었다.

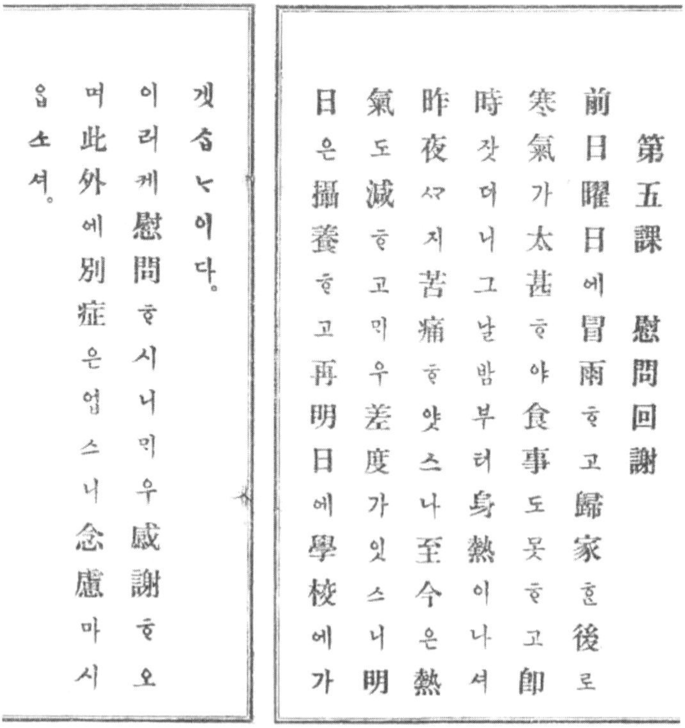

第五課　慰問回謝

前日曜日에冒雨ᄒ고歸家ᄒ後로

寒氣가太甚ᄒ야食事도못ᄒ고卽

時잣더니그날밤부터身熱이나셔

昨夜ᄭ지苦痛ᄒ얏스나至今은熱

氣도減ᄒ고미우差度가잇스나明

日은攝養ᄒ고再明日에學校에가

겟습ᄂ이다.

이러케慰問ᄒ시니미우感謝ᄒ오

며此外에別症은업스나念慮마시

ᄋᆸ소셔.

[그림3] 권2 5과 선생님께 받은 편지글로 이루어진 과

권4에서는 처음으로 조선에 대한 설명이 등장하는데 4과 「조선의 지세」에서 조선이 반도라는 것, 조선 주위의 섬에 대해 이야기하며, 5과 「조선의 해안」에서는 만, 항구, 갑과 곶이 어떤 곳인지 설명한 다음 조선의 최대 항구 도시를 언급한다. 13과 「조선의 북경」에서는 북쪽 경계에 압록강과 두만강의 2대강이, 두 강 사이에 장백산맥이 있다는 점을 언급하였다. 이렇게 세 개의 과를 통해 조선의 전체적인 구획과 경계를 표시한 다음 14과 「경성」, 18과 「평양」에서 현재의 수도와 옛 수도인 두 도시를 각각 설명한다. 그리고 권5의 2과 「5대강」은 압록강과 두만강 이외의 또 다른 강을 언급하여 5대강, 10대강을 알려주고, 4과 「기후」에서 남북이 긴 조선은 북쪽 지방과 남쪽 지방의 기후가 다르다는 점을 언급한다. 12과 「평안남북도」부터는 행정구역별 특성을 설명하는 방식으로 넘어가는데, 「평안남북도」에서 양잠과 목우가 성하다고 설명하고, 13과 「잠」에서 누에가 나방낭에서부터 실을 뽑아내는 누에로 자라기까지의 과정을, 14과 「양잠」에서 아름다운 견직물을 얻기까지의 과정을 설명한다. 15과 「함경남북도」에서는 이 지방이 마, 명주, 소 등의 산출이 성하다고 설명한 후, 17과 「마」에서 여름철 의복으로 적당한 마를 언급하면서 마의 씨는 기름을 짜 비료로, 껍질을 벗긴 흰 줄기는 화약의 원료로 쓰인다면서 "마의 전체가 다 필요한 물질"이라고 설명한다. 이어지는 18과 「폐물 이용」은 분뇨, 우마의 뼈, 누더기, 마루 아래의 먼지 등 쓸모없어 보이는 것도 더 쓸데가 있나고 하면서 "천지간에 무용한 물질은 없다"고 강조한다.

과마다, 권마다 명백한 연결(인물의 이름이 표시되어 있다거나, 이야기의 흐름이 이어진다거나, 각 과마다 번호를 붙여 연속성을 드러내는 등)의 방식도 존재하지만, 명백하지 않은 연결의 방식도 존재한다. 권2 12과 「마」처럼

앞뒤의 과들과 연결되지 않은 채 동떨어진(동떨어져 보이는) 장르의 이야
기가 삽입되는 경우도 있다. 그러나 명백하지 않은 연결도, 다른 과에
서의 명백한 연결을 통해 의미와 논리의 보강이 이루어지고 있다.

특정한 시대의, 일정한 시·공간의 영향으로 '나'라는 인간이 형성될
수 있다. 집, 가족, 밭 가꾸기 등의 일과, 정직이나 근면 등의 일상 도
덕(권2 12과 「마」, 권2 21과 「욕심 많은 개」, 권4 1과 「정직지리」, 권5 6과 「타인의
악사」), 일과의 시간 구획(권3 10과 「시계」), 직업과 근로(노동)의 가치(권3 18
과 「직업」), 물질의 실용성(권4 11과 「재목」, 권4 12과 「식물과 공효」, 권5 18과
폐물 이용), 위생과 건강(권2 11과 「아가2」, 권3 4과 「병자 위문」, 권5 3과 「피부
양생」) 등을 통해, 근대인과 근대인의 생활을 구성해 내고, 그러한 논리
의 반복을 통해 근대인이라는 인간의 형상과 관계를 만들어 낸다. 또
한, 조선의 땅, 기후, 강, 경계 등을 언급하고 조선의 각 지방을 설명하
며 각 지방의 특산물 등을 설명하면서 조선인으로서의 정체성도 구성
한다.

그런데 이 교과서가 드러내는 논리는, 근대라는 시대가 혹은 식민
당국이 지향하는 가치일 터이다. 부모와 자식(새끼), 그들이 이루는 가
족, 그리고 나와 고향의 관계 등은, 어떤 의미에서 직업과 노동, 실용
성 등과는 가장 대척적인 지점에 위치하는 가치이다. 가장 정감적이고
끈끈하여 말로 설명하기 곤란한 부분과 이윤과 실용이라는 논리로 계
산하는 명백한 숫자의 세계가 개인의 정직이나 근면이라는 가치를 통
해 하나로 모아지는 형국이다. 이러한 모순적 가치의 조화로운 양립
은, 글의 내용과 형식의 부조화를 통해서도 드러난다. 권2의 16과 「기
차」는 형과 아우 사이의 대화 형태로 이루어진 글이다. 그런데 이 가
족 간의 대화에는 '가족적인' 부분이 전혀 없다. 그들은 기차에 대한

객관적 정보만을 주고(형), 받고(아우) 있을 따름이다. 공적인 영역과 사적인 영역의 미묘한 공존을 드러낸다. 동경에 있는 친구가 경성에 사는 나에게 연락하기 위해 엽서나 편지를 써서 가까운 동경의 우체국에서 부치면 그것이 며칠 안에 경성 나에게 도착하는 것처럼(권2 14과 「우편국」), 그리고 신문에 게재된 가련한 여원의 이야기—여원의 나이 5세 때 목공인 아버지가 공사 중 사망하고, 여원의 어머니가 근근이 재봉일을 하면서 아들을 교육시켜 왔는데 그 어머니마저 병이 들어 4학년인 여원이 학업을 폐지하고 어머니의 약값을 벌고 있다는 이야기—를 보고 생면부지의 옥희라는 여자가 도움을 주는 것처럼(권4 19과 「옥희의 자선」), 세상의 모든 일, 지식, 관계, 생활은 연결과 연결을 통해 이루어진다. 이러한 연결과 연결의 반복을 통해 근대 조선인이 구성된다. 어떠한 주체가 되라는 것을 먼저 제시하는 것이 아니라, 인간을 둘러싼 환경을 먼저 설정함으로써 설정된 환경으로 둘러싸인 주체를 구성해 내는 방식이다.

3. 확대하고 축소하는 조망의 시선

교과서는 발신자와 수신자의 불균등한 관계를 통해 지식이 이동한다. 즉 지식을 가지고 있는 부류(교과서, 선생님)가 지식이 없는 부류(학생)에게 말하는 것이 교과서의 존재 형식이다. 따라서 교과서의 문장이 비록 평서형이나 청유형으로 끝난다고 하더라도 교과서 속의 모든 진술은 '가르치는' 것일 수밖에 없다. 때로 그것은 직접적인 가르침으로 드러나기도 한다. 『조선어독본』 권2 7과 「나자2」의 서술자는 "너희들은 이 두 사람을 누구인 줄로 생각하느뇨"라는 마지막 문장을 통해,

교과서를 읽는 학생에게 질문을 던지고 대답을 유도하는 방식으로 끝맺고 있다. 질문과 대답이라는 이러한 직접적 방식은 아니라 하더라도 교과서는 기본적인 대화의 불평등성으로부터 시작하는(만들어지는) 매체이다.

　많이 가진 자로부터 없는 자로의 불균등함은 『조선어독본』에 자주 드러나는 지도(地圖)의 시선을 통해 설명 가능하다. 권2의 20과 「산상조망」은 산 위에서 마을을 내려다보면서 마을의 생김새를 묘사하는 내용이다. 하천, 촌락, 삼림 등 지도 위에 표시되어야 하는, 실제의 눈으로 내려다 볼 때에는 눈의 한계로 인해 보이지 않는 내용들이 묘사되고 있다. 지도는 일정한 구간 안에 있는 사물들을 가로와 세로의 일정한 비율, 즉 축척(縮尺)을 부여하여 약속된 기호로 평면에 그린 그림이다. 위에서 아래를 조망하는 시선은, 실제의 인간이라면 가질 수 없는, 모든 것을 아우르는 것이다. 권3의 2과 「도화」는 봉숭아꽃을 설명하고 있는데, 그 진술은 과학 백과의 진술과 같다. "이것은 도화의 화도니라. 꽃의 가장 아름다운 부분을 화변이라 하고 도화의 담홍한 아름다운 빛은 곧 화변의 빛이니 도화에는 5개의 화변이 있느니라." 여기에 쓰인 단어 '화도(畵圖)'는 사전적인 의미로는 '여러 종류의 그림을 통틀어 일컬음'이지만 다르게 풀이하면 '그림 지도'라고 할 수 있다.

　지도(地圖)는 가로와 세로를 비율화하는 것이다. '실제'를 늘렸다가 줄이는 기술이 개입되어야 하는 것이다. 권2의 16과 「기차」는 동산 위에서 기차를 구경하는 두 아이가 묘사되고, 바로 다음의 17과 「정거장」에서는 기차가 들어오고 나가는 정거장이 어떤 곳인지를 설명한다. 같은 소재가 권3에서도 반복되는데, 권3의 3과 「기차 발착」에서는 기차역에 직접 들어가서 보는 듯한, 기차 타고 내리는 사람들을 묘사하고,

권3의 19과 「기차창」에서는 기차를 타고 이동하는 과정에서 보게 되는 창밖의 풍경을 묘사한다. 편지 역시 반복적으로 등장하는 소재이다. 권2의 13과 「엽서와 봉함」에서는 엽서와 편지봉투 쓰는 법을, 바로 다음의 14과 「우편국」에서는 우체국이 어떤 곳인지를 설명하는데, 권3의 5과 「위문회사」에 이르면 바로 앞의 4과 「병자 위문」에서 병문안을 받았던 선생님이 그에 대한 감사의 편지를 보내는 편지의 실물이 등장한다. 그리고 권3의 11과 「유사탐문」은 편지와 그에 대한 답장의 실제가 등장한다. 이러한 방식은 같은 소재를 간단한 설명→복잡한 설명, 한 측면→다른 측면으로 설명하는 확장의('늘리는') 서술 방식을 채택하는 것이다.

이러한 확장은 서로 다른 영역의 것들을 이어붙이기도 하다. 서로 다른 영역의 것들을 이어붙이기 위한 첫 번째 방법은 비유(比喩)이다. 권3의 7과 「의복」 "금수에 깃털과 모피 있듯이, 사람은 의복은 입는다"처럼, 다른 영역에 속한 사물(존재) 사이의 공통점이 추출되어 동일한 자장 안에 묶인다. 두 번째 방법은 유비(類比)를 통한 것이다. 권2 16과 「기차」에서 형과 아우 사이의 대화가 가족 간의 대화가 아니라 지식을 더 많이 가지고 있는 선생님과 지식이 없는 학생의 대화와 같다는 점을 언급한 바 있다. 이것은 가족의 관계가 사제의 관계, 집을 벗어난 학교에서의 관계로 확장된 경우이다. 가족 관계를 사회(국가) 관계로 확장하면서 가족 관계의 어떤 속성이 사회관계에서도 적용될 것이라 유추하게 만드는 방식이다. '수신'하면 '제가'가 되고 '치국'이 되어 '평천하'로 이어지는 유교식의 방식은 작은 것이 큰 것에 포함되는, 작은 것이 해결되어야 큰 것도 해결될 수 있는 관계이다. 그러나 『조선어독본』에서는 그 형태를 달리하여, 작은 비슷한 점을 들어 다른 영역과의 연결을 시도하고 그것이 올바른 것인 양 설명한다.

『조선어독본』은 주로 설명 위주의 글이 많아서 화자의 평가가 그리 두드러지게 삽입되지는 않는데, 권2의 마무리 부분인 24과~26과는 교훈 전달형 글들로 이루어져 있다. 24과 「모심」은 정동과 수동이 낮에 나가서 어두워지도록 돌아오지 않아 어머니가 문 앞에 기대서서 걱정하셨는데 형제가 돌아오는 것을 보고 매우 기뻐하셨다는 이야기이다. 이 과의 맨 마지막 구절은 공자의 말을 인용하면서 "부모에게 우려를 끼치는 자는 불효막대함이로다. 공자 가라사대 부모 계시거든 멀리 놀지 말며 놀아도 반드시 방향이 있다 하시니라"로 끝맺으며 부모에 대한 효도를 강조하고 있다. 연결되는 25과 「아향」은 내 고향에 대한 묘사를 하고 있음에도 고향에 대한 향수나 포근함을 언급하는 것이 아니라 내 고향에 세워진 군청과 학교에 대해 서술한다. 그런데 "군수는 온후한 사람"이어서 "인민을 아들같이 사랑"한다. 군수가 부임한 뒤로 마을이 날로 번창하여 학교 건물도 새로 짓는데, 그곳의 "교사 6인"은 "우리들을 자제와 같이 친절히 가르"친다. 아들과 부모 사이의 관계가, 인민과 군수, 교사 사이의 관계로 중첩되고, 이러한 중첩은 이어서 동물 사이의 문제로까지 확장된다.

이어지는 권2의 마지막 26과 「엽부와 원숭이」에는 사냥꾼 총에 맞으면서도 새끼를 도피시킨 어미 원숭이 이야기를 기술하는데, 어미 덕에 목숨을 건진 새끼 원숭이들이 사냥꾼 집에 밤에 몰래 와서 어미의 시체를 가지고 가려고 하는 이야기이다. 새끼 원숭이들이 총으로 위협당해도 도망가지 않자 사냥꾼은 어미의 시체를 가져가도록 내버려둔다. 이는 작은 것이 큰 것 속에 포함되는 형태의 포함 관계가 아니라, 한 영역에서 다른 영역으로 관계가 전환, 확장되는 유비의 관계를 차용하고 있는 것이다. 한 영역과 다른 영역은 명확한 연결로 이어지는 것이 아니라, 유사성을 바탕으로 하여 일종의 비약을 감행하고 있으며, 이는 논리보다는 감정을 통해 독자들을 설득하게 된다.

[그림4] 권2 16과 달리는 기차를 바라보는 형제

'지도(地圖)의 시선'으로 명명될 수 있을 시선(관점)이 다시 위에서 모든 것을 포괄하고 조망하는 지도(指導)의 시선으로 이행할 수 있는 근거가 되는 부분이다.『국어독본』과『조선어독본』사이에서 삽화는 큰 변화가 없이 세세한 부분에 대한 변경만 있는데, 유일하게『국어독본』에는 없었던 삽화 하나가『조선어독본』에 삽입된다. 권2 16과「기차」에서 산 위에 올라신 두 형세와 ⼠늘이 내려다보는 뱀같이 긴 기차가 연기를 뿜으며 달리는 삽화이다. 그런데 마을을 내려다보는 주체가 두 아이들임에도 불구하고 그 아이들마저 삽화에서 작게 처리되고 있는데, 기차의 모습과 그것을 바라보는 아이들을 또다시 조망하는 또 다른 시선을 확인할 수 있다. 지도(地圖)라는 것은 입체의 물건을 평면으

로 옮기는 것에 따른 '왜곡'을 언제나 감수할 수밖에 없다. 지도(地圖)의
사실성(사실인 척하는 성질) 위에는 그것을 '왜곡'하는 또 다른 지도(指導)
의 시선이 개입되고 있는 것이다.

4. '설명'이라는 사회적 장르

『조선어독본』을 구성하는 글들은 '설명하는 글'의 분량이 현저히
많다. 설명은 '어떤 일이나 대상의 내용을 상대편이 잘 알 수 있도록
밝혀 말하'는 것이다. 필자의 의견, 사상, 가치 등보다 지식이나 정보
의 전달에 주력하는 형태의 글이 많다는 것이다.

각 과의 주제로 선택된 사물이나 사건들은 사전(辭典)에서의 설명 방
식대로, 정의 내리는 방식으로 기술되는 경우가 많다. 예를 들어, 권3
의 18과 「직업」에서는 "곡류와 채고를 지음은 농부의 직업이요, 어류
를 잡음은 어부의 직업이니라"와 같이 서술하는 것이다. 그런데 문장
단위에서 범위를 넓혀 하나의 과에서, 그리고 다른 과와 연결되어서
설명되는 경우, 왜 이러한 요소에 대한 설명에서 저러한 요소에 대한
설명으로 넘어가야 하는지, 혹은 왜 굳이 이 부분만 설명하고 그만두
는지 등 다루고 있는 내용적 요소에 대해 의문이 생기는 경우가 많다.

권3의 13과 「순서」에서는 "여하한 물건이든지 순서로 되는 것이니
라"라고 하며, 식→의→주의 순서로 '순서'라는 주제에 대해 설명한다.
식(食)은 식탁의 상차림 안에서 설명의 대상을 연결해 나간다. 우리들
이 먹는 밥→그 옆의 접시에 담긴 생선→그 음식을 만드는 데 사용하
는 소금과 감장. 의(衣)는 의복의 제작, 주(住)는 가옥의 건축을 설명한
다. 권3의 18과 「직업」에서는 "곡류와 채소를 지음은 농부의 직업이

요, 어류를 잡음은 어부의 직업이니라"고 시작하고 나서 농부가 곡류와 채소만 먹으면 신체가 약하여 노동을 감내치 못하고, 어류는 심히 맛이 있으나 매일 이것만 먹을 수도 없으니, 농부는 어부에게 곡류와 채소를, 어부는 농부에게 어류를 주어 교환한다는 내용으로 이어진다. 그리고 "목수와 니장(尼匠)은 가옥을 건축하는 직업이라"고 설명하고, 농부와 어부를 위하여 가옥을 건축하고 그 대신에 곡류와 채소, 어류를 받는다고 하면서 앞의 내용과 연결 짓는다. 설명의 예시 범위가 굉장히 좁다. 설명의 예시 범위가 '중립적', '객관적' 형태가 아니라 그 교과서를 서술하는 누군가의(혹은 시대의) 가치관과 세계관에 의해 설명의 내용이 변형되는 것이다. 어떤 대상을 설명하는 데 자꾸 부모, 의식주 등의 가족, 생활 등과 관련된 예를 드는 것은, 주지와 예시(부연) 사이의 관계로 보기는 어렵다. 오히려 거꾸로 예시의 속성(전체를 아우른다거나, 감정에 의해 연결된다거나)을 통해 주지의 옳음을 표시하려 하는 방식이다.

상관없는 듯이 보이는 것을 연결하여 설명하기도 한다. 권3 16과 「해빈」은 해변이라는 공간에 선 서술자가 바다 쪽과 모래사장 쪽을 바라보며 기술하고 있는 것처럼 만들어 연결한다. 바다 쪽의 배를 보면서 어선과 기선 등의 배의 종류와 배가 만들어지는 과정을 설명하고, 모래사장 쪽의 아이들을 보면서 모래의 종류(백사, 소석, 자개 등)를 설명한다. 서술자는 이 두 방면의 것을 한 번에 볼 수 없는 위치에 있을 것이며, 이 두 범주는 바다 주위라는 공간만 동일할 뿐 서로 다른 영역에 속한 것임에도 연결 지어 설명하는 것이다. 권3 18과 「직업」은 직업이란 제목을 달아놓고 교환에 대한 것을 말한다. 권3 19과 「기차창」은 창밖의 정경을 묘사하다가, 철교 위를 지나는 소리를 기점으로 시선을 아래로 옮겨 하천과 그 주위를 묘사한다. 권3 21과 「빈계급가압」은 집 안의 암탉이 병아리들을 데리고 집 앞의 시내로 나왔는데 병아리들이 물에 들어가 즐겁게 헤엄을 친다. 자신의 새끼라고 알고 있었던 것이 오리의 새끼였던 것이다. 이것들은 시간과 공간의 동일성으로 묶이지 만, 숨어 있는 시선이 두 가지의 다른 영역을 연결 짓는 것이다.

> 기차가 그치는 곳을 정거장이라 하느니라.
> 정거장에는 차표를 파는 데가 있으니 이 차표를 사 가지고 기차를 타 느니라. 기차의 방은 일등과 이등과 삼등의 등분이 있으니 차표의 값은 일등이 제일 비싸고 삼등이 가장 헐하며 차표의 빛이 일등은 흰빛이요 이등은 푸른빛이요 삼등은 붉은빛이니라.
> 기차가 정거장에 오는 것과 또 정거장에서 떠나는 시간은 일정함이 있으니라.
> 미리 와서 기차를 기다리는 사람을 위하여 대합실이 있으며 또 정거 장 여러 곳에 종이를 붙이고 대금과 시간을 고하니라.
> <u>그러하나 문자를 알지 못하는 자는 알아보지 못하나니 눈으로 문자 를 보지 못하고 또 남에게 묻지 아니하면 알지 못하느니라.</u>

『국어독본』권2 17과 「정거장」의 전문이다. 『조선어독본』에도 역시 같은 글이 실려 있으나 맨 뒤의 밑줄 친 부분, "그러하나 문자를 알지 못하는 자는 알아보지 못하나니 눈으로 문자를 보지 못하고 또 남에 게 묻지 아니하면 알지 못하느니라"는 삭제되어, 정거장에 대한 사실 적인 설명만 남아 있다. 권2 17과 「정거장」의 맨 마지막 부분이 들어 가거나 삭제되면서 각 독본은 과의 순서가 변경되었다. 『국어독본』은 17과 「정거장」이후 18과 「욕심 많은 견」, 19과 「태양력」, 20과 「산상 조망」의 순서로 연결되나, 『조선어독본』은 18과 「태양력」으로 설명의 글이, 19과 「기원절」이 삽입되고, 20과 「산상조망」, 21과 「욕심 많은 견」이 배치된다. 19과에서 다루는 '기원절'은, 일본의 1대 천황인 진무 천황이 즉위한 날을 기념하는 날이라고 한다. 이 날엔 문무관이 예궐 진하(詣闕陳賀)하고, 국민들은 집마다 국기를 걸고, 각 학교에서는 축하 예식을 거행한다고 한다. 그런데 이 천황의 존재와 업적이 가공의 것이라는 설도 존재한다. 가공의 인물을 기념하여 궐에서, 집에서, 학교에서 행하는 예식은 그 인물을 실제의 것으로 만들어준다. 19과 「기원절」의 앞뒤로 배치된 설명의 글(17과 「정거장」의 작자 논평이 빠진 설명문, 18과 태양의 힘에 대한 설명문, 20과 기차가 가는 모습을 설명하는 형제의 대화)은 기원절과 기원절에 기리는 인물의 가공성을 상쇄시킨다.

그런데 이러한 '설명'은 상당히 "직접적이고 권위적인 수사법"[5]이다. 권위를 형성하여 통치하려는 서술자를 뒤에 숨기고 있다. 김현주는 1900~1920년대의 논설을 비판의 장르로 다룬 바 있다. 김현주에 따르면 '논설'은 비판의 장르인데, 비판의 태도는 "통치술의 증대와 통치 제도의 증식에 맞서는 반대편으로서, 혹은 상대방이자 동시에 적대자로서, 통치술을 불신하고 거부하고 제한하며, 그 적당한 한도를 모색하고 그것을 변형시키며 그로부터 탈피하려고 하는 방식", 즉 "통치당하지 않으려는 기술"이라고 언급하였다.[6] 그리고 이러한 성격을 지닌 논설은 "1910년대에 일본 유학생 출신의 엘리트들이 한편에서는 식민 권력에 대응해, 다른 한편에서는 조선인 내부의 다른 사회적 세력 및 문화적 집단들에 대응해 권리와 자율성을 주장하는 과정에서 개발한 글쓰기"라고 하였다.[7] 김현주가 언급하고 있는 '논설'과 대척

5) 웨인 부스, 이경우·최재석 역, 『소설의 수사학』, 한신문화사, 1997, 7면.
6) 김현주, 『사회의 발견』, 소명출판, 2013, 39면.

적인 지점에 『조선어독본』의 '설명'이 놓일 수 있다. 근대 계몽기 이후 여러 신문과 잡지에서 등장하였던 논설들은 민간의 '공공영역', '공론 장'에서의 상호 의견 교환의 역할을 담당하면서 여론의 형성에 기여하 였다면, 근대 국어 교과서에서 차용되고 있는, 그리고 더 나아가 국어 교과서에서 채택하고 있는 설명의 장르는 보다 단선적인 형태의 주입 이다.

때로 권2의 11과 「아가2」에서처럼 '나'의 진술이 등장할 수 있다. 그리고 『보통학교 학도용 조선어독본』 역시 뒤의 권으로 갈수록 시적 인 형태의 진술 등을 통해 화자의 정서나 감각을 이야기하는 글들이 조금 더 많이 발견된다. 이는 지식과 사실에 대한 진술 사이에 나(개인) 에 대한 진술도 나타날 수 있다는 것을 보여준다. 서로 다른 위치에 있는 주체나 시선이 등장함으로써 교과서 속의 진술이 균열을 드러내 지만 그것은 또 한편 교과서의 한계이기도 하면서 교과서를 통해 새 로운 주체의 가능성을 예감할 수 있는 가능성의 부분이기도 하다. 그 러나 이는 가능성일 뿐, 실제 『조선어독본』을 에워싸고 있는 대부분의 목소리는 근대적 지식에 대해 설명하는 권위적인, 통치하려는 속성을 지닌 것이었다.

5. 결론

『보통학교 학도용 조선어독본』에 수록되어 있는 글들은, 수록의 방 식과 단원의 구성 등에서 몇 가지의 진술 및 배치의 방식을 발견할 수

---

7) 위의 책, 47면.

있다. 그것은 첫째로 단원들 간의 내용상의 연결과 반복이 빈번하다는 것이다. 인접해 있는 단원에서의 연결과 반복뿐 아니라, 동일 제재가 다른 권 사이에서도 연결되고 반복되고 있다. 하지만 이러한 연결과 반복은 내용을 심화하는 방식으로 제시되는 경우보다, 한 인간을 둘러싼 주위 환경에 대한 구성이나 다른 장르를 학습하는 방식으로 일탈하기도 하는 느슨한 방식이 나타나는 경우가 더 잦다. 그럼에도 불구하고 명백한 이유로 연결되는 과들이 존재하는 것도 사실이어서, 이것들이 명백하지 않은 상태의 연결을 지지하고 보강하는 형태로 구성된다. 내용을 통한 근대인의 구성뿐 아니라 구성 요소들의 반복을 통해 근대인을 구성해 내려는 방식을 사용하고 있는 것이다.

두 번째는, 지도(地圖)의 축척처럼 확대하고 축소하는 시선이 개입된다는 것이다. 이는 단원의 내용 안에 직접적으로 드러나는 지도(地圖)처럼 모든 것을 아우르고 조망하는 시선을 통해서도 파악할 수 있지만, 단원들간의 관계(소재에 대한 간단한 설명에서 다른 단원에서의 복잡한 설명으로 전이, 같은 제재의 한 측면에 대한 설명에서 다른 측면에 대한 설명으로 이어지는 방식)를 통해서도 파악할 수 있다. 확장하거나 축소하는 이러한 시선은 서로 다른 영역의 것을 이어 붙이는 것을 가능하게 만들기도 한다. 즉 부모와 자식의 친밀함이 군민(혹은 학생)과 군수(혹은 선생님)의 친밀함으로 전환되거나 국가나 천황에 대한 친밀함으로 이동할 수 있는 여지를 만들어주는 것이다.

세 번째는, 동일한 제재를 다루는 다른 교과서(특히, 『보통학교 학도용 국어독본』)와의 비교를 통해 명백해지는데, 주장하거나 의견을 제시하는 문장이 슬쩍 사라짐으로써 설명하고 해설하는 방식의 글이 전면화된다는 점이다. 설명하고 해설하는 방식은 일견 글쓴이(혹은 편찬자)의 중립적 태도를 드러내는 것처럼 보이기도 하나, 당대 신문과 잡지에서 범람하였던 논설과 비평이 가진 의미와 비교하였을 때, 중립적이라 말할 수는 없는 점이 존재한다. 교과서에 높은 비중으로 나타나는 설명이라는 문종(장르)은 권위를 설명하는 쪽이 가지게 함으로써 통제하고 억압하는 힘으로 작용할 수 있게 된다.

이렇듯 국정 교과서의 편찬 주체였던 총독부의 교육적 의도는 단원의 내용에서뿐 아니라 글의 진술과 배치와 단원의 구성을 통해서도 드러난다. 이러한 글쓰기의 방식은 동시대 민간 독본과 비교를 통해 보다 분명하게 두드러질 수 있는 특징이기도 하다. 이후 이어지는 국정 조선어 독본들에서도 문학적 제재의 수용 폭이 그리 넓지 않은데, 이는 문학 위주로 재편되었던 당대 민간 독본이나 문범집이 가졌던 것과 다른 의도를 내포하는 것이다. 이는 추후에 보강되어야 할 연구의 과제이기도 하다.

참고문헌

1차 자료

강진호·허재영 편, 『조선어독본』 1, 제이앤씨, 2010.

2차 자료

강진호, 「'국어' 교과서의 형성과 일제 식민주의—『국어독본』(1907)과 『조선어독본』
    (1911)을 중심으로」, 『조선어독본과 국어 문화』, 제이앤씨, 2011.
김현주, 『사회의 발견—식민지기 '사회'에 대한 이론과 상상, 그리고 실천(1910~
    1925)』, 소명출판, 2013.
김혜련, 「국정 교과서의 정치학—『보통학교 학도용 국어독본』(1907)을 중심으로」,
    『근대 국어 교과서를 읽는다』, 경진, 2014.
박치범, 「체계화된 형식에 담긴 일제의 계몽 담론—'교과서의 위상'을 통해 본 『보
    통학교용 국어독본』(1907)의 특징」, 『근대 국어 교과서를 읽는다』, 경진,
    2014.
송명진, 「개화기 독본과 근대 서사의 형성」, 『국어국문학』 160, 국어국문학회, 2012.
부스 웨인 C., 이경우·최재석 역, 『소설의 수사학』, 한신문화사, 1997.

07

근대적 문종 인식으로서의 '논설'의 성립
― 근대 초기 국어(조선어) 교과서 및 독본을 중심으로

김
준
현

1. 서론

이 글은 근대 초기(1895년~1920년대 초반)의 국어(조선어) 교과서 및 독본(조선어/한국어 교과서 및 독본)을 통해, 근대적 문종 인식 개념으로서의 '논설'[1]이 형성된 과정을 살피는 것을 목적으로 한다. 1895년은 최초의 '국어교과서'라고 할 수 있는 「국민소학독본」이 출간된 해이며, 1920년대 중반은 2차 조선교육령(1922)이 공포되고 그것을 따른 교과서와 독본들이 간행된 시기(1922년 교육령을 따른 교재들이 간행된 시기는 대략적으로 1925년 전후라고 할 수 있음)이다. 이 시기가 중요한 이유는, 바로 이

---

1) 이 글에서는 '논설'과 '의론'의 관계를 최대한 가깝게 설정한다. '의론'은 '설명', '서사', '기사', '의론'의 사분법에 의한 용어로, 오늘날의 당시의 문종 개념들 중 오늘날의 '논설'과 가장 가까운 의미를 지닌다. 이 글은 당대 '의론'이라는 개념의 범위와 용례를 살피는 것을 중요한 방법론의 일환으로 삼는다. 그럼에도 불구하고 이 글이 '의론'보다 '논설'을 표제어로 삼는 것은 '서사적 논설'과 같은 용어들을 사용하고 있는 기존 논의들과의 접점을 최대한 마련하기 위해서이다. 또한, 정기간행물 등에 실렸던 '신문논설'의 '논설'과 완전히 일치하는 개념이 아님을 부기하여 둔다.

기간 동안 근대의 문학 장르와, 문종 인식이 어느 정도의 모양새를 갖추었다는 믿음이 학계 일반으로 퍼져 있다고 할 수 있기 때문이다. 따라서 이 시기의 '논설'과 그 인접 개념들이 범위를 확정해 나가는 과정을 살피는 것은 근대 문종 인식의 성립과 변화 과정을 살피는 첫걸음이 된다고 할만하다.

문종 자체가 생성된 과정을 살피는 것과, 문종과 관련된 인식개념의 형성 과정을 살피는 것은 전혀 다른 성격과 의미를 가지는 작업이다. 문종 자체와 문종에 대한 개념 인식을 살피는 것은 높은 인접성을 가진 작업이지만, 세밀한 논의를 위해서는 서로 구별될 필요가 있다. 가령, 현재 우리가 '이야기'라고 부르는 형식이나 요소는 조선 시대 초기에도 존재했지만, 조선 시대 사람들이 '이야기'라고 지칭하던 대상과 현재 언중이 '이야기'라고 지칭하는 대상이나 그 범위는 일치하지 않았다. 따라서 이 글이 '논설'이라는 문종의 형식이 어떻게 성립되었는지가 아니라, 그 개념들과 관련된 '인식'이 어떻게 형성/변화되었는지를 살피는 것에 목적을 두었다. 이 사실은 이 글의 논의를 이해하는 데 있어 특별히 강조될 필요가 있다. 다시 말해, 당시 논설의 형태가 어떠했는지를 따지는 것이 아니라, 당시의 교과서/독본 편찬자들을 포함하고 있는 언중이 '논설'이라는 기호를 어떤 것이라고 생각했는가를 따지는 것이다.

현대에 통용되는 '논설(文)'의 사전적 정의를 살펴보면, '논증'과 '설득'이라는 종차를 반드시 포함하고 있다. 이러한 정의가 2016년의 한국어 언중들의 '논설'에 대한 인식을 반영하고 있음은 물론이다. 그런데 이러한 인식이 근대 초기부터 변화 없이 이어져 왔다고 볼 수는 없을 것이다. 현재 '논설'의 종차로 쓰이는 '논증'이라는 기호는 서구에

서 온 논리학적 맥락에서의 '논증'2)에 가까운 의미를 가진 개념이지
만, 근대 초기의 문인들이나 교육 주체들이 '논설', 혹은 '의론'이라는
개념을 정립하는 과정에서 그러한 소위 서구적인 '논증' 개념을 의식
하고 있었다고 보는 것은 무리가 있다. 그러한 (서구적 논증의 구성요소를
갖춘) '논설'의 개념은 국내에서 해당 시기보다 한참 후에 정립되는 것
이기 때문이다(실제로 일본이나 조선에서 1910년대 쓰였던 '의론'에 대한 정의는
'이치를 따져 말하는 것' 등으로 지금과는 사뭇 다른 형태를 지니고 있었다).

그렇다면 당대에 '논설'이라는 개념 정의를 성립시키는 종차는 (서구
적) '논증' 대신 '설득'이 남을 것이다. 그러나 이 '설득'이라는 개념이
지칭하는 대상의 범위 또한 문제적이다. 당대는 흔히 '근대계몽기'라
는 명칭으로 통용될 정도로 '계몽주의', 혹은 '계몽적 기획'(이 글에서 사
용되고 있는 '계몽'은 근대 계몽기 조선에서 통용되던 '계몽'으로 칸트 등에 의해 논
의되었던 '계몽'과는 인접성을 인정하면서도 구별될 필요가 있다. 당시 조선의 계몽
은 '근대의 기획'과 가까운 관계를 유지하고 있었고, 국가주의적인 성격을 강하게
띠었으며, 그 결과 '식민주의'로부터도 완전한 거리를 유지하지 못하는, 서구 '계몽'
과는 엄격한 의미에서 구별되는 것이었다)의 영향을 많이 받았던 시기이기
때문이다3). 그렇기 때문에 근본적으로, 그리고 실질적으로 당대에 행
해진 모든 글쓰기는 특수한 목적을 지닌 '실용문'을 제외하면 전부
'설득'이나 '교육'의 요소를 지니고 있다고 해도 무리한 진술이 아니
다. 계몽주의와 조선 시대의 주자학적 전통, 한문학적 글쓰기에서도
산문은 실용적인 글이거나, 설득/교육의 목적을 지니고 있는 글이었다.
그렇기 때문에 기본적으로 '논설'이라는 것은 당대 사람들의 인식 속

2) '논증이란 하나나 그 이상의 명제를 증거로 들어 또 다른 진술 하나가 참이라는 것을
주장하는 활동'. 칠더즈 외, 『현대문학·문화 비평 용어사전』, 문학동네, 1999.
3) 근대 계몽기의 '설득'이 엄밀히 말해 '설명'과 완전히 구분되는 기호였는지에 대해서
도 반성해 볼 필요가 있다. 이에 대해서는 다음 장에서 논의하기로 한다.

에서, 모든 글에 포함되고 있는 기본 덕목이지 특수한 양식의 취급을 받기 어려웠다. 이 점에서만큼은 전통적 문종 인식과 근대 초기(계몽적) 문종 인식이 서로 통하고 있는 것이다. 즉, '의론'을 '설명'이나 '서사'와 같은 다른 문종으로부터 구별을 하려고 해도 실상으로는 이 모든 글쓰기가 '설득'이라는 요소를 가지고 있었기 때문에 엄밀한 구별이 이루어지기 어렵다는 것이다. 사실 '설득'이라는 요소의 유무는 당시 '의론'을 다른 문종으로부터 구분해줄 수 있는 충분한 기준이 되지 못했다.

당대에 설득적이지 않은 글이 존재하기 어려웠다는 사실은, '논설' 내지 '의론'이라는 개념 자체가 사실상 필요하지 않았다는 것을 의미한다. '논설'이라는 개념은 사실 '논설적'이지 않은 글이 개발되었을 때 비로소 필요해지는 것이고, 그에 따라 개념으로서 정립되는 것이다. '논설'이라는 개념의 수요는 논설적이지 않은 글로부터 논설적인 글을 구별하여 지칭할 필요가 생길 때 만들어지는 것이다. 따라서 '논설'이라는 개념의 정립된 때는 '논설적인 글'이 탄생된 시기가 아니라, '논설적이지 않은 글'이 탄생하여 자각되거나, 혹은 그에 대한 인식이 성립된 시기로 보아야 한다.

기존 연구에서 이미 지적된 바와 같이, 교과서에서 운문을 제외한 산문을 모두 '話'라는 기호로 지칭했던 적이 있었다. "조선의 학교에서 독본으로 활용되었던 자료들에서 발견할 수 있는 문종의 표지들을 살펴보면 『국민소학독본』(1895)의 '화(話)', 『신정심상소학』(1896)의 '이ᄋ |기', 『고등소학독본』의 '곡(曲)', 『초등소학』(1906~1907)의 '화(話)', 『노동야학독본』(1908)의 '연설(演說)', 『최신초등소학』(1908)의 '이약이', 『신찬초등소학』(1908)의 '이야기, 화(話), 서찰' 등이다."[4]는 서술에서 볼 수

있듯이, '화(話)', 혹은 '이야기'는 근대 초기 조선어 교과서에서 가장 폭넓게 쓰였던 문종 개념이라고 할 수 있겠다.[5] 조금 과장하면 교과서/독본 류의 텍스트에서 '화(話)'라는 문종개념만이 충분한 저변을 가지고 존재했다고 할 수 있을 정도이다.

이 맥락에서 '화(話)', 즉 '이야기'는 지금의 기준으로 보았을 때 운문과 실용문(일기문, 서한문 등)을 제외한 모든 종류의 산문을 지칭하는 말이었다. 일본에서는 20세기로 넘어오면서 글의 종류를 크게 시가, 실용문, 그리고 '화(話)'(이야기)의 세 가지로 나누었는데, '의론'이니 '설명'이니 하는 개념은 모두 이 '화(話)'의 하위개념에 속하는 것들이었다.

당시의 문종 개념의 관계를 살펴보면, 시가, 실용문, 그리고 '화(話)'의 구분은 존재했었으나 현재 사용되는 '운문'/'산문' 구분과는 그 기준이 일치하지 않는 것이었다. 그리고 우리가 염두에 두는 '의론'이나 '설명'과 같은 구분들은 '화(話)'라는 큰 문종 개념을 더 작은 하위의 문종 개념으로 한 번 더 세분해야 비로소 이루어지는 것인데, 1910년을 전후한 일본의 국어 교과서에서는 이러한 구분이 드러나기 시작하지만(1912년 동경 동문관에서 발행한 『국정독본 교사용 수사법 및 취급』에는 이런 세부적인 구분이 이루어져 있고, 문종에 따른 교수 방법까지도 소개하고 있다), 같은 시대에 조선총독부에 의해 간행된 국어(일본어) 교과서나, 관찬·사찬 조선어 교과서에는 이 세분된 문종 인식이 적용되는 흔적이 쉽게 발견되지 않는다.[6] 다시 말해 국내에 이러한 '화(話)'라는 큰 문종 개념

---

4) 조윤정, 「근대 조선의 독본과 문종 개념의 인식」, 『한국근대문학연구』 32, 한국근대문학회, 2015, 118면.

5) "근대 조선의 초기 독본들에서는 보통 소재를 제목으로 삼고, 장르 표지를 노출하지 않는 경우가 많다. 다만, 편지나 노래(시, 곡, 가)를 제외한 글들에 장르 표지를 할 경우, 일반적으로 이야기/話라는 분류명칭이 사용됨을 알 수 있다." (조윤정, 위의 글, 119면.)

을 보다 작은 문종 개념으로 세분할 수 있는 인식이 일본에서만큼 빨리 확립되지 않았다는 것이다.

병탄이 완전히 마무리된 이후의 시기임에도 불구하고 일본과 조선의 문종 인식이 이처럼 차이가 나는 이유를, 대략 두 가지 가설을 세워 가늠해 볼 수 있다. 하나는 일본의 문종 인식이 시간차를 두고 한국에 수입됐기 때문에 어쩔 수 없이 편차가 발생했다는 가설이다. 다른 하나는 일본의 문종 인식이 어떤 식으로든 수입이 되었다고 해도, 한국에 이미 존재했던 문종 인식의 토양 때문에 일본의 문종 인식이 그 모습 그대로 들어올 수 없었으리라는 가설이다.

일본과 조선이 각각 식민지배의 주체와 객체였기 때문에, 혹은 식민지가 된 지 얼마 되지 않았기 때문에, 일본의 문종 인식을 조선에서 늦게, 혹은 왜곡시켜 받아들였을 거라는 생각은 물론 전자와 닿아 있는데, 이는 엄존했던 조선의 어문 전통이나 문종과 관련된 소양이 가진 주체적 성격을 망각할 위험성을 내포하고 있다. 그렇게 본다면 일본과 조선의 문종 인식이 동시대에 다르게 나타난 원인은 물론 두 가지 가설 중 하나가 아니라 둘의 중간지점 어딘가에 위치해 있을 것이다. 이 문제에 보다 입체적으로 접근해야만 당시의 문종 인식 변화를 사실에 가깝게 재구할 수 있을 것이다.

'화(話)'라는 기호가 운문, 실용문을 제외한 산문 모두를 총칭하는 개념이었다는 사실이 교과서나 독본류에서만 확인되는 것은 아니다. 기존 연구를 참조해 보면, 조선에서 1900년대에 발행된 신문과 잡지에서도 '화(話)'를 (현재적 관점으로 소급하여 보았을 때) 서사와 설명, 논설

---

6) 이각종이 편찬한 작문 교재에는 세분된 인식 개념이 포함되어 있으나, 실질적으로 그것을 명확하게 구분했는지는 회의적이다. 이에 대해서는 배수찬이 비판적으로 검토한 바 있는데, 다음 장에서 자세히 논의하기로 한다.

을 모두 포함하는 개념으로 사용하고 있다.[7] 즉 교과서 텍스트나 정기
간행물 매체에서 일반적으로 나타내는 넓은 범위를 가지는 개념이 '화
(話)'였던 것이다. 이는 일본의 문종 인식과 조선의 문종 인식이 다르게
나타났던 사실을 교육체계가 수입되면서 발생한 시간적 순차적 차이
에 의한 것이라고만 파악하는 것이 단순한 시각일 수 있음을 나타내
는 또 하나의 방증이다.

그렇기 때문에 '논설', 개념의 형성을 살피려고 할 때 '화(話)'는 가장
먼저 짚고 넘어가야 할 개념일 수밖에 없다. '화(話)'라는 기호는 그 이
후 분화된 '설명', '서사', '기사', 그리고 '의론'을 모두 아우르는 개념
이었기 때문이다. 따라서 '화(話)', 즉 '이야기'는 현재 우리가 쓰고 있
는 같은 기호로 이루어진 개념과는 그 범위가 사뭇 다른 것이었다.
'논설'이라는 문종 인식 개념이 성립하는 과정을 살피는 데 있어서 관
련 개념들의 의미를 그대로 소급하여 접근하는 것은 이런 종류의 작
업을 할 때 경계해야 할 일이다.

그렇다면 현대적 의미에서의 '논설'이라는 문종 개념은 어딘가에서
분화되어 성립되었다는 가설이나, 혹은 어떤 수사적인 특징이 도입되
면서 '논설'이라는 개념이 성립되었다는 가설에 내재된 발상을 뒤집어
볼 필요성이 대두된다. 원래 운문과 (서간문, 일기류 등의) 실용문을
제외한 모든 산문을 총칭하던(그리고 그 글의 존재의의는 시무/애국적인 의미
를 지닌 근대지를 설득/교육하는 것이었던) '화(話)'라는 개념에서 허구/사실의

---

7) '화(話)'의 범위가 넓었던 것과 마찬가지로, '소설'이라는 기호의 범위 또한 현재보다
넓었던 것은 많이 논의된 사실이다. '화(話)'와 '논설'이 분화되는 과정을 살피면서 '소
설'과 '논설'이 분화되는 과정도 유추해볼 수 있는 이유이다. 이와 관련하여, 권보드래
는 『한국 근대 소설의 기원』에서, 독립신문 등의 정간물에 실렸던 글들이 '소설'로 소
개된 사례를 소개한 바 있다. (권보드래, 앞의 책, 114면.)

이야기가('화(話)'라는 개념어를 지참하여) 분화되어 나가고, 또 '설명'이 '논설'과 구별할 기준을 마련하며 떨어져 나가고 남으면서 '논설'이 성립되었다는 가설을 세워볼 수 있는 것이다.

그리고 이 맥락에는 (문학적인 글과 비문학적인 글을 구분하는 데 있어서 중요하게 대두된 개념인) '情'이 국가적(전체적)인 차원의 것에서 개인적인 차원의 것으로 변화하는 과정, 서로 다른 지식과 주장들이 각축하기 시작하며 개인이 받아들이고 해석하는 사실(주장)과 '모든 사람', 혹은 '전체'(국가)가 인정하는 사실(설명) 간의 구별이 이루어지는 과정 등이 내포되어 있다. 이런 과정에 대해 자세히 다루는 내용이 이 글의 본문을 구성할 것이다.

계몽적 기획의 결과물로서 교과서와 정기간행물은 서로 같은 목적을 갖고 있다. 그리고 독자를 '계몽의 대상'으로 설정하여 설득을 시도한다는 점에서도 공통점을 갖는다. 다음 장에서 살펴보겠지만, 교과서에 실린 지문들과 동시대 신문·잡지 등 정기간행물에 실린 지문들이 비슷한 형태를 보이는 것은 이러한 사실 때문이다. 그런데 기존의 연구[8]에서 밝혀진 바와 같이 당시의 교과서 지문들이 일본의 교과서의 영향을 깊게 받았고, 그리고 그 상당수가 일본 교과서의 지문을 그대로 수입하여 사용된 것이었다. 그렇다면 지금까지의 장르·문종의 변화 과정을 살피는 작업들은 대개 교과서보다는 정기간행물의 독서를 통해서 이루어져 왔음[9]을 볼 때, 교과서의 지문들을 읽은 결과를 더해 논의를 추가하는 것이 문종 자체와 그에 대한 개념의 성립을 사실에

---

8) 강진호, 「국어 교과서의 탄생과 근대 민족주의」, 『상허학보』 36, 상허학회, 2012; 강진호, 「국어과 교과서와 근대적 주체의 형성」, 『국제어문』 58, 국제어문학회, 2013. 참조
9) 김영민, 『한국근대소설사』, 솔, 1977; 권보드래, 『한국 근대소설의 기원』, 소명출판, 2012.

좀 더 가깝게 재구할 수 있는 실마리가 될 것이다.

2. 근대 초기 국어 교과서·독본에 나타난 '화(話)'와 '논설'의 관계

'화(話)', 즉 '이야기'라는 개념의 변화를 통시적으로 살펴보면, 이 글의 고찰 대상이 되는 근대초기와 현재 그 범위가 다르게 사용되고 있음을 어렵지 않게 확인할 수 있다. '이야기'가 문종의 상위개념으로 쓰일 수 있음은 예나 지금이나 마찬가지지만, 현재의 '이야기'가 설명문이나 논설문을 하위 개념으로 포함할 수 없음은 일반 언중들이 공유하고 있는 인식일 것이다. 설명문이나 논설문이 그 요소로 '이야기'를 포함할 수는 있으나 그렇다고 그것을 본질적 요소로 상정하지 않는 사실과도 관련이 있는 일이다.

1900년대 근대 초기의 신문과 잡지 등의 정기간행매체나 교과서 매체에서는 '화(話)'가 (현재적 관점으로 소급하여 보았을 때) 소설과 설화 뿐 아니라 설명문과 논설문까지를 모두 포함한 개념으로 존재했었다.

> 여보시오 저 사람 보시오. 항상 말하기를 기력이 태산을 옆에 끼고, 북해를 뛰겠다고 말하더니, 모기와 싸움을 하니 웬일이오?
> 허허, 이 사람. 알지 못하면 말을 마시오. 아무리 역사라도 무수한 모기떼를 방어하기는 어려운 법이오. 그러므로 무수한 군인은 방어하지 못하는 것이오. (「제 10과 모기」, 『최신 초등소학 권2』, 60면.)

인용문은 1908년 편찬된 『최신 초등소학』에 포함된 지문 「모기」의 전문이다. 두 사람의 대화(허구일 가능성이 높은)는 제 삼의 인물의 행동을 소재로 하여 이루어지고 있다. 『최신 초등소학』은 '이약이'라는 문종 개념의 인식을 포함하고 있지만, 목차나 글의 서두에 문종을 표시하지 않고 있지는 않다. 만약 이 글의 문종을 편찬자의 입장이 되어 표기하려고 해 보면 몇 가지 곤란한 난제에 부딪히게 된다. 이 글은 논설문, 설명문, 그리고 근대적 의미에서의 이야기(화(話))의 요소를 모두 조금씩 포함하고 있기 때문이다.

한 인물의 행동과 그에 대한 (논평적) 대화가 포함되므로 이 글은 '이야기'의 요소를 포함하고 있고, 여기에 좀 더 살을 붙인다면 근대적인 의미의 '서사' 양식과 크게 다를 바가 없어질 것이다. 또한, '무수한 군인은 방어하지 못한다(→그러므로 많은 군사를 양성해야 한다).'라는 명제를 주장하면서, 그 근거를 많은 수의 모기에서 찾는 '유비추론'으로 이루어진 논증의 형식을 포함하고 있다. 또한, '알지 못하면 말을 마시오'라는 말에서 볼 수 있듯이 대화를 나누는 두 명의 주체 사이에 지적 위계가 설정됨으로써, 교육 대상에게 특정 사실을 설명하고 있는 '설명'의 요소 역시 포함되어 있다.[10]

결국 이 지문은 현재적인 의미로 소급하여 보면 논설문으로도, 이야기로도, 그리고 설명문 중 어느 하나로도 (임의로) 규정될 수 있거나, 혹은 그 어떤 것으로도 규정될 수 없는 다중적인 성격을 지니고 있다. 당시 교과서나 정간물의 편찬자는 이러한 지문을 '화(話)'라는 넓은 어의를 지닌 개념으로 포괄하고 있다. 어차피 문종의 분화가 완벽하게 이루어지지 않았던 당시로서 이러한 현상이 발견되는 것은 당연하고

---

10) 이정찬(「근대적 문종 인식으로서의 '설명'의 출현과 그 배경」, 『한국근대문학연구』 32, 한국근대문학회, 2015)의 논의대로 '설명'이 '근대적 지식을 특수한 사회적 요구 속에서 수용하고 전용하는 과정에서 출현하였다. 그리고 지식 자체의 내적 논리보다는 시무와 애국이라는 사회적 요구가 더 중시되'었다면, 모기를 통해 모기의 생태를 설명하는 글이나 모기를 통해 군양성의 필요성을 역설하는 이 글이나 결국 '시무'와 '애국'에 종사하는 근대지를 설명/설득하는 것이 된다.

자연스러운 일일 것이다. 그러나 그것이 하필 '이약이(화(話))'라는 개념
으로 포괄되는 것, 그리고 현재로서 최소한 세 가지의 별개의 문종의
요소들이 포함되어 있는 요소들이 혼재되어 있다는 사실은 시사하는
바가 크다.

　1900년대 당시의 '화(話)'가 이렇게 포괄적인 범위를 가진 개념이었
다는 것은, 현대적 문학/비문학의 경계가 이 개념의 외부가 아니라 내
부에 잠재하고 있음을 가리키는 사실이다. 즉, '화(話)'에 속하지만 현
대적 의미의 '문학' 범주에 속할 수 없는 글이 존재했다는 것이다. 기
존 연구를 참조하면, '정'이 문학의 중요 요소로 인식되기 시작한 것은
1910년경이었다.[11] 이를 전제로 하여 다시 소급해 보면 1900년대 교
과서에 실린 '화(話)'에 해당하는 글(정기간행물에 실린 글들도 마찬가지이다)
들은 '정'의 요소를 갖고 있는 것과 그렇지 않은 것으로 분류될 수 있
을 것이다(그리고 후자에 속하는 것들은 '화'에 포함되면서도 동시에 '문학적'이지
않은 글들이 될 것이다).

　그런데 기존에 논의[12]된 바와 같이, 원래 근본적으로 개인의 특수
한 개성을 다루고 있는 '정'이라는 개념이, 당시에도 그 개인적 개성을
담보하고 있는 말로 받아들여졌는지를 반성적으로 고찰할 필요가 있
다. 그에 의하면, '정'이 개인의 것이라는 인식이 처음으로 뚜렷이 나

---

11) 권보드래, 앞의 책, 40면 참조.
12) "인간의 내적 감성과 미적 판단은 나름의 자율적인 공간을 구축할 수 있고 누구와도
　　나른 녹자적인 개별성을 주장할 수 있다. 보편의 정과 보편의 미를 발견해 나가는
　　것은 이 개별성에 기초해서이다. 그리하여 예술은 최고의 개성을 발휘함으로써 보편
　　적 공감을 끌어낼 수 있고, 문학 역시 자기만의 나신을 드러냄으로써 공통의 정서를
　　환기할 수 있다는 것이다. 그러나 동시에 정과 미는 근대의 일반적인 기획으로 제출
　　된 것이기도 하다.(중략) 개별성의 자각을 집단적인 기획으로 제출한 것, 이것은 정
　　과 미의 가치를 발견해 나가는 과정이었을 뿐 아니라 정과 미에 내재해 있는 모순적
　　성격을 드러내주는 장면이기도 했다." (권보드래, 앞의 책, 87~88면.)

타난 것은 『학지광』이라는 지면을 통해서이고, 이것은 1914년의 일이다. 이 말에는 그 이전 시기에는 '정'이라는 개념이 일반적으로 개인의 것이라고 인식되지 않는 것이었다는 의미가 내포되어 있다.

즉, '정'이라는 개념은 (태생적으로는) 근대 계몽기 조선을 휩쓸고 있던 계몽의 기획으로부터 일정한 거리를 유지하고 있는 것이지만, 동시에 당시의 '계몽'의 관점에서 보면 '정'도 어디까지나 설득의 일환으로 보일 수 있다는 것이다. 근본적으로는 계몽을 벗어날 수 있는 개념으로 탄생한 정은, 그러나 근대 초기 조선의 계몽주의가 그것을 전유하려는 시도에 의해 개인과 집단(전체/국가) 가운데에서 표류할 수밖에 없었다. 그리고 '논설'이라는 개념은 '정'이 표류를 끝내고, 그것을 문학/예술 자체의 가치로 표방하기 시작할 때 정립된다. 소위 '문학적' 문종에 대한 인식이 수립되기 시작할 때 '논설'이라는 개념이 필요해지는 것이다.

「모기」에서도 '모기도 무수하면 방어하기 어렵듯이'라고 간단하게 일반 서술로 표현할 수 있는 근거를 굳이 두 명의 대화로 처리한 것은 '정'을 획득하기 위한 수사적 전략이라고 설명할 수 있는데, 이는 설명이나 설득을 좀 더 효과적으로 하기 위한 것이지 '정' 자체가 갖는 문학적(예술적) 가치를 확보하기 위한 것이 아니라는 것을 어렵지 않게 파악할 수 있다. 요컨대, '정' 자체를 목적으로 하는 것이 아니라, '정'을 통해서 논설의 설득을 더욱 잘 받아들이게 하는 수단적인 가치를 지니는 것이다.[13)]

---

13) 이에 대해서는 이미 다음과 같이 지적된 바 있다.
  "1910년대 이전에 발표된 서사적 글쓰기와 연설·토론체 소설이 '계몽'을 위한 일종의 수사적 장치로 활용될 수 있었던 것은 문학에 대한 근대적인 관념, 즉 '문학의 자율성'이 확보되지 못한 상황이 전제되었기 때문이다." (권용선,『근대적 글쓰기의 탄

그런 관점에서 보면, 그것이 '화(話)'라는 개념으로 포괄되어 있다고
하더라도, 근본적으로는 모두 논증의 요소를 가지고(서론에서 서술한 바
와 같이 '논증의 요소'는 당대의 글을 소급적으로 분석할 때 추출되지만, 당대 문인
들이나 교육 주체들이 이것을 인식하였던 것 같지는 않다), 누군가를 설득(=교육)
하려는 의도를 지니고 있다고 보아야 한다. '이야기'라는 개념이 문학
적으로 '정'의 요소를 (선언되기 전에 이미) 미리 내포하고 있었더라도
'정' 역시 논증을 좀 더 효과적으로 수행하기 위한 수단으로서 존재했
던 것이다. 신문과 잡지의 논설란을 담당했던 글들을 '단형서사'로 이
름 붙여 근대소설의 초기, 혹은 전사의 형태로 호명하는 김영민의 논
의[14]는 이런 맥락에서 다시 한 번 이해·동의될 수 있다.

그리고 근대의 글쓰기, 혹은 문학, 혹은 문종이 성립되는 과정을 판
단할 수 있는 매체들은 교과서 매체, 그리고 신문/잡지 등의 정기간행
매체였는데, 모두 독자를 '계몽의 대상'으로 설정했다는 점에서 그 성
격이 일맥상통하고 있다 할 수 있다(다만, 교과서와 정간물의 경우 일본의 글
쓰기 제도를 그대로 수용하느냐, 변용하여 수용하느냐에 따른 정도의 차이가 분명히
존재하는 것으로 보인다. 그렇기 때문에 근대적인 글쓰기, 혹은 근대적인 문학의 성
립과정을 살피는 데 있어서 교과서와 정간물은 반드시 교차 대조되어야 할, 공통점
을 지닌 별개의 텍스트로 접근되어야 할 것이다). '알지 못하면 말을 마시오'
와 같이 대화 상대의 지성적 위계를 정해주는 표현(이런 대사는 발화자에
게 지적 권위를 부여한다)은 그렇기 때문에 이런 종류의 글에서 필수적인
수사에 해당한다고 할 수 있다. 설득의 대상을 자신보다 지성적으로
이래에 놓인 존재로 규정하는 순간 '설득'과 '설명'의 경계는 흐려진다.

생과 문학의 외부』, 한국학술정보, 2007, 31면.)
14) 김영민은 앞서 언급한『한국근대소설의 기원』외에도『근대계몽기 단형 서사문학 자
    료전집 1, 2』(소명출판, 2003) 등으로 이러한 관점을 유지하였다.

「모기」와 같은 '복합문종'의 예는 근대 초기 교과서에서 '가장 많이'
라는 수식어를 붙여도 될 정도로 많이 찾을 수 있다.

하루는 문 앞에서 무슨 소리가 나기에 자세히 들으니,

"거룩한 집에서 적선 좀 하시오. 춥고 배고파 죽겠습니다."하거늘 교
사가 학생더러

"문밖에 걸인이 왔다. 동전 한 닢만 주어라."

학도가 동전을 들고 걸인에게 주려다가, 걸인을 향하여 말하기를

"나는 어떤 병신인 줄 알았더니, 사지가 완전하고 외양이 멀건 사람
이네. 자력으로 생활이 넉넉할 것이고, 남의 고용살이라도 하겠거늘,
저 모양으로 걸식한단 말인가. 나는 가증스러워 동전 한 닢도 주지 않
을 것이니 그냥 가라."하니 걸인이 부끄러운 기색으로 가더라.

교사가 보고, 학생더러

"네가 저 걸인을 모르느냐. 저 사람이 서울 부자의 아들이라. 교만한
것으로 유명하여 학당에 가라 하면 다른 곳에 가 악행만 배우더니 부
모가 죽고 수 년이 못 되어 저 모양으로 다니니, 너희들은 저 사람을
보고 경계할 일이다." (「걸인」, 『최신초등소학 권 4』, 146면.)

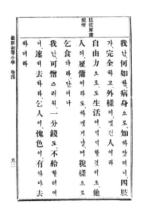

[그림1] 「걸인」, 『최신 초등소학』

인용문은 앞 절에서 소개되었던 「모기」에 비해 한층 본격적인 '이야기'로서의 모습을 갖추고 있다. 그러나 이는 같은 교재에 실린 것으로, 「모기」보다 고학력의 학생을 위한 지문이라는 차이를 가질 뿐이다. 역설적으로, 학년이 높아질수록 이야기가 갖는 의미는 간접적으로 전달되고, 지문의 외형은 현대적 의미(서사를 그 본질로 삼는)의 서사를 닮아가는 경향이 있다.

외면적으로 「모기」와 「걸인」의 형태가 구별되는 지점이 존재하지만, 결국 선생과 학생이라는 지적 위계가 확연히 구분되는 인물들 간의 대화라는 점에서, 그리고 선생의 말이 결국 글 전체의 주제, 혹은 교훈적 의미를 결정한다는 점에서 이 글은 서사적이면서도 논설적인 요소를 핵심으로서 포함하고 있다. 이 지문 자체를 하나의 '논증'으로 접근한다면, 대화 주체 두 명 중 한 명은 '주장-결론'(논증)을 제시하는 주체가 되고, 다른 하나는 그것을 듣는 주체가 된다. 그리고 대화의 화제가 되는 '모기를 잡는 자'와 '걸인'은 '근거-전제'로서 기능하며, '사례'의 형태로 귀납논증 내지 유비논증의 전제의 모습을 띤다. 그렇기 때문에 이 지문들은 '논증'의 형식을 이미 완벽한 모습으로 갖추고 있다고 볼 수 있다. 서구적 논증에 대한 인식은 존재하지 않았지만, 그 인식의 유무와 상관없이 서구적 논증의 형태를 띠고 있는 부분들이 '논설'이라는 문종의 확립 이전부터 존재했다는 것이다.

그러나 당시 사람들이 이 글을 '논증을 갖춘 논설문'이라고 분류한 대신 '화(話)'로 인식했다는 것이 문제적이다. 문종을 규정하는 특징이 발견된다고 해서, 그것이 곧 문종의 인식이 존재했다는 것을 의미하지는 않는다. 전제-근거로 이루어진 논증의 형식으로 되어 있는 글들을 우리는 고대의 문서들로부터도 어렵지 않게 찾을 수 있지만, 그 글을 쓰거나 읽는 이들이 현대적 의미의 '논증'에 대한 인식을 갖고 있었다고 생각할 수는 없다. '이야기'로부터 '논설'이 구분되지 않았던 시기의 문인들은 현대적 의미의 (서구적) 논증을 글쓰기에서 수행하면서도 자신이 '논설'이라는 행위를 하는 것이 아니라 '이야기'를 수행하고 있다고 여겼을 가능성이 높다는 것이다.

「걸인」은 '논설'이라는 문종 인식이 확립되기 이전에 생산된 텍스트로서, '논증'의 형식을 담고 있으면서도 '화(話)'로 분류되던 글이라는 점에서 시사해주는 바가 크다. '논증'의 요소를 포함하면서도 '논설'이 아닌 '이야기'로 분류됨으로써, 서구적 '논증'에 대한 인식이 확립되어서 '논설'이라는 문종과 인식이 탄생되었다는 판단을 반성할 계기를 마련해주기 때문이다.

지금까지 1908년 간행된『최신 초등소학』에 수록된 글을 살폈지만, 1895년까지 거슬러 올라가 최초의 국어교과서 중 하나라고 할 수 있는『국민소학독본』에 실린 글을 찾아보면, 이러한 양상은 크게 차이가 나지 않는다(이 글에서 1908년의 텍스트를 1895년의 텍스트보다 먼저 소개한 것은, 1910년을 전후하여 문종인식의 변화가 감지되기 때문에, 먼저 그 경계적 시기에 편찬된 지문의 특성을 논하고 그것이 1895년 지문에서도 변화 없이 드러난다는 것을 보여주기 위함이다). 지문 「을지문덕」은, 을지문덕이 살수대첩에서 수나라 군대를 크게 격파한 것을 서술한 후, 다음과 같은 논평으로 마무리하고 있다.

> 이를 관하면 군사의 강약은 그 나라 사람의 심과 기에 있고 나라의 대소에 있지 아니하니 고구려 때는 조선 사람이 그리 강하여 수를 이기기를 고목을 밀듯이 하였거늘 어찌하여 금에 지하여는(후략)
>
> (「을지문덕」,『국민소학독본』, 1895.)

이를 '화(話)'의 하위 문종으로 보아 '기사'나 '서사'의 한 형태로 접근한다면 인용된 부분을 이야기에 (관습적으로) 달리는 화자의 주석으로 생각하기 쉬운데, 오히려 이 대목이 글 전체에서 차지하는 위계는 인용된 이야기에 비해서도 더욱 중요한 바가 있다. 역시 '을지문덕이 살수대첩에서 수나라 군대를 물리쳤다'는 특수한 사례를 통해 '고구려 때는 조선 사람이 강하였다'는 일반론을 끌어내고, 그리고 그것을 통해 부국강병을 주장하는 귀납논증의 형식을 띠고 있는 것이다. 이러한 논증적 요소로서의 분석은 소위 '단형서사'라고 이름 붙여지고 연구된 글들에도 어렵지 않게 적용될 수 있다.

> 첩이라 하는 것은 본디 천리를 거스리고 오륜을 모르게 하는 한 기관이오 더욱 부부일체를 나누어 그 정을 성기게 하는 요물이라. 이전에 한 대신이 종첩을 두고 자미스라이 여겨 그 첩이 하여 달라는 대로 다 시행할 시에 얼마 후에 종첩이 잉태를 하여 입덧이 났는데 하루는 (중략) 그 대감이 필경 자기 몸만 망할 뿐 아니라 온 집안까지 망하게 하였더라.[15]

인용문은 1909년 『경향신문』에 '소설'이라는 표제와 함께 게재된 텍스트다. 이 텍스트 역시 우리가 교과서에서 찾은 텍스트와 함께 논설적 요소와 서사적 요소를 아우르고 있다. 그리고 서사적 요소가 "첩이라 하는 것은 ~요물이라."라고 하는 일반 주장을 뒷받침하는 사례로 기능하는 것도 일치한다. 소개한 글은 하나의 사례에 불과하지만, 정기간행물에 실린 서사와 논설의 혼종 사례들에 대한 연구는 이미 여러 겹으로 축적된 바 있기 때문에 본 논의에서 다시 여러 문건들을

---

15) 「어리석은 자의 락」, 『경향신문』, 1909.12.31.

소개할 필요가 있는 것으로 판단되지 않는다. 이러한 사례들을 통해 우리는 1895년부터 1910년 경에 이르기까지 교과서와 정기간행물이 문종 인식을 공유하고 있음을 확인할 수 있다. 외형적 대화를 통해 논증구조를 드러내면서도 그것을 '논설'이 아니라 '화(話)', 혹은 '이야기'라고 인식하던 게 그것이다.

이에 비해, 1910년대 후반 이후 간행된 교과서/독본에서는 서사적인 요소는 갖고 있으나 논설적 요소가 약화된 텍스트들이 등장한다. 또한, '소설'이라는 표제를 갖고 정기간행물에 실린 글에서도 논설적 요소가 약화된 징후가 포착된다. "게가 이것을 보고 원숭이의 볼기를 꼬집으니 원숭이가 깜작 놀라 달아나는 서슬에 볼기의 털이 빠졌는데 지금도 원숭이의 볼기가 빨간 것은 그 때에 게에게 꼬집혀서 털이 다 빠진 까닭이요, 또 게 발에는 털이 많으니 이는 그때에 원숭이의 볼기를 꼬집어 뜯은 털이니라."(「경향신문」, 1910. 12. 39.)라는 글에서는 원숭이가 꾀를 내어 게의 음식을 빼앗았고, 그에 대한 복수의 일환으로 게가 원숭이의 볼기를 꼬집은 것으로 설정되어 있다. 여기에서 우리는 '남의 것을 탐하고 빼앗지 말라'라는 논설적 주장을 읽어낼 수 있으나, 동시대의 다른 '이야기' 텍스트에 비해 이것이 한층 간접적으로 처리되어 있다는 것도 파악할 수 있다. 교과서에 실린 글이 더 이상 논설적인 요소를 필수로 갖고 있지 않다는 점, 정기간행물의 '소설' 역시 논설적 성격을 약하게 갖게 되었다는 점은 앞서 서술한 '정'이 개인의 차원으로 이동하게 된 것과 궤를 같이하는 것이다. 그리고 이 지점에서, '논설'이라는 개념의 수요가 창출된다.

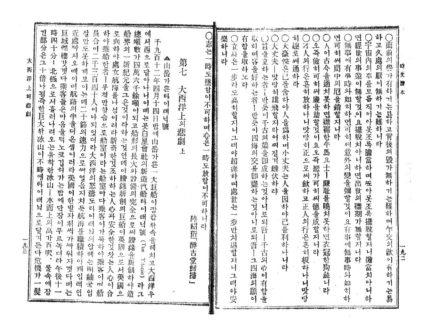

[그림2] 「대서양의 비극」, 『시문독본』

구조된 이 속에 사내아이 둘이 있는데 하나는 두 살 반쯤 되고 또 하나는 세 살 반쯤 되었으며(중략) 그 부친은 여러 다른 사람과 한 가지 물귀신이 된 것이라 두 아이는 다시 법국으로 보내어 무사히 모친의 품에 안기게 되었더라.[16]

인용문은 최남선이 편한 『시문독본』(1916)[17])의 지문 중 일부인데, 이

---

16) 「대서양 상의 비극 上」, 『시문독본』, 1922.

17) 『시문독본』이 관점에 따라 『국민소학독본』이나 『최신초등소학』과는 이질적인 독본으로 보일 수 있으나, 이 텍스트가 '독본'으로서 '논증'을 포함하지 않은 텍스트를 적극적으로 포함하고 있는 텍스트로서 이 글의 논의에서 중요하게 취급될 수밖에 없다. 그리고 같은 최남선이 편한 텍스트라도, 『소년』과 『국민소학독본』 사이의 거리와 『시문독본』과의 거리는 다르다. 비록 『소년』이 경우에 따라 교육 현장에서 사용되었다고 하더라도, 제목, 서문에서 드러나는 편찬목적에서부터 교육현장에서의 사용을 전제로 한 『시문독본』과는 이 글에서 다르게 취급되어야 할 텍스트이다.

시기에 와서 서사문은 논설적인 요소를 거의 완전히 탈피하고 있음을 확인할 수 있다. 타이타닉호의 침몰은 『시문독본』의 최종판본이 발행된 시점에서 얼마 되지 않은 최신의 사건이었다. 그렇기 때문에 그 사건의 의미를 하나로 고정하여 논증의 사례로 만드는 것도 무리였을 것이다. 그런데 그럼에도 불구하고 독본에 실렸다는 것을 오히려 유의미한 사실로 보아야 할 것이다. '時文(시사적인 글)'이라는 타이틀에 오히려 적합한 글이었을지는 모르지만 타이타닉호의 침몰과 관련된 이 '이야기'는 논증의 구조로부터 완전히 자유로워져 있다. 부친에 의해 '유괴(?)'되었다가 아버지는 침몰하고 다시 아이가 어머니에게 안기게 되었다는 사연은 '그 연고를 확인할 수 없는 정체불명의 아이가 있었다.'는 문장에 의해 (아마도 흥미를 위한) '미스터리'적 요소가 강조되어 소개되고, 그 이야기의 의미도 특정한 (교훈적) 주장으로 환원되지 못하고 있다.

『시문독본』은 '사수되는 이가 합당한 정정을 더할 바가 있을 것'이라는 서언을 포함하고 있는데, 이 문장은 이 글의 맥락에서 파악하면 더욱 의미심장하다 하지 않을 수 없다. 인용된 텍스트에 이 말을 적용해 보면 타이타닉호의 침몰과 관련된 비극을 학도들에게 가르치는 상황에 있어서, 그 내용의 의미를 교수자가 개인적으로 해석하고 그것을 (자유롭게) 가르칠 수 있다는 선언으로 해석될 수 있다. 이는 '정'이 개인화되는 과정을 보여주는 아주 분명한 표지라고 할 수 있다. 이를 통해 『시문독본』은 그 수록문들이 아무리 교육적으로 동원된 텍스트라도 여러 가지로 해석될 수 있음을 전제로 하고 있으며, 이러한 '복수의 해석'이 가능해 질 때 '논설'문의 경계는 비로소 '문학적 서사'로부터, 그리고 '설명'으로부터 완전히 구분될 수 있다.

또, 『시문독본』의 서문에는 "옛글과 남의 글은 이 책 목적에 맞도록 줄이고 고쳐 반드시 원문에 거리끼지 아니함"이라는 항목이 포함되어 있다. 편집의 의도에 따라 적극적으로 수정을 가한다는 원칙이 표명되어 있음에도 불구하고 「대서양상의 비극」에 논설적인 내용이 가미되지 않았다는 사실은, 「모기」나 「을지문덕」 등 이전 시기 교과서 지문으로부터 이 글을 분명하게 구별해주는 중요한 표지이다. 교과서/독본을 구성하면서 기존의 글을 수정해서라도 '교훈'적 내용을 포함해야 한다는 강박이 사라진 것이기 때문이다. 자유롭게 그 의미를 해석할 수 있는 지문들이 교과서에 드러나면서, 역설적으로 '논설'적인 글과 그렇지 않은 글 사이의 경계가 발생한다. 이 경계가 바로 '논설'이라는 인식 개념의 수요가 발생하는 지점이다.18)

'이야기'로부터 논설적(이지 않은) 요소가 분리되고, 그리고 하나의 텍스트에 복수의 감상 뿐 아니라 의미의 해석이 가능해지는 지점에 바로 근대 초기 조선의 계몽주의가 종언을 고하고, 근대적인 개인의 '정'과 개인의 '의견'이 발견되고 인정되는 경계가 가로놓여 있다. '논설'이라는 개념어는 원칙적으로 '개인'과 '전체' 사이에 간극이 발생했을 때 그 필요성이 대두되게 된다. 그러나 그 간극이 (어렴풋이) 느껴지는

---

18) 『시문독본』에서 선도적으로 드러났던 '논증 없는 이야기'는 1920년대 독본 류에서는 흔하게 드러나는 것이 된다. 지면 관계 상 한 편의 텍스트만 인용하도록 한다.
"정희 「자, 숙자, 먼저 뛰여보오.」/숙자 「그러면, 뒤를 좀 밀어주오.」/정희는 곧 숙자의 뒤를 밀어주었소 숙자의 그네는 점점 늘어서, 앞으로 높이 나갔다가 뒤로 물너 들어갔다가 할제, 옷자락이 바람에 가볍게 날니는 모양은 맛치 공중에서 춤을 추는 것 갓소 정희는 그것을 보고, 손바닥을 치며 조와하엿소 숙자는, 「그만 뛰겠다.」하고, 그네 우에 걸터안젓소 정희는 얼는 그네를 붓잡고, 숙자를 나려노으며, 참 잘 뛴다고 칭찬하엿소/숙자 「이번에는 내가 밀어줄 터이니, 정희도 뛰어보오.」/정희 「나는 밀어주지 아니하야도, 잘 뛰오.」하고, 그네줄을 벌여잡고, 힘을 다하야 높이 뛰엇소" (「그네」, 『보통학교 조선어독본』, 조선총독부, 1923, 213~215면.)

것과 그 간극이 완전히 인식되는 것 사이에는 차이가 존재한다. 그것
이 1910년을 전후하여 '논설'과 '의론'의 개념 범위가 혼란스럽게 나
타나는 이유이고, 같은 개념어라도 일본과 조선에서 서로 다르게 나타
나는 이유일 것이다. 이에 대해서는 다음 장에서 논의하기로 한다.

3. 일본과 조선에서의 '논설' 개념 간극과 그 의미

근대 초기 교과서는 전술한 바와 같이 일본의 글쓰기(교육) 제도의
영향을 많이 받은 텍스트이다. 그렇기 때문에 교과서에 나타난 문종
인식을 살피면서 일본의 문종 인식을 참조하는 것은 유용한 작업으로
보이다. '논설' 역시 여러 가지 정황으로 보았을 때 조선에서 그 개념
이 정립되는 데 있어서 일본의 영향을 크게 받은 것으로 보인다.

특히 정간물보다는 교과서와 독본류에서 일본의 영향이 좀 더 직접
적으로 드러나는데, 1911년 발행된 이각종의 『실용작문법』과 같은 교
재에서 일본 교육장에서 사용되었던 문종 명칭들이 (우연의 일치라고
할 수 없을 정도로) 거의 동일하게 사용되었기 때문이다. 배수찬은 이
각종의 성과가 일본에서 5년 전에 발표된 쿠보 토쿠지의 『실용작문법』
의 영향을 많이 받았으면서도, 조선 최초로 근대적인 문종 개념을 세
분하여 밝힌 책이라고 그 의의를 인정한 바 있다.[19] 그러나 세부적으
로 살펴보면 이각종의 저술이 쿠보의 문종 개념을 그대로 받아들인
것이라고 하기 어려운 부분들을 발견할 수 있다.

1910년을 전후하여 일본은 나름의 문종 개념을 정립하고 그 기준을

---

19) 배수찬, 『근대적 글쓰기의 형성 과정 연구』, 소명출판, 2008, 177면.

마련한 흔적을 보여준다. 동경 동문관에서 1912년 발행한『국정독본 교수용 수사법 및 취급』에서는 이미 문종을 '4문종'으로 하위구분하고 있다.[20] 기사문, 서사문, 설명문, 그리고 의론문이 그것이다. 이 중에서 이 글의 대상이 되는 '논설문'과 가장 거리가 가까운 것이 의론문일 텐데, 그 구분 기준을 살펴보면 다음과 같다.

대상을 서술하는 것이 기사문, 사건을 서술하는 것이 서사문, 그리고 사상을 설명하는 것은 설명문이고, 사상을 論駁하는 것이 의론문이 된다(서술의 대상을 물상, 사건, 사상으로 나눈 셈인데, 우리가 전통적으로 갖고 있던 기와 사의 서술과 벌써부터 구별된다). 그리고 이러한 4대 문종은 다시 '的'이란 말이 붙어 문종을 조합하는 수식어가 된다. 이를테면, 의론문의 경우 기사적 의론문, 설명적 의론문, 서사적 의론문으로 나뉘며, 기사문의 경우 의론적 기사문, 설명적 기사문, 서사적 기사문으로 나뉘는 것이다. 그리하여 이 구분으로 6학년까지의 심상과 수록문을 망라해 놓았는데, 이를 통해 이러한 구분이 실질적으로 적용된 것을 확인해 보면 흥미로운 사실을 발견할 수 있다.

우선 '의론문'으로 규정된 글의 수는 다른 세 종류의 글에 비해 월등히 적은 편이다. 그러니까 그것이 순수한 '의론문'이 되었든, '서사적', '기사적'이라는 수식이 붙은 의론문이든 '의론문'이 차지하는 수는 비율로 보았을 때 매우 적게 분포되어 있다. 또 하나 거론할 수 있는 특징은, '의론적'이라는 수식어는 매우 제한적으로 쓰어서, 실제로는 이 수식어가 사용된 예는 극히 제한적이라는 점이다. '의론적 기사문'이나 '의론적 서사문'과 같은 것은 위에 소개한 분류법에 의해 이론적으로 존재할 수는 있어도, 실제적으로는 존재하기 어렵다는 것을

---

20)『國定讀本教授用 修辭法及取扱』, 東京 同文館藏版, 1912.

의미한다.

이를 통해 추론해 볼 수 있는 것은, '의론'이라는 요소가 포함되면, 기사문이나 설명문의 경우 자신의 정체성을 더 이상 유지하기가 쉽지 않다는 사실이다. 그러나 실질적으로 의론의 요소가 포함되어 있지 않은 지문을 찾기가 오히려 어렵다는 역설 또한 존재한다. 따라서 의론문으로 분류된 글의 수가 적은 것은 다른 문종들이 제한적이나마 의론의 요소를 포함하고 있기 때문에 '의론적', 혹은 '의론문'이라는 명칭의 적용 범위가 더 좁아졌다는 반증이 되기도 한다. 결국 '의론문'이라는 것은 글에서 '의론적'인 요소들을 의식적으로 소거했을 때 정립될 필요성이 대두되는 개념임을 다시 한 번 확인할 수 있는 것이다.

『국정독본 교수용 수사법 및 취급』에서 사용하고 있는 기준을 소급적으로 적용해 본다면, 1900년대 조선 교과서나 정간물에 실린 지문들은 대개 '기사적 의론문'이나 '서사적 의론문', 혹은 '설명적 의론문'의 형식을 띠고 있다고 보아야 한다. 앞에서 살펴본 「을지문덕」과 「모기」는 이 분류 기준을 따르면 모두 '서사적 의론문'의 형식에 해당한다. 단정적으로 진술해본다면, 『국민소학독본』이나 『최신소학독본』만 보아도, '의론문'이나 '의론적'이라는 표현으로부터 완전히 자유로울 수 있는 글은 단 한 편도 수록되어 있지 않다고 해도 무리가 아니다(이를 통해 우리는 당시 교과서의 편찬이 일본의 영향을 많이 받은 것이라고 해도, 지문들을 구성하는 문종의식은 상당히 다른 정도로 나타났었다고 판단할 수 있다). '화(話)'로 지칭되던 글들이 분화되는 과정을 보여주는 지표가 바로 '서사적 의론문'과 같은 개념들이다.

배수찬은 이각종이 국내 최초로 문종 개념으로서의 '議論'과 '誘設' 등의 기호를 사용했지만, 5년 앞서 일본에서 발행된 쿠보 토쿠지의 동명의 책의 기준을 따르면서도, 각 기호들을 명확하게 구분할 수 있는 기준을 마련하지 못했다는 점을 비판적으로 서술한다.[21] 그런데 우리가 한 가지 짚고 넘어가야 할 것은, 쿠보의 기준과 그것을 토대로 만들어진 것으로 보이는 교사용 지도서를 고찰해 보면, 일본은 미국의 「영작문과 수사학」의 영향을 받는 과정에서 근대 문종 개념을 성립시켰으면서도 미국의 분류 기준과 문종 개념들을 그대로 받아들였다고 보기 어렵고, 또 일본의 기준도 완벽한 것이 아니었다는 점이다. 따라서 일본의 문종 인식을 완성된 것으로 보고, 당시 조선의 문종 인식이 그것을 그대로 따르려고 하였으나 그러지 '못했다'는 서술은 반성될 필요가 있다.

즉, 미국의 문종 개념을 일본에서 받아들이는 과정에서도, 일본의 개념을 우리가 받아들이는 과정과 마찬가지로 모종의 간극이 발생한다는 의미다. 서론에서 서술한 바와 같이, 이러한 간극들을 단순히 문종의 인식에서 선진적인 위치에 놓여 있던 국가를 그렇지 못한 국가가 따라가는 과정에서 생긴 것이라고 생각하는 것은 지나치게 일면적일 위험이 있다. 오히려 문종 인식이 외래로부터 유입되었다고 하더라도, 기존의 문종 인식과의 간극과 충돌, 그리고 문종 인식이 받아들여질 수 있는 글, 혹은 글쓰기에 대한 인식 토양이 그 과정을 변이시키거나 왜곡시킬 수 있는 변수가 될 수 있다고 보는 것이 온당할 것이다.

우선 일본과 조선이 기존의 동양적 문종 인식을 공유하고 있었기

---

21) "이각종이 사용한 '의론문', '유설문' 등의 용어는 쿠보 토쿠지의 『실용작문법』에서 제시한 바를 따른 것이었다. 게다가 이각종은 문장의 분류 기준을 철저히 마련하지도 못하였다. 예컨대 '설명'과 같은 오늘날 널리 쓰이는 문장 분류는 쿠보 토쿠지의 『실용작문법』에서는 중요한 의의를 갖지만, 이각종의 저술에서는 언급조차 되지 않는다." (배수찬, 앞의 책, 177면.)

때문에 서양의 개념을 받아들이는 과정에서 간극이 발생했을 거라는 것은 어렵지 않게 상정해 볼 수 있는 조건이다. 그러나 더 주목해야 할 것은 글쓰기를 '개인적 행위'라고 보는 관점이 성립되면서 확립된 문종 인식을 수입하는 과정에서 간극이 발생할 수 있는 일본과 조선의 토양 차이이다. 이 토양의 차이를 판단하는 데 있어 '개인'과 관련된 인식의 차이는 중요한 기준이 된다.

이각종의 교재를 살펴보면, '의론'과 '설명'을 명확히 구분해놓지도 않았고, 또한 문학적인 부분을 생략해 놓은 체제를 갖고 있었다.[22] 임상석은 "서구적 수사 체계의 구성을 위한 노력이 수구적 한문전통의 추구와 같이 진행"[23]되었다고 평한 바 있다. 체계는 서구적인 관념을 통해 나누어 놓았지만, 실제 그 용법에 대한 예시는 그 체계를 투철해 따르지 못했을 뿐 아니라 한문의 리터러시가 혼재된 혼란스러운 것이었다. 그렇다면 이런 현상을 어떻게 설명해야 할까. 이는 실용성을 강조한 이유도 있겠지만, 이각종의 머릿속에 이런 문종 개념들을 명확하게 가를 수 있는 선분이 존재하지 않았다는 의미로 읽힐 수도 있다. 근대 초기 계몽주의적인 기획으로부터 거리를 확보했을 때 이러한 구별들이 생기는 것이다. 이런 맥락에서 보았을 때 당대 일본은 설명과 의론을 구별할 틀이 있었고, 또 의론과 문학적인 것을 구별할 틀이 확립되어 있었지만, 조선은 여전히 그 과정의 중간에 있었던 상태라고 보아야 할 것이다.

'개인'을 둘러싼 문제는 우선 '설명'과 '의론'을 구분하는 데 있어

---

22) "이각종의 작문 교재는 일본 작문 교재의 영향을 받았으나, 실용성을 더 강화한 가운데 문학적인 부분이 생략된 체제를 갖고 있다." (조윤정, 앞의 글, 133면.)

23) 임상석, 「1910년 전후의 작문 교본에 나타난 한문전통의 의미」, 『국제어문』 42, 국제어문학회, 2008, 93면.

중요한 변수 역할을 한다(그리고 '정'의 개념을 중심으로 놓으면 문학과 비문학을 구분하는 변수 역할을 하기도 한다). 앞장에서 논의한 바와 같이, 글이 전달하고자 하는 지식이 '전체의 지'인지, '개인의 지'인지가 구별되는가의 여부에 따라 '설명'과 '논설'이 구별될 수 있는 기준이 마련되는데, 모든 지가 '전체의 지'로서 존재하던 계몽주의의 자장 하에서는 사실상 이런 구별이 이루어지지 않기 때문이다.24) 이각종이 '설명'을 '논설'과 구별하여 명시하지 않은 것은 이런 맥락에서 좀 더 면밀하게 살펴야 할 필요가 있다. '논설'이라는 문종 인식 개념은 미국과 일본을 통해 한자 조어로 유입되었지만, 그 개념의 외연과 내포가 모두 확정된 소위 '기성품'과 같은 형태로 들어온 것이 아니었다. 따라서 일본의 문인과 교육자들이 미국에서 유입된 '논설'과 '의론'의 범위를 배타적으로 확정하는 데 시행착오를 거쳤던 것처럼, 조선의 교육자들도 이 개념들과 관련된 인식을 명확하게 정립하는 데 시간을 필요로 한 것으로 보인다. 이러한 시간적 차이가 발생하는 것은 한문학적 문종 인식의 패러다임이 근대적·서구적 패러다임으로 변화하는 것과 더불어25), '지'와 '정'을 국가적 기획으로부터 분리하여 개인에게 나누어주는 것이 얼마나 진행되었는가와 관련이 있다.

---

24) "지식 자체의 내적 논리보다는 '시무'와 '애국'이라는 사회적 요구가 더 중시되어 결국에는 지식의 진실과 설득이 한 편의 글 속에서 혼재되는 양상으로 나타나고 말았다." (이정찬, 「근대적 문종 인식으로서 '설명'의 출현과 그 배경」, 『한국근대문학연구』 32, 한국근대문학회, 2015, 171면.)

25) "지금까지 언급한 일본의 작문 교재와 조선의 작문 교재에서 사용된 용어를 살펴볼 때, 흥미로운 점은 분류된 글을 포괄하는 개념이 '문장' 혹은 '문체'라는 것이다. 그리고 아직 중국의 산문 분류법을 따르고 있다는 점이다. 이것은 일본과 조선의 지식인들이 근대 문학장을 구성하는 데 있어 중국 한문학의 문학적 관습으로부터 완전히 벗어나지 못한 상태임을 보여준다." (조윤정, 앞의 글, 127면.)

4. 결론

지금까지 근대 초기 조선에서 '논설' 및 '의론'의 문종 인식이 어떤 과정으로 성립되었는지를 살펴보았다. 1895년부터 1920년대 초반까지는 『문심조룡』에서 드러난 동양의 전통적인 문종 인식이 서구적/근대적인 문종 인식에 자리를 내어주는 단계를 역동적으로 드러낸 시기이다. 문종 개념은 문종을 나누는 동양적인 관점이 서구에서 온 관점으로 바뀌는 것, 그리고 다시 글쓰기와 그 교육에 영향력을 행사하던 계몽주의의 힘이 약해지고 문종의 개념이 보다 구체적인 기준으로 세분화되는 것(그리고 그것을 위한 실질적인 기준이 마련되는 것)의 두 단계를 거쳐 확립된다고 할 수 있다. 특히 1910년 전후는 그러한 경계가 여러 가지 부면에서 드러나는 시기다.

시가, 실용문, 그리고 이야기로 문종 구분을 나누는 것은 이미 동양의 고전적인 문종 개념이 흔들리기 시작했다는 것을 의미한다. 이 중 '화(話)', 즉 '이야기'는 지금보다 훨씬 넓은 개념 범위를 가지고 있었던 기호로, 사실상 '설득'/'교육'의 요소를 포함한 모든 산문들을 아우를 수 있었다. 그렇기 때문에 1910년 이후 정립된 '논설', '설명', '서사', '기사' 등의 개념은 모두 이 '화(話)'에서 분화된 것으로 보아야 한다. 이 중 '서사'는 '이야기'라는 기호와 동일시되고 있지만, 각각 구분되어야 하는 개념이다.

당시는 조선에서 계몽주의가 지대한 영향을 미치던 시기였다. 이 계몽주의의 영향은 문종 인식이 미국이나 일본을 통해 국내로 들어오는 과정에서 변형과 굴절을 일으키는 중요한 변수를 몇 가지 마련하였다. 우선 계몽주의는 교과서와 정기간행물의 독자를 모두 가르쳐야 할 대상으로 상정하게 하였다. 그렇기 때문에 당시 사람들의 관점에서는 이 야기란 원래 설득을 하기 위해 쓰는 것이므로, 설득적인 이야기와 설 득적이지 않은 이야기를 구별하는 것이 의미가 없는 일이었다. 따라서 '논설'과 '서사'는 계몽주의의 시대에는 구별되어야 할 필요성이 대두 되지 않았던 것이다. 그리고 계몽주의는 '전체'와 '개인' 중 후자를 축 소시키는데, 이 때문에 '설득'과 '설명' 역시 잘 구별되지 않는다. 왜냐 하면 '전체지'만 존재하지 '개인지'가 독립적/개별적으로 존재하지 않 는 차원에서 객관적인(전체적인) 지식을 전달하는 설명과 개인적인 주 장을 설득하는 논설이 서로 구분될 정도의 거리를 확보할 수 없기 때 문이다.

'정'이라는 개념은 후대에 문학을 비문학으로부터 구별해줄 수 있는 핵심적인 개념 중 하나로 자리 잡는다. 그러나 '정'은 1910년 이전에는 어디까지나 상대방을 설득시키기 위한 수단이었다. 그렇기 때문에 '논 설'과 '서사'를 나누는 기준에서 '정'의 유무는 사실상 둘을 완전하게 구별해주는 역할을 맡을 수가 없었다. '정' 역시 개인적인 '정'이라는 것이 아니라 계몽주의적인 전체를 상정하고 있는 개념이었기 때문이다.

그렇기 때문에 미국, 일본이 지식체계 확립 과정을 따라 조선에서 '논설'이 '서사'나 '기사', 그리고 '설명'과 완전히 분화되는 것은 '개인 의 발견'이 충분히 이루어진 이후이다. 그리고 이를 거쳤을 때, 개인이 라는 주체가 오로지 소유권을 갖게 된 '주장', 그리고 '정'이라는 섯늘 이 거대한 개념이었던 '화(話)'를 세분화할 수 있게 된다. 개인적인 생 각과 객관적인 지식의 구분이 완전하게 가능하게 되면서 '화(話)'에서 설명이 빠져나가게 된다. 그리고 (문학적) 서사에 있어 '정'이 핵심적 인 요소로 대두되게 되면서 '화(話)'에서 '서사'가 빠져나가게 된다. 그리고 '화(話)'에서 그러한 내포들이 빠져나가고 남은 외연은 우리가 근대 이후 '논설'이라고 부를 수 있는 것이 남게 된다.

참고문헌

1차 자료

정인호 편술, 『최신초등소학』, 우문관, 1908.
학부 편집부, 『국민소학독본』, 학부, 1895.
최남선 편, 『시문독본』, 신문관, 1922.

2차 자료

강진호, 「국어 교과서의 탄생과 근대 민족주의」, 『상허학보』 36, 상허학회, 2012.
_____, 「국어과 교과서와 근대적 주체의 형성」, 『국제어문』 58, 국제어문학회, 2013.
권보드래, 『한국 근대소설의 기원』, 소명출판, 2012.
권용선, 『근대적 글쓰기의 탄생과 문학의 외부』, 한국학술정보, 2007.
김영민, 『한국근대소설사』, 솔, 1997.
배수찬, 『근대적 글쓰기의 형성 과정 연구』, 소명출판, 2008.
이각종, 『실용작문법』, 1911.
이정찬, 「근대적 문종 인식으로서의 '설명'의 출현과 그 배경」, 『한국근대문학연구』 32, 한국근대문학회, 2015.
임상석, 「1910년 전후의 작문 교본에 나타난 한문전통의 의미」, 『국제어문』 42, 국제어문학회, 2008.
조윤정, 「근대 조선의 독본과 문종 개념의 인식」, 『한국근대문학연구』 32, 한국근대문학회, 2015.
久保得二, 『實用作文法』, 實業之日本社, 2006.
『國定讀本 敎授用 修辭法 及 取扱』, 東京 東文館, 1912.

부록

국정독본교수용수사법급취급

國定讀本教授用修辭法及取扱

[일부 수록]

いた所は叙事文、火の効用をのべた所は說明文、火の取扱に注意せぬならんと論じた所は議論文であ
る。一文で四種を網羅して居る。併して題目から考へ見ると思想の本質は叙事文にあるらしい。

今この文を遺憾なく言ひ表さうとすれば、記事的說明的議論的叙事文と言はねばなるまい。之では其
の煩に堪へない。乃て細い分子は不問に附して說明的議論的叙事文位が至當てあらう。

以上この見解て、文種は四種の純粹文種と十二種の混合文種とに考へたら、夫れ以上を追ふ必要はなか
らうと思ふ。

卷末の文種及文式もかかる見解て分類したのだから、固より適切なものばかりてないことを茲に斷つ
て置く。

第十章　四文種の取扱

（一）敎授の始期

文種は重要なる綴方の一條件てある。″是非共兒童に知らせるを必要とする。　理解させるには、上述來
の理論に基いて、平易に而も模式的の課に於て敎授するが最も便利てある。

然らばどの學年あたりからするがよいか是亦一の重要問題てある。

この見方てする時は、副なる分子の交り問によつて左の十二種の文種を生ずる譯である。

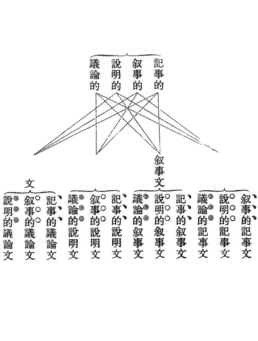

記事的
叙事的
説明的
議論的

叙事文
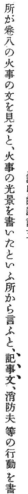

叙事的記事文
説明的記事文
議論的記事文
記事的叙事文
説明的叙事文
議論的叙事文
記事的説明文
叙事的説明文
議論的説明文
記事的議論文
叙事的議論文
説明的議論文

所が卷八の火事の文を見ると、火事の光景を書いたといふ所から言ふと、記事文、消防夫 等の行動を書

本論　丙　構想論

三九

國定讀本教授用修辭法及取扱

能力　樂します（情的）
　　　（動かす。（意的）
　　　　　　→　説明文
　　　　　　→　議論文

是等の事情を綜合して言うて見るならば、

▲記事文は物象に付いて知らせる力と樂ませる力とがある、従て時に知的であり、時に情的である。

▲叙事文は事件に付いて知らせる力と樂ませる力とがある。従て時に知的であり、時に情的である。

▲説明文は思想について知らせる力がある。従て知的である

●議論文は思想について動かす力と知らせる力とある。従て意的て且知的てある。尤も意的が目的て知的は其の方便である。

第九章　四文種に對する見解

四文種は到底はつきりした區別を立てることは不可能である。

純粹單獨な記事文とか叙事文とか言ふものは極めて稀である。多くは記事文に叙事の分子を伴ひ、説明文に議論の分子を伴ふのが普通である。乃て斯るものに付いては、叙事的記事文、議論的説明文と名づける。何々的は副て、何々文が主てある。

三云

なる知識と卓抜なる意見とを持つて居らねばならん。而も其の上に叙説が論理的でなくてはならん非論理的とか矛盾とかいふことは議論の價値を減却する。其の次には、行文に際しては誠意赤心を以てし、文をして人格の權化たらしめ、又自らが議論の化身とならねばならん。

是等の點に於て議論文の修養は人各の修養に待つことが最も多い。

第八章 四文種の比較

四つの文種を比較して見ると、其の内容となるべき對象と、對象に對する態度とが各異るのである。

```
        ┌ 物象 ── 描寫的態度 ── 記事文
  内容 ─┤  事件 ── 叙述的態度 ── 叙事文
        │       ┌ 解説的態度 ── 説明文
        └ 思想 ─┤
                └ 論駁的態度 ── 議論文
```

更に之を文章の能力といふ側から考へて見ると、

```
            ┌ 記事文
知らせる（知的）
            └ 叙事文
```

本論　丙　構想論

三六七

込むに好都合である。人格は人によつて異ふ。従て議論文は人によつて文品の差等を生ずることが多いのである。

議論文と言つても必ずしも相手に向て議論する文と考へなくてもよい。尤も讀本の文の中には、討論體の議論文と論說體の議論文とある。前者は討論的に何でも相手を說き伏せやうとする種類のもの、後者は別段直接に相手を前に置いて討論すると言ふのではないが、自家の說を主張すると言ふ種類の議論文である。

六卷のヤクワントテツビン、七卷の西洋紙と日本紙の如きは討論體の議論文である。

九卷の養生、十一卷の笑、時間の如きものは論說體の議論文である。

議論文と詞態との關係を言ふならば、理解させるために擧例法や具現法を多く使ふ。勸誘の方便として引用法や隱引法を使用し、信服させるために抑揚法や警句法を多く使ふ。

議論文作爲上の注意を逃べるならば、第一に理解を基礎とせねばならん相手に理解が出來ないではテンデ議論にならない。夫故難字句等は豫め意義を明にしてかかるか、難事項ならば具體化するか引證するか擧例するかせねばならん。又相手をよく洞察して夫々適合的に理解されなくてはならん。子供ならば子供らしく、大人ならば大人らしくといふことが大切である。次には議論事項については、明瞭

國定讀本敎授用修辭法及取扱

是は叙述事項に確信を置かしめ、又は明瞭にするために、實話の如きものを引いて來て證明の材料とする方法である。十一卷のアラビヤ馬の如きは是である。即ちアラビヤ馬の 強健なことを 説いて、之を證明するためにトルコの將軍の話を引いて居る。

（ホ）進行的にかいたもの、

是は製作する順序とか、變化する順序とかを説明する時に取るべき方法で、進行の流に添つて順に説明して行くものである。例へば七卷の蠶とか、十一卷の紡績の如きものである。蠶の文は 蠶なる昆虫の完全變態の順を追つてゐるし、紡績の文は糸の出來る順序に從つてかいてある。即ち進行的にかいてある。

（四）議論文

議論文は道理を説いて相手をして我が意見に服從せしめるを目的とする文を言ふのである。

説明文に於ては理解させたらば夫て目的を達したものであるが、議論文は理解させることも無論必要であるが夫れ以上更に信仰させなくてはならん。乃て、信仰させるまでには相手の 感動を得なくてはならん。夫がために感情的の文飾を添へる。この感動を得るための語句を勸誘といふのである。又信仰させるためには、力めて主觀的の語句を交へなくてはならん。この點に於て議論文は自家の人格を打

本論 丙 構想論

三五